プリント形式のリアル過去問で本番の臨場感！

大阪府
府立

富田林中学校

2025年春 受験用

解答集

本書は，実物をなるべくそのままに，プリント形式で年度ごとに収録しています。
問題用紙を教科別に分けて使うことができるので，本番さながらの演習ができます。

■ 収録内容

・解答集(この冊子です)

書籍ＩＤ番号，この問題集の使い方，最新年度実物データ，リアル過去問の活用，
解答例と解説，ご使用にあたってのお願い・ご注意，お問い合わせ

・2024(令和６)年度 ～ 2019(平成31)年度　学力検査問題

・リスニング問題音声《オンラインで聴く》　詳しくは次のページをご覧ください。

○は収録あり	年度	'24	'23	'22	'21	'20	'19
■ 問題※		○	○	○	○	○	○
■ 解答用紙		○	○	○	○	○	○
■ 配点		○	○	○	○	○	○

全分野に解説があります

※2024年度より適性検査Ⅰで英語的問題を実施(リスニングの音声・原稿ともに収録しています)
注)問題文等非掲載:2024年度適性検査Ⅰ国語的問題の一と英語的問題の5，作文，2023年度作文，2022年度適性検査Ⅰの一，2021年度適性検査Ⅰの二

問題文などの非掲載につきまして

著作権上の都合により，本書に収録している過去入試問題の本文や図表の一部を掲載しておりません。ご不便をおかけし，誠に申し訳ございません。

教英出版

■ 書籍ＩＤ番号

リスニング問題の音声は，教英出版ウェブサイトの「ご購入者様のページ」画面で，書籍ＩＤ番号を入力してご利用ください。

入試に役立つダウンロード付録や学校情報なども随時更新して掲載しています。

書籍ＩＤ番号　104229

（有効期限：2025年9月30日まで）

【入試に役立つダウンロード付録】
「要点のまとめ(国語／算数)」
「課題作文演習」ほか

【リスニング問題音声】
オンラインで問題の音声を聴くことができます。
有効期限までは無料で何度でも聴くことができます。

■ この問題集の使い方

年度ごとにプリント形式で収録しています。針を外して教科ごとに分けて使用します。①片側，②中央のどちらかでとじてありますので，下図を参考に，問題用紙と解答用紙に分けて準備をしましょう（解答用紙がない場合もあります）。

針を外すときは，けがをしないように十分注意してください。また，針を外すと紛失しやすくなりますので気をつけましょう。

① 片側でとじてあるもの

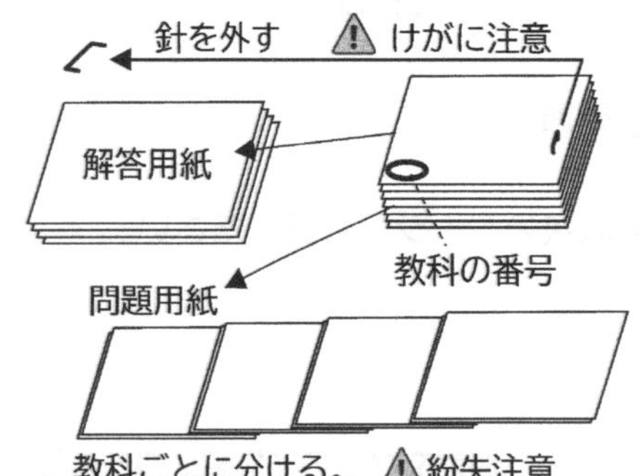

② 中央でとじてあるもの

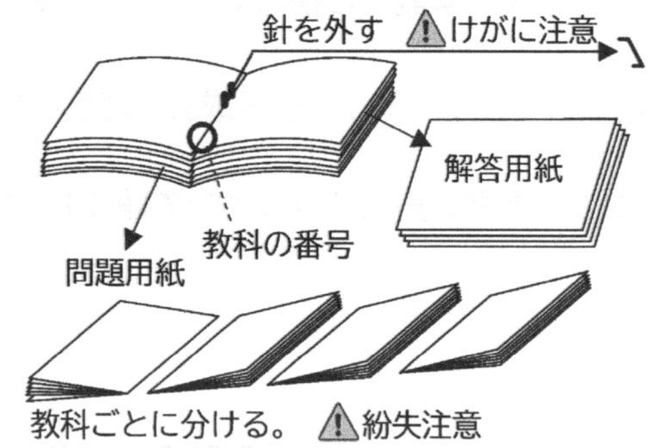

※教科数が上図と異なる場合があります。
解答用紙がない場合や，問題と一体になっている場合があります。
教科の番号は，教科ごとに分けるときの参考にしてください。

■ 最新年度 実物データ

実物をなるべくそのままに編集していますが，収録の都合上，実際の試験問題とは異なる場合があります。実物のサイズ，様式は右表で確認してください。

問題用紙	Ａ３プリント
解答用紙	Ａ３プリント(問題表紙裏)

リアル過去問の活用

~リアル過去問なら入試本番で力を発揮することができる~

本番を体験しよう！

問題用紙の形式 (縦向き / 横向き)，問題の配置や余白など，実物に近い紙面構成なので本番の臨場感が味わえます。まずはパラパラとめくって眺めてみてください。「これが志望校の入試問題なんだ！」と思えば入試に向けて気持ちが高まることでしょう。

入試を知ろう！

同じ教科の過去数年分の問題紙面を並べて，見比べてみましょう。

① 問題の量

毎年同じ大問数か，年によって違うのか，また全体の問題量はどのくらいか知っておきましょう。どのくらいのスピードで解けば時間内に終わるのか，大問ひとつにかけられる時間を計算してみましょう。

② 出題分野

よく出題されている分野とそうでない分野を見つけましょう。同じような問題が過去にも出題されていることに気がつくはずです。

③ 出題順序

得意な分野が毎年同じ大問番号で出題されていると分かれば，本番で取りこぼさないように先回りして解答することができるでしょう。

④ 解答方法

記述式か選択式か（マークシートか），見ておきましょう。記述式なら，単位まで書く必要があるかどうか，文字数はどのくらいかなど，細かいところまでチェックしておきましょう。計算過程を書く必要があるかどうかも重要です。

⑤ 問題の難易度

必ず正解したい基本問題，条件や指示の読み間違いといったケアレスミスに気をつけたい問題，後回しにしたほうがいい問題などをチェックしておきましょう。

問題を解こう！

志望校の入試傾向をつかんだら，問題を何度も解いていきましょう。ほかにも問題文の独特な言いまわしや，その学校独自の答え方を発見できることもあるでしょう。オリンピックや環境問題など，話題になった出来事を毎年出題する学校だと分かれば，日頃のニュースの見かたも変わってきます。

こうして志望校の入試傾向を知り対策を立てることこそが，過去問を解く最大の理由なのです。

実力を知ろう！

過去問を解くにあたって，得点はそれほど重要ではありません。大切なのは，志望校の過去問演習を通して，苦手な教科，苦手な分野を知ることです。苦手な教科，分野が分かったら，教科書や参考書に戻って重点的に学習する時間をつくりましょう。今の自分の実力を知れば，入試本番までの勉強の道すじが見えてきます。

試験に慣れよう！

入試では時間配分も重要です。本番で時間が足りなくなってあわてないように，リアル過去問で実戦演習をして，時間配分や出題パターンに慣れておきましょう。教科ごとに気持ちを切り替える練習もしておきましょう。

心を整えよう！

入試は誰でも緊張するものです。入試前日になったら，演習をやり尽くしたリアル過去問の表紙を眺めてみましょう。問題の内容を見る必要はもうありません。どんな形式だったかな？受験番号や氏名はどこに書くのかな？…ほんの少し見ておくだけでも，志望校の入試に向けて心の準備が整うことでしょう。

そして入試本番では，見慣れた問題紙面が緊張した心を落ち着かせてくれるはずです。

※まれに入試形式を変更する学校もありますが，条件はほかの受験生も同じです。心を整えてあせらずに問題に取りかかりましょう。

《解答例》

一　1．a．群　b．研究　c．金属　2．ウ　3．ムクドリと　4．エ　5．〔い〕
6．A．いろいろな鳥がいる驚きと、その鳥を見つけることができる喜び　B．種によって色や形が違うことや、しぐさや行動が違うこと

二　1．イ　2．あ．自分の「やりたいこと」　い．人それぞれに違う　3．エ　4．「既知」のことがらの新しい組み合わせ　5．イ，オ

三　1．ア　2．イ　3．世代によって　4．「すごい速い」という言い方を「使うことがある」と回答した人の割合が最も低く、「すごい速い」という言い方をほかの人が使うことが「気になる」と回答した人の割合が最も高い　5．「すごい速い」という言い方を「使うことがある」と回答する人が増加する　6．変化するということです

《解　説》

一　著作権上の都合により文章を掲載しておりませんので，解説も掲載しておりません。ご不便をおかけし，誠に申し訳ございません。

二　**2あ**　空らんの前に，「アイデアの源である妄想は」とあることに着目する。――線部①をふくむ一文に，「アイデアの源である妄想は，自分の『やりたいこと』だ」とある。　**い**　空らんの直後に「ので」とあるので，「他人を意識」しなくてもよい理由が，空らんに入る。――線部①の少し後に，「人はそれぞれ，やりたいことが違う。欲望が違う。だから他人の目を意識した面白さを追求するのではなく」とある。よって，「人はそれぞれ，やりたいことが違う。欲望が違う」の部分を使ってまとめればよい。

3　「なんで」という言葉を，各選択肢の言葉の直前に移動して意味が通るかどうか確認すると，エだけが意味が通る。よって，エが適する。

4　5～6行前に「その（＝新しいアイデアの）ほとんどは，『既知』のことがらの組み合わせだ。その組み合わせが新しいから，『未知』のアイデアになる」とある。この部分を使ってまとめる。

5　A の2～5行前に，「ただ，好きなものがひとつあるだけでは，なかなか強い個性にはなりにくい～『好きなもの』から同じような妄想を抱く人も多いだろうから，アイデアがかぶる」とある。よって，イは適する。また，最後の段落に「もっとも，ひとりの人間だけでは，アイデアの幅に限界があるのもたしかだろう」「さまざまな個性を持つ複数の人間が集まれば，妄想の種はさらに広がりそうだ」とある。よって，オも適する。

三　**1**　この発表原稿では，「すごい」という言葉の使い方について調べたことが書かれている。辞典で調べたことや，【資料1】から【資料3】をもとにまとめた結論は，最後の段落に書かれている。よって，アが正解。

2　祖父は，「すごい速いね」という言い方について，「その言い方，気になるよ」と言っている。祖父の言葉が意外だったのは，友だちとの会話の中で「すごい速い」と言っても「気になる」と言われたことがなかったからだと考えられる。よって，（　A　）には「すごい」が入る。祖父は，「速い」や「『きれい』，『おいしい』などの様子をあらわす言葉が続くときには，『すごい』ではなく『すごく』を使うのが本来の使い方」だと言っている。よって，（　B　）には「すごく」が入る。

3　1～3行前に，「この場合の『すごい』は，話し言葉の表現で，若い世代に好んで用いられるということが書

かれていました」とある。よって，[あ]には，“世代によるちがい”といった内容の言葉が入ると考えられる。

4　[い]をふくむ一文には，直前の一文の内容と対応する内容が書かれていると考えられる。よって，直前の一文の「『すごい速い』という言い方を『使うことがある』と回答した人の割合は～『すごい速い』という言い方をほかの人が使うことが『気になる』と回答した人の割合は」の部分に対応する形で，七〇歳以上の回答の内容をまとめる。

5　直前の一文に，「『すごい速い』という言い方を『使うことがある』と回答した人の割合」が「少しずつ増加している」ことが書かれている。――線部①は，この増加する流れを指している。

6　「わかったことは」に適切に対応するためには，「～ことです」の形に直せばよい。

《解答例》

1 ウ

2 ア

3 エ

4 イ

5 エ

《解 説》

1 ジェーンの話「これが私の部屋です。私は自分の猫(ねこ)が好きです。猫は机の上にいます」…机の上に猫がいるウが適切。

2 けんたのスピーチ「みなさん，こんにちは。僕(ぼく)は金曜日が好きです。金曜日は理科と体育があります。それらは僕の好きな教科です」…金曜日に理科と体育があるアが適切。

3 たける1回目「ベス，いい筆箱を持っているね」→ベス1回目「ありがとう，たける。これは私の新しい筆箱よ」→たける2回目「筆箱には何が入っているの？」→ベス2回目「鉛筆(えんぴつ)4本と消しゴム1個が入っているよ」→たける3回目「定規はあるの？」→ベス3回目「いいえ，ないよ。定規を買いたいの」…ベスの2回目，3回目の発言より，鉛筆4本と消しゴム1個があり，定規がないエが適切。

4 なつみ1回目「ベン，今日は私の家でサンドイッチを作ろう」→ベン1回目「いいね，なつみ。どんなサンドイッチを作ろうか？」→なつみ2回目「たまごサンドを作ろう」→ベン2回目「うん。僕はたまごサンドが好きだよ。野菜サンドも作りたいな」→なつみ3回目「うん。どんな野菜が好き？」→ベン3回目「たまねぎ，きゅうり，トマトが好きだよ」→なつみ4回目「家にたまごときゅうりが1本あるよ。スーパーでたまねぎを1個とトマトを1個買おう」→ベン4回目「うん！」…なつみの4回目(最後)の発言より，スーパーで買うのはたまねぎとトマトだから，イが適切。

5 ホワイト先生のスピーチ「みなさん，こんにちは。夏休みにイタリアに行ってきました。美味しいものを食べました。今日はイタリアの美味しい食べ物についてお話ししたいと思います。7月 30 日，昼食にトマトのスパゲッティを食べました。トマトは新鮮(しんせん)でした。夕食は，魚のスープを食べました。美味しかったです。7月 31 日，友人とランチを食べました。友人はビーフステーキを食べました。私はキノコのピザを食べました。私たちはランチを楽しみました。夕食は有名なレストランへ行き，私はビーフステーキを食べました。ステーキはやわらかかったです。私は夏休みを楽しみました。ありがとうございました」…ホワイト先生は 30 日の昼食にトマトのスパゲッティ，夕食に魚のスープを食べ，31 日の昼食にキノコのピザ，夕食にビーフステーキを食べたので，エが適切。

《解答例》

1　(1)20　(2)10.2　(3)13.5　(4)66　(5)30　(6)12

2　(1)①Ⅰ．10　Ⅱ．5　②ウ　理由…科学の本の冊数の割合は 11 月と 12 月とで同じであるが，貸し出されたすべての本の冊数は 12 月の方が多いため。　③198　(2)①6　②ク　③ⓐエ　ⓑオ　ⓒカ

3　(1)8，12　(2)求め方…真ん中の数は，75÷3＝25 となり，25 は 5×5 の答えなので，左の数は 5×4＝20，右の数は 5×6＝30 となる。　「左の数」…20　「真ん中の数」…25　「右の数」…30

(3)ア．24　イ．27　ウ．32　エ．36　(4)49

4　(1)230　(2)60　(3)12 分 25 秒後　(4)720

《解　説》

1　(1)　ある数をxとすると，x÷3＋7＝10 より，x÷3＝10－7　x＝3×3＝9　よって，9×3－7＝20

(2)　15 日間で売れたプリンの個数は，8×1＋9×3＋10×5＋11×4＋12×2＝8＋27＋50＋44＋24＝153(個)である。よって，15 日間の平均は，153÷15＝10.2(個)

(3)　三角形ＡＢＣと三角形ＤＥＦは形が同じで大きさが異なる三角形で，ＢＣ＝5㎝，ＥＦ＝7.5㎝だから，三角形ＤＥＦは三角形ＡＢＣを 7.5÷5＝1.5(倍)にした拡大図である。よって，ＤＥ＝ＡＢ×1.5＝3×1.5＝4.5(㎝)，ＦＤ＝ＣＡ×1.5＝4×1.5＝6(㎝)なので，三角形ＤＥＦの面積は 4.5×6÷2＝13.5(㎠)である。

(4)　0.6＝$\frac{3}{5}$で，$\frac{3}{5}$で割るのは$\frac{5}{3}$をかけることと同じだから，$\frac{3}{5}$をかけても$\frac{5}{3}$をかけても整数になる数を考える。そのような数は 5 と 3 の公倍数だから，最小公倍数である 15 の倍数である。2023 以下の 15 の倍数は，2023÷15＝134 余り 13 より 134 個ある。3000 以下の 15 の倍数は，3000÷15＝200(個)ある。
よって，求める個数は，200－134＝66(個)

(5)　$\frac{1}{2}$の分母が 2，$\frac{3}{5}$の分母が 5 だから，ゆうさんが用意した折り紙の枚数を 2 と 5 の最小公倍数の⑩とする。しほさんが使った枚数は⑩×$\frac{1}{2}$－7＝⑤－7(枚)，ゆうさんが使った枚数は＝⑤－7＋2＝⑤－5(枚)だから，2 人が使わなかった枚数は，7＋5＝12(枚)である。これが求める枚数の 1－$\frac{3}{5}$＝$\frac{2}{5}$(倍)だから，求める枚数は，12÷$\frac{2}{5}$＝30(枚)

(6)　図 5 ではＣとＤを入れかえると四角形ができるので，ＣとＤの順番も関係することに気をつける。また，Ｃが 3，4，7 だとすると四角形ができないから，その場合は考える必要がない。四角形ができる選び方を，Ｃの数によって場合分けして探すと，右表のようになる。よって，全部で 12 通りある。

C	D	C	D
5	4	8	4
	7		7
6	4	9	4
	5		7
	7		8
	8		
	9		

2　(1)①　12 月の歴史の本と芸術の本の割合の合計は，100－(55＋25＋5)＝15(%)　12 月の歴史の本と芸術の本の冊数の比は 2：1 だから，歴史の本の割合は，15×$\frac{2}{2+1}$＝10(%)，芸術の本の割合は 15－10＝5(%)である。

②　12 月に貸し出されたすべての本の冊数は，11 月に貸し出された本の 1.2 倍だから，11 月と 12 月の割合がどちらも 25%の科学の本の場合，実際に貸し出された冊数は，12 月が 11 月の 1.2 倍である。

③　12 月の物語の本の冊数は，11 月のすべての冊数をもとの数にすると，55×1.2＝66(%)にあたる。11 月の物語の本の割合は 40%なので，その差の 66－40＝26(%)が 78 冊にあたる。11 月のすべての冊数は，78÷0.26＝300(冊)

である。よって，11 月の物語の冊数は 300×0.4＝120(冊)，12 月の物語の冊数は 120＋78＝198(冊)である。

(2)① アのマスでの「目の数」は1，エのマスでの「目の数」は3と向き合う数だから4，キのマスでの「目の数」は1と向き合う数だから6である。

② 置いたさいころの各面を右図のように表す。

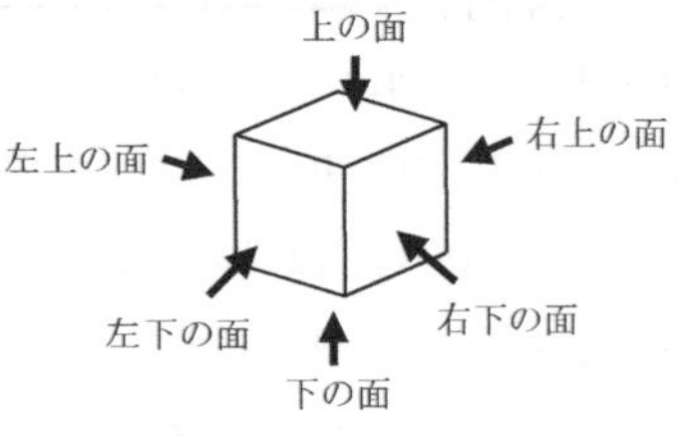

ア→エ→キのように，図4で，さいころを上下に転がした場合は，右下と左上の面は変わらず，ア→イ→ウのように左右に転がした場合は，右上と左下の面は変わらないことをふまえ，「目の数」がアのマスから順に1，2，4，6，5，4となるときのさいころの向きを考える。

操作を1回行ったときの「目の数」は2だから，①より，イに動かした。このとき，3は左下の面にある。操作を2回行ったときの「目の数」は4だから，3が下の面にあるので，オに動かした。このとき，左下の面は2，右下の面はイと同じで1であり，右図のようになる。ここから3回操作をしたときの「目の数」が4にもどることに注目する。

3回操作して「目の数」がもとにもどるのは，オ→カ→ケ→クやオ→イ→ウ→カのように，「コ」の字型にさいころを動かしたときである。オから1回操作したときの「目の数」について，イに動かすと2，エに動かすと1，カに動かすと6，クに動かすと5になり，3回操作したときの「目の数」が6になることから，カに動かしたとわかる。したがって，ア→イ→オ→カ→ケ→クと動かしたので，操作を終了したとき，さいころはクのマスにある。

③ アのマスから同じマスに2回以上乗ることがないように3回動かしたときのマスと「目の数」は，右図のようになる。

「目の数」の合計が 10 になるのは，☆印をつけたア→エ→オ→カのときである。

ア1 ─ イ2 ─ ウ6 ─ カ4
　　　　　　└ オ4 ─ エ1
　　　　　　　　　　├ カ6
　　　　　　　　　　└ ク5
　　└ エ4 ─ オ2 ─ イ1
　　　　　　　　　　├ カ3☆
　　　　　　　　　　└ ク6
　　　　　　└ キ6 ─ ク2

3 (1) 計算結果が 20÷2＝10 付近の数にしぼり，和が 20 になるとなり合う数を表から探すと，8と 12 が見つかる。

(2) 真ん中の数は，75÷3＝25 である。九九の表の中に 25 は5×5＝25 の1つしかないので，左の数は4×5＝20，右の数は6×5＝30 である。

(3) 119 を素数の積で表すと，119＝7×17 となる。
7と 17 それぞれを連続する2つの整数の和で表すと，
7＝3＋4，17＝8＋9となる。
したがって，囲み方は右図の2通りのいずれかになり，
どちらの場合も，囲んだ数は小さい順に，24，27，32，36 となる。

		かける数								
		1	2	3	4	5	6	7	8	9
かけられる数	1	1	2	3	4	5	6	7	8	9
	2	2	4	6	8	10	12	14	16	18
	3	3	6	9	12	15	18	21	24	27
	4	4	8	12	16	20	24	28	32	36
	5	5	10	15	20	25	30	35	40	45
	6	6	12	18	24	30	36	42	48	54
	7	7	14	21	28	35	42	49	56	63
	8	8	16	24	32	40	48	56	64	72
	9	9	18	27	36	45	54	63	72	81

(4) 縦4マス，横3マスの四角形で囲んだ場合に，囲んだ 12 個のマスの数の合計は，(2)の考え方と同様に，長方形の面積として考えることができる。1～9の整数のうち，連続する3つの数の和は，1＋2＋3＝6以上，7＋8＋9＝24 以下だから，囲んだ長方形の横の長さは6cm以上 24 cm以下である。連続する4つの数の和は，6＋4＝10 以上，6＋24＝30 以下だから，囲んだ長方形の縦の長さは 10 cm以上 30 cm以下である。したがって，396 を6以上 24 以

下の数と 10 以上 30 以下の数の積で表したい。396 を素数の積で表すと，396＝２×２×３×３×11 となる。条件に合う積の表し方は，（２×３×３）×（２×11）＝18×22 だけである。

横の長さは，横の真ん中の数の３倍になるから，３の倍数なので，18 cmである。真ん中の数は 18÷３＝６だから，横の数は，５，６，７である。縦の４つの数の平均は 22÷４＝5.5 だから，真ん中が５と６なので，縦の４つの数は４，５，６，７である。

よって，囲み方は右図のようになるから，求める数は 49 である。

		かける数								
		1	2	3	4	5	6	7	8	9
かけられる数	1	1	2	3	4	5	6	7	8	9
	2	2	4	6	8	10	12	14	16	18
	3	3	6	9	12	15	18	21	24	27
	4	4	8	12	16	20	24	28	32	36
	5	5	10	15	20	25	30	35	40	45
	6	6	12	18	24	30	36	42	48	54
	7	7	14	21	28	35	42	49	56	63
	8	8	16	24	32	40	48	56	64	72
	9	9	18	27	36	45	54	63	72	81

4 ⑴　表より，２人が同時にＡ商店に向かっている１分後から８分後までの間は，２人の間の道のりが１分間に 10m ずつ大きくなっている。２人が出発してからの時間が０分のときの２人の間の道のりを求めればよいので，さとるさんの家からあきなさんの家までの道のりは，240－10＝230（m）である。

⑵　あきなさんがＡ商店にいる９分後から 11 分後までについて，２人の間の道のりは，１分間に 50mずつちぢまっているから，さとるさんの速さは分速 50mである。⑴より，あきなさんの歩く速さは，さとるさんの歩く速さよりも分速 10mだけ速いから，50＋10＝60 より，分速 60mである。

⑶　２人が出発して 12 分後の２人の間の道のりは 120mであり，さらに１分後の 13 分後に２人は出会う。このとき，さとるさんは 50m歩いたから，あきなさんは 120－50＝70（m）走ったことになる。あきなさんが 70m走るのにかかる時間は $70\div120=\frac{7}{12}$(分)→$(60\times\frac{7}{12})$秒＝35（秒）だから，あきなさんがＡ商店を出発したのは，自宅を出発した 13 分－35 秒＝12 分 25 秒（後）である。

⑷　さとるさんの家からＡ商店までの道のりは，さとるさんがあきなさんに出会うまでに歩いた道のりと，あきなさんがＡ商店からさとるさんに出会うまでに走った道のりの合計である。

さとるさんが歩いたのは 13 分間なので，歩いた道のりは 50×13＝650（m）である。あきなさんが走ったのは 35 秒間なので，走った道のりは $120\times\frac{35}{60}$＝70（m）である。よって，求める道のりは 650＋70＝720（m）

《解答例》

1　⑴①イ，エ，オ　②奈良県　③(ⅰ)ア　(ⅱ)最高　(ⅲ)エ→ア→イ→ウ　④前方後円墳　⑤ウ，オ　⑵380000
⑶はたらき…消化／エ→カ→オ　⑷①イ，エ　②(ⅰ)一つの花におしべとめしべがないから。
(ⅱ)数字…1　ヘチマの場合の方法…め花のつぼみを二つ選び，それぞれのつぼみに図5のように袋をかぶせる。
⑸①(ⅰ)二酸化炭素をとり入れるとき…ア　二酸化炭素を出すとき…ウ　(ⅱ)二酸化炭素の吸収量が多い若齢段階の人工林の割合　②ウ，オ　③ア　④最も高い地点…R　最も低い地点…P

2　⑴①ア　②ウ　③エ　④国会　⑵①イ，エ　②スマートフォンやタブレットの利用者が増え，情報通信機器を使ってニュース記事を読む人が増えたことにより，紙の新聞でニュース記事を読む人が減った

3　⑴①ウ　②ⓐイ　ⓑウ　③ⓐイ　ⓑ先に食塩のとけ残りが出る　⑵①1.8　②イ，オ　③最も短いもの…ウ
最も長いもの…イ

《解　説》

1　⑴①　ア．誤り。スケールバーを利用すると，紀三井寺から郵便局(〒)までは約5㎞の距離である。イ．正しい。畑(∨)と果樹園(○)が紀三井寺のすぐ近くにある。ウ．誤り。紀伊風土記の丘資料館から見て，紀三井寺は南西にある。エ．正しい。紀伊風土記の丘資料館のすぐ近くに消防署(Y)がある。オ．正しい。スケールバーを利用すると，紀伊風土記の丘資料館と紀三井寺の間の距離は直線で約6㎞である。　②　和歌山県が接している府県は，大阪府，奈良県，三重県であり，海に面していない内陸県は奈良県である。　③(ⅰ)　徳川家の親戚を親藩，古くから徳川家に仕えていた大名を譜代大名，関ヶ原の戦い前後に徳川家に仕えた大名を外様大名という。地頭は，源頼朝が朝廷に設置を認めさせた役人で，荘園や公領ごとに置かれ，土地の管理や年貢の取り立てを担当した。
(ⅱ)　日本では，えん罪を防ぎ，国民の人権を守るために三審制を採用している。第1審の判決に不服があるとき，第2審を求めることを控訴，第2審の判決に不服があるとき，第3審を求めることを上告という。高等裁判所は，下級裁判所の中で最も上位に位置するため，第2審を高等裁判所で行った場合の第3審は最高裁判所となる。
(ⅲ)　エ(1853年)→ア(1858年)→イ(1867年)→ウ(1868年)　④　古墳には，前方後円墳のほか，円墳，方墳，前方後方墳などがある。　⑤　アは飛鳥時代，イは平安時代，ウは奈良時代，エは飛鳥時代，オは奈良時代。聖武天皇は，乱れた世の中を仏教の力で鎮めようとして，国ごとに国分寺と国分尼寺，奈良の都に総国分寺として東大寺を建て，東大寺に大仏をつくった。聖武天皇の要請を受けた鑑真は，正しい仏教の戒律を伝えるために来日し，その後，唐招提寺を開いた。
⑵　50円玉の穴と月で，けいさんからの距離(きょり)の比と直径の比が等しいということは，
44㎝：(月の中心までの距離)＝4㎜：3475㎞が成り立つ。よって，4㎜→0.4㎝より，50円玉までの距離は50円玉の穴の直径の44÷0.4＝110(倍)だから，月の中心までの距離は3475×110＝382250→380000㎞である。
⑶　食べ物の通り道となる，口→食道→胃(エ)→小腸(カ)→大腸(オ)→こう門という一続きの管を消化管という。
⑷①　ハチ，チョウ，カブトムシなどのように，たまご→よう虫→さなぎ→成虫の順に育つことを完全変態という。これに対し，バッタやトンボなどのように，たまご→よう虫→成虫の順に育つことを不完全変態という。
②(ⅰ)　アサガオの1つの花には，おしべとめしべの両方がある。これに対し，ヘチマには，おしべがないめ花とめしべがないお花の2種類の花があり，どちらか一方の花だけでは実ができない。　(ⅱ)　実ができるのはめ花

だけだから，２つのめ花に対して異なる処理をし，一方では実ができ，もう一方では実ができないことを確かめなければならない。

(5)①(ｉ) 植物の葉に光が当たると，二酸化炭素と水を材料にして，でんぷんと酸素をつくり出す光合成が行われる。また，植物はヒトと同じように，光の有無にかかわらず呼吸をし，酸素をとり入れて二酸化炭素を出している。(ⅱ) 図８より，若齢（じゃくれい）段階では二酸化炭素をとり入れる量が多く，二酸化炭素を出す量が少ないことがわかる。二酸化炭素をとり入れる量と二酸化炭素を出す量の差を二酸化炭素の吸収量とするから，若齢段階の人工林は他の段階の人工林と比べて二酸化炭素の吸収量が多いといえる。　② 図９の矢印を延長し，ⓚまで直線を引いたときに，その直線と交わるウとオが光をさえぎる木である。　③ 泥（どろ），砂，れきのちがいはつぶの大きさで，小さい順に並べると，泥＜砂＜れきとなる。つぶの大きさが小さいものほど，同じつぶが集まったときにつぶとつぶのすき間が小さくなり，水が下に通りぬけにくくなる。つまり，一時的に水がとどまるのは，つぶの大きさが最も小さい泥の層の上である。よって，Ｙが泥になっているアを選べばよい。　④ Ｐ地点の標高は20ｍだから，Ｐ地点で水がある位置の海面からの高さは，20－13＝７(ｍ)である。Ｑ地点の標高は10ｍだから，Ｑ地点で水がある位置の海面からの高さは，10－２＝８(ｍ)である。Ｒ地点の標高は30ｍだから，Ｒ地点で水がある位置の海面からの高さは，30－21＝９(ｍ)である。よって，水がある位置の海面からの高さは，Ｒ地点＞Ｑ地点＞Ｐ地点の順になる。

2 (1)① ０度の経線は本初子午線であり，本初子午線はイギリスのロンドンを通るから，アが誤り。

② 天竜川は，長野県の諏訪湖を水源とし，静岡県西部を流れ，太平洋に注ぐ河川である。木曽川は長野県，岐阜県，愛知県，三重県を流れる。信濃川は長野県，新潟県を流れる。利根川は関東平野を流れる。

③ 雪舟は，中国地方の大内氏の保護を受け，『秋冬山水図』『天橋立図』などの水墨画を描いた。

④ 国の法律を決める権利を立法権といい，日本では立法権は国会がもつ。

(2)① ア．誤り。2014 年，2016 年，2017 年については，「紙」の生産量と「板紙」の生産量の合計は前年より増えている。イ．正しい。各年の「紙」の生産量と「板紙」の生産量の差は，2013 年から順に 412，376，343，314，265，196，160 と小さくなり続けている。ウ．誤り。新聞用紙の生産量は，2013 年が 1518×0.21＝318.78(万ｔ)，2019 年が 1350×0.18＝243(万ｔ)だから，減少量は 318.78－243＝75.78(万ｔ)である。印刷・情報用紙の生産量は，2013年が1518×0.57＝865.26(万ｔ)，2019年が1350×0.56＝756(万ｔ)だから，減少量は865.26－756＝109.26(万ｔ)であり，印刷・情報用紙の減少量の方が大きい。エ．正しい。段ボール原紙の生産量は，2013 年が 1106×0.80＝884.8(万ｔ)，2019 年が 1190×0.81＝963.9(万ｔ)だから，963.9－884.8＝79.1(万ｔ)増加している。

② 図４から，スマートフォン・タブレットの利用者が増えていることを読み取り，図３から，ニュースサイト(情報通信機器を使って読むインターネット上のニュースページなど)を読む人が増え，紙の新聞を読む人が減っていることを読み取る。

3 (1)① Ａでは食塩を入れていないので，全体の重さは25＋100＝125(ｇ)である。また，ＢとＣでは食塩を入れたので，全体の重さは25＋100＋10＝135(ｇ)である。食塩が水にとけることによって食塩や水の重さが変化することはない。　② 水の温度が一定であれば，食塩が水にとける重さは，水の重さに比例する。20℃のとき，100ｇの水に35.8ｇの食塩がとけるから，100ｇの半分の50ｇの水には35.8÷２＝17.9(ｇ)，100ｇの２倍の200ｇの水には35.8×２＝71.6(ｇ)までとける。よって，Ｐでは25－17.9＝7.1(ｇ)がとけ残り，その割合は7.1÷25×100＝28.4％である。同様に考えて，Ｑでは80－71.6＝8.4(ｇ)がとけ残り，その割合は8.4÷80×100＝10.5(％)である。

③ 100ｇの水からとり出した50ｇはすべて水であり，100ｇの食塩水からとり出した50ｇは90÷２＝45(ｇ)の水に

10÷２＝５（ｇ）の食塩がとけたものである。よって，食塩水からとり出した50ｇの方が，ふくまれる水の重さが小さく，すでに食塩が５ｇとけているので，食塩を少しずつ加えていくと，食塩水からとり出した50ｇの方が先に食塩のとけ残りが出る。

⑵① おもりが最下点にきてから次に最下点にくるまでの時間は，ふりこが１往復する時間の半分だから，Ａでは0.9÷２＝0.45(秒)ごと，Ｂでは1.2÷２＝0.6(秒)ごとである。よって，ある瞬間（しゅんかん）に二つのおもりが同時に最下点にきた後，Ａは0.45秒後，0.9秒後，1.35秒後，1.8秒後…に最下点にきて，Ｂは0.6秒後，1.2秒後，1.8秒後…に最下点にくるから，1.8秒おきである。　② ア×…ＣとＥはおもりの重さが同じだから，その結果からふりこが１往復する時間とおもりの重さの関係についてわかることはない。　ウ，エ×…ＣとＤ，ＦとＨのように，条件が２つ異なる実験を比べても，ある１つの条件が，ふりこが１往復する時間にどのような影響（えいきょう）をあたえたか判断することはできない。　③ ②より，ふりこが１往復する時間はふりこの長さによって変わり，ふりこの長さが長くなるとふりこが１往復する時間も長くなることがわかる。ア～ウではくぎの左右でふりこの長さが変わることに注意すると，くぎの左側を動くのにかかる時間はアとウが同じでイが最も長く，くぎの右側を動くのにかかる時間はアとイが同じでウが最も短いから，ふりこが１往復する時間はイが最も長く，ウが最も短くなる。

《解答例》

〈作文のポイント〉

・最初に自分の主張、立場を明確に決め、その内容に沿って書いていく。

・わかりやすい表現を心がける。自信のない表現や漢字は使わない。

さらにくわしい作文の書き方・作文例はこちら！→https://kyoei-syuppan.net/mobile/files/sakupo.html

《解答例》

一　1．a．包　b．単位　c．精　　2．イ　　3．ゆっくりと流れゆくことや、そのスケールが大きい
　4．〔え〕　　5．循環する時間世界のなかで生存している自然から自立した動物になり、自然の営みを阻害する
　6．エ

二　1．イ　　2．Ⅰ．ウ　Ⅱ．イ　Ⅲ．ア　　3．a．イ　b．ア　c．ウ　　4．あ．しろき　い．あまし
　5．う．ゆく　え．なる　　6．はるよこい

三　1．エ　　2．あ．多くなると保管場所に困るので、注文を受けてから作る事　い．細かい仕様　　3．a
　4．ア　　5．ⓐ全く同じ物を作る　ⓑ人の手が関わる部分が多い

《解　説》

一　3　――線部②をふくむ部分に「だがそれだけが、自然の時間の特徴(とくちょう)だとは思わない」とあるから、これより前の部分から「自然の時間の特徴」が書かれているところを探す。直前の段落の１～２行目の「自然は特有の時間世界をもっている。ゆっくりと流れゆく時間や、時間スケールの大きさもその特徴のひとつだろう」の下線部の表現を用いてまとめればよい。

4　ぬけている一文の「こんな森の様子をみていると～自然は循環(じゅんかん)する時間世界のなかで生きているように思えてくる」より、前の部分に、森(自然)が循環する様子が書かれているはずである。そのような記述があるのは、〔え〕の１～４行前の、「森のなかでは季節は毎年繰(く)り返(かえ)されている～季節は毎年同じように循環してきて～冬の営みを繰り返す」の部分。よって、〔え〕が適する。

5　第７段落の「人間はこの直線的な時間世界を確立することによって、循環する時間世界のなかで生存している自然から自立した動物になった」と、第８段落の「こうして、人間の営みは自然の営みを阻害(そがい)するようになったのではなかろうか」を参照。

6　最後の段落の「自然と人間が共生するには～自然の時空をこわさないでおくことのできる社会を～つくりだすしかないのである」より、エが適する。　ア．第５段落を参照。「今日の自然」も「太古の自然と同じように」「変化を求めてはいない」のだから、適さない。　イ．第３段落と第６段落を参照。自然が繰り返しの時間の中で生きているのに対して、人間は直線的な時間で生きており、すべてのものを変化させてしまうとあるので適さない。
ウ．第７段落に「循環する時間世界のなかで生存している自然から自立した動物になった」とあるので、選択肢(せんたくし)の「自然がつくりだしている時間世界のなかで暮らすようになった」が適さない。

二　1　ア．「象形文字(しょうけいもじ)」…ものの形を表した絵からできた文字。「日」「月」「山」「川」など。　イ．「指示(しじ)文字」…形で表せないことを、点や線で示した文字。「一」「二」「三」「上」「中」「下」など。　ウ．「会意(かいい)文字」…いくつかの文字を組み合わせた文字。「林」「森」「明」など。　エ．「形声(けいせい)文字」…意味を表す文字と音(読み)を表す文字を組み合わせた文字。ほとんどの漢字がこれにあたる。「銅」(意味を表す「金」と、読みを表す「同」の組み合わせ)など。

2Ⅰ　「ように」という言葉をつかってたとえているので、ウの「たとえ」が適する。「まるで」「ように(だ)」な

どの言葉を用いてたとえることを「直喩(ちょくゆ)」という。そのような言葉を使わないでたとえることを「隠喩(いんゆ)」「暗喩(あんゆ)」という。　Ⅱ　山田さんは「言葉が先にあることで〜興味をもちました」と言っている。また、句の後半を先に持ってきて「やわらかい草の上では〜泣いたのでした」というふつうの語順だったら興味をもたなかったかもしれないと言っているから、イの「言葉の順番の工夫」が適する。このように言葉の順番を逆にすることを「倒置法(とうちほう)」という。　Ⅲ　「ミシンカタカタ」という言葉が、２回使われていることについて説明しているので、アの「同じ言葉のくり返し」が適する。このように、言葉をくり返すことを、「反復法」という。

３　ア.「和語」…漢語が入る前から日本に存在した、日本の言葉。訓読みする言葉。　イ.「漢語」…中国から伝わって日本語となった言葉。漢字の音が元になっている。音読みする言葉。　ウ.「外来語」…(主に欧米(おうべい)の)外国語から取り入れた言葉。カタカナで表記することが多い。　a　音読みなので、イの漢語。　b　訓読みなので、アの和語。　c　カタカナで表記されているので、ウの外来語。

４　Bの短歌を細かく分けると「京ことばふう／の／しろき／湯気／たて／て／ゆっくり／熟(じゅく)す／白飯(しろめし)／あまし」となる。この中で、サ行の音(さ・し・す・せ・そ)が入っているのは、「しろき」「熟す」「白飯」「あまし」である。

５　「直後に動きや変化を表す言葉」とあるから、動詞の「ゆく」と「なる」をぬき出す。

６　「折り句」(「短歌の五七五七七の最初の一音をつなげて読んだときに一つの言葉になるようにした表現の工夫」)を見つける。「春風(はるかぜ)だ／ルンルンするね／よい予感／今年(ことし)も友と／いっぱい笑顔(えがお)」の「最初の一音」だから「は・る・よ・こ・い」となる。

三　２あ　筆者の工房(こうぼう)で、「在庫」をどのように管理しているのかを説明した部分を探す。すると、第４段落に「定番品は、在庫を持っていればすぐに販売(はんばい)することができますが、数が多くなると保管場所に困るので、うちのように小さな工房の場合は、注文を受けてから作ることが多いと思います」とある。　い　注文を受けて作る場合のお客様側のメリットについては、「細かい仕様に関してお客様の要望に合わせることも可能」と述べている。

３　aは筆者の動作、b〜dは、筆者の知り合いの動作である。

４　Ⅰの直前の段落には、筆者の知り合いが、システムキッチンを注文する際、「オーダー品」にしようと考え、見積(みつ)もりをとったところ、「あまりにも高額」だったことが書かれている。一方、Ⅰには、筆者が登山靴(とざんぐつ)を買いに行った際、「注文だとかなり高いものになる」と思ったが、「その予想に反して」、店主に「『値段は変わらないよ』」と言われた経験が書かれている。よって、直前の段落は、注文で作ると高いという例、Ⅰは、注文で作っても値段が変わらないという例である。よって、アが適する。

５　Ⅰの直後の段落で、「量産システム」について、「同じものを能率良く大量に作り、生産コストを下げ〜利益を上げようという方式です。全く同じ物を作るところがポイント」と説明している。また、その次の段落で「一品もの」(注文を受けて一品ずつ作るもの)について、「人の手が関わる部分が多いですから、価格が高くなるのはやむを得ません」と説明している。

《解答例》

1　(1)X．ドイツ　Y．フランス　(2)ウ→イ→エ→ア　(3)①主な産地で低温による生育の遅れがあり，平均値と比べて取扱量は少なく平均価格は高い　②ウ　(4)①参議院　②ⓑア　ⓒエ

2　(1)①温度と日光の二つの条件が変わっている　②8　(2)①ⓐア　ⓑエ　②エ　(3)①蒸散　②(ⅰ)イ，エ　(ⅱ)光が当たると，二酸化炭素を取り入れて酸素を出すというはたらき。

3　(1)①A．鳥取　B．岡山　②エ　③養しょく(業)〔別解〕養しょく漁業　(2)イ，オ　(3)ウ　(4)ア，エ　(5)ア　(6)B→A→C　(7)①ウ　②ⓐイ　ⓑエ　(8)①ⓐイ　ⓑウ　ⓒカ　②(ⅰ)右図　(ⅱ)クリップX…ア　クリップY…ア，ウ　(ⅲ)エ　(ⅳ)記号…イ

理由…2個のかん電池をへい列つなぎにするより，直列つなぎにする方が豆電球に流れる電流が大きいから。

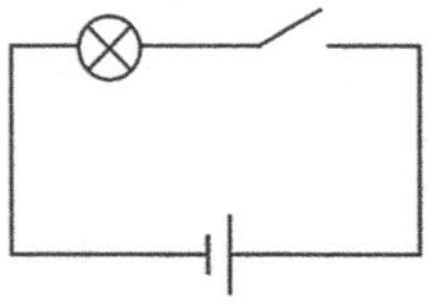

《解　説》

1　(2)　ウ(1872年)→イ(1889年)→エ(1894年)→ア(1902年)

(3)①　【メモ】より，主な産地で低温による生育の遅れがあったこと，表1より，12月以降の取扱量が過去5年間の平均値と比べて少ないこと，図2より，月が変わるごとに平均価格が上昇していることが読み取れる。

②　ウが誤り。2018年の収穫量は群馬県が147万×0.19＝279300(t)，愛知県が147万×0.17＝249900(t)より，50万tは超えているが，産出額は群馬県が196億円，愛知県が246億円であり，合わせた産出額は442億円なので，442億÷1039億＝0.425…より，約43%であり，50%未満である。

(4)　右表参照。

	衆議院	参議院
任期	4年	6年 (3年ごとに半数ずつ改選)
解散	あり	なし

2　(1)①　方法の2より，冷蔵庫の中では温度だけでなく日光の条件も変わってしまうので，2つの条件が変わって，実験結果にちがいが出たとき，どちらの条件によるものであるかわからなくなる。　②　Aはめ花，Bはお花である。め花の根元には子ぼうがあり，受粉すると実になるので，最大で8個の実ができる。

(2)①　水が入ったAでは油の位置が0.5㎝，空気が入ったBでは油の位置が7㎝上に移動したので，水の体積も空気の体積も大きくなるが，体積の変化は空気の方が大きいことがわかる。　②　0.2㎠の底面積のガラス管を使うと，油の位置はア(250㎤の水)では$0.5\times\frac{250}{20}=6.25$(㎝)，イ(200㎤の水と50㎤の空気)では$0.5\times\frac{200}{20}+7\times\frac{50}{20}=22.5$(㎝)上に移動すると考えられる。また，0.8㎠の底面積のガラス管を使うと，油の位置はウ(200㎤の水と50㎤の空気)では$22.5\times\frac{0.2}{0.8}=5.625$(㎝)，エ(150㎤の水と100㎤の空気)では$(0.5\times\frac{150}{20}+7\times\frac{100}{20})\times\frac{0.2}{0.8}=9.6875$(㎝)上に移動すると考えられる。よって，油の位置の変化が15㎝より小さい中で，油の位置の変化が最も大きいのはエである。

(3)②(ⅰ)　二酸化炭素は酸素のようにものを燃やすはたらきはないので，二酸化炭素で満たしたびんの中に火のついたろうそくを入れると，すぐに火が消える。また，アルカリ性の水よう液は，赤色リトマス紙を青色にし，酸性の水よう液は青色リトマス紙を赤色にする。炭酸水は酸性を示すので，青色リトマス紙が赤くなる。

(ⅱ) 植物の葉では，日光を受けて，水と二酸化炭素を材料にでんぷんと酸素を作り出す。このはたらきを光合成という。植物は日照時間が他の月よりも長い５月から９月に盛んに光合成を行い，二酸化炭素を吸収するため，５月から９月には二酸化炭素の割合が減少する。

3 (1)② 平清盛は大輪田泊(兵庫の港)を整備し，厳島神社に海路の安全を祈願して，日宋貿易を進めた。

③ のりの養しょくは佐賀県，兵庫県，福岡県などでさかんである。

(2) イ．正しい。北，南南東あたりに田(Ⅱ)がある。　オ．正しい。スケールバーを参考にすると１km以内であることがわかる。　ア．誤り。寺は東にある。　ウ．誤り。市役所(◎)より，病院(⊕)の方が遠い。　エ．誤り。南東ではなく，南西にある。

(3) 足利義満のころの文化を北山文化という。

(4) ア・エ　正しい。徳川家康は 1600 年に関ケ原の戦いで石田三成らを破り，1603 年に征夷大将軍に任命され，江戸に幕府を開いた。イ．誤り。鎌倉時代の元寇についての記述。　ウ．誤り。最初の武家諸法度が定められたのは1615年の元和令であり，徳川家康の命令によって２代将軍徳川秀忠が発布した。参勤交代の制度が武家諸法度に追加されたのは，３代将軍徳川家光の頃の寛永令(1635 年)である。　オ．誤り。安土桃山時代の織田信長についての記述。

(5) ア．17 世紀後半には幕藩体制が確立し，江戸幕府５代将軍の徳川綱吉は，武断政治から文治政治への転換(てんかん)を行った。学問を奨励(しょうれい)し，特に儒学のなかでも君臣の主従関係や父子の上下関係を大切にする朱子学を重視した。イ．国学は仏教や儒学が伝わる以前の日本人の考え方を探る学問で，本居宣長が大成した。　ウ．蘭学は「オランダ語で西洋の学術や文化を学ぶ学問」のこと。

(6) 月は新月→三日月(約３日後)→上弦(じょうげん)の月(約７日後)→満月(約 15 日後)→下弦の月(約 22 日後)→新月(約 29.5 日後)の順に満ち欠けする。７月 31 日が三日月だったので，７月 26 日は新月の少し前の左側が少し光る月(C)，その６日前の７月 20 日は南の空で左側半分が光る下弦の月(A)，その 13 日前の７月７日は南の空で右側半分が光る上弦の月(B)が見える。

(7)① みくさんの位置に比べて，りょうさんの位置からはランプに太陽の光が直接当たっている部分が広く見えるので，ウが正答となる。　② かげは太陽と反対の方向にでき，太陽の高度が高いほど短くなる。短いかげが北向きにのびているとき，太陽は南の空の高い位置にあり，時刻は正午ごろであると考えられる。

(8)① れき(直径２mm以上)，砂(直径 0.06 mm～２mm)，どろ(直径 0.06 mm以下)はつぶの大きさで区別する。どろと同じくらい小さいつぶの土では，つぶの間のすきまがほとんどなく，水がしみこみにくいので，水たまりができやすい。土をもり上げることで，溝(みぞ)になった部分に水がたまり，土をもり上げた部分には水がたまりにくくなる。

②(ⅰ) かん電池の記号の長い方の線が＋極になる。　(ⅱ) 磁石につくのは，鉄，コバルト，ニッケルなど，一部の金属だけである。〈装置のしくみ〉で，Xが鉄心(電磁石)に引きつけられて持ち上がるとあるので，Xは電気を通し，磁石につく素材のアである。Yは電気を通すアかウである。　(ⅲ) 電磁石を強くすることで，Xを持ち上げる方法を考える。コイルに流れる電流が大きく，コイルの巻き数が多いほど電磁石は強くなるので，エが正答となる。　(ⅳ) アの操作では，２個のかん電池がへい列つなぎになり，イの操作では，２個のかん電池が直列つなぎになる。かん電池を２個，へい列につないでも，豆電球の明るさはかん電池が１個のときと変わらないが，かん電池を２個，直列につなぐと，かん電池が１個のときよりも豆電球は明るくなる。

《解答例》

1　(1)ア．0.71　イ．$\frac{3}{700}$　(2)「整数Ａ」…18　「整数Ｂ」…42　(3)69　(4)47　(5)$2\frac{1}{3}$

2　(1)①15　②ウ，オ，カ，キ　③１辺が３cmの立方体を作るのに必要な１辺が１cmの立方体の個数は27個であり，27は４でわり切れないから。　(2)①ウ　②750　③65

3　(1)ア．10　イ．17　(2)①45　②マスに入る９個の数すべての和と中央のマスに入る数の３倍との合計　③イ，エ，オ，キ　④右図

3	8	4
6	5	4
6	2	7

4	8	3
4	5	6
7	2	6

のうち１つ

4　(1)７　(2)①16　②18　③10

《解　説》

1　(1)　$\frac{5}{7}=5\div7=0.714\cdots$より，小数第三位を四捨五入すると，0.71となる。また，$\frac{5}{7}$と0.71の差は，$0.71=\frac{71}{100}$より，$\frac{5}{7}-\frac{71}{100}=\frac{500}{700}-\frac{497}{700}=\frac{3}{700}$

(2)　最大公約数が６だから，整数Ａ，Ｂは６の倍数であり，最小公倍数が126だから，整数Ａ，Ｂを最大公約数の６で割った商どうしの積が126÷６＝21となる。ＡはＢより小さいので，考えられる商の組み合わせは，１と21，３と７となるが，１と21だと整数Ｂが６×21＝126となり，99より大きくなってしまうので，適さない。よって，６で割った商の組み合わせは３と７である。したがって，Ａ＝３×６＝18，Ｂ＝７×６＝42

(3)　乗用車の台数の割合が46％だから，乗用車以外の台数の合計の割合は100－46＝54(％)である。乗用車以外の台数の合計は，43＋16＋７＋15＝81(台)となるので，求める台数は$81\times\frac{46}{54}=69$(台)である。

(4)　バナナを選んだ児童128人のうち，みかんを選ばなかった児童が最も少なくなるのは，みかんを選んだ児童81人がすべてバナナを選んだ場合だから，求める人数は128－81＝47(人)である。

(5)　台形ＡＢＦＥと台形ＥＦＣＤの面積の比が５：７だから，台形ＡＢＦＥと台形ＡＢＣＤの面積の比は５：(５＋７)＝５：12である。また，台形ＡＢＦＥと台形ＡＢＣＤの高さは等しいから，面積の比は上底と下底の和の比と等しい。台形ＡＢＣＤの上底と下底の和は３＋５＝８(cm)だから，台形ＡＢＦＥの上底と下底の和は$8\times\frac{5}{12}=\frac{10}{3}$(cm)であり，これがＡＥ＋ＢＦ＝１＋ＢＦに等しい。したがって，$\mathrm{BF}=\frac{10}{3}-1=\frac{7}{3}=2\frac{1}{3}$(cm)

2　(1)①　図形を手前，奥，右，左，上から見て，１辺の長さが１cmの正方形の面が何個あるかを考える。
１辺の長さが１cmの正方形の個数は，手前と奥から見ると２個ずつ，右と左から見ると４個ずつ，上から見ると３個見える。よって，合計で２×２＋４×２＋３＝15(個)だから，求める面積は15(㎠)である。

②　ウは同じ向きで２つ重ねればよい。オ，カ，キはもとの図形に上下で向きを変えるなどして重ねれば立方体ができる。

③　ア～クのブロックは全て４個の立方体からできているので，立方体の個数の合計が４の倍数でない立体は作ることができない。

(2)①　$y=120\times x$と表されるため，比例のグラフを選ぶ。また，$x=5$のとき，$y=120\times5=600$になっているウが正しい。

②　同じ道のりを進む速さはかかる時間に反比例する。よって，Ｐ地点からＢ地点までをＡ地点からＰ地点まで進

むのと同じ速さで進むとすると，５×1.2＝６(分)かかることになる。速さが等しければ，進む道のりはかかる時間と比例するので，Ａ地点からＰ地点までとＰ地点からＢ地点までの道のりの比は 10：６＝５：３である。

よって，Ａ地点からＰ地点までの道のりは，$1200\times\frac{5}{5+3}=750$(m)である。

③　しほさんの進む速さは分速 80m なので，出発してから 1200÷80＝15(分)でＢ地点に到着する。しほさんがゆうさんを追い抜いたのはＢ地点に到着する２分前なので，出発して 13 分後である。このとき，Ａ地点からは 80×13＝1040(m)離(はな)れている。ゆうさんはしほさんより３分早く出発したので，1040m を 13＋３＝16(分)で移動したことになる。したがって，ゆうさんの進む速さは，1040÷16＝65 より，分速 65m である。

3　⑴　この魔方陣(まほうじん)では，３つの数の和は９＋24＋６＝39 となる。よって，ア＝39−(９＋20)＝10 である。また，中央の数は 39−(６＋20)＝13 だから，イ＝39−(９＋13)＝17 である。

⑵①　並んだ３個の数の和が 15 だと言っているので，マスに入る９個の数すべての和は 15×３＝45 である。

②　中央の数は図５で表した４組すべてにふくまれるので４個分足される。その４個分のうち，「マスに入る９個の数すべての和」の中に１個分がふくまれるので，マスに入る９個の数すべての和と中央のマスに入る数の<u>３倍</u>との和であることに気をつける。

③　魔方陣は上下左右対称なので，１の入れ方は四隅(よすみ)(ア，ウ，カ，ク)に入れるか(図ⅰはアに入れた例)，５の上下左右(イ，エ，オ，キ)に入れるか(図ⅱはイに入れた例)である。図ⅰでは，１がふくまれる縦の列と横の列に数を入れる必要があるが，１がふくまれる組み合わせは(１，５，９)(１，６，８)の２通りしかないので適さない。図ⅱでは，１がふくまれる横の列に６と８を入れればよい。よって１を入れることができるマスはイ，エ，オ，キである。

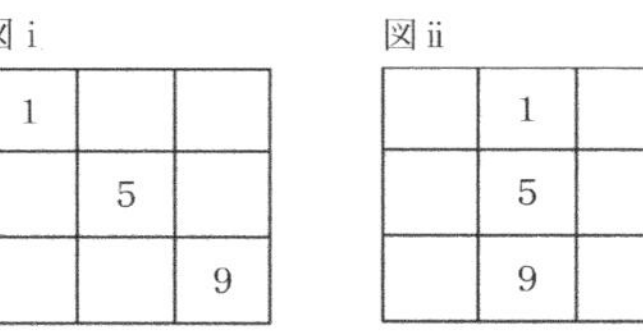

図ⅲ

A	8	B
C	5	D
E	F	G

④　図ⅲのようにマスにあてはまる数字をそれぞれＡからＧとする。

９個の数すべての和は２＋３＋４＋４＋５＋６＋６＋７＋８＝45 より，並んだ３個の数の和は 45÷３＝15 である。よって，Ｆ＝15−(８＋５)＝２　　また，ＥとＧに当てはまる数を考えると，Ｅ＋Ｇ＝15−２＝13 であり，残りの３から７までの２数の和が 13 となる組み合わせは６と７のみである。よって，Ｅ＝６，Ｇ＝７(Ｅ＝７，Ｇ＝６としてもよい)である。このとき，Ａ＝15−(５＋７)＝３，Ｂ＝15−(５＋６)＝４となるので，Ｃ＝15−(３＋６)＝６，Ｄ＝15−(４＋７)＝４である。

4　⑴　14 は 11 以上 20 以下だから，14×２−21＝７となる。

⑵①　はじめの数を１として操作をくり返したとき，６回目の操作で１に戻る。よって１回目から数えると，２，４，８，16，11，１の６つの数をくり返すので，操作を６の倍数回行ったときの結果は１となる。

100÷６＝16 余り４より，100 回目の結果は４回目と同じ結果になるから，16 である。

②　はじめの数を９とすると，１回目は９×２＝18，２回目は 18×２−21＝15，３回目は 15×２−21＝９，…となり，１回目から数えると，18，15，９の３つの数をくり返す。よって，この操作を 200 回くり返したとき，200÷３＝66 余り２より，200 回目の結果は２回目と同じ結果になるから，15 である。つまり，２回目の結果が９のとき，200 回目の結果も９になるので，はじめの数を 18 にすればよい。

③　この操作を行った結果出てくる数の中で，最大の数は□＝10 のときの 10×２＝20 である。よって，2023 回目の結果が 20 になる場合を考える。表を見ると，はじめの数が５のときの２回目の結果が 20 となっている。はじめの数が５のとき，１回目から数えると，10，20，19，17，13，５の６つの数をくり返すので，

2023÷６＝337 余り１より，2023 回目の結果は１回目の結果と同じ 10 になる。よって，⑵と同様に考えて，はじめの数を 10 にすればよい。

《解答例》

（例文）

私は『窓ぎわのトットちゃん』という本を読みました。トットちゃんは、ふつうの小学校に入学するのですが、机のふたをずっと開け閉めするなど、自由に行動して先生を困らせ、退学になってしまいます。そこで、トモエ学園という、電車を教室にした学校に転校しました。その学校の校長先生がトットちゃんに言った、「君は、ほんとうは、いい子なんだよ」という言葉が印象に残っています。

トットちゃんは、みんなと同じように行動するのが苦手だったのだと思います。しかし、自分に合った自由な学校で過ごし、校長先生に自分の個性を認められることで、生き生きと楽しく学校生活を送ることができました。この本を読んで、他の人とちがっていてもいいのだということ、自分を認めてくれる人がいることが、自信につながるのだということを知りました。読書は、学校では教わらないけれど、生きる上で大切なことを教えてくれるものだと思います。

《解答例》

一　1．a．示　b．複雑　c．起　2．い　3．ウ　4．それが人間

5．Ⅰ．さまざまな情報を入手する　Ⅱ．昆虫の存続

二　1．(1)おおがい　(2)ウ　2．①ウ　②エ　③ア　④イ　3．方言　4．漢字

5．(例文)彼の演奏は、私の心の琴線にふれた。

三　1．A．ア　B．エ　2．ア　3．人間が活動する場であり、まわりの人間を排除することはできないから。

4．ウ　5．従来　6．完全な知識　7．イ

《解　説》

一　著作権に関係する弊社(へいしゃ)の都合により本文を非掲載(ひけいさい)としておりますので、解説を省略させていただきます。ご不便をおかけし申し訳ございませんが、ご了承(りょうしょう)ください。

二　1　部首は「頁」の部分。

2①　東野さんのことばにある「きらきら(と)」は擬(ぎ)態語(ものの様子を感覚的に言い表した語)、「ぽろんぽろん(と)」は擬音語（音や鳴き声を感覚的に言い表した語)。よって、ウが適する。　②　花井さんは、比喩(ひゆ)(たとえ)や例示を表す「ように」という言葉を使って、詩から感じた内容を伝えている。よって、エが適する。

③　花井さんは、「私は遠くに引(ひ)っ越(こ)しする親友を送り出した時のことを思い出しながらこの詩を読みました～この詩を読むとその時の悲しさが少しなぐさめられるのです」と言っているので、「詩と自分の体験とを重ね」て詩をあじわっている。よって、アが適する。　④　直前で東野さんは、「『こころよ』という言葉が二回書かれている」と言っている。よって、イが適する。

3　東野さんは、「特定の地方で使われている言葉」が詩に使われていることに気づいた。［Ⅰ］の直前に「共通語で書かれた詩の中に」とあるので、ここには「特定の地方で使われている言葉」つまり「方言」が入る。

4　「題と本文にそれぞれ一か所ずつ」ある「草」だけが漢字で書かれている。他はすべてひらがな。

5　「(心の) 琴線にふれる」とは、良いものやすばらしいものを見聞きして、深く感動したり共感したりすること。

三　1A　前の文で述べたことの例として、「横長テレビ」をあげている。よって、アの「たとえば」が適する。

B　直後で述べていることは「これまでのロボット工学の常識」と、それに基づくアプローチから外れている。前に書かれた内容から予想されることに反する内容が後に書かれているので、エの「けれども」が適する。

2　最初の字が清音かだく音(「き」か「ぎ」)という違いよりも、二番目の字のあいうえお順が優先される。よって、アが適する。

3　直前に「日常生活において、まわりの人間を排除(はいじょ)することはできない。日常生活とは、人間が活動する場であり」とある。「日常生活」とは「人間が活動する場」であり、「人間を排除することはできない」。そのため、そこで働くロボットは、人間を意識する必要がある。

4　「あとから」を「調べ直した」の直前に置いても意味が通じ、大きく意味が変わらない。よって、ウが適する。

6　［Ⅰ］をふくむ部分は、少し前の「人間がよく分からなくても、人が利用する物を作ることは可能である」に、「もう少し説明を加え」たものなので、「人間がよく分からなくても」と、「人間に関する［Ⅰ］なしに」が対応している。「人間がよく分からなくても」というのは、人間に関する「完全な知識」がなくてもと言いかえられる。

7　本文の後半で、「インターネットや携帯(けいたい)電話」といった技術は、「製品の改良と人間に対する理解が同時に進行する」と述べ、「人と関わるロボットも、インターネットと同様である」と説明している。よって、イが適する。

《解答例》

1　⑴①山梨　②ⓐイ　ⓑオ　③ウ　④砂防　⑵①ア，エ　②(ⅰ)イ　(ⅱ)エ
⑶①しん食　②ア　③右図　⑷①イ　②食物れんさ　③ウ　④エ　⑤ⓐイ　ⓑオ

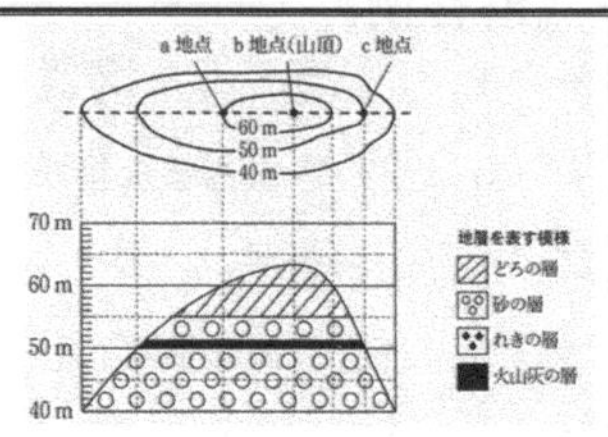

2　⑴①イ　②20　③ウ　⑵①イ　②産業やくらしを支える鉄の主要な原料を日本はすべて輸入にたよっており，その多くをオーストラリアから輸入しているから。
⑶①税金を納める義務　②ア，イ

3　⑴①ⓐイ　ⓑウ　②ア　③ⓐイ　ⓑエ　ⓒカ　④イ　⑵①極　②支点から作用点までのきょりの方が，支点から力点までのきょりよりも短い　③(ⅰ)ア　(ⅱ)㋒80　㋓100

《解　説》

1　⑴①　山梨県には南アルプスや富士山があるため，雪解け水が多いのでミネラルウォーターの生産量が多い。

②ⓐ　内陸県は栃木県・群馬県・埼玉県・山梨県・長野県・岐阜県・滋賀県・奈良県なので，イを選ぶ。

ⓑ　図1より，岐阜県のミネラルウォーター類の生産量は38.4×0.075＝2.88(億L)なので，オを選ぶ。

③　図2より，2020年のミネラルウォーター類の国内生産量は，2005年の38.4÷14.3＝2.68…(倍)なので，ウを選ぶ。　④　砂防ダムが無いと，水に押し流された土砂が川からあふれ，土石流となって家などを押しつぶす恐れがある。砂防ダムでは，上段のダムで大きな石，下段のダムで砂をせき止め，その下の川も直線状になるように工夫されている。

⑵①　アとエを選ぶ。鎌倉幕府8代執権北条時宗は，元による服属の要求をしりぞけた。そのために元軍は日本を襲来したが，いずれも暴風雨の影響などにより引き上げた(元寇)。イとウは平安時代，オは室町時代。

②(ⅰ)　イが正しい。安土桃山時代の刀狩によって百姓が武器を使って戦うことができなくなったため，武士との身分がはっきりと区別されるようになった(兵農分離)。アは徳川家康・徳川秀忠，エは織田信長。ウの浮世絵は江戸時代。　(ⅱ)　エを選ぶ。最上川は米沢盆地や山形盆地を通り，庄内平野を経て日本海に流れ込む日本三急流の1つである。アには木曽三川(木曽川・長良川・揖斐川)，イには信濃川，ウには北上川・阿武隈川が流れる。

⑶①　地面をけずるはたらきをしん食，土砂を運ぶはたらきを運ぱん，土砂を積もらせるはたらきをたい積という。

②　どろ(直径0.06㎜以下)，砂(直径0.06㎜～2㎜)，れき(直径2㎜)はつぶの大きさで区別される。つぶが大きいものほど重いので，はやくしずむ。よって，下から，れき→砂→どろの順にたい積しているアが正答となる。

③　標高45mから60mまでの15mの様子は，図5のa地点のボーリング調査の結果と同じであり，標高40mから45mまでの様子はc地点の結果，標高60mから山頂までの様子はb地点の結果を合わせて考えればよい。

⑷②　ふつう，食べる生物は食べられる生物よりも体が大きく，個体数が少ない。　③　イカダモが減ると，イカダモをえさとするミジンコが減り，その後，ミジンコをえさとするニゴロブナも減る。　④　こん虫は，体が頭，胸，腹の3つに分かれていて，3対のあしはすべて胸についている。　⑤　ⓐ図8の点線のグラフより，12月終わりから1月はじめにかけて，水深85m(湖底付近)で水中の酸素の量が急激に増えていることがわかる。

ⓑ図9より，1月から2月の平均気温は約2℃だと読み取れ，湖面付近の水温もこれに近い温度になっていると考えられる。よって，図10より，水1L当たりの重さは，湖底付近の水(約7～8℃)よりも湖面付近の水の方が重くなるため，酸素が多くとけている湖面付近の水が下に移動し，酸素が少ない湖底付近の水が上に移動することで，湖全体の水がかき混ぜられる。

2　⑴①　イを選ぶ。本居宣長は「古事記伝」を著し，国学(仏教や儒学が伝わる以前の日本人の考え方を探る学問)を大成した。アは全国を測量してまわり，「大日本沿海輿地全図」の作成に努めた。ウは天保のききんに苦しむ人々に対する奉行所の対応を批判し，1837 年に挙兵した。エは杉田玄白とともに，オランダ語で書かれた『ターヘル・アナトミア』を翻訳し，『解体新書』を出版した。　②　1901～2000 年が 20 世紀にあたる。　③　ウが正しい。陸奥宗光は日清戦争直前に領事裁判権(治外法権)の撤廃を実現させた。アは中国・オランダ，イはロシア，エはアメリカ合衆国。

⑵①　イが誤り。中華人民共和国への輸出額は中華人民共和国からの輸入額の 870÷588=1.47…(倍)なので，1.5倍以下である。　②　資料より，金属製品のほとんどが鉄でできており，日常生活で欠かせない交通機関や施設に多く使われていることが読み取れる。そのことを踏まえて図１と図２を見ると，鉄鋼業の主要原料である鉄鉱石や石炭はすべて輸入にたよっており，その半分以上がオーストラリア産であることが読み取れる。

⑶①　国民の三大義務は「納税の義務」「教育の義務」「勤労の義務」である。　②　アとイが正しい。国の予算は，内閣が予算案を作成した後，国会で審議されて決定される。内閣総理大臣は国会の議決で国会議員の中から指名される。ウとエは内閣，オは裁判所。

3　⑴②　実験１で固体が残らなかったＤとＥは，気体がとけているうすい塩酸かうすいアンモニア水のどちらかであり，これらのうち，実験２で赤色リトマス紙が青色に変化したＤはアルカリ性のうすいアンモニア水，実験３で青色リトマス紙が赤色に変化したＥは酸性のうすい塩酸である。なお，実験１で固体が残ったＡとＢとＣは，固体がとけている食塩水かミョウバンの水よう液か石灰水のいずれかであり，これらのうち実験２で赤色リトマス紙が青色に変化したＡはアルカリ性の石灰水，実験３で青色リトマス紙が赤色に変化したＢは酸性のミョウバンの水よう液，リトマス紙の色がどちらも変化しなかったＣは中性の食塩水である。　③　水50ｇにとける量は，表３の半分だから，20℃の水50ｇに食塩は35.8÷２=17.9(ｇ)までとける。よって，５ｇの食塩はとけたままである。ミョウバンについても同様に考えると，20℃の水50ｇには11.4÷２=5.7(ｇ)までとけるので，ミョウバンのつぶも出てくることはなく，２つの水よう液を区別することができない。　④　実験１より，ＦとＧは固体がとけている食塩水かミョウバンの水よう液か石灰水のいずれかであり，実験２より，酸性か中性の食塩水かミョウバンの水よう液のどちらかだとわかる。また，実験１より，Ｈは気体がとけているうすい塩酸かうすいアンモニア水のどちらかであり，実験２より，酸性のうすい塩酸だとわかる。

⑵③(ⅰ)　支点の左右でてこをかたむけるはたらき〔重さ(ｇ)×支点からのきょり(㎝)〕が等しくなると，てこは水平になる。ここでは左右のうでの番号を支点からのきょりに置きかえて考える。図10のとき，20ｇのおもりがてこを右にかたむけるはたらきは20×４=80だから，磁石の重さは80÷２=40(ｇ)だとわかる。よって，磁石とおもりの重さの比は40：20=２：１であり，てこが水平になるときの支点からのきょりの比はその逆比である１：２になるから，アが正答となる。　(ⅱ)　右のうでの４に追加した40ｇのおもりがてこを右にかたむけるはたらきは40×４=160だから，左のうでの２を160÷２=80(ｇ)の力で上に引いたことと同じである。50ｇのおもりについても同様に考えると，左のうでの２を(50×４)÷２=100(ｇ)の力で上に引いたことになる。

《解答例》

1　(1)$\frac{7}{12}$　(2)イ，エ，カ　(3)62.8　(4)80　(5)右図　(6)64，81

2　(1)①5.5　②7回…5　8回…0　9回…1　10回…0　③5

(2)①3450　②6　③シュークリーム…2　ケーキ…1　プリン…7

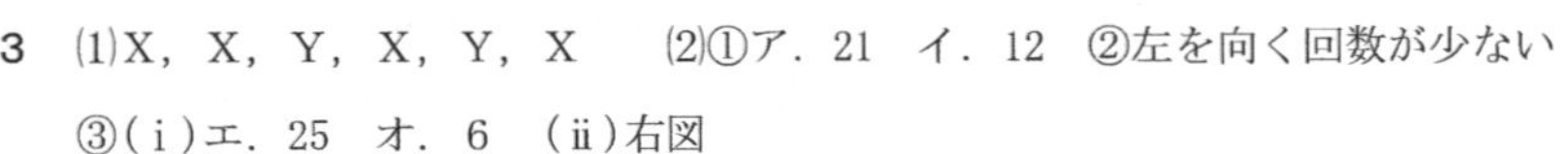

3　(1)X，X，Y，X，Y，X　(2)①ア．21　イ．12　②左を向く回数が少ない

③(ⅰ)エ．25　オ．6　(ⅱ)右図

4　(1)①5　②(ⅰ)1024　(ⅱ)32　(2)①3でわるとあまりが1になる。　②225

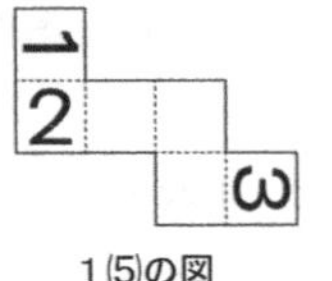

1(5)の図

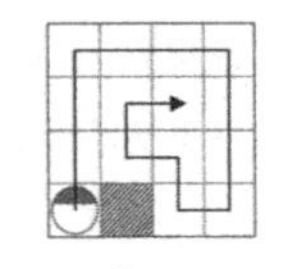

3(2)③(ⅱ)の図

《解　説》

1　(1)　$\frac{13}{6}$，$\frac{19}{8}$，$2.75=2\frac{3}{4}=\frac{11}{4}$を通分すると，$\frac{13}{6}=\frac{52}{24}$，$\frac{19}{8}=\frac{57}{24}$，$\frac{11}{4}=\frac{66}{24}$となるから，求める差は，$\frac{66}{24}-\frac{52}{24}=\frac{14}{24}=\frac{7}{12}$

(2)　約分すると$\frac{3}{5}$になるので，約分する前は，$\frac{3\times A}{5\times A}$と表せる。

このときの分子と分母の数の和は，$3\times A+5\times A=(3+5)\times A=8\times A$となる。

六つの数の和は$1+2+3+5+8+13=32=8\times 4$だから，A＝4だとわかる。

よって，分母の数の和は$5\times 4=20$となるので，六つの数のうち，和が20となる三つの数を探すと，

2，5，13が見つかり，これが求める数となる。

(3)　図形2について，右のように作図すると，1辺が6cmの正三角形が6つできる。

よって，図形3のまわりの長さは，半径が6cm，中心角が$360°-60°\times 3=180°$のおうぎ形の曲線部分2つ分の長さと，半径が6cm，中心角が$360°-60°\times 4=120°$のおうぎ形の曲線部分2つ分の長さの和だから，

$6\times 2\times 3.14\times\frac{180°}{360°}\times 2+6\times 2\times 3.14\times\frac{120°}{360°}\times 2=(12+8)\times 3.14=62.8$(cm)

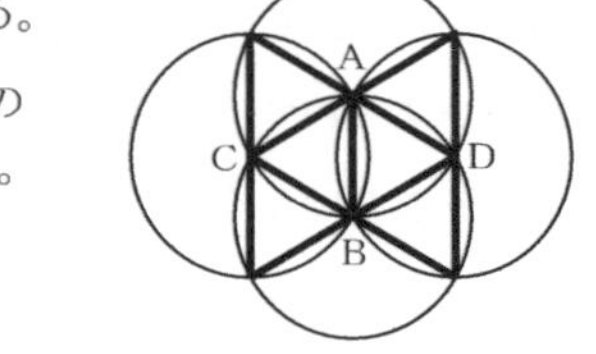

(4)　あきさんは自宅から120mの地点で家に戻り，再び図書館まで移動したので，歩いた道のりの和は，$120\times 2+1200=1440$(m)である。引き返して自宅に着いてからは，2分後に再び出発したので，歩いた時間の合計は，午前10時20分－午前10時－2分＝18分である。よって，求める速さは，分速(1440÷18)m＝分速80m

(5)　図1について，図ⅰのようにPをおくと，展開図でのPの位置は図ⅱのようになる。よって，3の位置，向きは解答例のようになる。

(6)　12の約数は1と12，2と6，3と4，となるように，約数は基本ペアができるので，約数の個数は偶数(ぐうすう)になることが多い。

16の約数は1と16，2と8，4，となるように，約数の個数が奇数である数は，$2\times 2=4$，$3\times 3=9$のように同じ数を2回かけてできる数(これを平方数という)である。

2以上99以下の整数のうち，このような数を大きい方から2つ探すと，$8\times 8=64$と$9\times 9=81$が見つかる。

2　(1)①　18人の中央値は，$18\div 2=9$より，大きさ順で9番目と10番目の記録の平均である。

図より，小さい順で9番目は5回，10番目は6回とわかるから，中央値は，$(5+6)\div 2=5.5$(回)

②　表1より，記録の最大値は9回だから，10回の児童は0人で，9回の児童は少なくとも1人いるとわかる。

18人の平均値が4.5回だから，18人の記録の合計は，$4.5\times 18=81$(回)である。そのうち，記録が0～6回である

２＋１＋３＋１＋１＋１＋３＝12(人)の記録の合計は，１＋２×３＋３＋４＋５＋６×３＝37(回)だから，記録が７～９回である18－12＝６(人)の記録の合計は，81－37＝44(回)である。

最頻値(最も度数の大きい記録)が７回であることから，７回の児童は４人以上いる。

よって，記録が７～９回である６人のうち，４人は７回，１人は９回だから，残り１人の記録は，

44－(７×４＋９)＝７(回)である。したがって，記録が７回，８回，９回，10回である児童の人数はそれぞれ，

４＋１＝５(人)，０人，１人，０人である。

③　Ａ班18人の記録の合計は81回，Ｂ班15人の記録の合計は5.6×15＝84(回)だから，18＋15＝33(人)の記録の合計は，81＋84＝165(回)である。よって，全員の平均値は，165÷33＝５(回)

(2)①　シュークリームは$9\times\frac{2}{2+1}$＝６(個)，ケーキは９－６＝３(個)買ったから，求める金額(きんがく)は，

350×６＋450×３＝2100＋1350＝3450(円)

②　シュークリームとプリンを３個ずつ買うと，合計で350×３＋170×３＝1560(円)となる。

ここから，あと2100－1560＝540(円)分だけシュークリームとプリンを買うことができる(買わなくてもよい)。

考えられる追加で買える(シュークリーム，プリン)の個数の組み合わせは，(０，０)(０，１)(０，２)(０，３)(１，０)(１，１)の６通りであり，これが求める組み合わせである。

③　シュークリームとケーキとプリンをそれぞれ１個ずつ買ったときの合計は，350＋450＋170＝970(円)であり，ここから，あと2340－970＝1370(円)分買った。

1370の十の位の数が７であることから，プリンを少なくとも１個買ったことがわかり，残りの金額は1370－170＝1200(円)となる。シュークリーム(350円)とケーキ(450円)の組み合わせで1200円となるものはないので，

プリンも買うことで1200円になるような組み合わせを考える。十の位に注目すると，プリンの個数は５個に決まるので，170×５＝850，350＋170×５＝1200より，シュークリーム１個とプリン５個で1200円になることがわかる。以上より，シュークリームを１＋１＝２(個)，ケーキを１個，プリンを１＋１＋５＝７(個)買った。

3　(1)　ロボットは，前に２マス進み，右に90°回転し，前に１マス進み，右に90°回転し，前に１マス進む。

よって，(Ｘ，Ｘ，Ｙ，Ｘ，Ｙ，Ｘ)となる。

(2)①　図５のようにロボットを動かすと，ロボットはＸ(前に１マス進む動作)を15回，Ｙ(右に90°回転する動作)を６回行うので，動作の合計時間は，15＋６＝ア<u>21</u>(秒)である。

図７のようにロボットを動かすと，Ｘは図５のときと同じく15回になる。Ｙの回数は，左を向くごとにＹを３回させるから，全部で３×６＝18(回)になる。よって，図５のときよりもＹの回数が18－６＝12(回)多くなるから，動作の合計時間はイ<u>12</u>秒増える。

②　すべてのマスを１回ずつ通るように動かすときは，どのように動かしてもＸの回数は同じであり，

Ｙの回数は，(右を向く回数)×１＋(左を向く回数)×３で求められる。図７は左を向く回数が６回，図８は２回である。

③(ｉ)　②をふまえる。Ⅱ案について，Ｘの回数は14回，Ｙの回数は５×１＋２×３＝11(回)だから，動作の合計時間は，14＋11＝エ<u>25</u>(秒)である。

Ⅲ案について，Ｘの回数は14回，左を向くのに動かしたＹの回数は１×３＝３(回)，ＸとＹの回数の合計は動作の合計時間の値に等しく23回だから，右を向く回数は，23－14－３＝オ<u>６</u>(回)

(ⅱ)　右を向く回数が６回，左を向く回数が１回になるような矢印を考える。

できるだけ左を向く回数が少なくなるように矢印を考えていくと，解答例のような矢印が見つかる。

4　(1)①　１回目の作業後に残るカードは，２，４，６，８，10，12，14，16，18，20の10枚である。

よって，２回目の作業Ⅰで取りのぞかれるカードは，２，６，10，14，18の５枚である。

②(ⅰ)　「なつさんのまとめ」から，１回目の作業Ⅰで２の倍数，２回目の作業Ⅰで２×２＝４の倍数，３回目の作業Ⅰで２×２×２＝８の倍数，…が残ることがわかる。２を何回かかけてできる2022より小さい数のうち，最大の数は，２×２×２×２×２×２×２×２×２×２＝1024，1024×２＝2048より，1024である。

よって，最後の作業Ⅰで1024の倍数が残るから，求める数は1024である。

(ⅱ)　最後の作業Ⅰで32が残るのは，最後の作業Ⅰで32の倍数が残ったときである。このとき，32だけ残るには，「ある整数」が32以上，32×２＝64未満であればよい(64までだと最後の作業Ⅰで32が取りのぞかれ，64が残る)。よって，あてはまる整数は，32から63までの，63－32＋１＝32(個)

(2)①　取りのぞかれた数は，１，４，７，10，…となり，３の倍数より１大きい数になることがわかるので，３でわるとあまりが１になる数と説明できる。

②　作業Ⅱを１回行うごとに，カードの数が全体の$\frac{2}{3}$になる(カードの数が３の倍数の場合)のだから，作業Ⅱを２回行うと，カードの数が全体の$\frac{2}{3}\times\frac{2}{3}=\frac{4}{9}$になる(カードの数が９の倍数の場合)。

よって，カードを９枚ごとに１セットとして考えると，１セット目のカードは，１～９の９枚で，これが１回目の作業Ⅱで残りが２，３，５，６，８，９の６枚，２回目の作業Ⅱで残りが３，５，８，９の４枚となる。

このように，２回目の作業Ⅱで残るカードは，１セットごとに４枚となるから，小さい方から100番目の数は，100÷４＝25セット目の最後の数である。また，各セットの最後の数は９の倍数であり，残ることがわかるので，求める数は，９×25＝225

《解答例》

〈作文のポイント〉

・最初に自分の主張、立場を明確に決め、その内容に沿って書いていく。

・わかりやすい表現を心がける。自信のない表現や漢字は使わない。

さらにくわしい作文の書き方・作文例はこちら！→

https://kyoei-syuppan.net/mobile/files/sakupo.html

《解答例》

一　1．a．民族　b．営　c．似　2．世界に中心はなく、ひとつにつながっている　3．エ　4．⑴イ
⑵友人は、地球を離れても人類が生き延びるためと考え、筆者は、人類が地球上で生き延びていく智恵を探すためと考えている。　5．つながり

二　1．ア　2．①風雨　②花　3．主語…別れは　述語…つらい　4．あ．七　い．五（あといは順不同）
う．二　5．リレーをしているみたい　6．③かくご　④乗りこえよう　⑤別れの悲しみや痛み

三　1．ウ　2．ア　3．あ．異質文化が容易に身につかない異国　い．異質文化を身につけて帰った後の故郷（あといは順不同）　4．文明どうし　5．Ⅰ．高度な知的情報　Ⅱ．自他の文明を強く意識する機会

《解　説》

一　**2**　――線部①の直前の段落で、筆者が「『人類全体の価値観』にまで高めたい」と思っていることを指す。具体的には「世界に中心はなく、ひとつにつながっている」という、オーサグラフ地図に示されているメッセージの内容を指している。

4⑴　［　　］の部分の最後の4行「日本人は自然とどう向き合い、付き合ってきたのかを説明するうちに～『次回の宇宙滞在を、君の言う観点からも考えてみるよ』と言ってくれました」より、イが適する。　**⑵**　友人の考えは「彼は他の多くの宇宙飛行士と同じように、『地球を離れても人類が持続的に生き延びられるようにするため』と主張しました」からまとめる。筆者の考えは「『われわれが宇宙を目指すのは～将来、地球環境が大きく変わったとき、それでも人類がこの地球上で生き延びていくための智恵を探すためではないかと思う』」からまとめる。

5　最終段落で、筆者は「過去四〇億年つながって多様化してきた地球生命」、それを絶やさないことが必要で、「地球をよりよく知る智恵を得るためとして宇宙活動をとらえるべき」だと主張している。［　　］の部分でも「この地球で生命全体のつながりの中にいるからこそ、人間は人間という存在でいられる。そのつながりを離れたら、人間は人間でなくなる」と、人間が人間であるために、生命のつながりを継続する大切さを強調している。

二　**2**　「離れ離れになる自分と友人の姿を～の中で散ろうとする～に重ねている」の下線部を手がかりにして、あてはまる言葉を探す。

3　――線部Bは倒置法を用いた表現なので、ふつうの順番「親しい人との別れは、確かにつらい。」にするとわかりやすい。主語は「何は」「何が」などにあたるもの、述語は「どんなだ」「どうした」などにあたるもの。

4あ・い　短歌は五・七・五・七・七の五句三十一音を定型とし、俳句は五・七・五の三句十七音を定型とする。
う　井伏鱒二の詩は「受ケテクレ」と「ミツガシテオクレ」、寺山修司の詩は「何だろう」が同じ。どちらも二回用いられている。　**5**　「第一走者～第二走者～第三走者」という表現から考える。「『たとえ(比喩)』の表現を用いた言葉」とあるので、「～みたい」「～のよう」などの表現が適する。

6③　井伏鱒二の詩の「『サヨナラ』ダケガ人生ダ」の部分について、西川さんが「かくごしているように思いました」と話している。　**④**　寺山修司の詩について、西川さんが「『別れを受け入れるだけが人生なのだろうか。』と反論し、乗りこえようとしているようにも思えます」と話している。　**⑤**　いずれも「別れ」を主題にした詩である。三人の作者は共通して、別れの悲しみや痛みと向き合ったと思われる。

三　2　──線部①の直後の「そこからさまざまな大思想や大技術をこの国に伝えたが、日常の風俗習慣は移さなかった」より、アが適する。

3　──線部②の1～4行後の「いったん異国の土を踏めば滞在は長くなった～容易に身につかない異質文化のなかで孤独になり、それを身につけて帰国すると、今度は故郷で孤独になった」の部分からまとめる。

4　本文の1行目に「かつて海は、巨大な文明の篩であった」とあり、その直後の文に、海を篩に例えたのはどういう意味なのか述べられている。

5　筆者は、二十世紀は、かつて巨大な文明の篩であった海の持つ力が失われ始めた時代であると述べている。通信衛星やインターネットの発達によって、高度な知的情報は即時に間断なく伝えられるようになり、異文化との出会いで得られていた感動をともなう新鮮さは奪われた。その結果「自他の文明を強く意識する機会は乏しくなった」とまとめられている。

《解答例》

1　⑴X．水俣病　Y．四日市ぜんそく　Z．イタイイタイ病　⑵ウ　⑶①イ　②a．イ　b．ア　c．ウ
⑷日本が排出する温室効果ガスの大部分が二酸化炭素であり，図４の四つの輸送機関の中で，鉄道が１人を１㎞輸送するときに排出する二酸化炭素の量が最も少ないから。

2　⑴エ　⑵ア→イ→エ→ウ　⑶イ　⑷ウ，オ　⑸㋐イ　㋑西から東へ変化する　㋒オ　⑹ア
⑺東海道　⑻ア，ウ　⑼a．石包丁　b．佐賀　⑽オ　⑾①ウ　②c．平均気温が２７℃を上回る年が多くなり，高温障害が発生しやすく品質の悪い米の割合が高くなる　d．登熟初中期の高温に強く，味や単位面積当たりの収穫量がコシヒカリと同程度である　⑿①イ　②エ　③エ　④㋑では葉に日光が当たらないので，でんぷんを作ることができなかったから。

3　⑴①58.2　②ウ　③(ⅰ)食塩はミョウバンに比べると，水にとける量が温度によって変化しにくいから。　(ⅱ)イ
⑵①㋑オ　㋒キ（㋑と㋒は順不同）　②ふれはば　③㋔２　㋕38　④向き…X　長さ…15

《解　説》

1　⑴(X)　水俣病は，八代海沿岸(熊本県・鹿児島県)で多発した，手足が震えたりしびれたりする病気である。工場廃水中の有機水銀が原因であった。　(Y)　四日市ぜんそくは，三重県で発生した大気汚染によるぜんそくである。石油化学工場から出た硫黄酸化物が原因であった。　(Z)　イタイイタイ病は，神通川(富山県)流域で多発した，骨が病変して折れやすくなる病気である。鉱山廃水中のカドミウムが原因であった。

⑵　ウが正しい。　A．阿賀野川沿岸(新潟県)で発生したのは，昭和時代の新潟水俣病である。　B．衆議院議員であった田中正造は，帝国議会でこの事件を取り上げて政府の責任を追及した。

⑶①　イが正しい。C．国務大臣は内閣総理大臣によって任命され，その過半数は国会議員の中から選ばれる。D．総務省・法務省・外務省・財務省・文部科学省・厚生労働省・農林水産省・経済産業省・国土交通省・環境省・防衛省の11省である。　②　aの社会保障費には医療保険などが含まれるから，イを選ぶ。bは国債費だからアを選ぶ。cは，地方財政の格差を是正するために国から交付される地方交付税交付金だから，ウを選ぶ。

⑷　図３より，日本が排出する温室効果ガスは，90％以上が二酸化炭素だとわかる。それを踏まえて図４を見ると，１人を１㎞輸送することで排出される二酸化炭素の量において，鉄道は自家用乗用車・航空・バスの半分以下だとわかる。自家用乗用車などでの移動距離を短くして，代わりに鉄道やバスで移動する「パークアンドライド」や「モーダルシフト」などの取り組みがすすめられていることも覚えておこう。

2　⑴　エを選ぶ。鎖国中，対馬藩は朝鮮，松前藩はアイヌの人々(蝦夷地)，薩摩藩は琉球王国との窓口になった。

⑵　ア．ノルマントン号事件(1886 年)→イ．大日本帝国憲法の発布(1889 年)→エ．領事裁判権の廃止(1894 年)→ウ．日露戦争の開始(1904 年)

⑶　イを選ぶ。江戸初期の鎖国政策が確立する前まで，東南アジアの国々と朱印船貿易が行われていた。アはタイ，ウはフィリピン，エはインドネシア。

⑷　ウとオが正しい。　ア．「南東」ではなく「南西」である。　イ．「西」ではなく「東」である。　エ．日牟禮八幡宮からの距離は，博物館(🏛)が約 500m，本願寺八幡別院が約 750mで，博物館のほうが近い。

⑸　㋐イ○…太陽は東の地平線からのぼり，南の空を通って，西の地平線にしずむので，きれいな夕焼けが見えているということは，太陽がしずんでいく西の空が晴れているということである。　㋑春ごろの天気は，日本列島上空にふくへん西風

の影響で，西から東へ変化する。　㋒オ○…西の空が晴れているので，天気が西から東へ変化して晴れになる。

(6)　ア○…月は太陽の光を反射して光って見える。太陽がしずんだ直後に南西の空にあるのは三日月である。南西の空にある三日月は太陽がある右下が細く光って見える。

(7)　右図参照

(8)　アとウが正しい。　イ．「桶狭間の戦い」ではなく「長篠の戦い」である。桶狭間の戦いは，織田信長と今川義元の戦いである。　エ．豊臣秀吉についての記述である。　オ．織田信長は仏教勢力と対立し，キリスト教を保護した。

(9)(a)　石包丁は稲の穂先をかり取るための石器である。

(10)　オ○…かげは太陽と反対の方角にできるので，かげは西，北，東の順に動いていく。午前7時から午後3時までの棒の影の先端の動きだから，西側が長いエとオのうち，太陽が真南にあるときの(真北にできた)影が最も短くなっているオが正答である。

(11)①　ウが正しい。全農家のうち5ha 以上の経営規模である農家の割合は 2005 年が 91÷2308×100＝39.42…(%)，2015 年が 117÷1355×100＝8.63…(%)である。　ア．農家戸数の減少数は，2005 年から 2010 年が 498 戸，2010 年から 2015 年が 455 戸だから，2005 年から 2010 年のほうが大きい。

イ．2015 年の耕地面積は，2005 年の 70%(4016×0.7＝2811.2(ha))以下となっていない。　エ．農家1戸当たりの耕地面積は，2010 年が 3555÷1810＝1.96…(ha)，2015 年が 2940÷1355＝2.16…(ha)だから，増加している。

②c　資料の「コシヒカリ，キヌヒカリは，登熟初中期の平均気温が27℃を上回る年は高温障害が発生しやすく，品質の悪い米の割合が高くなる」に着目し，図9で登熟初中期の平均気温が 27℃を上回る年が多いことと関連づける。

d　資料より，「味や単位面積当たりの収穫量は，コシヒカリと同程度」「登熟初中期の高温に強い」というみずかがみの特ちょうを読み取る。

(12)①　イ○…ある条件が必要かどうかを調べるとき，その条件以外を同じにして結果を比べる実験を対照実験という。AとCは水の条件以外が同じで，Aが発芽せずCが発芽したことから，インゲンマメの種子の発芽には水が必要だとわかる。　②　エ○…Eと適当な温度の条件以外が同じDを比べる。　③　エ○…レタスの種子は発芽に日光が必要だから，日光が当たらないDでは発芽しない。　④　植物の葉では，日光を受けて，水と二酸化炭素を材料にデンプンと酸素を作り出す。このはたらきを光合成という。

3　(1)①　水 50mL の重さは 50 g である。表1より，30℃の水 50mL にミョウバンは 8.2 g までとけるので，水よう液の重さは 50＋8.2＝58.2(g)となる。　②　ウ○…表2より，20℃の水 100mL にミョウバンは 11.6 g までとけるので，20℃の水 50mL には $11.6\times\frac{50}{100}$＝5.8(g)までとける。したがって，25－5.8＝19.2(g)のミョウバンが出てくる。

③(ⅰ)　表3より，100mL の水にとける食塩の量は水の温度によってほとんど変わらないことがわかる。

(ⅱ)　イ○…表3より，30℃の水 100 g に食塩は 36.1 g までとけることがわかる。食塩が 3.4 g とけていることから，水の量が $100\times\frac{3.4}{36.1}$＝9.41…→9.4mL になったときに食塩が出始めるので，食塩水が 9.4＋3.4＝12.8(g)になったときである。

(2)①　ふりこの長さ以外の条件が同じイとオとキを比べると，ふりこが1往復する時間がふりこの長さによって変わることがわかる。　②　イ，ウ，エはふれはば以外の条件が同じだから，ふりこが 1 往復する時間はふれはばによって変わらないことがわかる。　③　おもり全体の中心は，2つのおもりの中心の間の長さを2つのおもりの重さの逆比に分ける位置(10cm を 1：4に分ける位置)にある。したがって，おもり全体の中心は，40 g のおもりの中心から $10\times\frac{1}{1+4}$＝2(cm)離れた位置にあるので，bのふりこの長さはPからこの点までの 40－2＝38(cm)である。　④　bのふりこの長さがaと同じ 35cm になるようにする。つまり，40 g のおもりの中心からおもり全体の中心までの長さが5cm になるようにする。このとき，2つのおもりの中心の間の長さは5×5＝25(cm)だから，10 g のおもりの中心の位置は 40 g のおもりの中心から 25cm 上の位置にあり，10 g のおもりはXの向きに 25－10＝15(cm)移動させたと考えられる。

《解答例》

1　(1)480　(2)$\frac{160}{7}$　(3)35　(4)44　(5)$1\frac{1}{3}$　(6)2

2　(1)1008　(2)6の倍数の個数から12の倍数の個数をひく　(3)1013　(4)170

3　(1)①ⓐ8　ⓑイ　②42　(2)①21　②5

4　(1)6000　(2)4　(3)右図　(4)30

(5)5，42　求め方…(3)，(4)より，1．縦30㎝，横20㎝，高さ10㎝の直方体に毎分6000㎤で水を入れてこの直方体と同じ体積になる時間を求める。$\frac{30\times20\times10}{6000}=1$

2．縦30㎝，横10㎝，高さ4㎝の直方体に毎分6000㎤で水を入れてこの直方体と同じ体積になる時間を求める。$\frac{30\times10\times4}{6000}=0.2$　3．1と2の時間を4.5分に加える。4.5＋1＋0.2＝5.7

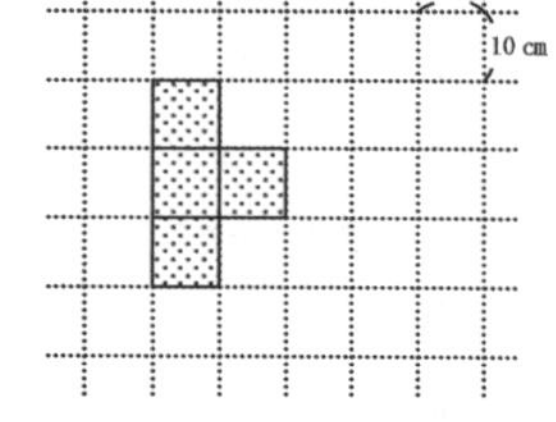

《解　説》

1　(1)　(　)の中の計算結果を最大にして，その数に4を足すかかけると，答えが大きくなる。または，(　)の中の計算結果を最小にして，4からその数を引くか4をその数で割ると，答えが大きくなる。このように4つの答えを出して最大のものを求める。

(　)の中は最大で，$\frac{1}{3}+\frac{1}{5}+\frac{1}{8}=\frac{40}{120}+\frac{24}{120}+\frac{15}{120}=\frac{79}{120}$に，最小で，$\frac{1}{3}-\frac{1}{5}-\frac{1}{8}=\frac{40}{120}-\frac{24}{120}-\frac{15}{120}=\frac{1}{120}$になる。

$4+\frac{79}{120}=4\frac{79}{120}$，$4\times\frac{79}{120}=\frac{79}{30}=2\frac{19}{30}$，$4-\frac{1}{120}=3\frac{119}{120}$，$4\div\frac{1}{120}=4\times120=480$のうち最大のものは，480である。

(2)　$\square\times\frac{21}{40}$と$\square\div\frac{32}{35}=\square\times\frac{35}{32}$の計算結果が1以上の整数になるためには，□に入る分数の分母が21と35の公約数で，分子が40と32の公倍数でなければならない。このような数のうち最小の数は，分母が21と35の最大公約数の7，分子が40と32の最小公倍数の160だから，$\frac{160}{7}$である。

(3)　右図のように道に記号をおく。カ，キ，クからは2つ選ばなければならず，そこで選ばなかった道をはさむ位置にあるように，ア，イ，ウから2つ選ばなければならない(例えば，ア，イ，カ，クの組み合わせがある)。したがって，通らない道はアとク，イとカ，ウとキのいずれかであり，このうち時間の合計が最も長いのはウとキの19分だから，かかる時間が最も短くなるのはア，イ，カ，クを通ったときの，10＋12＋6＋7＝35(分)である。

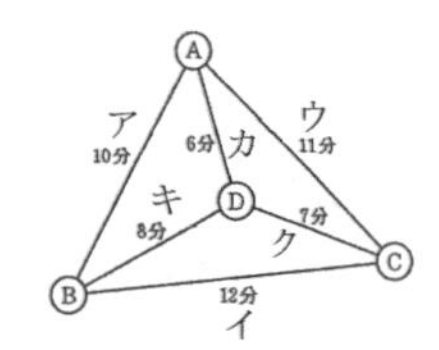

(4)　①～⑧それぞれを取り除いたときに，色をぬる面として減る面の数と増える面の数を調べると，右表のようになる(1辺が1㎝の立方体の面を1つと数えている)。減る面より増える面が多いのは⑤だけだから，⑤を取り除くと色をぬる面積が最大になり，取り除く前より1×(4－2)＝2(㎠)増える。

	減る面	増える面
①	3	2
②	4	1
③	4	2
④	3	3
⑤	2	4
⑥	4	2
⑦	3	3
⑧	4	2

次に，立方体を取り除く前の立体で板に接している面以外の表面積を求める。

立体を上，前，後ろ，左，右それぞれから見たときに見える1辺が1㎝の立方体の面の数は，それぞれ，8つ，9つ，9つ，7つ，7つである。これら以外に，右図の色をつけた面とその向かいの面も色がぬられるから，色がぬられる面は全部で，8＋9＋9＋7＋7＋2＝42ある。

図2

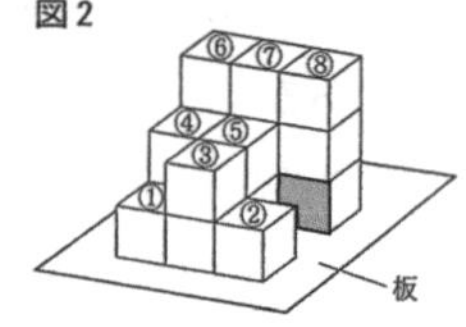

よって，⑤を取り除くことで，色をぬる面積は，$1\times42+2=44$(㎠)となる。

(5) 正六角形は右図のように合同な12個の三角形に分けることができる。

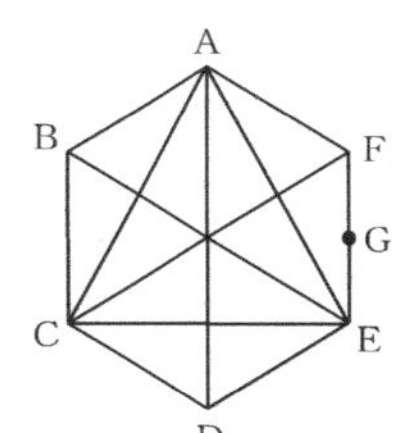

三角形ＦＣＥはこの三角形４個分だから，三角形ＦＣＥの面積は，$8\times\frac{4}{12}=\frac{8}{3}$(㎠)

三角形ＧＣＥと三角形ＦＣＥは，底辺をそれぞれＧＥ，ＦＥとしたときの高さが等しいから，面積比はＧＥ：ＦＥ＝１：２と等しいので，三角形ＧＣＥの面積は，

$\frac{8}{3}\times\frac{1}{2}=\frac{4}{3}=1\frac{1}{3}$(㎠)

(6) 速さの比は，同じ道のりを進むのにかかる時間の比の逆比と等しいことを利用する。

あつこさんが歩くときと走るときの速さの比は，40：20＝２：１の逆比の１：２である。

たろうさんが歩くときと走るときの速さの比は，25：10＝５：２の逆比の２：５である。

あつこさんが歩くときとたろうさんが歩くときの速さの比は，40：25＝８：５の逆比の５：８である。

したがって，あつこさんが１分間に歩く道のりを⑤とすると，１分間に進む道のりは，あつこさんが走るときは⑤×$\frac{2}{1}$＝⑩，たろうさんが歩くときは⑤×$\frac{8}{5}$＝⑧，たろうさんが走るときは⑧×$\frac{5}{2}$＝⑳である。また，全部の道のりは，⑤×40＝(200)である。

あつこさんが８分歩いて４分走ると⑤×８＋⑩×４＝⑳進むから，たろうさんは８＋４＝12(分)で(200)－⑳＝(120)進んだとわかる。たろうさんが12分歩くと⑧×12＝(96)進み，(120)には(120)－(96)＝㉔足りない。たろうさんが１分歩くことを１分走ることに置きかえると，進む道のりは⑳－⑧＝⑫増えるから，たろうさんが走った時間は，㉔÷⑫＝２(分)

2 (1) アの箱に入る数は，３の倍数のうちの４の倍数だから，３×４＝12の倍数である。

1001÷12＝83余り５より，1001より大きい最小の12の倍数は，12×84＝1008

(2) (1)より，アの箱に入る数は12の倍数である。３の倍数であり２の倍数である数は３×２＝６の倍数だから，６の倍数は「スタート」から左に行って，「４の倍数である」というところまで進む。６の倍数のうち12の倍数はアの箱に入り，12の倍数でない数はイの箱に入る。よって，イの箱に入る数の個数は，６の倍数の個数から12の倍数の個数を引くと求められる。

(3) カの箱に入るのは３の倍数でも２の倍数でもない数だから，奇数のうち３の倍数でない数である。小さい順にそのような数を探すと，1001，1003，1007，1009，1013，…が見つかるから，小さい方から５番目は1013である。

(4) オの箱に入るのは，３の倍数でないが，２の倍数であり，４の倍数ではない数である。整理すると，２の倍数のうち，４の倍数でも２×３＝６の倍数でもない数である。したがって，２の倍数の個数から，４の倍数と６の倍数の個数を引くが，これだけだと４と６の公倍数(最小公倍数である12の倍数)を二重に引くことになってしまうので，最後に12の倍数の個数を足せばよい。

1001から2021までの整数において，

２の倍数の個数は，2021÷２＝1010余り１，1001÷２＝500余り１より，1010－500＝510(個)ある。

４の倍数の個数は，2021÷４＝505余り１，1001÷４＝250余り１より，505－250＝255(個)ある。

６の倍数の個数は，2021÷６＝336余り５，1001÷６＝166余り５より，336－166＝170(個)ある。

12の倍数の個数は，2021÷12＝168余り５，1001÷12＝83余り５より，168－83＝85(個)ある。

よって，求める枚数は，510－255－170＋85＝170(枚)

3 (1)① あつこさんがたろうさんに碁石を４個渡すと，あつこさんの碁石が４個減ってたろうさんの碁石が４個増えるから，２人の碁石の数の差は４×２＝８(個)縮まる。これで数が同じになるのだから，最初にたろうさんが取り出した碁石の数は，あつこさんより<u>ⓐ8個</u><u>ⓑ少ない</u>。

② 同じ数の碁石を持っている状態からたろうさんがあつこさんに碁石を15個渡すと，２人の碁石の数の差は$15\times2=30$(個)になる。したがって，６：１の比の数の$6-1=5$が30個にあたるから，碁石は全部で，$30\times\frac{6+1}{5}=42$(個)ある。

(2)① 最初にはなさんとたろうさんが取り出した碁石の数の比は１：２であり，この比の数の$1+2=3$が84個にあたる。したがって，最初に取り出した碁石の数は，はなさんが$84\times\frac{1}{3}=28$(個)，たろうさんが$28\times2=56$(個)である。
はなさんの碁石の数がたろうさんの1.4倍のとき，はなさんとたろうさんの碁石の数の比は，1.4：１＝７：５である。このときたろうさんの碁石の数は，$84\times\frac{5}{7+5}=35$(個)だから，たろうさんがはなさんに碁石を$56-35=21$(個)渡すと，はなさんの碁石の数がたろうさんの1.4倍になる。

② 例えばⓓに入る数が３の場合，はなさんとたろうさんの碁石の数の比は３：１になるのだから，たろうさんが持っている碁石は，$84\times\frac{1}{3+1}=84\times\frac{1}{4}=21$(個)になる。つまり，たろうさんがはなさんに碁石を渡したあとのたろうさんの持っている碁石の個数は，$84\times\frac{1}{(\text{ⓓに入る数})+1}$(個)となる。したがって，(ⓓに入る数)＋１が84の約数のとき，たろうさんの持っている碁石の数が整数となり，はなさんの持っている碁石の数も整数となる。
(ⓓに入る数)＋１が84の約数になるようなⓓの値(あたい)は，１，２，３，５，６の５通りある。
最初たろうさんの碁石ははなさんの２倍であり，ⓓ＝１の場合はなさんと同じ数になるから，ⓓが１以上ならば，はなさんがたろうさんに碁石を渡さなければならないということはない(問題の条件に合わないということはない)。よって，ⓓ＝１，２，３，５，６はすべて条件に合うから，求める組の数も５通りである。

4 (1) 図４を見ると１分で水面が$40\div12=\frac{10}{3}$(cm)上がっているとわかる。水そうの底面積は，$30\times60=1800$(cm²)だから，水を入れている割合は，毎分$(1800\times\frac{10}{3})$cm³＝毎分6000cm³

(2) 図４では12分で，図５では10分で水そうが満水になっているので，ブロックの体積は，$12-10=2$(分)の間に入る水の体積と等しく，$6000\times2=12000$(cm³)である。直方体１個の体積は$30\times10\times10=3000$(cm³)だから，連結した直方体の個数は，$12000\div3000=4$(個)

(3) 図５，６を見ると，ブロックの左側の水面の高さが30cmになってから，ブロックの右側に水が入ってきたとわかる。ブロックの左側では，水面の高さが30cmになるまで(4.5分後まで)水面は一定の割合で高くなっているから，ブロックを左側から見ると，高さが30cmの平らなかべに見える。ブロックの左側の部分の底面積は，$6000\times4.5\div30=900$(cm²)である。
図６を見ると，ブロックの右側の部分において，①の間に水が$6000\times(5.5-4.5)=6000$(cm³)入ったから，この間に水が入る部分の底面積は，$6000\div10=600$(cm²)である。同様に，②の間に水が入る部分の底面積は，$6000\times(6-5.5)\div10=300$(cm²)，③の間に水が入る部分の底面積は600cm²である(つまり，①と③の線はかたむきが等しい)。１個の直方体の底面積は300cm²，水そうの底面積は1800cm²だから，図１の[見る方向]から見ると，ブロックは右図のように置かれているとわかる。

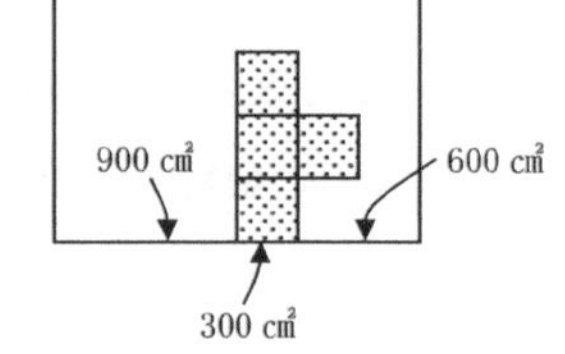

(4) (3)より，$900\div30=30$(cm)

(5) 解答例では，右図の㋐に水を入れるのにかかる時間が１分，㋑に水を入れるのにかかる時間が0.2分と計算している。求める時間は，$4.5+1+0.2=5.7$(分後)，つまり，５分(0.7×60)秒後＝５分42秒後である。

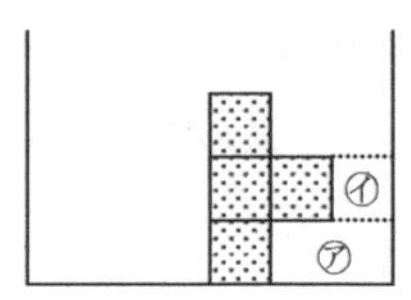

《解答例》

(例文)

私は、この文章に書かれているように、「学ぶ」ということには、決まった答えのない問題に臨機応変に対処し、自分で答えをつくり出していくこともふくまれると思う。そして、たとえ答えをつくり出せなかったとしても、答えを出そうとする試みそのものが学びになっていると思う。

私は小学一年生からテニスを続けている。試合をする時は、相手の打った球に対して、的確に、臨機応変に対処しなければならない。この場合、自分がどのような球をどこに打ち返すのかということが答えにあたる。相手の打つ球は毎回ちがうので、事前に答えを教えてもらうことはできない。また、相手によって答えは無数にあり、その時うまくいったからといって、それが良い答えだと決まるものでもない。テニスの場合は、たくさん経験を積み、たくさん失敗して反省することで、より答えに近いものをつくり出しながら強くなっていく。つまり、答えを出そうとする試みそのものが学びになっているといえる。

《解答例》

一　1．エ　2．A．エ　B．ウ　3．ア　4．あ．子房を食べて成長する　い．花粉を運んでもらい
5．人間は植林をするだけだが、コバチはイチジクの繁栄を支えることで地球上の熱帯雨林をつくっていると言えるから。

二　1．ウ　2．親しみ　3．X．人　Y．山桜　4．伝わってくるはずだ　5．②かたち　③枝を離れる
6．④桜が散る様子　⑤ゆったり　⑥前向き

三　1．a．**容易**　b．**典型**　c．**達**　2．エ　3．エスカレーターでは、全員が立ち止まっている
4．〔い〕　5．2列を1列にする／段差を2倍にする　6．画期的な「デザイン」の変更によるしかないと考えていたが、エスカレーターを高速にするという、自分が考えてもみなかった解を見つけたこと。
7．イ，オ

《解　説》

一　2　「コバチのDNAを解析(かいせき)」し、「イチジクと同じように～兄弟といとこを見立てた」ところ、イチジクと「まったく同じ関係だった」と述べている。よって、 A はエの「コバチ」、 B はウの「イチジク」。

3　「私たちはイチジクとコバチの興味深い関係を、DNA解析でたどりました」ということを具体的に説明しているので、アが適する。

4あ　「卵から生まれた幼虫は子房(しぼう)（めしべの一部分）を食べて成長して」より。　い　「コバチは自分の子孫がどんどん増えていき、イチジクも花粉を運んでもらえるので、次々と花が咲(さ)く」より。

5　「『植林をしましょう』と言って『5万本も木を植えた』と大騒(おおさわ)ぎ」する人間に対し、「コバチ」が森に対して貢献(こうけん)していることはどのようなことか。「熱帯雨林のキープラントであるイチジクの繁栄(はんえい)を支えていたのはコバチでした～小さなハチが、地球上の熱帯雨林をつくっているとも言えるのです」と述べていることからまとめる。

二　1　「短歌」は、五・七・五・七・七の三十一音が基本の形。よって、ウが適する。

2　Aの短歌の作者は「里の梅の香(かお)り」にどのような思いをいだいたのか。Aの短歌の〈内容〉に「以前に親しんだこの里に、梅の花は昔と変わらず咲き匂(にお)っていることだよ」とある。ここから親しく思う気持ちが読み取れるので、「親しみ」。

3　「お前も私を思ってくれないか、山桜(やまざくら)よ」と呼びかけている。つまり、山桜に自分の心を理解してほしいと話しかけているのである。よって、山桜を、「私」の心を理解する人間にたとえていると言える。Bの短歌の〈内容〉からぬき出すので、人間は「人」。

4　「こないはずはない」と否定の言葉を二つ重ねて、「伝わってくる」という意味を強めている。

5②　「散るという飛翔(ひしょう)のかたち」と表現していることから。　③　「意思を持って出発しているような印象」を受ける表現なので「枝を離(はな)れる」。自然に落ちたり風に飛ばされたりするのではなく、花びらが自分の意思で枝を離れて旅立つように感じられるということ。

6④　Cの短歌の「花の散るらむ」、Dの短歌の「散るという～花びらは～枝を離れる」から、桜が散る様子を詠(よ)んでいるという共通点。　⑤　Cの短歌について、上山さんが「『光のどけき』という言葉からゆったりとした感じを受けました」「作者は、心もゆったりとした人だったのではないでしょうか」と言っていることから。

⑥　Dの短歌について、池田さんが「『微笑(ほほえ)んで』という言葉があることで、前向きに未来へ進んでいるようにも感じました」と言っていることから。

三　2　A の後では、「エスカレーター上で歩かないように」するための「解」の例を挙げている。 B の後では、「問題と同時に答えがある」といった境地に達することが難しい場合に、それ以外のあり方として、「解法が先にあり、解ける問題を探す」という一つの例を取り上げている。よって、エの「例えば」が適する。

3　「エスカレーター上で歩かないように慣習を変更(へんこう)」する方法を考えている。つまり、エスカレーター上で全員が立ち止まっている状態をめざしているということ。

4　入る文章に「こういった技術デザイン的な解を～考える」「段差を倍にするなんて」とあるので、この内容が直前にある〔い〕が適する。

5　〔い〕の直前の２段落で、「エスカレーターをそもそも１列にする」「エスカレーターの段差を２倍にしてしまう」という、筆者が考えた「解」を二つ取り上げている。

6　まず、――線部③の直前で述べている「考えてもみなかった解」に出会ったことが嬉(うれ)しいのである。筆者が香港(ほんこん)に出張する以前に考えていたのは、「画期的な『デザイン』の変更で、解を導くしかない」ということ。しかし香港に行って、「高速」にすればエスカレーター上で歩く人はいなくなるという、考えてもみなかった一つの「解」を得たのである。

7　ア．「大阪(おおさか)の乗り方に統一するほうがいい」とは言っていない。筆者は「エスカレーター上で歩かないように慣習を変更」する方法を考えている。　イ．第２段落の後半で述べていることに合う。　ウ．「考えてもみなかった解」に出会えたことを喜ぶと同時に、「自分のものの考え方、捉(とら)え方がとても狭(せま)いことを知らされた気がした」とある。このことを言うための例であり、香港の方法を「ぜひ日本でも取り入れるべきである」とは言っていない。エ．このようなことは述べていない。　オ．後ろから３段落目で述べていることに合う。

《解答例》

1　⑴対馬海流　⑵①12　②リデュースによって，リユース，リサイクル，熱回収，適正処分するごみの量を減らすことができ，また，天然資源の投入量を減らすこともできるから。　③買い物のときにエコバッグを持っていき，レジ袋をもらわない。　⑶国際連合

2　⑴①㋐切れこみがない　㋑切れこみがある　②(ⅰ)イ　(ⅱ)水草が光を受けて，水中の二酸化炭素を使い，メダカが生きるために必要な酸素を作るから。　⑵①燃やす前…エ　消えた後…ウ　②ウ　③穴の位置…ウ　木の置き方…エ

3　⑴イ，オ　⑵ウ，オ，カ　⑶福井県／京都府／岐阜県／三重県　⑷ウ→エ→ア　⑸ウ　⑹ア，オ　⑺武家諸法度　⑻北里柴三郎　⑼[記号／正しい語]［イ／伊能忠敬]，［エ／寺子屋］　⑽①イ，エ　②力点を動かす長さ　③(ⅰ)25　(ⅱ)5：3　⑾①ア　②まわりの石や川底とぶつかり合って石の角がけずられた　③(ⅰ)㋑R　㋒Q　㋓P　㋔S　(ⅱ)エ

《解　説》

1　⑴　日本近海の海流については右図参照。Aの下関市(山口県)やBの羽咋市(石川県)に漂着したプラスチックごみには，ハングルや中国語表記のペットボトルも多い。アジアや北米などからのプラスチックごみが滞留する海域は「太平洋ごみベルト」と呼ばれ，海に流れ込んだ微小なプラスチック粒子(マイクロプラスチック)を魚などが食べ，その魚を食べている人間の体に移行して影響を及ぼす危険性が問題視されている。

⑵①　リサイクルは資源として再利用することだから，「そのまま原料として再生利用(8％)」と「化学分解して原料などに再生利用(4％)」を合わせた12％となる。　②　リデュースが3Rの(リデュース・リユース・リサイクル)の1番目にあることに着目しよう。循環型社会の取り組みでは，ごみの発生を抑制し，資源やエネルギーを節約するリデュースが最も重要となる。日常生活で，まずゴミを出さないようにし，ひとつのものを何回も使い，不要になった場合には資源として再利用することを心がけよう。　③　解答例のほか，「過剰包装を断ったり，ばら売りや量り売りを利用したりする。」「食べ残しや材料の使い残しを減らす。」などもよい。

⑶　国際連合は，戦争の反省から，世界の平和と安全を守ることを目的に設立された機関である。安全保障理事会は5の常任理事国(アメリカ・中国・イギリス・フランス・ロシア)と任期2年の10の非常任理事国で構成される。1956年に日ソ共同宣言を発表してソ連と国交を回復したことで，日本の国際連合加盟にソ連の反対がなくなり，日本は国際連合への加盟を果たすことができた。

2　⑴①　メスのせびれには切れこみがなく，しりびれは三角形に近い形をしている。なお，オスのせびれには切れこみがあり，しりびれは平行四辺形に近い形をしている(右図)。

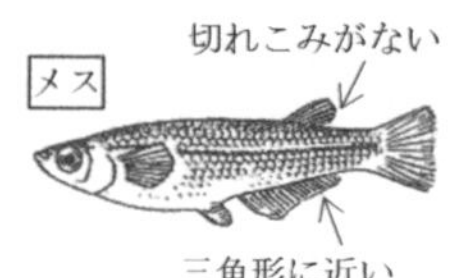

②(ⅰ)　イ○…メダカの有無以外の条件をすべて同じにして実験を行い，その結果を比べることで，水よう液が黄色に変化した原因がメダカにあるかどうかがわかる。よって，

Aに入っていない水草は入れずに，ビーカーをAと同じ明るい場所に置いて実験を行う必要がある。

(2)① 空気中の酸素の割合は約21％，二酸化炭素の割合は約0.04％だから，燃やす前はエである。ろうそくが燃えるとき，酸素が使われて二酸化炭素ができるが，消えた後の空気でも二酸化炭素が酸素より多くなることはないので，消えた後はウである。 ② ウ○…ろうそくが燃えた後の空気は軽くなって上に移動する。このとき，下のすき間から新しい空気が入ってくるので，ろうそくは燃え続けることができる。 ③ ウ，エ○…②解説より，下から上への空気の通り道ができているとよく燃えるから，缶(かん)の穴の位置は下の方がよい。また，木をエのようにすき間をつくって並べると，木が空気に触(ふ)れる面積が大きくなり，よく燃える。

3 (1) イとオを選ぶ。「☼」は工場，「⊕」は病院，「血」は博物館，「◎」は市役所，「□」は図書館の地図記号。

(2) ウとオとカを選ぶ。カについて，不適切だと考えられる裁判官をやめさせるかどうかを国会議員の中から選ばれた裁判員が裁判することを「弾劾裁判」と言う。行政と条約の締結は内閣，条例の制定は地方議会の持つ権限である。

(3) 各府県の位置については右図参照。

(4) ウ．沖縄の返還(1972年)→エ．日中平和友好条約の締結(1978年)→ア．日本の子どもの権利条約批准(1994年)。サンフランシスコ平和条約の締結は1951年。

(5) 遣唐使の派遣の停止～12 世紀は平安時代・鎌倉時代にあたるから，ウを選ぶ。平安時代に，唐風の文化を踏まえた，日本の風土や日本人の感情に合った独自の文化(国風文化)が栄える中でかな文字が発明され，清少納言の『枕草子』が生まれた。アは室町時代，イは奈良時代，エは飛鳥時代の文化である。

(6) アとオが正しい。 ア．図1より，宮崎県産の5月のきゅうりの取扱高は約600 t で，他の月よりも多い。オ．図1より，きゅうりの月別取扱高の最少月は 11 月で，図2より，11 月の1kg当たりの月別平均価格は約 490 円である。図2より，平均価格の最低月である6月は1kg当たり約 210 円だから，11 月の月別平均価格は6月の490÷210＝2.3…(倍)であり，2倍以上となる。 イ．図1より，11 月の宮崎県産のきゅうりの取扱高はその月の半分以上を占める。 ウ．図1より，7月の福島県産と北海道産のきゅうりの取扱高の合計は，その月の取扱高の半分以下である。 エ．図1より，きゅうりの月別取扱高の最多月は8月，図2より，1kg当たりの月別平均価格の最低月は6月である。

(7) 1615年，江戸幕府初代将軍徳川家康の命令で2代将軍徳川秀忠のときに武家諸法度が初めて定められ，1635年，3代将軍徳川家光によって，参勤交代の制度が追加された。「参勤」には，将軍と大名の主従関係を確認する意味合いがあった。

(8) 北里柴三郎はペスト菌の発見をしたことでも知られる。

(9) イとエが誤り。 イ．伊能忠敬は全国各地を測量して歩き，大日本沿海輿地全図を作成したが，完成前に亡くなった。受け継いだ高橋景保が完成させた伊能図の国外持ちだしをめぐって，シーボルト事件がおこった。勝海舟は，戊辰戦争中に西郷隆盛と交渉して江戸城の無血開城を実現したことで知られる。 エ．町人や百姓の子どもなど庶民が通った寺子屋と，武士の子のうち男子のみが通えた藩校との違いを押さえておこう。

(10)① イ，エ○…右図参照。

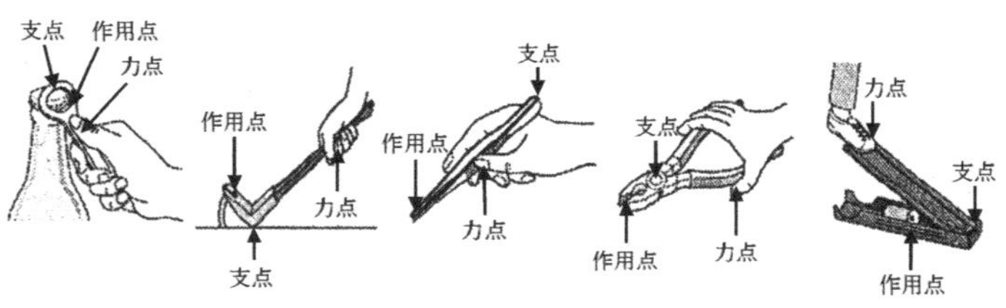

② ハサミやペンチのように，支点が力点と作用点の間にある道具では，支点から力点までの距離(きょり)を長く，支点から作用点までの距離を短くする

ことで，力点に加えた力が作用点でより大きくはたらくようになる。ただし，このとき，力点を動かす長さが長くなる。図４からも，ⓐよりⓘの位置で切るときのほうが，親指と人差し指がはなれていることがわかる。

③(ｉ) てこは，支点の左右で棒をかたむけるはたらき〔おもりの重さ×支点からの距離〕が等しいとき水平につりあう。Ｐ点を支点として，荷物がさおを左にかたむけるはたらきは 100(ｇ)×10(㎝)＝1000 だから，分銅がさおを右にかたむけるはたらきも 1000 になるように，ⓐを 1000÷40(ｇ)＝25(㎝)にすればよい。 (ⅱ) 図６で荷物を 200ｇにすると，ＰＱ間の距離はⓐの２倍の 50 ㎝になるから，ⓘは 50－25＝25(㎝)である。図７でも同様に考えると，ひもから分銅までの距離は，荷物が 100ｇのときには(100×６)÷40＝15(㎝)，荷物が 200ｇのときには 15 ㎝の２倍の 30 ㎝になるから，ⓤは 30－15＝15(㎝)である。よって，ⓘ：ⓤ＝25：15＝５：３である。

⑾① ア○…川の曲がったところでは，外側(Ｘ側)で流れが速く，内側(Ｙ側)で流れがおそくなる。川の流れが速いところほど川底や川岸をけずるはたらき(しん食)が大きくなるのでがけができやすく，川の流れがおそいところほど土砂を積もらせるはたらき(たい積)が大きくなるので川原ができやすい。 ③ まず，雨が降ったところで川の水位に変化が見られ，その雨水が下流に流れるにしたがって，下流でも水位に変化が見られるようになる。したがって，最も上流であるＳ地点で雨が降れば，一番はじめに水位が変化したⓞがＳ地点のグラフであり，その後，ⓘ，ⓤ，ⓔの順に水位が変化したから，ⓘがＲ地点，ⓤがＱ地点，ⓔがＰ地点のグラフである。

《解答例》

1 (1)30　(2)3，21　(3)8〔別解〕10　(4)校　(5)3.6　(6)19

2 (1)①右図　②200　③20　(2)①右図　②6　③イが1のとき，アにあてはまる整数がない。イが2のとき，アは1だから4～9のうちたして3になる整数がない。イが3のとき，アは1か2だから4～9のうちたして4や5になる整数がない。　(3)①274　②記号…ウ　式…$y=\frac{4}{5}\times x$　③4

3 (1)(i)8　(ii)1，2，1　(2)ア．2　イ．4　ウ．3　エ．○の点数が△の点数の2倍に等しい

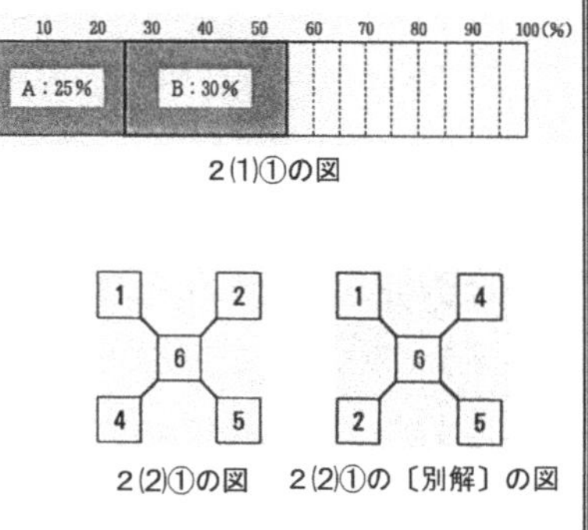

2(1)①の図

2(2)①の図　2(2)①の〔別解〕の図

《解　説》

1 (1) 連続する奇数個の整数の和は，(真ん中の数)×(整数の個数)で求められるから，31＋32＋33＋34＋35＝33×5＝165である。連続する偶数個の整数の和は，(真ん中の2つの数の和)×$\frac{(整数の個数)}{2}$で求められるから，連続する6つの数の真ん中の2つの数の和は，165÷$\frac{6}{2}$＝55とわかる。連続する2つの数の和が55となるのは，55÷2＝27余り1より，27＋28＝55とわかる。よって，連続する6つの数は，25，26，27，28，29，30だから，最も大きい数は30である。

(2) じろうさんが再び自転車で出発したときの，2人の間の道のりを考える。

じろうさんは出発して3分後に，同じ速さで自宅に引き返しているから，自宅に戻ったのは出発してから3×2＝6(分後)である。よって，じろうさんが再び自転車で出発するのは，最初の出発から6＋2＝8(分後)である。このとき，あゆみさんは自宅を出発してから70×8＝560(m)進んでいるので，2人の間の道のりは，4200－560＝3640(m)である。ここから，2人の間の道のりは，1分で70＋210＝280(m)短くなる。よって，2人が出会うのは，じろうさんが再び自転車で出発してから3640÷280＝13(分後)，つまり，最初の出発から8＋13＝21(分後)の午後3時＋21分＝午後3時21分である。

(3) 接する府県の多い，㋑，㋓，㋔，㋖の順にぬる色から決める(㋓と㋔は逆でもよい)。㋑にぬることができる色は，赤または緑である。㋑に赤をぬるとき，ぬり分け方は右図の5通りある。㋐，㋒，㋕にぬってある青と黄を加えても，☆印のぬり分け方では緑を使っていないから，条件に合うぬり分け方は5－1＝4(通り)ある。同じように，㋑に緑をぬるときも4通りあるから，求めるぬり分け方は全部で4×2＝8(通り)ある。

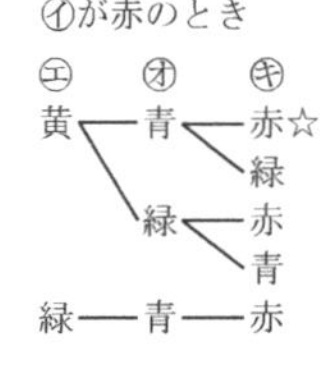

なお，問題文の「4色すべてを使って」を「各4色を少なくとも1か所にはぬること」と解釈(かいしゃく)せず，「4色すべての中から選んで」と解釈すると，☆印のぬり分け方も条件に合うから，全部で5×2＝10(通り)となる。

(4) 右方向，手前方向にそれぞれ4回転がすと，立方体はもとの状態(図3の状態)に戻るから，4回転がすことを1セットとする。右方向へは，2020÷4＝505(セット)行うから，このとき立方体はもとの状態である。手前方向へは，25÷4＝6余り1より，6セットと1回転がすから，立方体をもとの状態から手前方向に1回転がした状態となる。このとき一番上になる面は「林」と向かい合う面の「校」である。

(5) 図４から，水の体積は，右図の色付き部分を底面とした，高さが 40 ㎝の柱体の体積に等しい。

色付き部分の面積は，半径が $20\div2=10$(㎝)，中心角が 90 度のおうぎ形の面積から，

ＯＡ＝ＯＢ＝10 ㎝の直角二等辺三角形の面積を引いて求められるので，

$10\times10\times3.14\times\frac{90}{360}-10\times10\div2=78.5-50=28.5$(㎠)である。よって，水の体積は

$28.5\times40=1140$(㎤)である。図５の円柱の底面積は $10\times10\times3.14=314$(㎠)だから，求める水面の高さは，

$1140\div314=3.63\cdots$より，小数第２位を四捨五入して，約 3.6 ㎝である。

〔別の解き方〕

図４の水の底面積と高さについては，同じように考える。水の体積が等しいとき，水面の高さは底面積の比の逆比に等しくなる。図４と図５の底面積の比は $28.5:314=57:628$ だから，水面の高さの比は $628:57$ である。

図４の水の高さは 40 ㎝だから，求める水面の高さは，$40\times\frac{57}{628}=3.63\cdots$より，約 3.6 ㎝である。

(6) 右図のように，直角三角形ＡＢＥと合同な直角三角形をかくと，正方形ＥＦＧＨと正方形ＩＪＫＬができる。

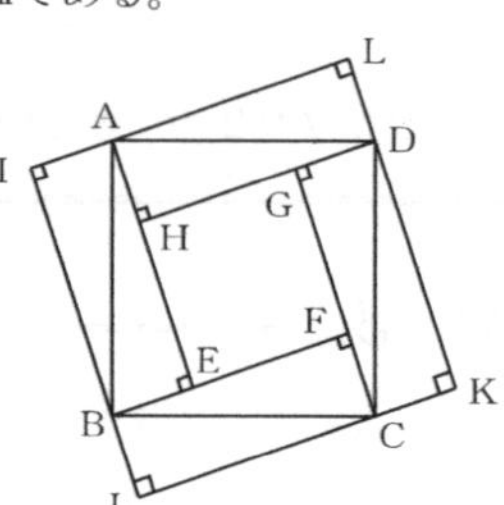

正方形ＥＦＧＨの面積は，$425-76\times4=121$(㎠)，正方形ＩＪＫＬの面積は，

$425+76\times4=729$(㎠)である。$121=11\times11$，$729=3\times3\times3\times3\times3\times3=27\times27$

より，正方形ＥＦＧＨの１辺の長さは 11 ㎝，正方形ＩＪＫＬの１辺の長さは 27 ㎝

とわかる。ＡＥ＝ＩＢ＝27－ＢＪ(㎝)であり，ＢＪ＝ＡＨ＝(ＩＪ－ＨＥ)÷２＝

$(27-11)\div2=8$(㎝)だから，ＡＥ＝$27-8=19$(㎝)である。

2 (1)① 全体の人数を $\boxed{100}$ とすると，Ａを選ばなかった人の数は $\boxed{100}\times(1-\frac{25}{100})=\boxed{75}$ となる。よって，Ｂを選んだ人の数は $\boxed{75}\times\frac{40}{100}=\boxed{30}$ だから，Ｂを選んだ人の数の割合は，全体の $\boxed{30}\div\boxed{100}\times100=30$(%)である。

② ①の解説をふまえ，Ｃを選んだ人が全体の何%か求める。Ｃを選んだ人の数は $\boxed{75}\times\frac{20}{100}=\boxed{15}$ だから，全体の $\boxed{15}\div\boxed{100}\times100=15$(%)である。これが 30 人と等しいから，求める人数は，$30\div\frac{15}{100}=200$(人)である。

③ Ａを選んだ人の数は，$200\times\frac{25}{100}=50$(人)だから，Ｄを選んだ人の数は，$50\times\frac{3}{5}=30$(人)である。Ｄを選んだ５年生の人数と，Ｄを選んだ５年生と６年生の合計人数の比は，２：(２＋１)＝２：３だから，求める人数は，$30\times\frac{2}{3}=20$(人)である。

(2)① １～９までの整数のうち，和が６になるような異なる２つの数の組み合わせは，１と５，２と４の２通りある。よって，アとイ，ウとエには，１と５または２と４が入る。アには最も小さい数の１が入るので，イには５が入る。ウとエには，２と４(どちらが２でも４でもよい)が入る。

② アに入る数が，１～９までの整数のうちの最も小さい１であるとすると，エに入る数は２以上とわかる。また，ウに４を入れているので，エには２以上の４をのぞく数が入る。

エが２のとき，オは４＋２＝６，アはエの２より小さい数の１なので，イは６－１＝５となり，条件に合う。

エが３のとき，オは４＋３＝７，アはエの３より小さい数なので，(ア，イ)の数は，(１，６)，(２，５)の２通りあり，どちらも条件に合う。エが５のとき，オは４＋５＝９，アはウの４より小さい数なので，(ア，イ)の数は，(１，９)，(２，７)，(３，６)の３通りあり，すべて条件に合う。エが６以上のとき，オに入る数が 10 以上になるので，条件に合わない。よって，全部で１＋２＋３＝６(通り)ある。

③ 実際にイに１～３の整数が入る場合を考えるとよい。

(3)① クリップＡ１個の重さは，$18.0\div30=0.6$(g)である。容器１だけの重さが 26.0 g なので，容器１に入った

クリップAの重さは，190.4－26.0＝164.4(g)である。よって，クリップAは164.4÷0.6＝274(個)入っている。

② 比例を表すグラフは，直線のウ，エ，オである(アとイは反比例のグラフ)。クリップBは40個で32.0gなので，xが40のとき，yが32.0になるグラフを探すと，ウが見つかる。また，クリップB1個の重さは，$\frac{32.0}{40}=\frac{4}{5}$(g)なので，クリップB$x$個の重さは，$\frac{4}{5}\times x$(g)となる。よって，$x$と$y$の関係を式で表すと，$y=\frac{4}{5}\times x$である。

③ クリップB1個の重さは$\frac{4}{5}$＝0.8(g)なので，調べた30個のクリップの重さの合計は，0.6×11＋0.8×19＝21.8(g)なので，混ざった残りのクリップの重さの合計は，32.4－21.8＝10.6(g)である。

また，クリップAは0.6g，クリップBは0.8gだから，それぞれ最も少ない個数で同じ重さになるのは，0.6×4＝2.4(g)，0.8×3＝2.4(g)より，クリップAが4個とクリップBが3個のときである。したがって，クリップAとクリップBの個数の組み合わせを1通り見つけ，そこから，クリップAを4個減らし，クリップBを3個増やす(クリップAを4個増やし，クリップBを3個減らす)ことをくり返して，何通りあるか求めればよい。

10.6÷0.6＝17余り0.4より，クリップAは17個以下とわかる。クリップAが17個だと，クリップBの重さの合計が0.4gとなり，条件に合わない。クリップAが16個だと，クリップBの重さの合計が0.4＋0.6＝1.0(g)となり，条件に合わない。クリップAが15個だと，クリップBの重さの合計が1.0＋0.6＝1.6(g)となり，クリップBが1.6÷0.8＝2(個)だから，条件に合う。ここから，クリップAを4個減らし，クリップBを3個増やすことをくり返すと，右表のようになるから，考えられる組み合わせは4通りある。

クリップA(個)	クリップB(個)
15	2
15－4＝11	2＋3＝5
11－4＝7	5＋3＝8
7－4＝3	8＋3＝11

3 (1)(ⅰ) Cチームは○が2個，△が2個なので，得点は3×2＋1×2＝8(点)である。

(ⅱ) <勝敗表>とその見方を参考に，DチームとEチームの結果をかきこむ。

A対DはAの勝ちだから，D対AはDの負けとなる。このようにわかる部分に結果をかくと，右表のようになる。また，Dチームの得点が1点だから，D対EはDの負けであり，E対DはEの勝ちとわかるから，Eチームは1勝2敗1引き分けである。

	A	B	C	D	E
A	＼	×	×	○	○
B	○	＼	×	○	○
C	○	○	＼	△	△
D	×	×	△	＼	
E	×	×	△		＼

(2) ×は0点だから，×の得点は考えなくてよい。

Bチームは○が3個，Cチームは○が2個と△が2個だから，Cチームだけが1位になるには，○1個の点数が△2個の点数より小さくなければならない。したがって，△が1点のとき，○は1×2＝ア2(点)未満でなければならないが，条件2に合わない。△が2点のとき，○は2×2＝イ4(点)未満であればよいから，2点より大きく4点未満のウ3点となる。また，BチームとCチームが同点で1位になるのは，○1個の点数が△2個の点数に等しければよいから，エ○の点数が△の点数の2倍に等しいときである。

《解答例》

(例文)

小学校の低学年のころ、現在の学校に転入してきたこともあり、なかなか友だちを作ることができなかった。そんなとき、家にやってきた子犬の世話を私がすることになった。犬を飼うのは初めてだったが、私は犬の世話や犬とスポーツをすることが楽しくて、競技会に出場するなど、とても積極的になることができた。それまでは、何をやっても自信がなかった私だったが、犬を飼ったことがきっかけで、変わることができた。友達もできたし、将来はもう導犬のトレーナーになるという夢をもてるようにもなった。

「自分を生かせるもの」を見つけるために、私は自分が好きなことや得意なこと、興味のあることをみつけて、とりあえずチャレンジする勇気をもつことが必要だと思う。それが必ずしも「自分を生かせるもの」になるかはわからないが、チャレンジし続けることが大切だと思う。「自分を生かせるもの」が何かを見つけることができたら、それが自分のしゅ味や生きがいになるだけでなく、社会のためになることもあるだろう。

《解答例》

一　1．A．エ　B．ア　2．(ウ)　3．エ　4．食物を手に入れるために動き回る必要がないから。
5．ア

二　1．ほたる　2．からすがね　3．たいへん　4．イ　5．東山さんといっしょに先生に相談したんだ
6．先生は、谷本さんたちから、『枕草子』以外の作品を教えてほしいと相談されている、と受けとめた。

三　1．a．後退　b．欠　c．視点　2．中央付近　3．具体的な数字を用いて説明すること。
4．一つの原因　5．A．二酸化炭素はい出量が多いのは電気です　B．家庭で使うエネルギーの約半分は電気です　6．(例文)部屋を出る時にはそれまで使っていた照明を消すことや、そうじをする時には電気そうじ機を使わずにほうきではくようにすること

《解　説》

一　1A　直前の「活発に動くとはエネルギーをたくさん使うこと」の具体例(=「走っている時には、安静時の一〇倍以上ものエネルギーを使います」)を［A］のあとで述べている。よってエが適する。　B　われわれ(=「脊椎動物」)が「頼って生きてい」るものとして、「運動系」と「感覚系」を挙げ、それに「それらをたくみにあやつる発達した脳や神経系」をつけ加えている。よってアが適する。

2　ぬけている一文の中の「筋肉が少なくて皮ばかりです」とほぼ同じ「筋肉が少なく皮ばかりなのです」が(ウ)の直後にあることに着目する。つなげて読むと、意味が通る。よって（ウ）が適する。

3　副詞の「いきおい」には、事の成り行きで必然的にそうなるさま、自然の結果として、なりゆき上、はずみでという意味がある。「体は軽くしなやかでなければいけないのです。だからいきおい（=「当然の結果として」）無防備な体になってしまいがち」と、文意が通る。よってエが適する。

4　第三段落に「速く走ったり泳いだりして獲物を捕らえ、すばやくさっと敵から逃げ去るのが脊椎動物のやり方です」とあり、第二段落に「ナマコは動くための筋肉を少ししかもっていません」とある。動いて獲物を捕るのに適していないナマコが、「砂の上に住んで」いて、「砂が食物」ということは、「(私たちに置きかえて考えると)お菓子の家に住んでいるようなもの」で、食物を手に入れるために動き回る必要がないから「理想の生活と言える」のだ。

5　第一段落に、ナマコが飲み込む食物について「食物として極端に栄養価の低いものです。こんなに貧しい食物でもやっていける(=「生きていける」)のは、ナマコがエネルギーをあまり使わないからです」と述べられている。よってアが適する。

二　1　「ほのかにうち光りて行くもをかし」の主語は省略されているが、前文の「ほたるの多く飛びちがひたる」の「ほたる」である。

2　［B］の直後に「急いでいる」とあり、<現代語訳>の３行目に「飛んで急いでいる様子」とあることに着目する。なぜ急いでいるかというと「からすがねぐらへ帰ろうとして」いたからである。

3　<今日、学習する古文>の「いと小さく見ゆるは」は、現代語で「たいへん小さく見えるのは」と訳されている。古文と現代語訳を対応させて読み進めると分かりやすい。

5　――線部②のあとで、林さんが「東山さんは歴史にくわしいものね」と言っている。このことから、林さんは、

谷本さんが「東山さんと先生」の両方に相談したのだとかんちがいしたことがわかる。よって、「東山さんと」のあとに「いっしょに」を補えばよい。

6　先生は、「ずい筆の『徒然草』という作品を教えてくださった」が、「私たちは他の作品が読みたかったわけじゃないんだよ」と言っていることから考える。「私たち」は、『枕草子』にえがかれた「昔の人のものの見方や考え方や生活」について、もっと知りたいから、それ(＝「昔の人のものの見方や考え方や生活」)について、「もっと分かる本」を教えてほしいと先生に相談したが、先生は『枕草子』以外の作品を教えてほしいと相談されたと受けとめたのだ。

三　2　「ここ」や「そこ」などの指示語では、どの部分をさしているかがあいまいになってしまう。【写真一】の「白いもの(＝「氷河」)」が写っている位置を明確に表す言葉を考える。

3　海面の上昇などについて数字を使って説明している。このことによって、説得力が増している。

4　「一因」を文字で見れば意味が分かりやすいが「いちいん」と音で聞くと分かりにくい。発表原稿を作る時はこのような配りょが大切だ。

5A　直前の「ガスや灯油に比べて」がヒントになる。[B]の直後の文で「電気の使用」についてふれていることとあわせて考える。　B　[A]に入れる内容とのつながりと、[B]の直後の文「これらのことから、二酸化炭素のはい出量を減らす一つの工夫として、家庭での電気の使用を減らそうと思いました」から考える。

6　自分自身の生活を振り返り、無駄な電気をつかっていることはないか、電気を使わない別の方法はないかという二つの視点で、具体的な方法を考える。メモを取ってから書くとまとめやすい。

《解答例》

1 ⑴条例　⑵イ　⑶イ→オ→ア→エ　⑷基本的人権の尊重　⑸A，C，E　⑹ウ　⑺ウ

2 ⑴①A．ア　B．イ　C．イ　②イ　⑵晴れ　⑶①Dの３　②イ　③高等　④(ⅰ)Ⓘ聖武　Ⓤ国分　(ⅱ)ア　Ⓤア，ウ，エ　⑷①イ，ウ　②記号…イ　理由…交通事故によるシカの死亡数が多く，道路での交通事故を減らすように注意をよびかけるため。　③(ⅰ)イ，ウ，エ　(ⅱ)実験１…ウ　実験２…ア　(ⅲ)Ⓐ蒸散　Ⓘでんぷん　(ⅳ)記号…B　正しいことば…倍率の低いもの　記号…D　正しいことば…横から見ながら

3 ⑴①(ⅰ)1.1　(ⅱ)Ⓐ9　Ⓘ10　Ⓤ90　②イ　③34.6　⑵①(ⅰ)ウ　(ⅱ)ア　(ⅲ)何も残らないのが水，白いものが残るのが食塩水である。　②アルミニウムはあわを出し，白い固体はあわを出さない。

《解　説》

1 ⑴　条例では，必要に応じて刑罰を定めることもできる。

⑵　イ．普通選挙の原則により，選挙権は満18歳以上の国民すべてに与えられる。なお，2018年の改正民法成立で，成人年齢は20歳から18歳に引き下げられたが，健康被害やギャンブル依存症への恐れから，飲酒や喫煙，競馬，競輪などについては現行の20歳の基準が維持されることも覚えておこう。

⑶　イ．満州事変の開始(1931年)→オ．日本の国際連盟脱退(1935年)→ア．日米安全保障条約の締結(1951年)→エ．日中平和友好条約の締結(1978年)の順である。ウの関東大震災(1923年)は大正時代のできごとである。

⑸　AとCとEが誤り。　A．日本海流は「黒潮」，千島海流は「親潮」とも呼ばれる(右図参照)。　C．焼津港(静岡県)は太平洋側にある。　E．12海里(約22㎞)の領海を除く，沿岸から200海里(約370㎞)以内の水域を「排他的経済水域」と言う。この水域内では，沿岸国が水産資源・鉱産資源を優先的に開発・管理することができるため，ほかの国の排他的経済水域内にあたる海洋での漁業が制限されるようになり，日本の遠洋漁業は衰退した。

⑹　ウを選ぶ。奥羽山脈は，東北地方の中央部をほぼ南北に走る，高くけわしい山脈である。日高山脈は北海道にある。赤石山脈は長野県・山梨県・静岡県，飛驒山脈は富山県・新潟県・岐阜県・長野県にあり，飛驒山脈(北アルプス)，木曽山脈(中央アルプス)，赤石山脈(南アルプス)はまとめて日本アルプスと呼ばれる。

⑺　ウを選ぶ。日本国憲法は1946年11月３日に公布され，その半年後の1947年５月３日に施行された。現在，11月３日は文化の日，５月３日は憲法記念日として祝日になっている。

2 ⑴①　百葉箱内の温度計が設置されている条件と同じになるようにすればよい。　②　日本付近では，上空をふく偏西風(へんせいふう)という西風によって雲は西から東へ(図では左から右へ)移動する。したがって，図１の金曜日の正午の雲画像から，イが正答となる。

⑵　雨や雪が降っていないから，雲の量で天気が決まる。空全体を10としたとき，雲がしめる割合が０～８のときが晴れ(０，１のときをとくに快晴という)，９，10のときがくもりである。図２では，雲の量が６程度だから，このときの天気は晴れである。

⑶① 博物館(🏛)のあるマス目を下から上へたどっていくと「D」，右から左へたどっていくと「3」を導ける。 ② で⒜の地点から⒝の地点までは，横に3.5マスほどあると読み取れるので500×3.5＝1750(m)となり，最も近いイを選ぶ。 ③ 日本では，慎重に審議するため，同じ事件について三段階で裁判を求めることができる三審制が取られている。第二審を求めることを控訴，第三審を求めることを上告と言う(右図参照)。

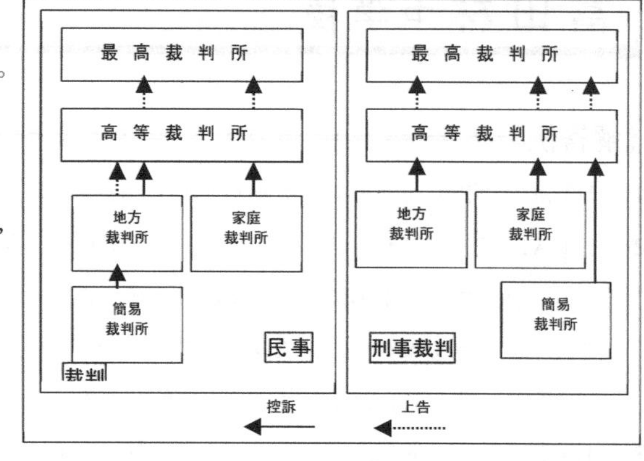

④(ⅰ) 奈良時代の聖武天皇の治世の頃，全国的な伝染病の流行やききんが起きて災いが続いたことから，聖武天皇と光明皇后は，仏教の力で国家を守ろうと全国に国分寺や国分尼寺を，都に総国分寺として東大寺を建設した。問いに「漢字２字」とあるので，(ⓤ)は「国分寺」が答えとなる。 (ⅱ) アが正しい。行基は，民衆とともに橋や用水路などを作り仏の教えを説いた僧なのでａである。一時期迫害されたものの，東大寺の大仏造りに協力し聖武天皇によって大僧正に任命された。鑑真は，遣唐使に請われて何度も航海に失敗した後，来日を果たした中国の僧なのでｂである。正式な僧になるために必要な戒律(かいりつ)(修行者が守るべき生活上のルール)を授けるための戒壇(かいだん)を東大寺に設けた。ｃは飛鳥時代の遣隋使についての記述である。

⑤ 古墳時代は４～７世紀ごろに当たるので，アとウとエを選ぶ。

⑷① イとウが誤り。藤原氏は摂関政治(娘を天皇のきさきとし，生まれた子を次の天皇に立て，自らは天皇の外戚として摂政や関白となって実権をにぎる政治)によって勢力をのばした一族である。藤原道長は10世紀末～11世紀初めの摂関政治が全盛だった頃の摂政で，和歌には，自分の娘が立后したことを喜んだ道長の満ち足りた様子が詠まれている。 ② 図４の「鹿の飛び出し注意」から，飛び出しの交通事故によって死亡する鹿の数が多いことを導き，イを選ぶ。 ③(ⅱ) 日光が当たるときの植物は，呼吸よりも光合成をさかんに行うので，呼吸で放出される二酸化炭素よりも光合成でとりこまれる二酸化炭素の方が多く，呼吸でとりこまれる酸素よりも光合成で放出される酸素の方が多い。このため，実験１では二酸化炭素の割合が減り，酸素の割合が増えた。これに対し，日光が当たらないときの植物は，光合成を行わず，呼吸だけを行うので，二酸化炭素が放出されて酸素はとりこまれる。このため，実験２では二酸化炭素の割合が増え，酸素の割合が減った。 (ⅲ) ㋐根から吸収された水が気こうから水蒸気となって出ていく現象を蒸散という。蒸散が起こることで，根からの水の吸収がさかんになったり，植物の体の温度が上がりすぎるのを防いだりする。㋑光合成は，葉の緑色の部分に光が当たることで，水と二酸化炭素を材料にして，でんぷんと酸素をつくり出すはたらきである。 (ⅳ) Ｂ．倍率が低い方が視野が広いので，観察物を見つけやすい。このため，最初は倍率を低くして観察物を見つけ，観察物を視野の中央に動かしたあと，倍率を高くする。Ｄ．接眼レンズをのぞきながら対物レンズとプレパラートを近づけると，どこまで近づいているかわからず，対物レンズとプレパラートがぶつかってしまうおそれがある。このため，横から見ながらできるだけ近づけたあと，接眼レンズをのぞきながら対物レンズとプレパラートを遠ざけるようにしていけばよい。

3 (1)①(ⅰ) 表1で，ふりこの長さが30㎝のとき，20往復する時間が22.0秒だから，1往復する時間は22.0÷20＝1.1(秒)である。 (ⅱ) 表1より，ふりこの長さが10㎝のときの20往復する時間が12.7秒で，ふりこの長さが10㎝の9倍の90㎝のときの20往復する時間(38.1秒)が12.7秒の38.1÷12.7＝3(倍)になっていることがわかる。 ② ふりこが20往復(1往復)する時間はおもりの重さやふれはばには影響(えいきょう)を受けず，ふりこの長さによって決まっている。したがって，図2のようにおもりを増やしてもふりこの長さは40㎝で変化しないので，20往復する時間は実験1の40㎝のときと変わらない。 ③ 図3のふりこが20往復するとき，くぎの左半分の10往復分をふりこの長さが90－30＝60(㎝)で，くぎの右半分の10往復分をふりこの長さが90㎝で動く。表1で，それぞれのふりこの長さのときに20往復する時間を利用して，31.1÷2＋38.1÷2＝34.6(秒)が正答となる。

(2)①(ⅰ) 石灰水はアルカリ性を示すから，赤色のリトマス紙は青色に変化し，青色のリトマス紙は変化しない。(ⅱ) ア～エのうち，石灰水と混ぜることで白くにごるのは，ウの炭酸水である。炭酸水には二酸化炭素がとけているので，石灰水と炭酸水を混ぜると，石灰水に息をふきこんだときと同じように，白くにごる。なお，B(F)の液が炭酸水であることから，実験1でBの液と同じ結果になったCの液は，炭酸水と同じ酸性のうすい塩酸であることがわかる。 (ⅲ) DとEの液は食塩水か水のどちらかである。したがって，水分を蒸発させると，水は何も残らないが，食塩水は水にとけていた食塩の固体が残る。 ② アルミニウムがうすい塩酸にとけるときにはあわ(水素)を出しながらとけるが，アルミニウムとうすい塩酸が反応してできた白い固体(塩化アンモニウム)がうすい塩酸にとけるときにはあわを出さない。

《解答例》

1　(1)エ　(2)7，14　(3)8　(4)12　(5)右図　(6)$\frac{3}{35}$

2　(1)①8　②5㎝，8.5㎝　③$y = 4 \times x$

(2)①a＝6　b＝3　②右図

3　(1)ア．40　イ．4　ウ．8　エ．33　オ．内部の直角の個数が2個ずつ増える

(2)①11　②7　ア．6.4　イ．2　ウ．1　エ．28.6　オ．31.3　カ．2　(3)右図

(4)①(6，7，12)，(6，8，11)　②37

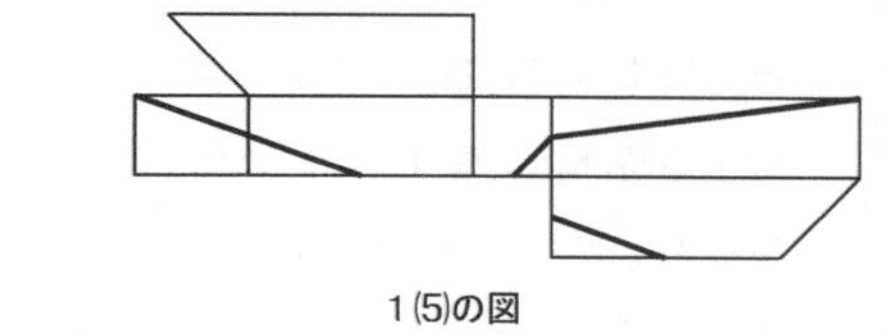

1(5)の図

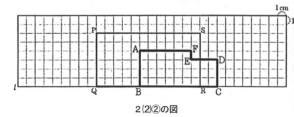

2(2)②の図

3 + 1 = 4
+　+
2 + 6 = 8
‖　‖
5　7

3(3)の図

《解　説》

1　(1)　ア～エの式を計算すると，ア．$1+\frac{1}{2}+\frac{1}{3}=\frac{6}{6}+\frac{3}{6}+\frac{2}{6}=\frac{11}{6}$　イ．$1\times\frac{1}{2}\times\frac{1}{3}=\frac{1}{6}$

ウ．$1+\frac{1}{2}\times\frac{1}{3}=\frac{6}{6}+\frac{1}{6}=\frac{7}{6}$　エ．$1\times\frac{1}{2}+\frac{1}{3}=\frac{3}{6}+\frac{2}{6}=\frac{5}{6}$　よって，3番目に大きい答えになるのはエである。

(2)　「ある数」は，46－4＝42と33－5＝28の公約数のうち，5より大きい数である。公約数は最大公約数の約数だから，42と28の最大公約数を求める。最大公約数を求めるときは，右の筆算のように割り切れる数で次々に割っていき，割った数をすべてかけあわせればよい。したがって，42と28の最大公約数は，2×7＝14である。

```
2) 42 28
7) 21 14
    3  2
```

14の約数は1，2，7，14であり，そのうち5より大きい数は，7と14である。

(3)　はるこさんが11分走ると140×11＝1540(m)進み，家から図書館までの道のりより1540－900＝640(m)多くなる。11分のうち1分を走りではなく歩きにおきかえると，進む道のりは，140－60＝80(m)短くなるから，歩いた時間は，640÷80＝8(分間)

(4)　最初にAに行く場合，2つの頂点をまわるまわり方はP→A→B→P，P→A→C→Pの2通り，3つの頂点をまわるまわり方はP→A→B→C→P，P→A→C→B→Pの2通りだから，2＋2＝4(通り)のまわり方がある。最初にBに行く場合，最初にCに行く場合も同様に4通りずつのまわり方がある。

よって，まわり方は全部で，4×3＝12(通り)

(5) この立体の頂点に右図Ⅰのように A～H の記号をおき，展開図に頂点の記号をかきこむと，図Ⅱのようになる。太線は，辺AB，BC，CG，GHそれぞれの真ん中の点と，頂点Eを通ることに注意して，展開図に太線をかきこむとよい。

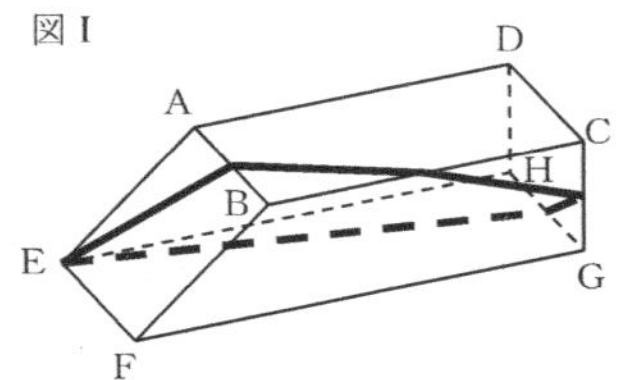

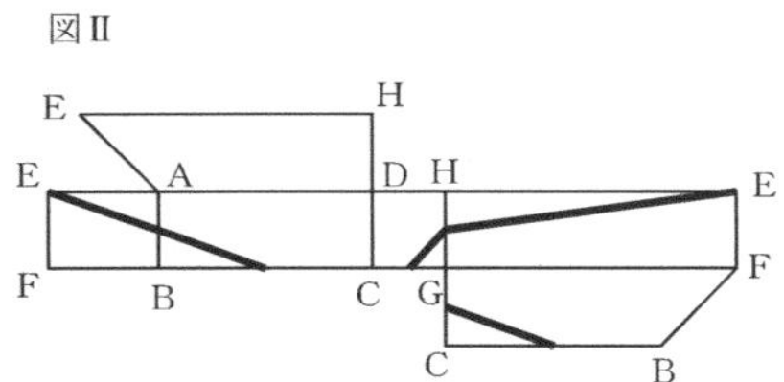

(6) 三角形ABCの面積を1とする。三角形ABEと三角形ABCは，底辺をそれぞれBE，BCとしたときの高さが等しいから，面積比はBE：BC＝4：(4＋3)＝4：7と等しくなるので，(三角形ABEの面積)＝(三角形ABCの面積)$\times\frac{4}{7}=1\times\frac{4}{7}=\frac{4}{7}$

1つの角を共有する三角形の面積

右図のように三角形PQRと三角形PSTが1つの角を共有するとき，三角形PSTの面積は，

(三角形PQRの面積)$\times\frac{PS}{PQ}\times\frac{PT}{PR}$

で求められる。

この考え方を発展させると，右の「1つの角を共有する三角形の面積」となる。これを利用して，

(三角形ADFの面積)＝(三角形ABEの面積)$\times\frac{AD}{AB}\times\frac{AF}{AE}=\frac{4}{7}\times\frac{3}{3+7}\times\frac{1}{2}=\frac{3}{35}$

よって，三角形ADFの面積は，三角形ABCの面積の$\frac{3}{35}$倍である。

2 (1)① QC＝2㎝のとき右図Ⅰのようになるので，重なってできる図形の面積は，4×2＝8(㎠)

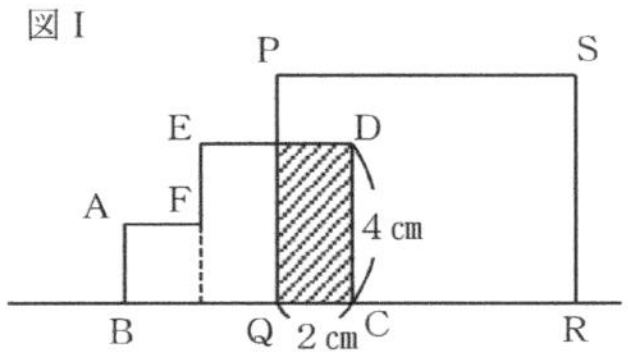

② 図形㋐の面積は，2×2＋4×4＝20(㎠)だから，図形㋐のうち重なっていない部分の面積が20－18＝2(㎠)のときのQCの長さを求めればよい。

そうなるのは，右図Ⅱ，Ⅲのときであり，

図Ⅱのとき，QC＝1＋4＝5(㎝)

図Ⅲのとき，QC＝8＋0.5＝8.5(㎝)

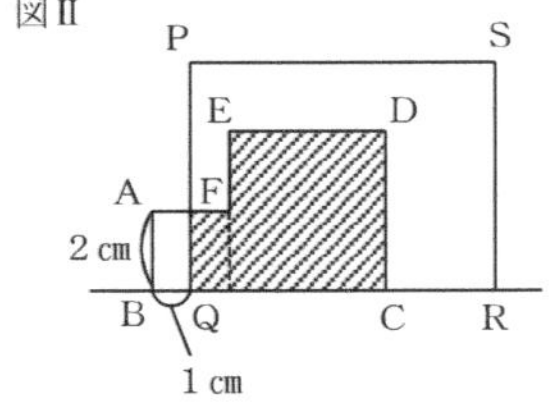

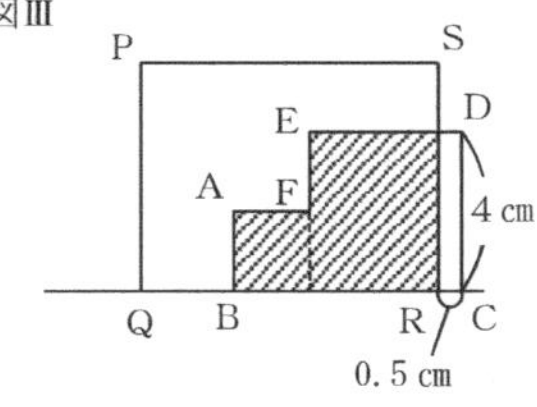

③ QCの長さが4㎝になるまでの間は重なってできる図形は長方形であり，その面積は①のときのようにDC×QCで求められるから，$y=4\times x$

(2)① グラフのそれぞれの●のところに対応する図形の位置は下図Ⅰ～Ⅵのようになる。

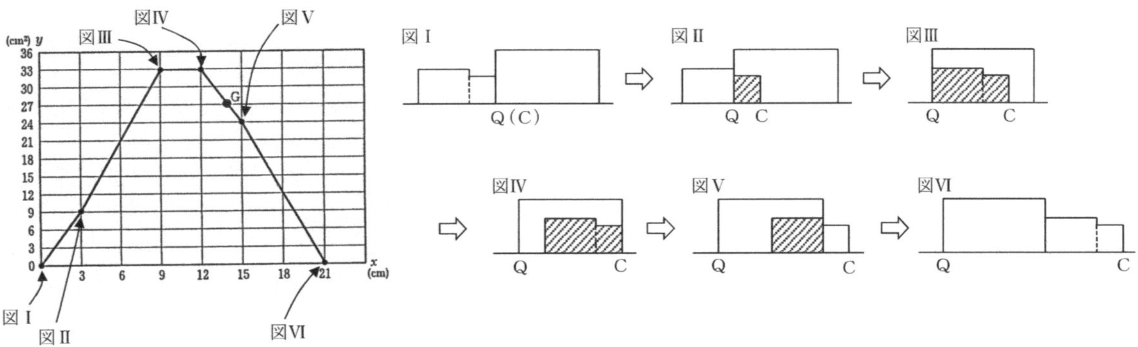

図Ⅱから図Ⅲまでの間にQCの長さはaの長さだけ増えたから，a＝9－3＝6(㎝)

図Ⅰから図Ⅱまでの間にQCの長さはbの長さだけ増えたから，b＝3㎝

② 図形㋑の面積は，長方形部分が４×６＝24(㎠)，正方形部分が３×３＝９(㎠)だから，24＋９＝33(㎠)である。重なってできる図形の面積が27㎠である点Gのとき，図形㋑の重なっていない部分の面積が，33－27＝６(㎠)になっている。よって，解答例のようになる。

3 (1) ◌の部分１か所の長さは５㎝であり，折り紙を１枚増やすごとに２か所増える。したがって，折り紙を１枚増やすごとに図形の周りの長さは５×２＝10(㎝)増えるから，３枚のときは，30＋10＝ア40(㎝)である。

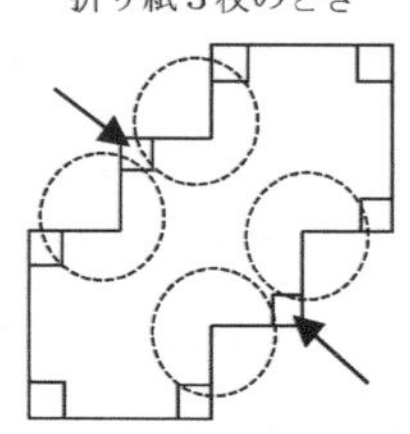

内部の直角の個数は，折り紙１枚のときイ4個であり，３枚のとき，右図のようにウ8個ある。このように，折り紙の枚数が１枚増えるごとに，右図の矢印の部分に直角が２個増えるから，オ内部の直角の個数が２個ずつ増える。

したがって，内部の直角の個数が68個になるのは，１枚のときから68－４＝64(個)増えたときだから，折り紙を64÷２＝32(枚)増やしたとき，つまり，折り紙が１＋32＝エ33(枚)のときである。

エについては，図形の周りの長さから求めることもできる。周りの長さが340㎝になるのは，１枚のときから340－20＝320(㎝)増えたときだから，１＋320÷10＝エ33(枚)のときである。

(2)① ５点の人と６点の人の人数を合計すればよいから，３＋８＝11(人)

② ２組の６点または８点の人の合計人数は16－２－２－１＝11(人)である。２組の合計得点は6.5×16＝104(点)であり，６点または８点の人以外の合計得点は，３×２＋７×２＋10×１＝30(点)だから，６点または８点の人の合計得点は，104－30＝74(点)である。８点が11人だと８×11＝88(点)となり，合計得点は74点より88－74＝14(点)高くなる。11人のうち１人を８点から６点におきかえると，合計得点は８－６＝２(点)下がるから，６点の人は14÷２＝７(人)，８点の人は11－７＝４(人)である。この人数は，図５の見えている部分にも合う。

１組の人数は２＋３＋８＋２＋４＋１＋１＝21(人)，合計得点は

３×２＋５×３＋６×８＋７×２＋８×４＋９×１＋10×１＝134(点)だから，１組の得点の平均は，134÷21＝6.38…より，ア6.4点である。したがって，得点の平均は２組の方が高いので，イ2組の方が上手だと言えそうである。

メダルをもらった人数は，１組が４＋１＋１＝６(人)，２組が４＋１＝５(人)だから，ウ1組の方が上手だと言えそうである。

メダルをもらった人の参加者に対する割合は，１組が，$\frac{6}{21}$×100＝28.57…より，エ28.6%，２組が，$\frac{5}{16}$×100＝31.25より，オ31.3%だから，カ2組の方が上手だと言えそうである。

(3) 右図のように記号をおく。イ＋エ＝７であり，残りの数で和が７になる２数は１と６だけである。イに４より大きい６は入れられないから，イ＝１，エ＝６に決まる，よって，ア＝３，ウ＝２である。

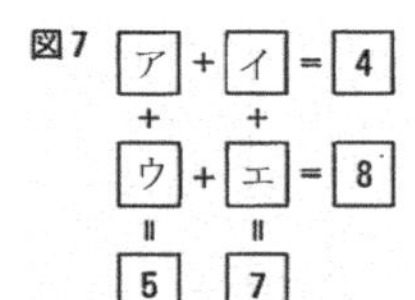

(4)① １から12までの12個の整数の和を計算すると78になる(１から10までの10個の整数の和が55になることは覚えておこう)。図10では３つの頂点に１，２，３が入っているから，グループA，B，Cの数を合計すると，78＋１＋２＋３＝84になるので，１つの辺の数の和は，84÷３＝28になる。

イ，ロ，ハの数の組み合わせだけではなく，グループBの空いている２マスと，グループCの空いている２マスに入る数についても考えなければならない。

グループＢの空いている２マスの数の和は，28－（１＋９＋３）＝15であり，１，２，３，４，９以外の数で和が15になる２数の組み合わせは，５と10，７と８の２組である。
グループＣの空いている２マスの数の和は，28－（２＋４＋３）＝19であり，１，２，３，４，９以外の数で和が19になる２数の組み合わせは，７と12，８と11の２組である。
したがって，グループＣには７か８が必要なので，グループＢの空いている２マスには，５と10が入ると決まる。
以上より，イ，ロ，ハに入れられる数は，６，７，８，11，12だけである。イ，ロ，ハの数の和は28－（１＋２）＝25だから，イ，ロ，ハに入る数の組み合わせは，（６，７，12)か(６，８，11)である。どちらにしても，グループＣの空いている２マスには条件に合う数を入れることができる。
② ①の解説より，（１つの辺の数の和)＝{78＋（３つの頂点の数の和)}÷３だから，最も大きくするためには，３つの頂点に10，11，12を入れればよい。そのとき，１つの辺の数の和は，(78＋10＋11＋12)÷３＝37

《解答例》

(例文)

私は、小学一年生から水泳を習い始めた。先生は、基本を教えて見本を示したあと、細かいことまでは私に教えてくれなかった。しかし私は、どうしたら先生に教えてもらえるかということばかり考えていた。すると、ある日先生から「失敗してもいいから、まず自分で思ったとおりにやってみなさい。」と言われた。もちろん最初からうまくできるわけがなく、何度も何度もやり直し、練習をして、やっと自分なりの方法が少しずつ見いだせるようになった。先生はずっと、はげましたり助言をしたりしながら見守っていてくれた。自分でやってみようとしない私を、先生はあえてつき放して、「試行さく誤」して覚える方法があることを、気づかせてくれたのだと思う。もし、教えてもらってばかりいたら、いつまでもあまえてしまっていたと思う。

私はこの体験を通して、まず自分でやってみて、試行さく誤しながら身につけるということは、とても有効な方法であることを学んだ。これからも、水泳に限らず、何事にもその姿勢を忘れずに臨みたいと思う。

■ ご使用にあたってのお願い・ご注意

（1）問題文等の非掲載

著作権上の都合により，問題文や図表などの一部を掲載できない場合があります。

誠に申し訳ございませんが，ご了承くださいますようお願いいたします。

（2）過去問における時事性

過去問題集は，学習指導要領の改訂や社会状況の変化，新たな発見などにより，現在とは異なる表記や解説になっている場合があります。過去問の特性上，出題当時のままで出版していますので，あらかじめご了承ください。

（3）配点

学校等から配点が公表されている場合は，記載しています。公表されていない場合は，記載していません。

独自の予想配点は，出題者の意図と異なる場合があり，お客様が学習するうえで誤った判断をしてしまう恐れがあるため記載していません。

（4）無断複製等の禁止

購入された個人のお客様が，ご家庭でご自身またはご家族の学習のためにコピーをすることは可能ですが，それ以外の目的でコピー，スキャン，転載（ブログ，ＳＮＳなどでの公開を含みます）などをすることは法律により禁止されています。学校や学習塾などで，児童生徒のためにコピーをして使用することも法律により禁止されています。

ご不明な点や，違法な疑いのある行為を確認された場合は，弊社までご連絡ください。

（5）けがに注意

この問題集は針を外して使用します。針を外すときは，けがをしないように注意してください。また，表紙カバーや問題用紙の端で手指を傷つけないように十分注意してください。

（6）正誤

制作には万全を期しておりますが，万が一誤りなどがございましたら，弊社までご連絡ください。

なお，誤りが判明した場合は，弊社ウェブサイトの「ご購入者様のページ」に掲載しておりますので，そちらもご確認ください。

■ お問い合わせ

解答例，解説，印刷，製本など，問題集発行におけるすべての責任は弊社にあります。

ご不明な点がございましたら，弊社ウェブサイトの「お問い合わせ」フォームよりご連絡ください。迅速に対応いたしますが，営業日の都合で回答に数日を要する場合があります。

ご入力いただいたメールアドレス宛に自動返信メールをお送りしています。自動返信メールが届かない場合は，「よくある質問」の「メールの問い合わせに対し返信がありません。」の項目をご確認ください。

また弊社営業日（平日）は，午前９時から午後５時まで，電話でのお問い合わせも受け付けています。

2025 春

株式会社教英出版
〒422-8054　静岡県静岡市駿河区南安倍３丁目 12-28
TEL　054-288-2131　　FAX　054-288-2133
URL　https://kyoei-syuppan.net/
MAIL siteform@kyoei-syuppan.net

教英出版の親子で取りくむシリーズ

公立中高一貫校とは？適性検査とは？
受検を考えはじめた親子のための最初の１冊！

「概要編」では公立中高一貫校の仕組みや適性検査の特徴をわかりやすく説明し，「例題編」では実際の適性検査の中から，よく出題されるパターンの問題を厳選して紹介しています。実際の問題紙面も掲載しているので受検を身近に感じることができます。

- 公立中高一貫校を知ろう！
- 適性検査を知ろう！
- 教科的な問題〈適性検査ってこんな感じ〉
- 実技的な問題〈さらにはこんな問題も！〉
- おさえておきたいキーワード

定価：1,078円(本体980+税)

適性検査の作文問題にも対応！
「書けない」を「書けた！」に導く合格レッスン

「実力養成レッスン」では，作文の技術や素材の見つけ方，書き方や教え方を対話形式でわかりやすく解説。実際の入試作文をもとに，とり外して使える解答用紙に書き込んでレッスンをします。赤ペンの添削例や，「添削チェックシート」を参考にすれば，お子さんが書いた作文をていねいに添削することができます。

- レッスン１ 作文の基本と，書くための準備
- レッスン２ さまざまなテーマの入試作文
- レッスン３ 長文の内容をふまえて書く入試作文
- 実力だめし！入試作文
- 別冊「添削チェックシート・解答用紙」付き

定価：1,155円(本体1,050+税)

絶賛販売中！

詳しくは教英出版で検索

教英出版 検索

URL https://kyoei-syuppan.net/

教英出版　2025年春受験用　中学入試問題集

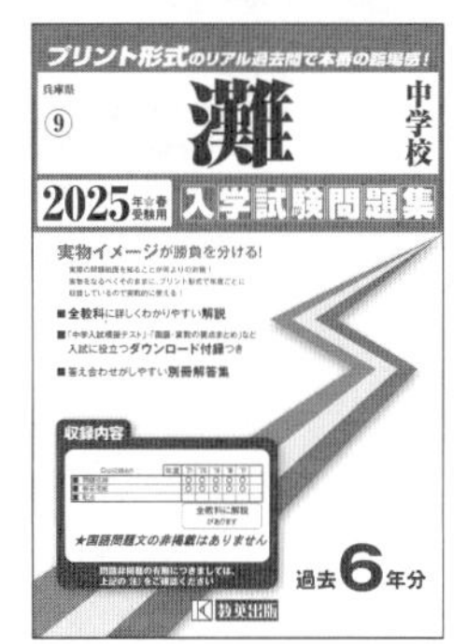

学校別問題集

✿はカラー問題対応

北海道

①[市立]札幌開成中等教育学校
②藤女子中学校
③北嶺中学校
④北星学園女子中学校
⑤札幌大谷中学校
⑥札幌光星中学校
⑦立命館慶祥中学校
⑧函館ラ・サール中学校

青森県

①[県立]三本木高等学校附属中学校

岩手県

①[県立]一関第一高等学校附属中学校

宮城県

①[県立]宮城県古川黎明中学校
②[県立]宮城県仙台二華中学校
③[市立]仙台青陵中等教育学校
④東北学院中学校
⑤仙台白百合学園中学校
⑥聖ウルスラ学院英智中学校
⑦宮城学院中学校
⑧秀光中学校
⑨古川学園中学校

秋田県

①[県立] 大館国際情報学院中学校／秋田南高等学校中等部／横手清陵学院中学校

山形県

①[県立] 東桜学館中学校／致道館中学校

福島県

①[県立] 会津学鳳中学校／ふたば未来学園中学校

茨城県

①[県立] 日立第一高等学校附属中学校／太田第一高等学校附属中学校／水戸第一高等学校附属中学校／鉾田第一高等学校附属中学校／鹿島高等学校附属中学校／土浦第一高等学校附属中学校／竜ヶ崎第一高等学校附属中学校／下館第一高等学校附属中学校／下妻第一高等学校附属中学校／水海道第一高等学校附属中学校／勝田中等教育学校／並木中等教育学校／古河中等教育学校

栃木県

①[県立] 宇都宮東高等学校附属中学校／佐野高等学校附属中学校／矢板東高等学校附属中学校

群馬県

① [県立]中央中等教育学校／[市立]四ツ葉学園中等教育学校／[市立]太田中学校

埼玉県

①[県立]伊奈学園中学校
②[市立]浦和中学校
③[市立]大宮国際中等教育学校
④[市立]川口市立高等学校附属中学校

千葉県

①[県立] 千葉中学校／東葛飾中学校
②[市立]稲毛国際中等教育学校

東京都

①[国立]筑波大学附属駒場中学校
②[都立]白鷗高等学校附属中学校
③[都立]桜修館中等教育学校
④[都立]小石川中等教育学校
⑤[都立]両国高等学校附属中学校
⑥[都立]立川国際中等教育学校
⑦[都立]武蔵高等学校附属中学校
⑧[都立]大泉高等学校附属中学校
⑨[都立]富士高等学校附属中学校
⑩[都立]三鷹中等教育学校
⑪[都立]南多摩中等教育学校
⑫[区立]九段中等教育学校
⑬開成中学校
⑭麻布中学校
⑮桜蔭中学校
⑯女子学院中学校
✿⑰豊島岡女子学園中学校
⑱東京都市大学等々力中学校
⑲世田谷学園中学校
✿⑳広尾学園中学校(第2回)
✿㉑広尾学園中学校(医進・サイエンス回)
㉒渋谷教育学園渋谷中学校(第1回)
㉓渋谷教育学園渋谷中学校(第2回)
㉔東京農業大学第一高等学校中等部(2月1日 午後)
㉕東京農業大学第一高等学校中等部(2月2日 午後)

神奈川県

①[県立] 相模原中等教育学校／平塚中等教育学校
②[市立]南高等学校附属中学校
③[市立]横浜サイエンスフロンティア高等学校附属中学校
④[市立]川崎高等学校附属中学校
✿⑤聖光学院中学校
✿⑥浅野中学校
⑦洗足学園中学校
⑧法政大学第二中学校
⑨逗子開成中学校(1次)
⑩逗子開成中学校(2·3次)
⑪神奈川大学附属中学校(第1回)
⑫神奈川大学附属中学校(第2·3回)
⑬栄光学園中学校
⑭フェリス女学院中学校

新潟県

①[県立] 村上中等教育学校／柏崎翔洋中等教育学校／燕中等教育学校／津南中等教育学校／直江津中等教育学校／佐渡中等教育学校
②[市立]高志中等教育学校
③新潟第一中学校
④新潟明訓中学校

石川県

①[県立]金沢錦丘中学校
②星稜中学校

福井県

①[県立]高志中学校

山梨県

①山梨英和中学校
②山梨学院中学校
③駿台甲府中学校

長野県

①[県立] 屋代高等学校附属中学校／諏訪清陵高等学校附属中学校
②[市立]長野中学校

岐阜県

①岐阜東中学校
②鶯谷中学校
③岐阜聖徳学園大学附属中学校

静岡県

①[国立]静岡大学教育学部附属中学校(静岡·島田·浜松)
② [県立]清水南高等学校中等部／[県立]浜松西高等学校中等部／[市立]沼津高等学校中等部
③不二聖心女子学院中学校
④日本大学三島中学校
⑤加藤学園暁秀中学校
⑥星陵中学校
⑦東海大学付属静岡翔洋高等学校中等部
⑧静岡サレジオ中学校
⑨静岡英和女学院中学校
⑩静岡雙葉中学校
⑪静岡聖光学院中学校
⑫静岡学園中学校
⑬静岡大成中学校
⑭城南静岡中学校
⑮静岡北中学校
⑯ 常葉大学附属常葉中学校／常葉大学附属橘中学校／常葉大学附属菊川中学校
⑰藤枝明誠中学校
⑱浜松開誠館中学校
⑲静岡県西遠女子学園中学校
⑳浜松日体中学校
㉑浜松学芸中学校

愛知県

①[国立]愛知教育大学附属名古屋中学校
②愛知淑徳中学校
③ 名古屋経済大学市邨中学校／名古屋経済大学高蔵中学校
④金城学院中学校
⑤椙山女学園中学校
⑥東海中学校
⑦南山中学校男子部
⑧南山中学校女子部
⑨聖霊中学校
⑩滝中学校
⑪名古屋中学校
⑫大成中学校
⑬愛知中学校
⑭星城中学校
⑮名古屋葵大学中学校(名古屋女子大学中学校)
⑯愛知工業大学名電中学校
⑰海陽中等教育学校(特別給費生)
⑱海陽中等教育学校(I·II)
⑲中部大学春日丘中学校
新刊⑳名古屋国際中学校

三重県

①[国立]三重大学教育学部附属中学校
②暁中学校
③海星中学校
④四日市メリノール学院中学校
⑤高田中学校
⑥セントヨゼフ女子学園中学校
⑦三重中学校
⑧皇學館中学校
⑨鈴鹿中等教育学校
⑩津田学園中学校

滋賀県

①[国立]滋賀大学教育学部附属中学校
②[県立] 河瀬中学校／守山中学校／水口東中学校

京都府

①[国立]京都教育大学附属桃山中学校
②[府立]洛北高等学校附属中学校
③[府立]園部高等学校附属中学校
④[府立]福知山高等学校附属中学校
⑤[府立]南陽高等学校附属中学校
⑥[市立]西京高等学校附属中学校
⑦同志社中学校
⑧洛星中学校
⑨洛南高等学校附属中学校
⑩立命館中学校
⑪同志社国際中学校
⑫同志社女子中学校(前期日程)
⑬同志社女子中学校(後期日程)

大阪府

①[国立]大阪教育大学附属天王寺中学校
②[国立]大阪教育大学附属平野中学校
③[国立]大阪教育大学附属池田中学校

④[府立]富田林中学校
⑤[府立]咲くやこの花中学校
⑥[府立]水都国際中学校
⑦清風中学校
⑧高槻中学校（A日程）
⑨高槻中学校（B日程）
⑩明星中学校
⑪大阪女学院中学校
⑫大谷中学校
⑬四天王寺中学校
⑭帝塚山学院中学校
⑮大阪国際中学校
⑯大阪桐蔭中学校
⑰開明中学校
⑱関西大学第一中学校
⑲近畿大学附属中学校
⑳金蘭千里中学校
㉑金光八尾中学校
㉒清風南海中学校
㉓帝塚山学院泉ヶ丘中学校
㉔同志社香里中学校
㉕初芝立命館中学校
㉖関西大学中等部
㉗大阪星光学院中学校

兵庫県

①[国立]神戸大学附属中等教育学校
②[県立]兵庫県立大学附属中学校
③雲雀丘学園中学校
④関西学院中学部
⑤神戸女学院中学部
⑥甲陽学院中学校
⑦甲南中学校
⑧甲南女子中学校
⑨灘中学校
⑩親和中学校
⑪神戸海星女子学院中学校
⑫滝川中学校
⑬啓明学院中学校
⑭三田学園中学校
⑮淳心学院中学校
⑯仁川学院中学校
⑰六甲学院中学校
⑱須磨学園中学校(第1回入試)
⑲須磨学園中学校(第2回入試)
⑳須磨学園中学校(第3回入試)
㉑白陵中学校
㉒夙川中学校

奈良県

①[国立]奈良女子大学附属中等教育学校
②[国立]奈良教育大学附属中学校
③[県立] 国際中学校
　　　　 青翔中学校
④[市立]一条高等学校附属中学校
⑤帝塚山中学校
⑥東大寺学園中学校
⑦奈良学園中学校
⑧西大和学園中学校

和歌山県

①[県立] 古佐田丘中学校
　　　　 向陽中学校
　　　　 桐蔭中学校
　　　　 日高高等学校附属中学校
　　　　 田辺中学校
②智辯学園和歌山中学校
③近畿大学附属和歌山中学校
④開智中学校

岡山県

①[県立]岡山操山中学校
②[県立]倉敷天城中学校
③[県立]岡山大安寺中等教育学校
④[県立]津山中学校
⑤岡山中学校
⑥清心中学校
⑦岡山白陵中学校
⑧金光学園中学校
⑨就実中学校
⑩岡山理科大学附属中学校
⑪山陽学園中学校

広島県

①[国立]広島大学附属中学校
②[国立]広島大学附属福山中学校
③[県立]広島中学校
④[県立]三次中学校
⑤[県立]広島叡智学園中学校
⑥[市立]広島中等教育学校
⑦[市立]福山中学校
⑧広島学院中学校
⑨広島女学院中学校
⑩修道中学校
⑪崇徳中学校
⑫比治山女子中学校
⑬福山暁の星女子中学校
⑭安田女子中学校
⑮広島なぎさ中学校
⑯広島城北中学校
⑰近畿大学附属広島中学校福山校
⑱盈進中学校
⑲如水館中学校
⑳ノートルダム清心中学校
㉑銀河学院中学校
㉒近畿大学附属広島中学校東広島校
㉓AICJ中学校
㉔広島国際学院中学校
㉕広島修道大学ひろしま協創中学校

山口県

①[県立] 下関中等教育学校
　　　　 高森みどり中学校
②野田学園中学校

徳島県

①[県立] 富岡東中学校
　　　　 川島中学校
　　　　 城ノ内中等教育学校
②徳島文理中学校

香川県

①大手前丸亀中学校
②香川誠陵中学校

愛媛県

①[県立] 今治東中等教育学校
　　　　 松山西中等教育学校
②愛光中学校
③済美平成中等教育学校
④新田青雲中等教育学校

高知県

①[県立] 安芸中学校
　　　　 高知国際中学校
　　　　 中村中学校

福　岡　県

①[国立]福岡教育大学附属中学校（福岡・小倉・久留米）
②[県立]育徳館中学校
　　　門司学園中学校
　　　宗像中学校
　　　嘉穂高等学校附属中学校
　　　輝翔館中等教育学校
③西南学院中学校
④上智福岡中学校
⑤福岡女学院中学校
⑥福岡雙葉中学校
⑦照曜館中学校
⑧筑紫女学園中学校
⑨敬愛中学校
⑩久留米大学附設中学校
⑪飯塚日新館中学校
⑫明治学園中学校
⑬小倉日新館中学校
⑭久留米信愛中学校
⑮中村学園女子中学校
⑯福岡大学附属大濠中学校
⑰筑陽学園中学校
⑱九州国際大学付属中学校
⑲博多女子中学校
⑳東福岡自彊館中学校
㉑八女学院中学校

佐　賀　県

①[県立]香楠中学校
　　　致遠館中学校
　　　唐津東中学校
　　　武雄青陵中学校
②弘学館中学校
③東明館中学校
④佐賀清和中学校
⑤成穎中学校
⑥早稲田佐賀中学校

長　崎　県

①[県立]長崎東中学校
　　　佐世保北中学校
　　　諫早高等学校附属中学校
②青雲中学校
③長崎南山中学校
④長崎日本大学中学校
⑤海星中学校

熊　本　県

①[県立]玉名高等学校附属中学校
　　　宇土中学校
　　　八代中学校
②真和中学校
③九州学院中学校
④ルーテル学院中学校
⑤熊本信愛女学院中学校
⑥熊本マリスト学園中学校
⑦熊本学園大学付属中学校

大　分　県

①[県立]大分豊府中学校
②岩田中学校

宮　崎　県

①[県立]五ヶ瀬中等教育学校
②[県立]宮崎西高等学校附属中学校
　　　都城泉ヶ丘高等学校附属中学校
③宮崎日本大学中学校
④日向学院中学校
⑤宮崎第一中学校

鹿　児　島　県

①[県立]楠隼中学校
②[市立]鹿児島玉龍中学校
③鹿児島修学館中学校
④ラ・サール中学校
⑤志學館中等部

沖　縄　県

①[県立]与勝緑が丘中学校
　　　開邦中学校
　　　球陽中学校
　　　名護高等学校附属桜中学校

もっと過去問シリーズ

北　海　道

北嶺中学校
7年分(算数・理科・社会)

静　岡　県

静岡大学教育学部附属中学校
(静岡・島田・浜松)
10年分(算数)

愛　知　県

愛知淑徳中学校
7年分(算数・理科・社会)
東海中学校
7年分(算数・理科・社会)
南山中学校男子部
7年分(算数・理科・社会)
南山中学校女子部
7年分(算数・理科・社会)
滝中学校
7年分(算数・理科・社会)
名古屋中学校
7年分(算数・理科・社会)

岡　山　県

岡山白陵中学校
7年分(算数・理科)

広　島　県

広島大学附属中学校
7年分(算数・理科・社会)
広島大学附属福山中学校
7年分(算数・理科・社会)
広島学院中学校
7年分(算数・理科・社会)
広島女学院中学校
7年分(算数・理科・社会)
修道中学校
7年分(算数・理科・社会)
ノートルダム清心中学校
7年分(算数・理科・社会)

愛　媛　県

愛光中学校
7年分(算数・理科・社会)

福　岡　県

福岡教育大学附属中学校
(福岡・小倉・久留米)
7年分(算数・理科・社会)
西南学院中学校
7年分(算数・理科・社会)
久留米大学附設中学校
7年分(算数・理科・社会)
福岡大学附属大濠中学校
7年分(算数・理科・社会)

佐　賀　県

早稲田佐賀中学校
7年分(算数・理科・社会)

長　崎　県

青雲中学校
7年分(算数・理科・社会)

鹿　児　島　県

ラ・サール中学校
7年分(算数・理科・社会)

※もっと過去問シリーズは
国語の収録はありません。

教英出版

〒422-8054
静岡県静岡市駿河区南安倍3丁目12-28
TEL 054-288-2131
FAX 054-288-2133
詳しくは教英出版で検索
教英出版　検索
URL https://kyoei-syuppan.net/

1

令和6年度

大阪府立中学校入学者選抜適性検査問題

大阪府立富田林中学校に係る入学者選抜

適性検査Ⅰ

（国語的問題）

（45分）

注　意

1　「開始」の合図があるまで開いてはいけません。

2　答えは、すべて**解答用紙**に書きなさい。

・答えとして記号を選ぶ問題は、右の【解答例】にならい、すべて**解答用紙の記号**を○で囲みなさい。また、答えを訂正（ていせい）するときは、もとの○をきれいに消しなさい。

・答えの字数が指定されている問題は、、。「　」なども一字に数えます。

【解答例】
ア　イ　㋒　エ

解答用紙の「**採点**」の欄（らん）と「**採点者記入欄**」には、何も書いてはいけません。

3　問題は、中の用紙のA面に 一 、B面に 二 、C面に 三 があります。

4　「開始」の合図で、まず、**解答用紙**に**受験番号**を書きなさい。

5　「終了（しゅうりょう）」の合図で、すぐ鉛筆（えんぴつ）を置きなさい。

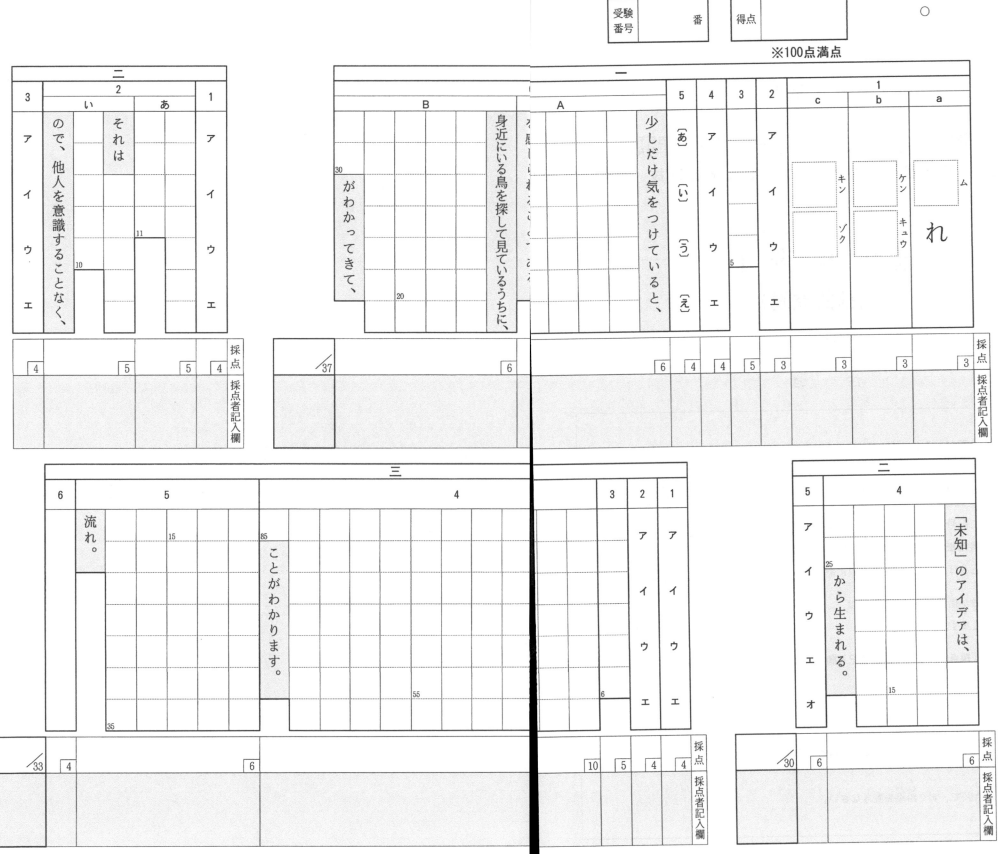

令和六年度大阪府立中学校入学者選抜適性検査問題

適性検査Ⅰ（国語的問題）解答用紙

受験番号　　番　　得点

※100点満点

一

1 a ム(れ)　b ケン／キュウ　c キン／ソク

2 ア イ ウ エ

3 （5字）

4 ア イ ウ エ

5 〔あ〕〔い〕〔う〕〔え〕

A 少しだけ気をつけていると、

B 身近にいる鳥を探して見ているうちに、……がわかってきて、

採点：a 3　b 3　c 3　2 3　3 5　4 4　5 4　A 6　B 6　／37

二

1 ア イ ウ エ

2 あ（11字）　い それは……（10字）

3 ア イ ウ エ

……ので、他人を意識することなく、

4 「未知」のアイデアは、……（25字）から生まれる。

5 ア イ ウ エ オ

採点：1 4　2あ 5　2い 5　3 4　4 6　5 6　／30

三

1 ア イ ウ エ

2 ア イ ウ エ

3 （6字）

4 ……（85字）ことがわかります。

5 流れ。……（35字）

6

採点：1 4　2 4　3 5　4 10　5 6　6 4　／33

採点者記入欄

適性検査Ⅲ（算数的問題）

1　あとの各問いに答えなさい。

(1)　31 + 32 + 33 + 34 + 35 = □ + □ + □ + □ + □ + □ の式が成り立つように，6つの □ にそれぞれ1つずつ，連続する（1ずつ大きくなる）6つの整数を入れます。□ に入れる整数のうち最も大きい整数を答えなさい。

(2)　あゆみさんとじろうさんの家は一本道に沿ってあり，2人の家の間の道のりは4200 m です。2人は，それぞれ午後3時に自宅を出発し，あゆみさんは分速70 m で歩いて，じろうさんは自転車に乗って分速210 m で，互（たが）いの家に向かいました。じろうさんは出発して3分後に忘れ物に気づいて同じ速さで引き返し，自宅にもどって2分後に再び自転車で出発して，初めと同じ速さであゆみさんの家に向かいました。2人が出会うのは午後何時何分ですか。求めなさい。

(3)　近畿（きんき）地方（2府5県）の地図を参考にして次の**図1**をつくりました。この**図1**の㋐～㋖の部分を赤，青，黄，緑の4色すべてを使って，となり合う部分が同じ色にならないようにぬり分けます。㋐と㋒は青，㋕は黄をぬると決めたとき，ぬり分け方は何通りありますか。求めなさい。

図1

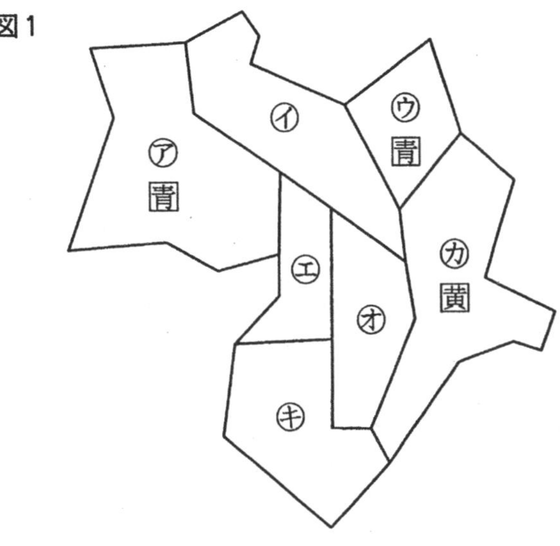

(4)　**図2**は，それぞれの面に「富」「田」「林」「中」「学」「校」の文字を書いた立方体の展開図です。**図3**のように，この展開図を組み立ててつくった立方体を「富」の書かれている面が一番上になるように置き，1面ずつ倒（たお）しながら，右方向または手前方向へ転がしていきます。右方向へ2020回，続いて手前方向に25回，転がしたとき，一番上になる面に書かれている文字を答えなさい。ただし，文字の向きは考えなくてもよいものとします。

図2　**図3**

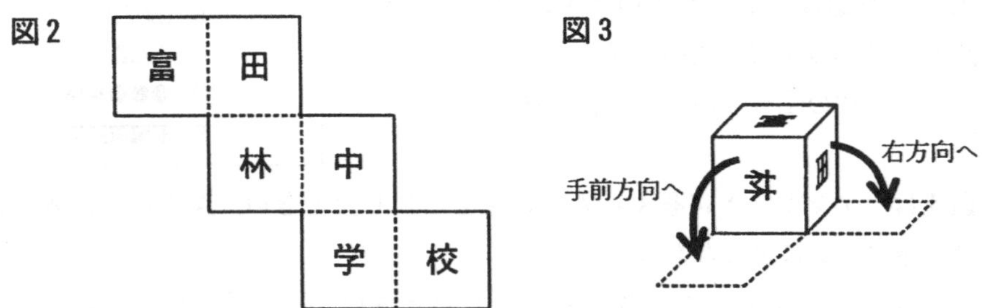

(5)　**図4**のように，水が入った底面の直径が20 cm，高さが40 cm の円柱の容器を水平に置くと，底面の円の中心Oと水面の点A，Bを結んでできる角が90°になりました。この円柱の容器を，**図5**のように底面が水平になるように置くと，水面の高さは何cm になりますか。ただし，円周率は3.14とし，答えは四捨五入をして小数第1位までのがい数で表しなさい。

図4　**図5**

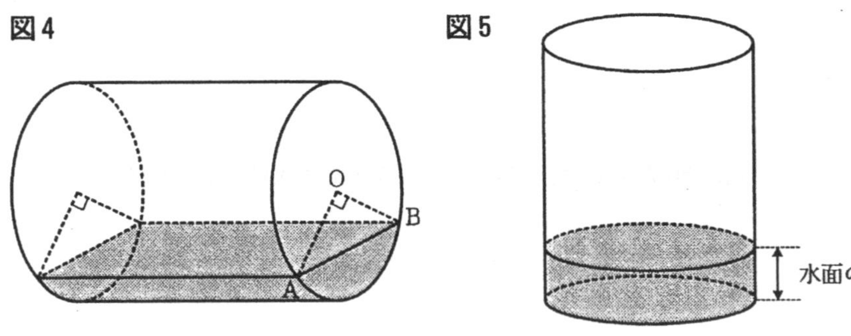

(6)　**図6**で，正方形ABCDの面積が425 cm^2 で，直角三角形ABEの面積が76 cm^2 のとき，辺AEの長さを求めなさい。

図6

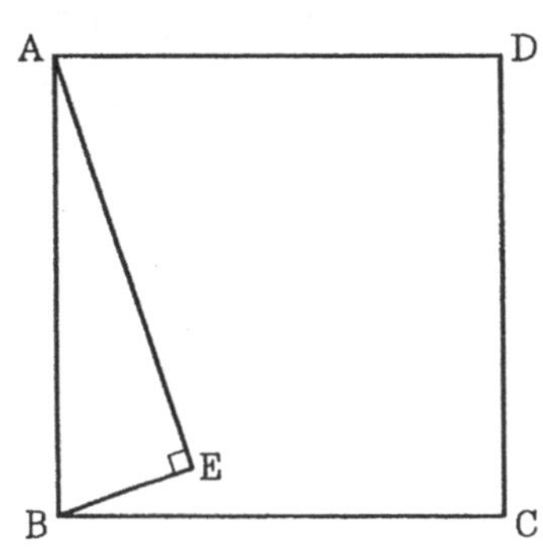

2　次の(1)〜(3)の問いに答えなさい。

(1)「A〜Eの食べ物のうち最も好きなものを1つ選んでください。」というアンケート調査を5年生，6年生に実施したところ，Aを選んだ人の数は，アンケートに答えた人の数の25％でした。

また，Aを選ばなかった人のうち，40％の人がBを，20％の人がCを選びました。

このとき，次の①〜③の問いに答えなさい。

アンケートのお願い
（あてはまるものに○をつけて下さい）
あなたの学年　5年・6年
◎　A〜Eの食べ物のうち最も好きなものを1つ選んでください。
A　○○○○○
B　□□□□□
C　△△△△△
D　●●●●●
E　■■■■■

①　図1は，アンケートに答えた人の数をもとにしたときの，Aを選んだ人の数の割合を帯グラフに表したものです。

アンケートに答えた人の数をもとにしたときの，Bを選んだ人の数の割合を解答欄の図1に書き入れなさい。ただし，A：25％のように，B：□％と数値を入れて書き入れること。

図1

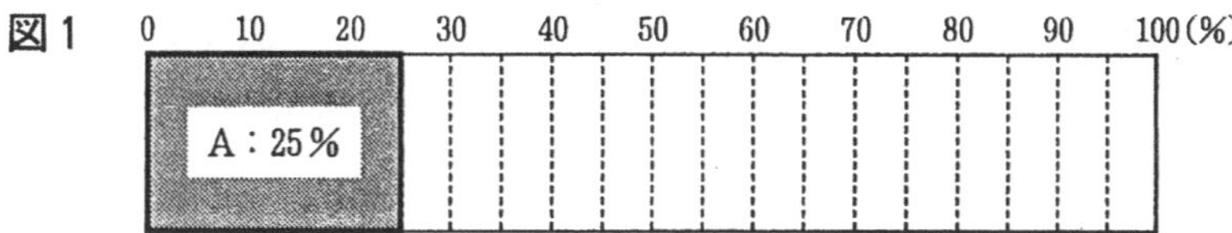

②　Cを選んだ人は30人でした。アンケートに答えた人は全員で何人でしたか。

③　Aを選んだ人の数とDを選んだ人の数の比は5：3でした。

Dを選んだ人の中で，5年生と6年生の人数の比は2：1でした。Dを選んだ5年生の人数を答えなさい。

(2)　図2のア〜オの5つの□に，1〜9までの異なる整数を1つずつ書き込みます。ただし，ア〜オに入る整数は【ルール】にしたがうものとします。

あとの①〜③の問いに答えなさい。

図2

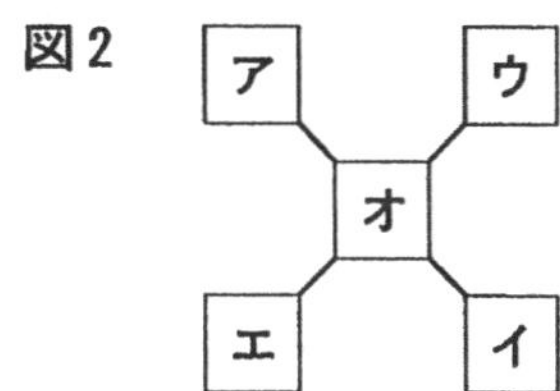

【ルール】

1．アとイの和と，ウとエの和がそれぞれオと等しい。
2．アに入る整数はア〜オの中で最も小さい。

①　図3のように，オが6のとき，ア，イ，ウ，エにあてはまる整数を書き込み，解答欄の図を完成しなさい。ただし，組み合わせが複数ある場合は，そのうちの1つを書きなさい。

図3

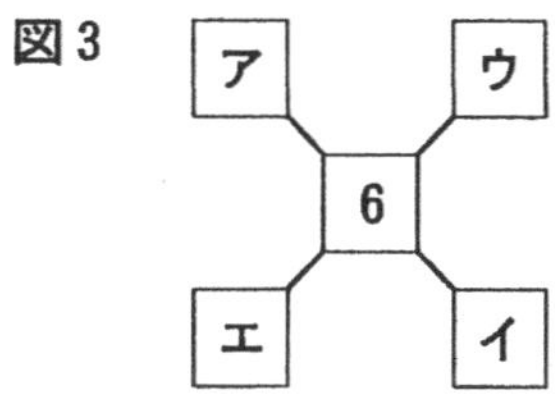

②　図4のように，ウが4のとき，ア，イ，エ，オにあてはまる数の組み合わせは何通りありますか。

図4

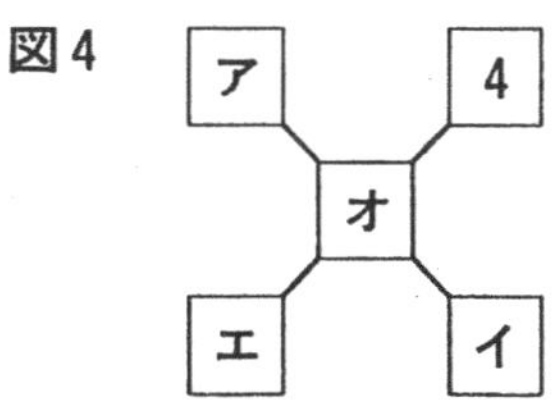

③　【ルール】にしたがうと，図2のイにあてはまる整数は3以下になりません。その理由を説明しなさい。

(3)　大きさと重さの異なるクリップＡとクリップＢがあります。**図5**の容器1にはクリップＡだけが，容器2にはクリップＢだけが，それぞれたくさん入っています。

クリップＡ，クリップＢはそれぞれすべて同じ重さです。

それぞれの容器からクリップを一部取り出してその重さをはかると，クリップＡは30個で18.0ｇ，クリップＢは40個で32.0ｇでした。

あとの①～③の問いに答えなさい。

図5

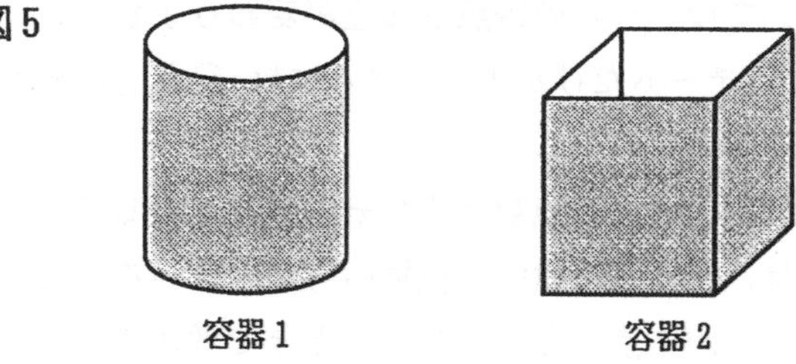

①　容器1の重さをはかると，クリップＡが入っている状態で190.4ｇ，クリップＡを全部取り出した状態で26.0ｇでした。

容器1には何個のクリップＡが入っていますか。

②　クリップＡ，クリップＢのそれぞれについて，クリップx個のときの重さをyｇとしたとき，xとyの関係は比例とみなすことができます。

図6の**ア**～**オ**のグラフの中に，クリップＢのxとyの関係を表しているグラフがあります。正しいものを1つ選び，記号を○で囲みなさい。

また，そのグラフのxとyの関係を式で表しなさい。

図6

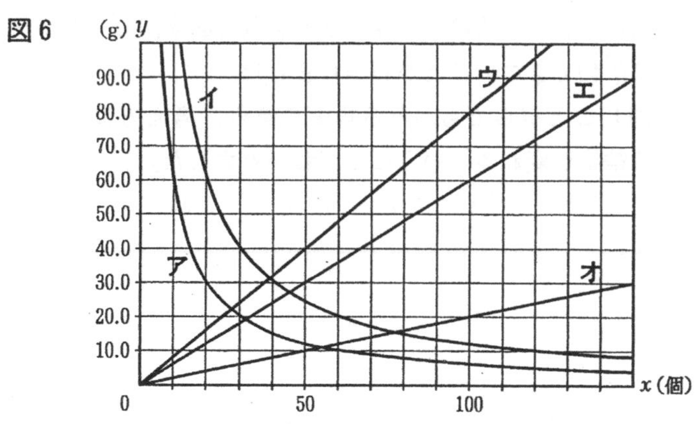

③　容器1と容器2が倒れてしまって，両方の容器に入っていた一部のクリップが混ざってしまいました。

混ざったクリップ全部の重さを調べると，32.4ｇありました。

混ざったクリップのうち30個まで調べると，クリップＡが11個，クリップＢが19個ありました。

混ざったクリップ全体では，クリップＡとクリップＢが何個ずつあるかを考えます。考えられるクリップＡとクリップＢの個数の組み合わせが何通りあるかを答えなさい。

3　スポーツやゲームなどでは，参加するすべてのチームや人がそれぞれ１回ずつ対戦する「総当たり」と呼ばれる試合の方式があり，その対戦の結果を勝敗表で表すことがあります。

表１の<勝敗表>には，ある大会でのＡ～Ｅの５チームの試合結果のうち３チームの結果が書かれてあります。勝ちを○，引き分けを△，負けを×で表しています。

【　　】には，その見方が説明されています。

表１の<勝敗表>をみて，あとの(1)，(2)の問いに答えなさい。

表１　　<勝敗表>

	A	B	C	D	E
A	＼	×	×	○	○
B	○	＼	×	○	○
C	○	○	＼	△	△
D				＼	
E					＼

【**表２**の①～⑧の部分を上の<勝敗表>にあてはめると

表２

	A	B	C	D	E
A	＼	①	②	③	④
B	⑤	＼	⑥	⑦	⑧

①；Ａ対ＢでＡの負け，②；Ａ対ＣでＡの負け，⑤；Ｂ対ＡでＢの勝ち，となります。】

(1)　<勝敗表>の結果について，○を３点，△を１点，×を０点とするとき，次の(i)，(ii)の問いに答えなさい。

(i)　Ｃチームの得点を求めなさい。

(ii)　Ｄチームの得点が１点のとき，Ｅチームは何勝何敗何引き分けですか。解答欄の（　　）にあてはまる数を書きなさい。

(2)　先生がけんたさんとひなこさんの２人と話をしています。**会話文**を読んで［ア］～［エ］にあてはまる整数や言葉を書きなさい。

会話文

先　生：○を３点，△を１点，×を０点とすると，１位は９点のＢチームになりますね。×は０点のままでも，○，△をそれぞれ何点にするかによって，<勝敗表>でのチームの得点や順位が変わりますよ。
それでは，Ｃチームだけが１位になるには，○と△がそれぞれ何点であればいいのかを考えてみましょう。
条件１は，○と△の点数はそれぞれ整数であること。
条件２は，○と△では○の点数の方が大きいこととします。
このとき，△が１点のときと２点のときで考えてみてください。

けんた：まず，条件２は考えずに，ＢチームとＣチームの得点に注目します。
△が１点のとき，Ｃチームだけが１位になるのは○が［ア］点未満のときです。しかし，この場合条件２にあてはまる整数はありません。だから△が１点のときは，Ｃチームだけが１位になることはありません。

ひなこ：△が２点のとき，○は［イ］点未満であればいいから，○を［ウ］点にするとＣチームだけが１位になります。

先　生：そのとおりです。また，ＢチームとＣチームが同点で両方が１位になるときもありますよ。
それは，○の点数と△の点数の間にある関係が成り立つときなのですが，どんな関係かわかりますか。

ひなこ：それは，［　　エ　　］という関係が成り立つときです。

先　生：正解です。○，△の点数のバランスを変えると，同じ結果でもチームの得点が変わり，順位も変わりますね。ここから，何がわかるかな。

けんた：試合の前に，勝ち・負け・引き分けの点数は必ず決めておかないと，得点や順位は信頼(しんらい)できないことがわかりました。

ひなこ：私は，同じことがらでも，みる角度や条件，考え方によって，そこから得られる結果が変わるということがわかりました。

先　生：そうだね。２人とも大切なことがわかりましたね。

			採点者記入欄
(2)	①	6	/4
	②	通り	/4
	③		/5
(3)	①	個	/4
	②	記号 ア イ ウ エ オ	/4
		式	/4
	③	通り	/5
			/45

			採点者記入欄
(1)	(i)	点	/4
	(ii)	（　　）勝（　　）敗（　　）引き分け	/4
(2)	ア		/4
	イ		/4
	ウ		/4
	エ		/5
			/25

受験番号　　番　　得点

※100点満点

令和２年度大阪府立富田林中学校入学者選抜

適性検査Ⅲ（算数的問題）解答用紙

			採点者記入欄
1	(1)		/5
	(2)	午後　　時　　分	/5
	(3)	通り	/5
	(4)		/5
	(5)	cm	/5
	(6)	cm	/5
			/30

				採点者記入欄
2	(1)	①	図１ 0 10 20 30 40 50 60 70 80 90 100(%) A：25％	/5
		②	人	/5
		③	人	/5

教英出版

3

令和2年度

大阪府立富田林中学校入学者選抜

適性検査Ⅲ

（算数的問題）

（45分）

注意

1 「開始」の合図があるまで開いてはいけません。

2 答えは，すべて**解答用紙**に書きなさい。

答えとして記号を選ぶ問題は，下の【解答例】にならい，すべて**解答用紙の記号**を○で囲みなさい。また，答えを訂正するときは，もとの○をきれいに消しなさい。

【解答例】

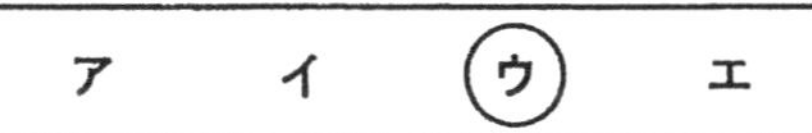

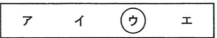

解答用紙の**採点者記入欄**には，何も書いてはいけません。

3 問題は，中の用紙のA面に**1**，B・C面に**2**，D面に**3**があります。

4 「開始」の合図で，まず，**解答用紙に受験番号**を書きなさい。

5 「終了」の合図で，すぐ鉛筆を置きなさい。

適性検査Ⅱ（社会・理科融合的問題）

1　かんたさんは，昨年大阪で開催されたＧ20サミットの首脳宣言に，「2050年までに海洋プラスチックごみによる新たな汚染をゼロにまで削減することをめざす。」とあったことに興味をもち，プラスチックごみについて調べました。(1)～(3)の問いに答えなさい。

(1)　次の表1は，地図中のＡ市，Ｂ市の海岸において，2010年から5年間に漂着したペットボトルの日本製と外国製の割合を示しています。Ａ市，Ｂ市に漂着した外国製のペットボトルは，地図中の ➚ で示した海流が運んできたと考えられます。この海流の名前を書きなさい。

表1　漂着したペットボトル（個数）の日本製と外国製の割合（2010～2014年度の合計）

Ａ市	日本製	22％
	外国製	78％
Ｂ市	日本製	34％
	外国製	66％

（環境省の資料により作成）

地図

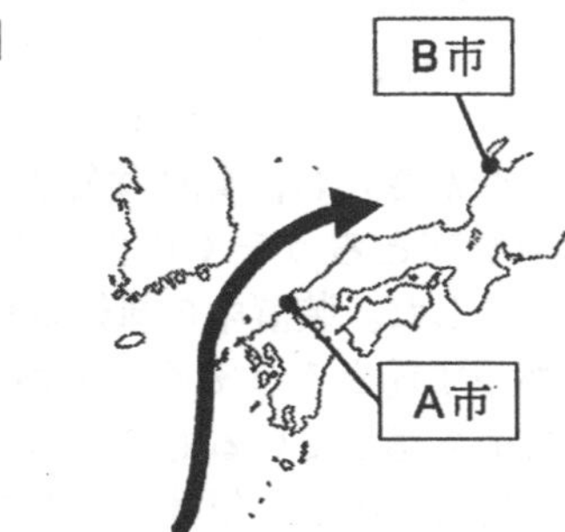

(2)　かんたさんは，日本のプラスチックごみがどのように処理されているか調べました。図1は日本のプラスチックごみの処理別割合です。さらにごみの処理について調べると，日本では，2000年に『循環型社会形成推進基本法』が制定され，循環型社会をめざしていることがわかりました。

　この法律に基づき，環境省は，まず「リデュース（廃棄物〈ごみ〉の発生を抑えること）」が重要とし，発生した廃棄物の処理については，「リユース（再使用）」，「リサイクル（再生利用）」，熱回収の順に利用し，最後にどうしても循環的な利用ができないものは適正処分する，としました。図2は，環境省が示す循環型社会でのもののながれを表したものです。

図1　日本のプラスチックごみの処理別割合（2016年）

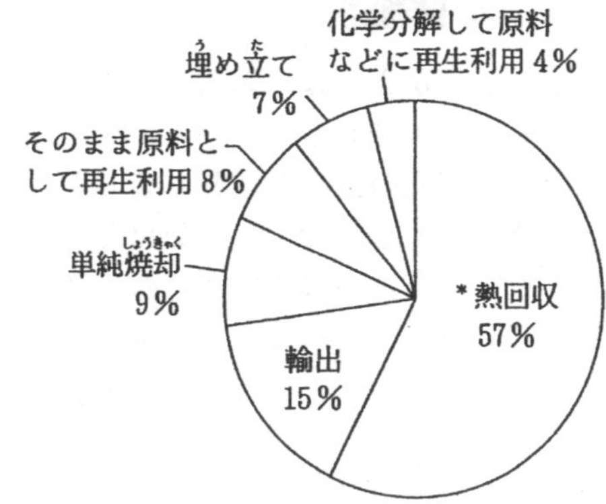

＊熱回収：焼却して出る熱を発電や暖房などに利用すること。焼却して出た熱を利用しない場合は単純焼却となる。

（プラスチック循環利用協会の資料により作成）

図1，図2を参考に，次の①～③に答えなさい。

①　図1の日本のプラスチックごみの処理別割合の中で，環境省が推進する「リサイクル」に当たるものは何％ですか。

②　『循環型社会形成推進基本法』をもとに環境省がめざしている循環型社会において，まず「リデュース」に取り組むことが重要とされている理由を，図2を参考に，**資源**という語を使って**70字以内**で書きなさい。

図2　循環型社会でのもののながれ

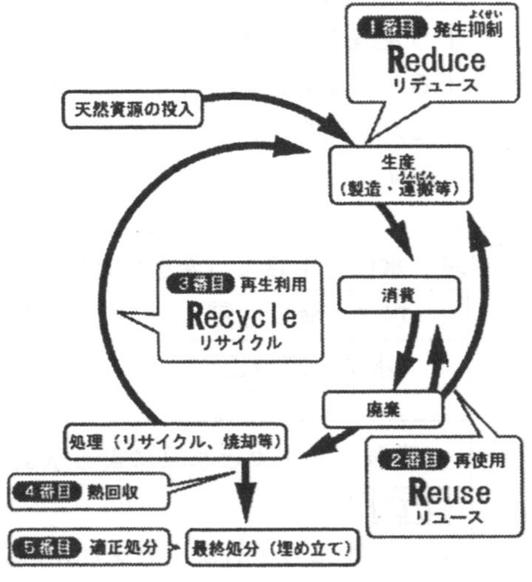

（環境省の資料による）

③　循環型社会をつくるには，私たち一人ひとりができることに着実に取り組むことが大切です。

　プラスチックごみを減らすために，あなたができる「リデュース」の取り組みを簡潔に一つ書きなさい。

(3)　次の文章を読み，［ a ］に当てはまる語を**漢字4字**で書きなさい。

> 　海洋プラスチックごみの問題をはじめ，さまざまな環境問題は世界全体で取り組みを進めていく必要があります。
> 　世界の平和と安全を守ることを目的に，1945年に結成され，1956年に日本の加盟が認められた［ a ］も，地球環境の悪化の防止に取り組んでいます。昨年9月には，［ a ］の本部で気候行動サミットが開催されました。

2　ちはるさん，さやかさんが行った実験について，あとの問いに答えなさい。

(1)　ちはるさんは，メダカ（ヒメダカ）の体のつくりや，メダカを飼育するのに適した条件を調べることにしました。①，②の問いに答えなさい。

①　図1は，メダカのめすの全身をスケッチしたものです。メダカのめすとおすを見分ける方法はいくつかありますが，その一つに「せびれ」を比べる方法があります。めすとおすの「せびれ」のちがいについて書いた次の文の［ あ ］，［ い ］に入る適切なことばを書きなさい。

図1　メダカのめす

> めすは「せびれ」に［ あ ］が，おすは「せびれ」に［ い ］。

② ちはるさんは，メダカを飼育するのに適した条件を調べるため，メダカ，水草，ＢＴＢよう液を用いて，あとの<実験>を行いました。次の**表**は，水にＢＴＢよう液を加えた水よう液について，その性質によって，色がどのように変化するかを示したものです。(i)，(ii)の問いに答えなさい。

ただし，水草は水中で生きていくために，陸上の植物と同じはたらきを行っています。

表　水にＢＴＢよう液を加えた水よう液の性質と色の変化

水よう液の性質	酸性 ←――	中性	――→ アルカリ性
水よう液の色	黄色	緑色	青色

<実験>メダカと水草による水よう液の色の変化を調べる。

方法

1　水にＢＴＢよう液を加え，緑色になった水よう液を，四つのビーカーＡ，Ｂ，Ｃ，Ｄに，それぞれ同じ量だけ入れる。

2　**図２**のように，ＡとＢにはメダカのみ，ＣとＤにはメダカと水草を入れ，ＡとＣは明るい場所に，ＢとＤは暗い場所に，それぞれ５時間くらい置く。その間，四つのビーカーの水温が等しくなるように保つ。

3　それぞれのビーカーの水よう液が，どのような色になるかを観察する。

図２　Ａ　Ｂ　Ｃ　Ｄ

結果　各ビーカーの水よう液の色

Ａ … 黄色　Ｂ … 黄色　Ｃ … 緑色　Ｄ … 黄色

(i) ビーカーＡの水よう液が黄色に変化した原因がメダカにあることを確かめるには，さらにどのような実験を行えばよいですか。最も適しているものを次の**ア**～**エ**から一つ選び，記号を○で囲みなさい。

ア　水よう液の他は何も入れないビーカーを暗い場所に置く。
イ　水よう液の他は何も入れないビーカーを明るい場所に置く。
ウ　水よう液に水草のみを入れたビーカーを暗い場所に置く。
エ　水よう液に水草のみを入れたビーカーを明るい場所に置く。

(ii) **図２**のビーカーＡ～Ｄのうち，ビーカーＣの条件がメダカを飼育するのに最も適しています。その理由について，**光**，**水草**，**メダカ**という**３語**を使って**50字以内**で書きなさい。

(2) さやかさんは，ものの燃え方を調べるため，底のないびん，ねんど，金属のふた，ろうそくを使って，**図３**のあ～えのような四つの装置を作りました。装置の中を新しい空気で満たし，その中でろうそくを燃やして燃え方を比べました。火をつけてしばらくすると，装置うのろうそくだけが燃え続け，他の三つのろうそくの火は消えました。①～③の問いに答えなさい。

図３

① さやかさんは，気体検知管を使って，装置あ中の気体について，ろうそくを燃やす前とろうそくの火が消えたあとの酸素と二酸化炭素の割合をそれぞれ調べました。装置中の気体の割合を示した次の**ア**～**エ**のグラフのうち，ろうそくを燃やす前とろうそくの火が消えたあとの装置あ中の気体の割合を表すものとして最も適しているものを一つずつ選び，記号を○で囲みなさい。ただし，割合が１％より小さい気体は，グラフ上には表されていません。

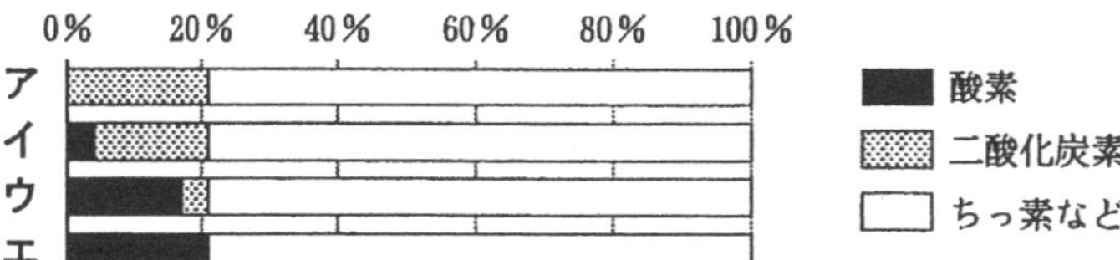

② さやかさんは，装置うのろうそくだけが燃え続けることに興味をもち，びんにせんこうのけむりを近づけて，空気の動きを観察しました。**図４**のふたのすき間と底のすき間では，空気はそれぞれどのような向きに動くと考えられますか。次の**ア**～**エ**のうち，最も適している組み合わせを一つ選び，記号を○で囲みなさい。

図４

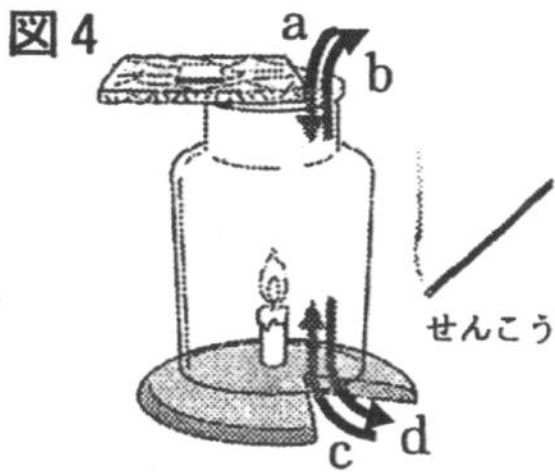

ア　aとc　　**イ**　aとd　　**ウ**　bとc　　**エ**　bとd

③ さやかさんは，ろうそくの実験を参考にし，ふたのない缶の中で木を燃やす方法を考えました。木が最もよく燃えるのは，缶の側面のどの位置に穴をあけ，缶の中にどのように木を置いたときですか。缶にあける穴の位置は**ア**～**ウ**から，木の置き方は**エ**～**カ**から，最も適しているものを一つずつ選び，記号を○で囲みなさい。ただし，**ア**～**ウ**の缶にあける穴の大きさと数，**エ**～**カ**で使う木の太さと本数は，それぞれ同じであるものとします。

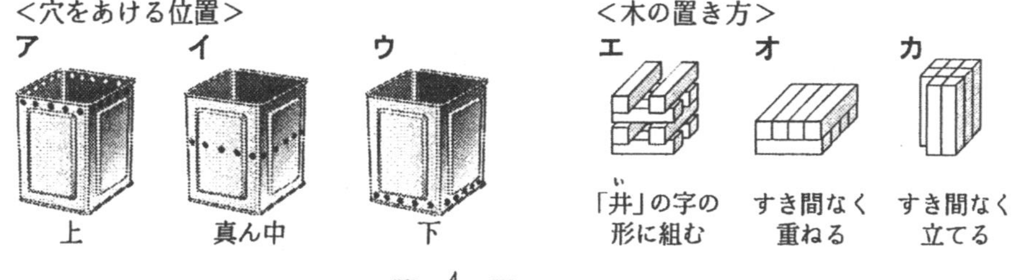

C　面

3　あきらさんとゆうきさんは，大阪市中心部をめぐる＊ウォークラリーに参加しました。次の**地図**はその時にもらった中之島周辺の地図です。**A**の大阪府庁本館を出発し，**B**の造幣博物館，**C**の大阪天満宮，**D**の天満青物市場跡，**E**の中之島図書館，**F**の大阪市役所，**G**の適塾，**H**の大阪銀座跡の順にチェックポイントをまわりました。(1)〜(11)の問いに答えなさい。

＊ウォークラリー：決められたポイントをまわりながらゴールをめざすゲーム

地図

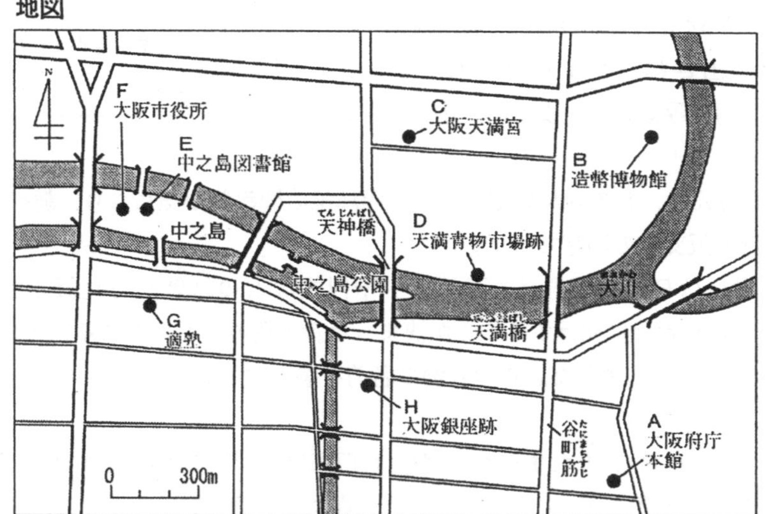

(1)　次の**ア〜オ**のうち，**地図**中の**B**，**E**，**F**の**いずれにも当たらない**地図記号を**二つ**選び，記号を○で囲みなさい。

(2)　出発地点の**A**の建物は，1926年に建てられた全国で最も古い都道府県庁舎です。この建物には大阪府議会の議場があり，府民のくらしの安全・安心や大阪の成長に関することなどについて話し合って決めています。一方，国では，国民の平和で豊かなくらしのために，国会がさまざまなことを話し合って決めています。

次の**ア〜カ**から国会の仕事を**すべて**選び，記号を○で囲みなさい。

ア　法律に基づき実際の政治を行う（行政）。
イ　条例を決める。
ウ　国の予算を決める。
エ　外国と条約を結ぶ。
オ　内閣総理大臣を指名する。
カ　裁判官を裁く裁判を行う。

C　面

(3)　二人は**A**を出発して谷町筋を北に進み，天満橋を渡りました。天満橋は大川を渡る橋です。この大川をさかのぼっていくと，滋賀県にある琵琶湖にたどりつきます。琵琶湖がある滋賀県と境を接している都道府県の名前を**すべて**書きなさい。

(4)　二人は**B**を見学し，1964年に開催された東京オリンピックのメダルが造幣局でつくられたことを知りました。このオリンピックの開催は，第二次世界大戦後，日本が平和で民主的な国家として世界の国々との関わりを深めたできごとの一つと言えます。

次の**ア〜エ**のうち，1964年に開催された東京オリンピック以後のできごとを**三つ**選び，起こった順に並べかえて，記号を書きなさい。

ア　日本が子どもの権利条約に同意する手続きをした。
イ　サンフランシスコ平和条約が結ばれた。
ウ　沖縄が日本に返還された。
エ　日中平和友好条約が結ばれた。

(5)　二人は**B**を出て，菅原道真をまつっている**C**へ行きました。菅原道真は平安時代に学者・政治家として活躍した人物で，菅原道真のすすめで894年に遣唐使の派遣が取りやめになりました。

次の**ア〜エ**のうち，遣唐使が派遣されなくなってから12世紀にかけての文化について書かれた文として正しいものを一つ選び，記号を○で囲みなさい。

ア　雪舟が水墨画をえがいた。
イ　古事記や日本書紀がつくられた。
ウ　清少納言が枕草子を書いた。
エ　法隆寺が建てられた。

(6) 二人は大川沿いの公園でDの記念碑を見つけました。天満青物市場は，江戸時代のはじめにひらかれた野菜や果物をあつかう市場で，たいへんにぎわったと伝えられています。この市場は昭和時代のはじめに移転し，現在の大阪市中央卸売市場（大阪市福島区）となっています。

次の**図1**は，2017年に大阪市中央卸売市場に入荷されたきゅうりの月別取扱高で，そのうち年間入荷量が多い宮崎県産，北海道産，福島県産の割合を示しています。また，**図2**は2017年の大阪市中央卸売市場のきゅうり1kg当たりの月別平均価格です。

あとの**ア～オ**のうち，**図1**，**図2**から読み取れる内容として正しいものを**すべて**選び，○で囲みなさい。

図1　きゅうりの月別取扱高（2017年）　　**図2　きゅうり1kg当たりの月別平均価格**（2017年）

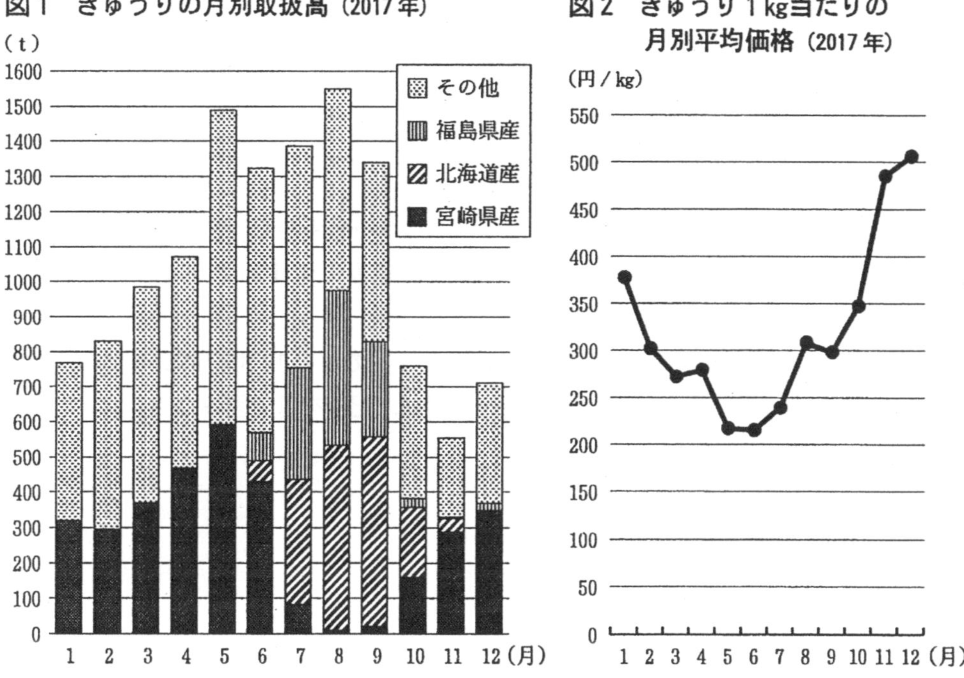

（大阪市中央卸売市場のWebページにより作成）

ア　宮崎県産のきゅうりの取扱高が最も多い月は5月である。

イ　宮崎県産のきゅうりの取扱高が，その月の取扱高の半分以上を占める月はない。

ウ　7月，8月，9月の各月において，福島県産と北海道産のきゅうりの取扱高の合計は，その月の取扱高の半分以上を占める。

エ　きゅうりの月別取扱高が最も多い月は，1kg当たりの月別平均価格が最も低い月である。

オ　きゅうりの月別取扱高が最も少ない月の1kg当たりの月別平均価格は，平均価格が最も低い月の2倍以上である。

(7) 二人は天神橋から中之島公園を通りEへ向かいました。この中之島周辺には，江戸時代に全国の多くの大名が蔵のある屋敷をおいていました。

全国の大名は，江戸幕府がつくったきまりにより，厳しく取り締まられていました。右の**資料**は，参勤交代の制度などが書かれている，1635年に出されたきまりの一部です。このきまりは何と呼ばれていますか，書きなさい。

資料　幕府がつくったきまり
（1635年のもの）

> 一，大名は，領地と江戸に交代で住み，毎年4月に江戸に参勤すること。
> 一，城を修理する場合，幕府に届け出ること。
> 一，幕府の許可を得ずに結婚してはならない。

(8) ゆうきさんは，Fの向かい側にあった西洋風の建築物が気になり，調べてみると日本銀行大阪支店の旧館でした。

日本銀行は日本銀行券（一万円札や千円札などの紙幣）を発行しています。2024年度より新たに発行することが決まった新千円札にえがかれる人物は，破傷風の治療法を発見しました。この人物の名前を書きなさい。

(9) 次に，二人はGを訪れました。適塾は江戸時代に緒方洪庵が開いた私塾です。

江戸時代の学問について書かれた次の文章中の下線部**ア～オ**のうち，**誤っているものを二つ選び**，それぞれについて，記号を○で囲み正しい語に書き直しなさい。

> 江戸時代には，オランダ語の書物をとおして，ヨーロッパの学問を学ぶ人々が増えました。杉田玄白や前野良沢らはオランダ語で書かれた医学書（人体かいぼう書）をほん訳し，**ア**<u>『解体新書』</u>を完成させました。天文学や測量術を学んだ**イ**<u>勝海舟</u>は正確な日本地図をつくろうと全国各地を測量しました。また，古くからの日本人の考え方を研究する国学もおこりました。**ウ**<u>本居宣長</u>は国学を発展させ，『古事記伝』を完成させました。
>
> 江戸時代の町や村には，武士や僧，医者などが，町人や農民の子どもたちに読み書きやそろばんなどを教える**エ**<u>藩校</u>が数多くみられました。また，江戸時代の後期には，多くの私塾が民間の学者などによって開かれ，緒方洪庵が大阪に開いた適塾では，のちに『学問のすゝめ』を書いた**オ**<u>福沢諭吉</u>が学びました。

(10)　最後に，二人はHの大阪銀座跡を訪れました。銀の重さをはかるために，「てこ」を利用した「さおばかり」が昔使われていたことを知ったゆうきさんは，後日，「てこ」を利用した様々な道具について考えました。①～③の問いに答えなさい。

①　**図3のア～オ**は,「てこ」を利用した道具を使用しているところです。**ア～オ**のうち，**図3**で示した使い方をするときに，**支点が力点と作用点の間にある道具をすべて選び**，記号を○で囲みなさい。

図3

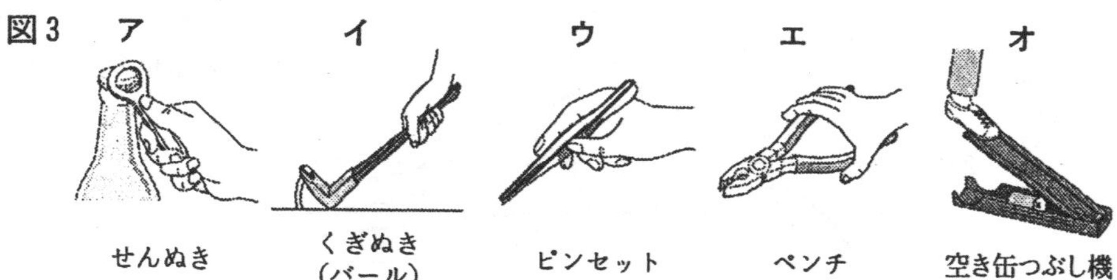

②　ハサミも「てこ」を利用した道具の一つです。あとの文章は，ハサミの刃（は）のどの位置でものを切るかで，どのようなちがいがあるかを，ゆうきさんがまとめたものです。**図4**を参考にして，文章中の［　　　　］に，**力点**という語を使って**10字程度**の適切なことばを書きなさい。

図4

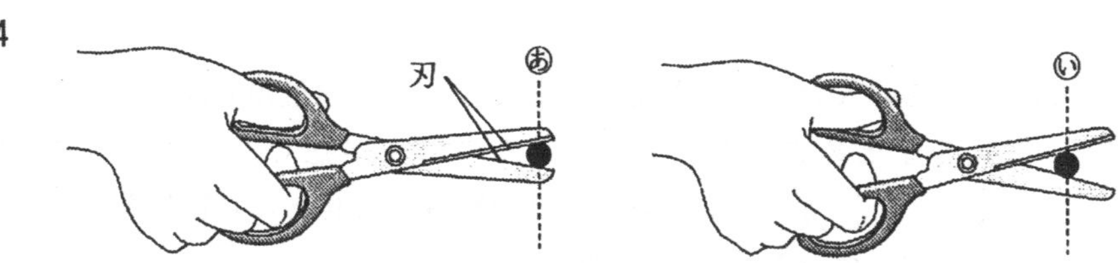

> **図4**のように，同じハサミでかたさや太さが同じものを切るとき，刃のあよりいの位置で切るほうが，小さな力で切ることができる。
> 一方，あよりいの位置で切るほうが，［　　　　］が長くなる。

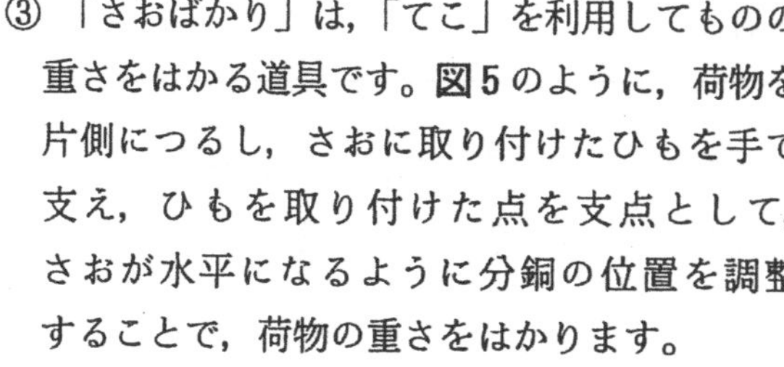

③　「さおばかり」は,「てこ」を利用してものの重さをはかる道具です。**図5**のように，荷物を片側につるし，さおに取り付けたひもを手で支え，ひもを取り付けた点を支点として，さおが水平になるように分銅の位置を調整することで，荷物の重さをはかります。

図5　「さおばかり」

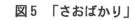

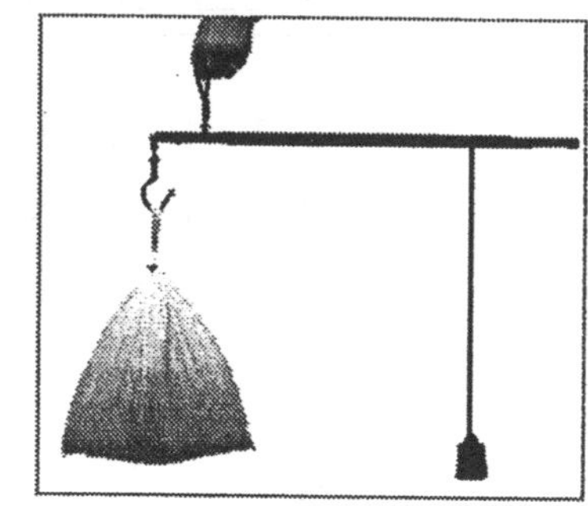

2020(R2) 富田林中
K 教英出版

E　面

ゆうきさんは，作った「さおばかり」を用いて，次の**【作業１】**,**【作業２】**を行い，さおに二通りの重さの目盛りを，それぞれ異なる色で記入しました。(i)，(ii)の問いに答えなさい。ただし，分銅と荷物以外の重さについては，考えないものとします。

【作業１】

１　**図6**のようにさおの左端（ひだりはし）のＯ点から10 cm はなれたＰ点にひもを取り付け，Ｏ点に100 g の荷物をつるし，Ｐ点を支点にして，さおが水平になるように40 g の分銅をつるす。このとき，分銅をつるしたさおの点をＱ点とし，Ｑ点に赤色のペンで100 g の目盛りを記入する。

２　荷物の重さを200 g，300 g に変えて同じ作業を行い，赤色のペンで200 g，300 g の目盛りを記入する。

図6

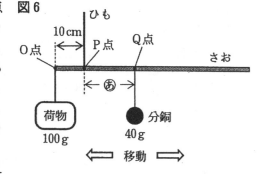

ひも　10 cm　Ｐ点　Ｑ点　Ｏ点　さお　あ　荷物 100 g　分銅 40 g　⇦ 移動 ⇨

【作業２】

図7のように，さおにひもを取り付ける位置を，さおの左端のＯ点から6 cm のところに変えて，**【作業１】**と同じ作業を行い，青色のペンで100 g，200 g，300 g の目盛りを記入する。

図7

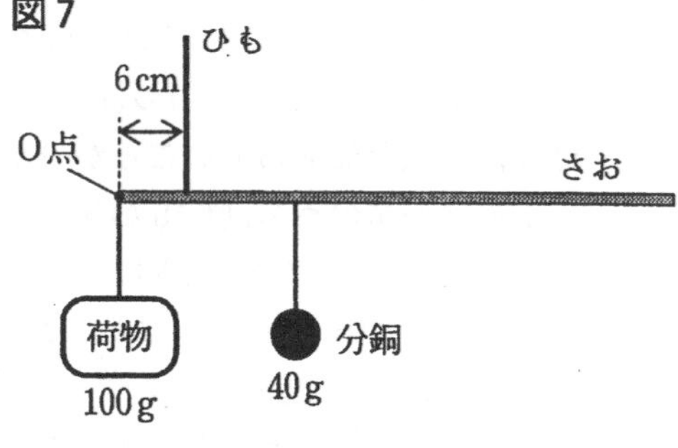

(i)　**図6**のＰ点とＱ点の間の長さ(あ)は何 cm になりましたか，書きなさい。

(ii)　**図8**に示したように，**【作業１】**で，さおに赤色のペンでかいた100 g と200 g の目盛りの間の長さをいとします。また，**【作業２】**で青色のペンでかいた100 g と200 g の目盛りの間の長さをうとします。このとき，いとうの比（い：う）をできるだけ小さな整数の比で書きなさい。

図8　赤色の目盛り

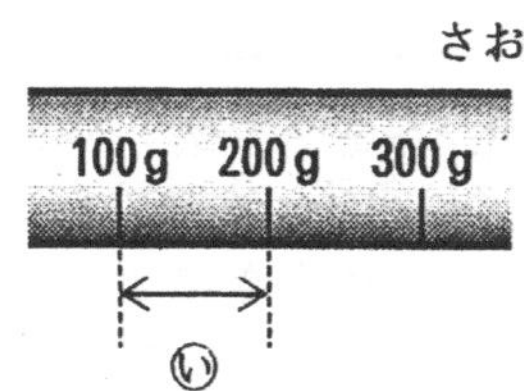

⑾　あきらさんは，ウォークラリーで歩いた中之島が，流れる水のはたらきでできた地形であることを知りました。流れる水のはたらきに興味をもったあきらさんは，自宅近くの川について川原の石や水位の変化などを調べることにしました。図9はあきらさんが調べた川の流れを簡単に表したもので，－－－－－で囲まれた範囲（はんい）は，ある日の午前8時から午前10時にかけて，雨が降った範囲を示しています。①～③の問いに答えなさい。

図9

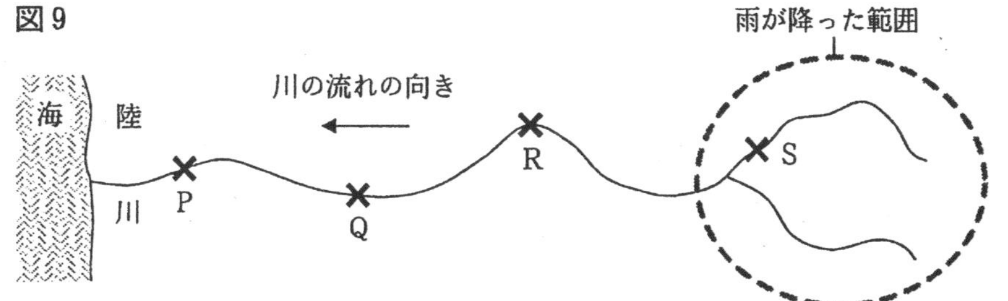

①　あきらさんは，川が曲がっている図9のR地点で，図10のように川の両岸の点をX，Yとし，XとYを結んだ直線（X－Y）上にある川の中の位置をa点，b点，c点とし，その下の川底の形を考えました。この3点を比べると，川の流れの速さはa点が最も速く，c点が最もおそいことが分かっています。

図10

川の流れの向き　X　a　b　c　Y

次のア～エのうち，図10のX－Yの下の川底の形を表したものとして最も適しているものを一つ選び，記号を○で囲みなさい。なお，あきらさんが調べた川は，人工的な堤防（ていぼう）を造ったり，川岸や川底をコンクリートで固めたり，ブロックを置いたりしていない自然の流れの川であるものとします。

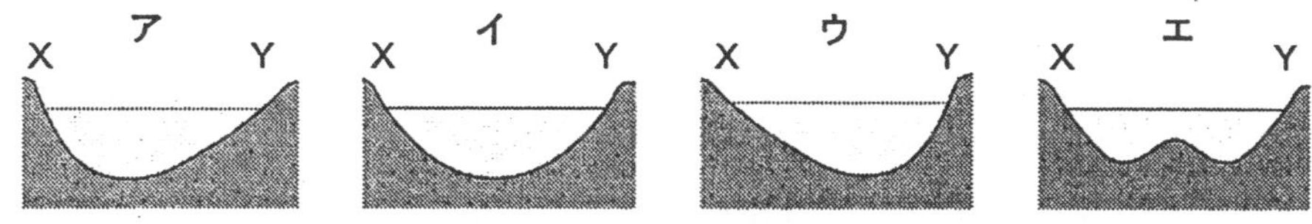

②　次に，あきらさんは，図9のP地点とS地点で川原の石を観察し，そのちがいについて次のように考えをまとめました。文章中の［　あ　］には，S地点と比べてP地点の石の方が丸くなっている理由が入ります。あきらさんの考えが正しくなるように，文章中の［　あ　］に入る適切なことばを**30字以内**で書きなさい。

> 川原にある石を観察したところ，下流のP地点では丸くて小さな石が多いのに，上流のS地点では角張った大きな石が多かった。P地点の石の方が丸いのは，流れる水のはたらきによって川の石が運ばれていくうちに，［　　　あ　　　］からだと考えられる。

③　ある日，午前8時から午前10時にかけて，図9の－－－－－で囲まれた範囲にだけ雨が降りました。あきらさんは，その日の図9中のP～S地点における川の水位（水面の高さ）を調べ，図11のグラフを作りました。(i)，(ii)の問いに答えなさい。

図11　川の水位の変化

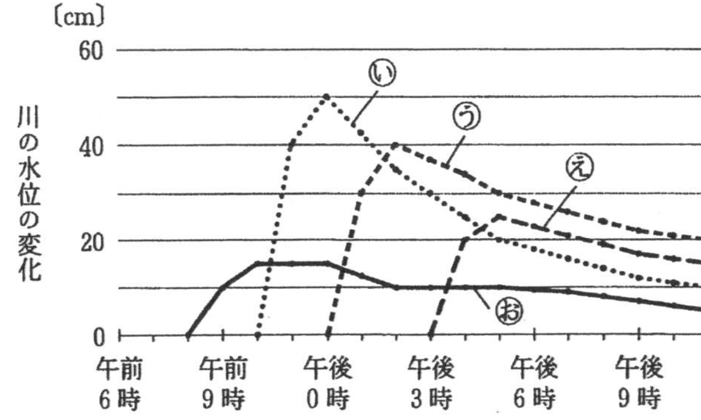

午前6時の各地点の川の水位を0として，各地点の川の水位の変化をグラフにしている。

(i)　図11の（い）～（お）は，図9のP～S地点いずれかの水位の変化を表しています。それぞれ，どの地点の水位の変化を表していると考えられますか。適しているものを図9のP～Sから一つずつ選び，記号を○で囲みなさい。

(ii)　あきらさんは，調べた結果をもとに，川の水位の変化について次のように考えをまとめました。あきらさんの考えが正しくなるように，文章中の［　か　］，［　き　］に入ることばの組み合わせとして最も適しているものを，あとのア～エから一つ選び，記号を○で囲みなさい。

> 川の上流だけで雨が降るとき，その川の水位は［　か　］の方から先に上がり始めると考えられる。
> また，川を流れる水の量が同じだけ増加するとき，川の流れの速さが同じであれば，川の幅（はば）の広いところは，川の幅がせまいところに比べて水位の上昇（じょうしょう）が［　き　］と考えられる。

ア　（か）下流　（き）大きくなる　　　イ　（か）下流　（き）小さくなる
ウ　（か）上流　（き）大きくなる　　　エ　（か）上流　（き）小さくなる

受験番号	番

得点	

※100点満点

令和2年度大阪府立富田林中学校入学者選抜

適性検査Ⅱ（社会・理科融合的問題）解答用紙

1

			採点者記入欄
(1)			/3
(2)	①	%	/3
	②	(70)	/5
	③		/4
(3)		(4)	/3
			/18

2

				採点者記入欄
(1)	①	あ		
		い		/3
	②	(i)	ア イ ウ エ	/3
		(ii)	(50)	/6
(2)	①	燃やす前	ア イ ウ エ	
		消えた後	ア イ ウ エ	/4
	②		ア イ ウ エ	/3
	③	穴の位置	ア イ ウ	
		木の置き方	エ オ カ	/4
				/23

3

				採点者記入欄
(1)			ア イ ウ エ オ	/3
(2)			ア イ ウ エ オ カ	/3
(3)				/4
(4)			→ →	/4
(5)			ア イ ウ エ	/3
(6)			ア イ ウ エ オ	/3
(7)				/3
(8)				/3
(9)	(記号)		ア イ ウ エ オ	
	(正しい語)			/3
	(記号)		ア イ ウ エ オ	
	(正しい語)			/3
(10)	①		ア イ ウ エ オ	/3
	②		(10)	/3
	③	(i)	cm	/3
		(ii)	い：う＝	/4
(11)	①		ア イ ウ エ	/3
	②		(30)	/4
	③	(i)	い P Q R S　う P Q R S	
			え P Q R S　お P Q R S	/4
		(ii)	ア イ ウ エ	/3
				/59

2

令和2年度

大阪府立富田林中学校入学者選抜

適性検査 Ⅱ

（社会・理科融合的問題）

（45分）

注　　意

1　「開始」の合図があるまで開いてはいけません。

2　答えは，すべて**解答用紙**に書きなさい。

・答えとして記号を選ぶ問題は，下の**【解答例】**にならい，すべて**解答用紙の記号**を○で囲みなさい。また，答えを訂正（ていせい）するときは，もとの○をきれいに消しなさい。

【解答例】

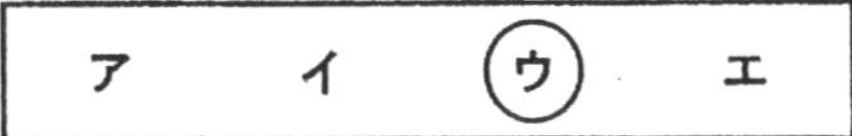

・答えの字数が指定されている問題は，、。なども一字に数えます。

解答用紙の**採点者記入欄**（さいてんしゃきにゅうらん）には，何も書いてはいけません。

3　問題は，中の用紙のA面に**1**，**2**，B面に**2**，C・D・E・F面に**3**があります。

4　「開始」の合図で，まず，**解答用紙**に**受験番号**を書きなさい。

5　「終了（しゅうりょう）」の合図で，すぐ鉛筆（えんぴつ）を置きなさい。

A 面

適性検査Ⅰ（国語的問題）

一　次の文章を読んで、あとの問いに答えなさい。

＊CO_2を吸収して酸素を供給する熱帯雨林は私たちにとってとても大切な存在です。その熱帯雨林の「キープラント」の研究を紹介します。

キープラント、つまり熱帯雨林でもっとも大事なのはいつも実がなっている木です。実は虫や鳥、動物たちが食べますね。森にとっては彼らの存在が重要です。森は木だけでは成り立ちません。

カギになる木とはイチジクです。私たちが食べているイチジクは品種改良を重ねているので、姿かたちは異なりますけれど、野生のイチジクには、体長1.5〜2ミリ程度のイチジクコバチ（以下コバチ）という小さなハチが共生しています。

イチジクの実のように見えるのは花（花のう）です。イチジクの花のうは実のように閉じているので、受精に必要なおしべもめしべも外側からは見えません。花粉を運んで受精させるのは、ふつうはチョウやハチの役目ですが、イチジクの場合はコバチがその役目に[①]なっています。

コバチはイチジクの花のうの先端に空いている小さな穴から入り込み、卵を産みつけます。卵から生まれた幼虫は子房（めしべの一部分）を食べて成長して、成虫になるとオスとメスは交尾をします。オスはイチジクの花のうを内側から食い破って、大きな穴を開けます。翅のないオスはそのまま死んでしまいます。花のうのなかだけでオスは生まれてそのまま死んでいくというわけです。ちょっとかわいそうですね。

一方メスはイチジクの花粉を抱えて、外界へ飛び立ちます。そしてイチジクの花のうを見つけて先端の穴から入り込み、卵を産みつける……というサイクルを繰り返します。コバチは自分の子孫がどんどん増えていき、イチジクも花粉を運んでもらえるので次々と花が咲く。これを「[a]相利共生」といいますが、イチジクとコバチの間にはこうした関係ができあがっています。

私たちはイチジクとコバチの興味深い関係を、＊DNA解析でたどりました。

まずイチジクのなかから11種類を選び、DNAを分析します。そしてよく似ている種類を兄弟と位置づけ、少し異なる種類はいとこと見立てて、家系図をつくりました。すると、イチジクは8000万年くらい前には1種類でしたが、徐々に種類が増えていったことがわかりました。

次に、11種類のイチジクに共生しているコバチのDNAを解析しました。そしてイチジクと同じように、DNAの差によって兄弟といとこを見立てたところ、なんと［A］も［B］とまったく同じ関係だったのです。イチジク同士が兄弟なら共生しているコバチ同士も兄弟、イチジクがいとこの関係ならコバチもいとこでした。

イチジクとコバチは1種対1種で、それぞれが助け合いながら互いに進化を遂げてきたことがわかったのです。これを共進化と呼びます。熱帯雨林のキープラントであるイチジクの繁栄を支えていたのはコバチでした。考え方によっては、体長わずか2ミリ程度の小さなハチが、地球上の熱帯雨林をつくっているとも言えるのです。

人間は「植林をしましょう」と言って「5万本も木を植えた」と大騒ぎしますが、[b]森をつくりだす力という点では人間よりもコバチの方が数段上です。

（中村桂子『科学は未来をひらく』所収「私のなかにある38億年の歴史」ちくまプリマー新書による）

＊CO_2＝二酸化炭素。
＊DNA＝細胞核内の染色体の重要成分。遺伝情報の保存、複製に関係している。

1　本文中の――線部①について、「になう」の意味として最も適しているものを、次のア〜エから一つ選び、記号を○で囲みなさい。

ア　終える
イ　任せる
ウ　あたえる
エ　引き受ける

2　本文中の［A］、［B］に入る適切な言葉を、次のア〜エからそれぞれ一つずつ選び、記号を○で囲みなさい。

ア　兄弟
イ　いとこ
ウ　イチジク
エ　コバチ

3　本文の組み立てについて説明したものとして最も適しているものを、次のア〜エから一つ選び、記号を○で囲みなさい。

ア　具体的な例を挙げながら研究内容を説明している。
イ　疑問の答えを探しながら解決策を示している。
ウ　身近な事実を取りあげながら課題を明らかにしている。
エ　研究をさらに深めながら意見を主張している。

4　本文中の――線部aについて、イチジクとコバチの関係を次のようにまとめました。本文中の言葉を用いて、〔あ〕、〔い〕に入る言葉を、コバチとイチジクそれぞれの利点を考えて**十字程度**で書きなさい。

コバチは、メスがイチジクの花のうに入り、卵を産む。生まれた幼虫は〔あ〕。その後、メスは、外界に飛び立ち、新たなイチジクの花のうに入り、卵を産む。その結果、コバチは子孫が増えていく。一方イチジクは、コバチによって〔い〕、次々と花を咲かせる。

5　本文中の――線部bについて、筆者がそう考えたのはなぜですか。人間とコバチとを対比させて、**四十字以上、六十字以内**で書きなさい。

二　六年生の青木さんたち三人は、学校のクラブ活動の時間に、百人一首の春の短歌について調べました。次は三人がまとめた【春の短歌三首】と、それを見てクラブの木村先生と交わした【会話】の一部です。これらを読んで、あとの問いに答えなさい。

【春の短歌三首】

A　**人はいさ 心も知らず 古里は 花ぞ昔の 香ににほひける**

〈内容〉人の心は、さあどうかわからない。けれど以前に親しんだこの里に、梅の花は昔と変わらず咲き匂っていることだよ。

B　**もろともに あはれと思へ 山桜 花よりほかに 知る人もなし**

〈内容〉私がお前を懐かしく思うように、お前も私を思ってくれないか、山桜よ。この山奥にはほかに、私の心をわかってくれる人もいないのだから。

C　**久方の 光のどけき 春の日に しづ心なく 花の散るらむ**

〈内容〉日の光がのどかに降り注ぐ春の日に、なぜ桜の花は落ち着いた心もなく、こんなにせわしなく散っていくのでしょう。

（佐佐木幸綱『百人一首のひみつ100』などより作成）

【会話】

木村先生　今日は、みなさんがそれぞれ選んだ春のⓐ短歌について、順番にお話ししましょう。

青木さん　はい。私はAの短歌を調べました。この短歌の作者は、人の心は変わることがあるからわからないけれど、梅の花は昔と変わらず美しく咲き匂っていることだよと＊詠んでいます。ちょうど今、校庭に梅の花が咲いているので、昨日見に行きました。梅の花は美しい色で本当によい香りでした。作者が（ ① ）を感じていた、里の梅の香りと同じ香りだと思うと、なんだか胸がジーンとしました。

木村先生　なるほど。青木さんは梅の花の色と香りにふれたことで、作者の気持ちにぐっと近づいたのですね。人の心はわからないと詠んでいますが、昔も今も、花を愛する人の気持ちは変わらないのですね。池田さんはどの短歌を調べましたか。

池田さん　私はBの短歌を調べました。お坊さんが山で一人で修行をしている時の短歌で、ⓑまるで話しかけているように表現しているのがおもしろいと思いました。山桜が見守ってくれていると思うことで作者も修行を頑張れたのかもしれません。私も中学校に入学したら校庭の桜に「これから三年間よろしくね。」とあいさつしてみようかな。

木村先生　この短歌の内容を寂しく感じる人もいるのですが、池田さんの考え方もよいですね。中学校の桜もきっと池田さんを歓迎してくれますよ。上山さんはどの短歌を調べましたか。

上山さん　私はCの短歌を調べました。そして、この短歌の「光のどけき」という言葉からゆったりとした感じを受けました。また、桜が散る様子を残念がりながら、「散らないでくれ」や「散るな」ではなく「散っていくのでしょう」と表現した作者は、心もゆったりとした人だったのではないでしょうか。

木村先生　なるほどね。この短歌の作者は、桜が散っていくのを残念に思っています。その一方で、桜は散ってしまうものだということを、どこかで受け入れているのかもしれませんね。みなさんは今回短歌を調べてどのようなことを思いましたか。

青木さん　昔の言葉は難しかったです。けれど、調べたり何度も読んだりしていけば、遠い昔の人の心も現代の私たちにⓒ伝わってこないはずはない、そう思えるようになりました。

上山さん　私は短歌の音の響きやリズムがもともと好きだったのです

が、調べたことで内容もより深く味わえるようになりました。昔の短歌は本当に素敵だと思いました。

木村先生　確かに。ただ、現代にも素敵な短歌はたくさんあります。例えば、今私が持っている本にも、俵万智さんという人が詠んだ短歌がのっています。一緒に考えてみませんか。こちらです。

D　**散るという飛翔のかたち花びらはふと微笑んで枝を離れる**

青木さん　情景は想像がつくけど……、何を伝えているのだろう。

木村先生　桜の花は微笑んで飛んでいこうとしているようだ、ならば私も微笑みながら新しい場所へ進んでいこう、というような内容です。

上山さん　ふつうは花びらが自然に落ちたり、風に飛ばされたりすることを「散る」と表現しますが、作者は「散る」現象を「（ ② ）」ととらえ、「飛翔」という言葉で表現しているのですね。また、「（ ③ ）」という言葉から、まるで桜の花びらが意思を持って出発しているような印象を受けました。

池田さん　そうですね。それに加えて「微笑んで」という言葉があることで、前向きに未来へ進んでいるようにも感じました。

青木さん　そういえば、Cの短歌もDの短歌も、（ ④ ）を詠んでいるという共通点があっても、それぞれ印象が違いますね。

上山さん　なるほどね。Cの短歌は読む人に（ ⑤ ）とした感じを与えるけど、Dの短歌は（ ⑥ ）な感じがします。

池田さん　やはり、作者の考え方や感じ方で表現や内容が変わってくるのでしょうか。他の短歌も、もっと知りたくなりました。

＊詠む ＝ 詩や短歌を作ること。

1　【会話】中の――線部ⓐの説明として最も適しているものを、次のア～エから一つ選び、記号を○で囲みなさい。

ア　基本的に十七音で、事実や感情を表したもの。
イ　芸術作品にふれて、感じたことや魅力を書き表したもの。
ウ　基本的に三十一音で、事実や感情を表したもの。
エ　書物を読んで、感じたことや魅力を書き表したもの。

2　【会話】中の（ ① ）には、【春の短歌三首】中の言葉が入ります。Aの短歌の〈内容〉にある言葉を、適切な形にして書きなさい。

3　【会話】中の――線部ⓑには「たとえ（比喩）」が使われています。何を何にたとえているのかがわかるように、次の［X］と［Y］に入る適切な言葉を、Bの短歌の〈内容〉からそれぞれぬき出しなさい。

本当は［X］ではない［Y］を［X］にたとえている。

4　【会話】中の――線部ⓒについて、「ない」という言葉を使わず同じ意味になるように書きかえなさい。

5　【会話】中の（ ② ）と（ ③ ）に入る適切な言葉を、Dの短歌の中からそれぞれぬき出しなさい。

6　【会話】中の（ ④ ）～（ ⑥ ）に入る適切な言葉を、【会話】中からぬき出しなさい。ただし、（ ④ ）は六字、（ ⑤ ）は四字、（ ⑥ ）は三字でぬき出すこと。

三　次の文章を読んで、あとの問いに答えなさい。

エスカレーターに乗った時に、ステップの右側に立つか、左側に立つか。東京と大阪では反対なので、新幹線で移動した時などに迷ってしまう人も多いだろう。なぜ日本全国で統一しないのだろうか。

そもそも、片側だけに立ち、反対側は歩いて上り下りする人のために空けておく、という慣習があること自体が問題だ、という言い方もできる。混んでいる駅などで沢山の人たちがエスカレーターに乗ろうと殺到し、しかしながら片側だけに立つために、エスカレーターの乗り場が大混雑している様子を、都市圏では毎日見ることができる。実のところ、片側だけに立つより、混んでいる場合は両方に立つ方が沢山の人数をさばくことができる、というイギリスの実験結果も知られている。ならば、エスカレーター上で歩かないように慣習を変更できないのだろうか？

こういった問題は、①すでに社会に定着してしまっている慣習を変更するというのだから、解くのは大変難しいようだ。であれば、画期的な「デザイン」の変更で、解を導くしかない。そう考えるのは僕が科学者だからかもしれないが。

〔あ〕

ａヨウイに思いつく解として、[A]、エスカレーターをそもそも1列にする、というのがある。2列だから「片側」という*概念が発生する。1列なら、立ち止まるしかないだろう。

また、もう少し刺激的な解として、エスカレーターの段差を2倍にしてしまう、というのがある。そうすれば、すでに階段の形をしていないので、エスカレーターを駆け上がるという行為もなくなるだろう。

〔い〕

そんなある日、香港に出張した僕は、驚愕の風景を目にした。地下鉄の駅にある普通のエスカレーターで、両側にきちんと人が立っているのである。香港というと、非常に忙しく早足で歩いている人が多いイメージである。急いでいる人も多いはずなのに、なぜ、香港ではエスカレーターに人は立つのだろう。

そこで、エスカレーターに乗ってみた。理由は瞬時に理解できた。高速なのである。日本の普通のエスカレーターに比べて、体感的には2倍ぐらい速い気がする。そもそも速いので、人々はあまりエスカレーターの上で歩かないのである。

〔う〕

僕は衝撃を受けた。人々を両側に立たせるためにはどんなデザインのエスカレーターにすればいいんだろう、どう作り変えればいいのだろう、僕はそんな風にしか考えていなかったのだ。香港の速いエスカレーター。②考えてもみなかった解だった。

〔え〕

③香港ではその後、嬉しくて、理由もなく何度もエスカレーターに乗ってみた僕だが、ふと我に返ると、自分のことが残念に思えてきた。自分のものの考え方、捉え方がとても狭いことを知らされた気がしたのだ。

どうも、専門性は考え方を固定化する傾向があるようだ。よくある理系ジョークに、花火大会での会話で専門がバレる、というのがある。美しい大きな花火が上がった時に、「今のはマグネシウムが多いな」とか言ったら化学系、「音の遅れから発火点は2キロ先」とか言ったら物理系、「*仰角が30度だから*三角関数が使いやすい」とか言ったら数学系、といった具合である。実はこの話はジョークでもなんでもなく、「あるある」話なのであるが、それはともかく、専門に首まで

どっぷり浸かりすぎると、花火が美しいという観点が全く変わってしまう、というｂテンケイ例だろう。

受験の数学の問題と違って、世の中の「問題」には、実はたくさんの解がある。社会の観点からの解、物理の観点からの解、感性の観点からの解、多種多様である。問題を解くための前提の範囲や種類に応じて、解は複数存在する。だから、もし「本当の解」というものが存在するなら、それは多種の解の組み合わせなのだろう。花火が美しいのは、様々な解を統合しているからに違いない。香港の速いエスカレーターは、社会と物理の組み合わせ解だったようだ。

問題と同時に答えがある、と数学者は言う。その境地にｃタッすることは難しくても、[B]、逆に、解法が先にあり、解ける問題を探す、ということもあり得よう。世の中には無限種類の問題があって、しかも解法は自分にしかわからないのだから。たまたま自分が解けて、しかもその問題が他の人にも重要だったら、運がいいのだ。

今日もエスカレーターの片側に立ち止まって乗りながら、そんなことを考えている。

（橋本幸士『エスカレーター問題の解』による）

*概念＝「…とは何か、どんなものか」ということ。
*仰角＝見上げる角度。
*三角関数＝三角形における角と辺との関係のきまり。

1　本文中の――線部ａ～ｃのカタカナを文脈に合わせて漢字に直し、ていねいに書きなさい。

2　本文中の[A]・[B]に共通して入る適切な言葉を、次のア～エから一つ選び、記号を○で囲みなさい。

ア　いわゆる　イ　さらに　ウ　けれども　エ　例えば

3　本文中の――線部①について、筆者が考えている「慣習を変更する」とは、具体的にはどのような状態にすることですか、状態という言葉で終わるように二十字程度で書きなさい。

4　次の文章は本文中の〔あ〕～〔え〕のいずれかに入ります。最も適しているものを一つ選び、記号を○で囲みなさい。

エスカレーターに乗るたびに、こういった技術デザイン的な解を、素人ながら考えるのは楽しい。段差を倍にするなんて技術的にできるかどうかわからないけれど、乗ってみたい気もする。

5　本文中の――線部②とあるが、筆者がそれまで考えていたエスカレーターのデザインの変更点を二つ、それぞれ十字以内で書きなさい。

6　本文中の――線部③について、筆者は何が嬉しかったのですか。筆者が香港に出張する以前に考えていたこと、香港に行って体験したことにふれながら「エスカレーターの片側を空けて乗る問題の解決は、」に続けて六十字以上、八十字以内で書きなさい。

7　次のア～オのうち、本文中で述べられている内容と合うものをすべて選び、記号を○で囲みなさい。

ア　東京と大阪でエスカレーターの乗り方が違うことは問題であり、大阪の乗り方に統一するほうがいい。
イ　混んでいる場合は、エスカレーターで両側に人が立つ方が沢山の人を運べる、という実験結果もある。
ウ　香港でのエスカレーター問題の解はすばらしく、ぜひ日本でも取り入れるべきである。
エ　花火を美しくするのは、化学の観点からと物理の観点からの解の組み合わせである。
オ　世の中の「問題」の解を考えるときには、さまざまな観点から考えることができ、解は複数存在する。

2020(R2) 富田林中
K 教英出版

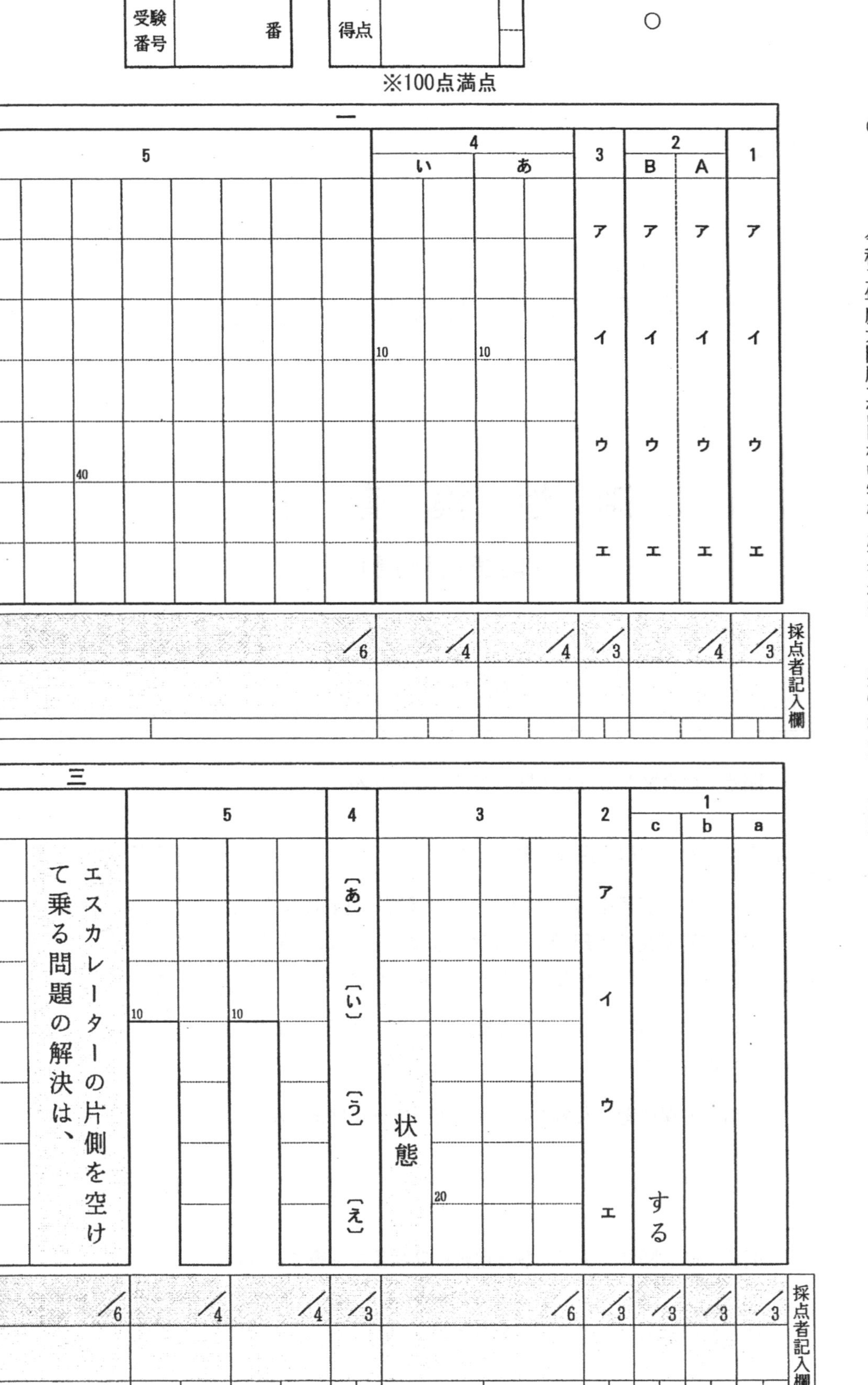

令和二年度大阪府立富田林中学校入学者選抜

適性検査Ⅰ（国語的問題）解答用紙

二

1	2	3 X	3 Y	4	5 ②	5 ③	6 ④	6 ⑤	6 ⑥
ア イ ウ エ									
/3	/3	/3	/3	/3	/5	/4	/4	/4	/4

/4 /37

採点者記入欄

6	7
	ア イ ウ エ オ
	/4

/39

2020(R2) 富田林中

K 教英出版

令和２年度

大阪府立富田林中学校入学者選抜

適性検査 Ⅰ

（国語的問題）

（45分）

注　意

1　「開始」の合図があるまで開いてはいけません。

2　答えは，すべて**解答用紙**に書きなさい。

・答えとして記号を選ぶ問題は，右の【解答例】にならい，すべて**解答用紙の記号**を〇で囲みなさい。また，答えを訂正するときは，もとの〇をきれいに消しなさい。

・答えの字数が指定されている問題は，、。「 」なども一字に数えます。

解答用紙の**採点者記入欄**には，何も書いてはいけません。

【解答例】
ア
イ

エ

3　問題は，中の用紙のＡ面に **一**，Ｂ面に **二**，Ｃ面に **三** があります。

4　「開始」の合図で，まず，**解答用紙**に**受験番号**を書きなさい。

5　「終了」の合図で，すぐ鉛筆を置きなさい。

K 教英出版

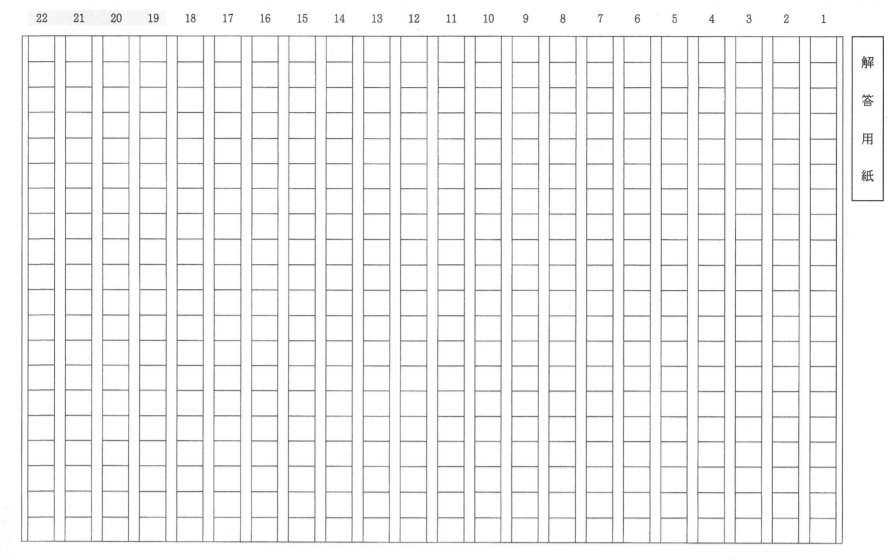

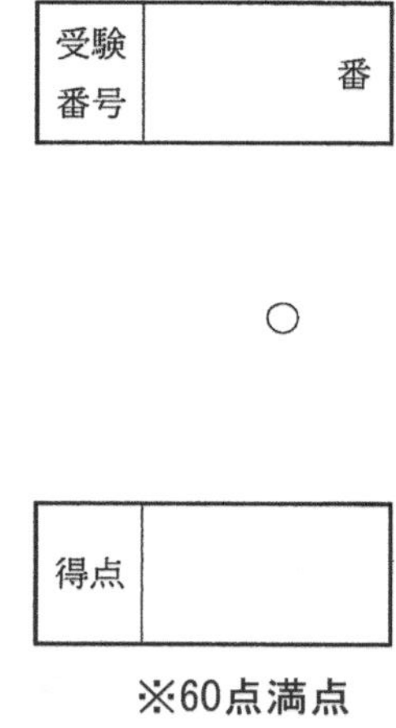

作文

次の文章は、「学ぶ」とはどういうことなのかについて書かれた本の一部です。これを読んで、あとの**問い**に答えなさい。

学ぶというのは、*既存(きそん)の知識を頭の中に*刷り込(こ)んでおくことだけに留(とど)まらず、そのときどきに起こる問題に対して、的確かつ*臨機応変(りんきおうへん)に対処していくことです。そこでは決まった答えなんてないから、自分でつくり出していかなければなりません。学びの中では、そういう訓練をしていくことも、とても大事なことです。

（汐見稔幸(しおみとしゆき)『人生を豊かにする学び方』ちくまプリマー新書による）

*既存 ＝ すでに存在すること。
*刷り込む ＝ ここでは、覚え込むということ。
*臨機応変 ＝ その場に応じて、よい方法を取ること。

問い

この文章を読んで、あなたは、「学ぶ」ということについてどのように考えますか。次の**指示**に従って、あなたの考えを書きなさい。

指示

- 解答用紙の19行から22行で終わるように書きなさい。
- 題名や名前は書かないで、本文から書き始めなさい。
- 全体は二段落で構成し、段落の最初は一字下げなさい。
- 第一段落では、あなたの考えを、第二段落では、あなたがそのように考える理由を書きなさい。

解答用紙

4

令和３年度

大阪府立富田林中学校入学者選抜

作　文

（30分）

注　意

1　「開始」の合図があるまで開いてはいけません。

2　答えは，すべて**解答用紙**に書きなさい。

3　「開始」の合図で，まず，**解答用紙**に**受験番号**を書きなさい。

4　「終了（しゅうりょう）」の合図で，すぐ鉛筆（えんぴつ）を置きなさい。

2021(R3) 富田林中
教英出版

適性検査Ⅲ（算数的問題）

1　次の問いに答えなさい。

(1)　次の式の □ には，＋，－，×，÷のどれか１つを入れ，○ と △ には，それぞれ＋，－のどちらか１つを入れて計算します。計算の答えが最も大きくなるとき，その答えを求めなさい。なお，□，○，△ には，同じ記号を入れてもかまいません。

$$4\ \square\ \left(\frac{1}{3}\ \bigcirc\ \frac{1}{5}\ \triangle\ \frac{1}{8}\right)$$

(2)　ある分数は，$\frac{21}{40}$ をかけても，$\frac{32}{35}$ でわっても，その答えがそれぞれ１以上の整数になります。このような分数のうち，最も小さい分数を求めなさい。

(3)　**図１**は，A，B，C，Dの４つの地点，それぞれの地点をつなぐ道，その道を通るのにかかる時間を表しています。A地点を出発して，同じ道を２回以上通らずに，B，C，Dの３地点すべてを通過してA地点にもどるとき，かかる時間は最も短くて何分ですか。求めなさい。

図１

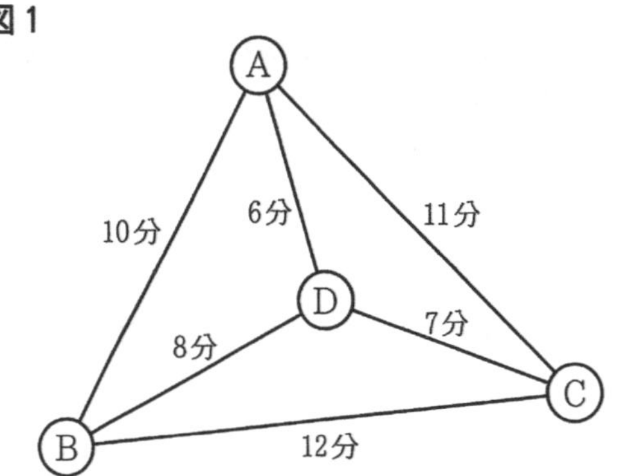

2021(R3) 富田林中
教英出版

(4)　１辺が１cmの立方体をいくつか使って，それぞれの正方形の面どうしがぴったり重なるようにして，板の上で**図２**のような立体をつくりました。この立体は，**部品１**の上に**部品２**を，**部品２**の上に**部品３**を重ねてつくったものです。

図２の立体から立方体①～⑧のどれか１個を取り除きます。そして，取り除いた後，板に接している面以外の 立体の表面全体に色をぬります。色をぬる面積が最も大きくなるとき，その面積は何 cm^2 ですか。求めなさい。

図２

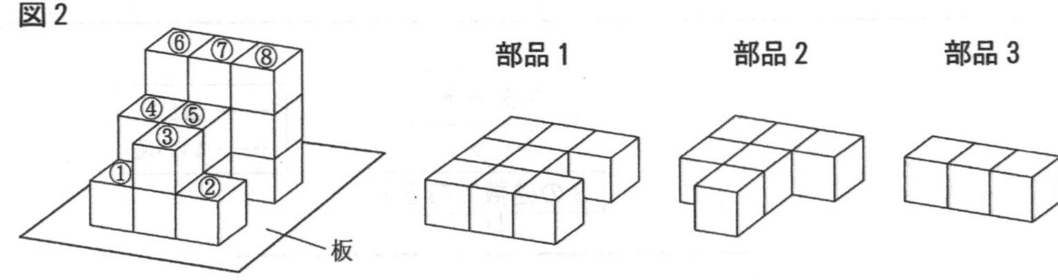

(5)　**図３**のように，六角形ABCDEFは正六角形で，辺FE上の点Gは辺FEを２等分する点です。点G，頂点C，頂点Eの３点を結んで三角形GCEをつくります。正六角形ABCDEFの面積が $8\ cm^2$ のとき，三角形GCEの面積を求めなさい。

図３

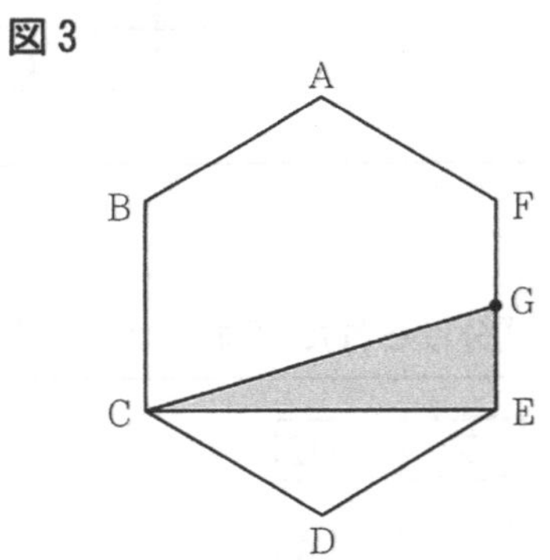

(6)　あつこさんとたろうさんの家は一本道に沿ってあり，この道を通ってお互(たが)いの家を行き来します。あつこさんがたろうさんの家に行くとき，歩くと40分，走ると20分かかります。たろうさんがあつこさんの家に行くとき，歩くと25分，走ると10分かかります。

ある日，二人は，それぞれの家を同時に出発してお互いの家に向かいました。あつこさんは，最初の８分は歩き，その後４分走ったところで，たろうさんに出会いました。一方，たろうさんは，最初は走り，途中(とちゅう)からあつこさんに出会うまでは歩きました。たろうさんが走った時間を求めなさい。

ただし，あつこさんとたろうさんそれぞれの歩く速さと走る速さは常に一定であるものとします。

2　次の【手順】によって，整数がかかれたカードを ア ～ カ の箱に分けます。
例えば，1 から 12 までの整数がかかれた 12 枚のカードを【手順】によって ア ～ カ の箱に分けると，それぞれの箱に分けられたカードはあとの【分けられた 12 枚のカード】のようになります。
この【手順】を使ったあとの問題に答えなさい。

【手順】

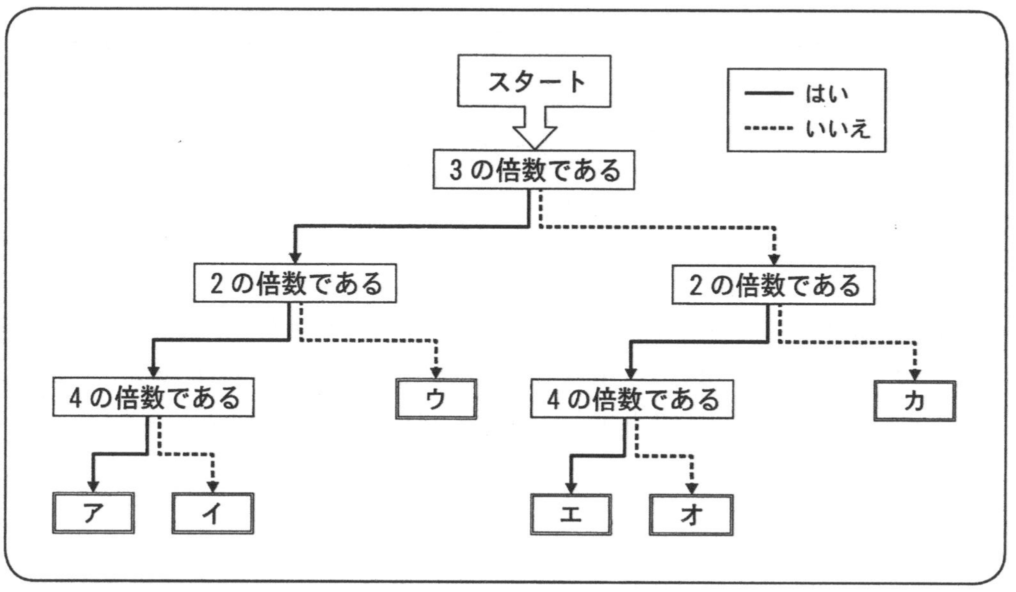

【分けられた 12 枚のカード】

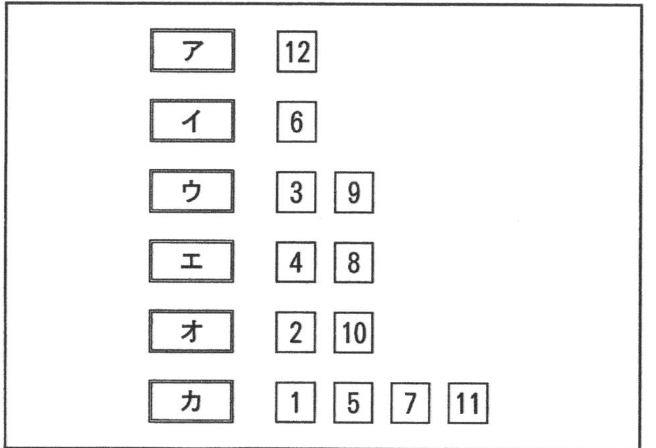

2021(R3) 富田林中
教英出版

問題　1001 から 2021 までの整数がかかれた 1021 枚のカードを【手順】によって ア ～ カ の箱に分けるとき，(1)～(4)の問いに答えなさい。

(1)　ア の箱に分けられたカードにかかれている整数のうち，最小の整数を求めなさい。

(2)　次の【求め方】は， イ の箱に分けられたカードの枚数の求め方を説明したものです。□ の中に「1001 から 2021 までの整数のうち，」に続く文章を ⬚ の中からいくつかの言葉を使って書き，【求め方】を完成しなさい。

【求め方】

1001 から 2021 までの整数のうち，
□。

2 の倍数の個数，3 の倍数の個数，4 の倍数の個数，
6 の倍数の個数，12 の倍数の個数

(3)　カ の箱に分けられたカードを，かかれている整数の小さい順に並べたとき，小さい方から 5 番目のカードにかかれている整数を求めなさい。

(4)　オ の箱に分けられたカードの枚数を求めなさい。

3　あっこさんとたろうさんとはなさんの三人は，次のようなゲームを２回行いました。

三人のうち，二人が器(うつわ)からそれぞれ取り出した碁石(ごいし)の数を，残りの一人が二人の話を聞いて言いあてる。

次の(1)，(2)の問いに答えなさい。

(1)　１ゲーム目は，あっこさんとたろうさんがそれぞれ取り出した碁石の数を，はなさんが言いあてることになりました。**会話文１**を読んで，あとの①，②の問いに答えなさい。

会話文１

あっこさん	私(わたし)が取り出した碁石から，たろうさんに４個渡(わた)すと，二人の碁石の数は同じになるよ。
たろうさん	二人の碁石の数が同じになったところから，今度は私があっこさんに碁石を15個渡すと，あっこさんの碁石の数と私の碁石の数の比は６：１だよ。
はなさん	<u>あっこさんの話から，たろうさんが取り出した碁石の数は，あっこさんが取り出した碁石の数より（　ⓐ　）個ⓑ〔　ア　多い　　イ　少ない　〕ことがわかる</u>よ。 たろうさんの話から，二人がそれぞれ取り出した碁石の数がわかったよ。

①　**会話文１**の下線部について，（　ⓐ　）にあてはまる数を書きなさい。また，ⓑ〔　　　〕からあてはまるものを一つ選び，記号を○で囲みなさい。

②　あっこさんとたろうさんの二人が取り出した碁石の数は合わせて何個かを求めなさい。

2021(R3) 富田林中
教英出版

(2)　２ゲーム目はあっこさんが言いあてることになりました。**会話文２**を読んで，あとの①，②の問いに答えなさい。

会話文２

はなさん	二人が取り出した碁石は合わせて84個だよ。
たろうさん	二人がそれぞれ取り出した碁石の数を比べると，私が取り出した碁石の数は，はなさんの取り出した碁石の数の２倍だよ。
あっこさん	わかったよ。二人がそれぞれ取り出した碁石の数は，<u>たろうさんがはなさんに碁石を（　ⓒ　）個渡すと，はなさんの碁石の数がたろうさんの（　ⓓ　）倍になる</u>，そのような数だよね。
はなさん	正解です。

①　**会話文２**の下線部について，（　ⓓ　）が1.4のとき，（　ⓒ　）にあてはまる数を求めなさい。

②　**会話文２**の下線部について，（　ⓓ　）にあてはまる数が１以上10未満の整数のとき，（　ⓒ　），（　ⓓ　）にあてはまる数の組は何通りあるかを求めなさい。

4 **図1**は，水平に置かれた縦 30 cm，横 60 cm，高さが 40 cm の直方体の水そうです。
水そうには，**図1**のように水面の高さを測る目盛り A，目盛り B がつけられ，側面の一つにだけ色がぬられています。

図2は，縦 30 cm，横 10 cm，高さ 10 cm の水をはじく直方体です。

水そうの底に，この直方体を何個か連結したブロックを，連結したすべての直方体の面アが水そうの色がぬられた側面と平行になり，面イが側面との間にすきまがないように置き，固定しました。ブロックは，連結したすべての直方体がそれぞれ互いに接している面と面がずれないようにぴったりと接着して連結されています。

図3は，直方体を3個連結したときのブロックの例です。

図1

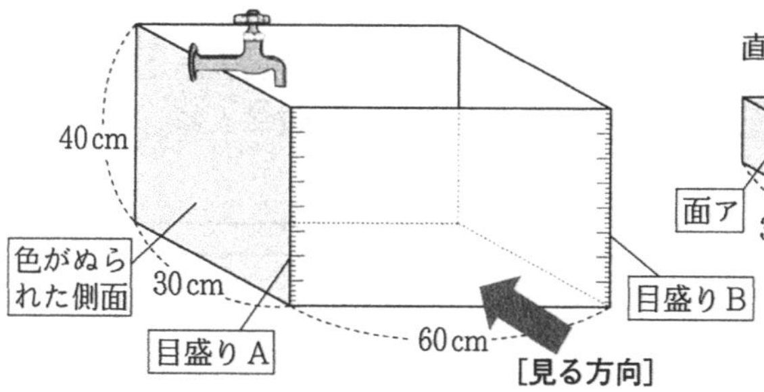

40 cm
色がぬられた側面
30 cm
目盛り A
60 cm
目盛り B
[見る方向]

図2

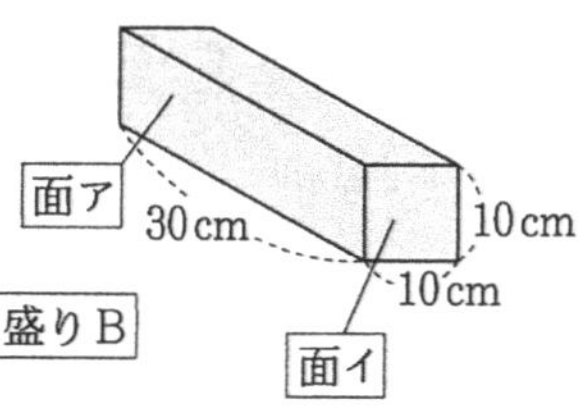

直方体
面ア
30 cm
10 cm
10 cm
面イ

図3

直方体を3個連結したときのブロックの例

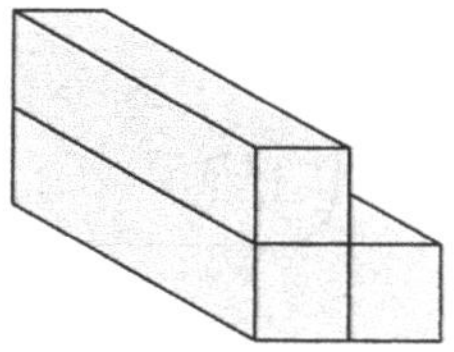

図1のように水そうの色がぬられた側面の上にある蛇口から，水そうが満水になるまで常に一定の割合で水を入れました。

図4は，水そうの底に**ブロックを置いていないとき**の水を入れ始めてからの時間とそのときの目盛り A で測った水面の高さの関係を表したグラフです。

図5，**図6**は**ブロックを置いたとき**の水を入れ始めてからの時間とそのときの目盛り A と目盛り B でそれぞれ測った水面の高さの関係を表したグラフです。

水そうの厚みは考えないものとして，あとの(1)〜(5)の各問いに答えなさい。

図4

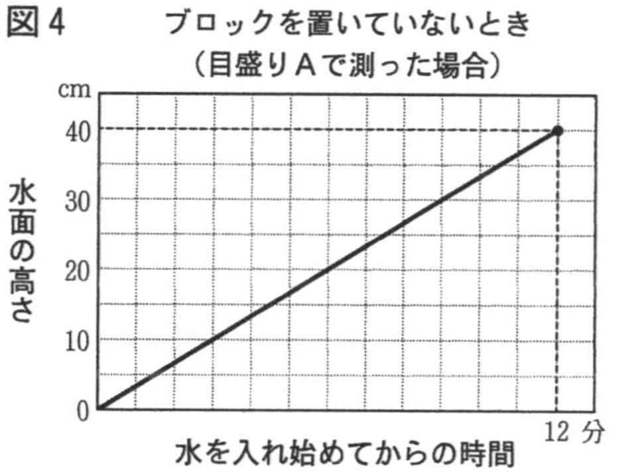

ブロックを置いていないとき
（目盛りAで測った場合）
cm
40
30
20
10
0
水面の高さ
12 分
水を入れ始めてからの時間

図5

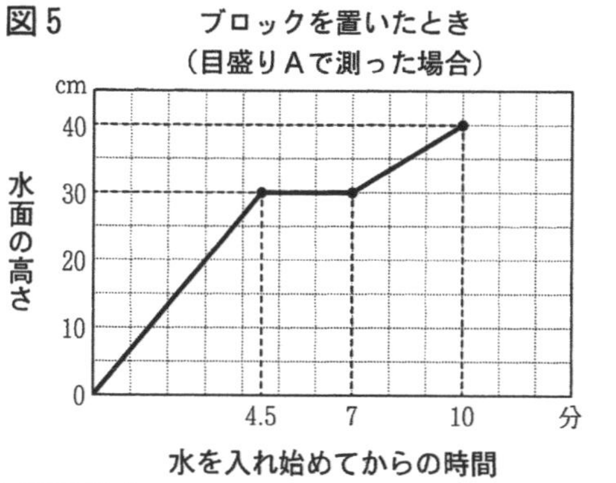

ブロックを置いたとき
（目盛りAで測った場合）
cm
40
30
20
10
0
水面の高さ
4.5
7
10
分
水を入れ始めてからの時間

図6

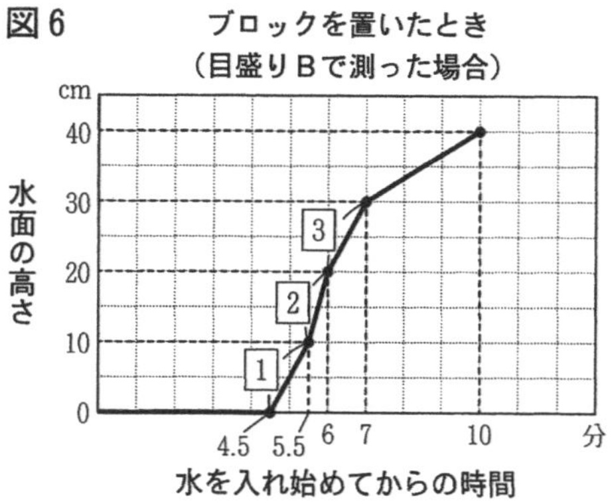

ブロックを置いたとき
（目盛りBで測った場合）
cm
40
30
20
10
0
水面の高さ
1
2
3
4.5
5.5
6
7
10
分
水を入れ始めてからの時間

2021(R3) 富田林中
K 教英出版

(1) 蛇口からは，毎分何 cm^3 の水が水そうに入れられていますか。求めなさい。

(2) **図5**から，水そうの底に置いたブロックが何個の直方体を連結したものであるかがわかります。連結した直方体の個数を求めなさい。

(3) **図6**の 1 と 2，2 と 3 の線のかたむき方をそれぞれ比べると，異なっていることがわかります。このことから，次の**【かき方】**を参考にして，水そうの底に置いた**ブロックの形**を解答用紙の方眼を使ってかきなさい。ただし，方眼のどこを使ってかいてもよいものとします。

【かき方】

水そうの底に置いた**ブロックの形**は，ブロックを**図1**の矢印の［**見る方向**］から見た形でかくこと。例えば，直方体が3個の場合，水そうの底に置いた**ブロックの形**は，**図7**のあ〜かのような例が考えられます。

図7

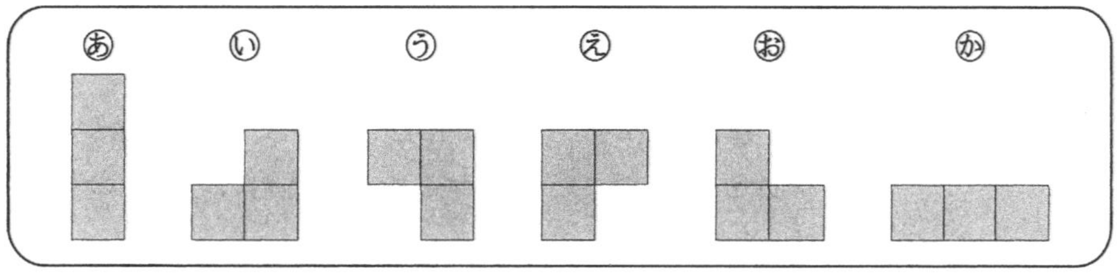

あ
い
う
え
お
か

(4) 次の**【距離について】**を参考にして，水そうの底に置いたブロックと水そうの色がぬられた側面との距離を求めなさい。

【距離について】

図7のいとうの形のブロックをそれぞれ水そうの底に置いたとき，**図1**の矢印の［**見る方向**］から見ると，**図8**のようになります。図の中の X と Y が，ブロックと水そうの色がぬられた側面との距離を表しています。

図8

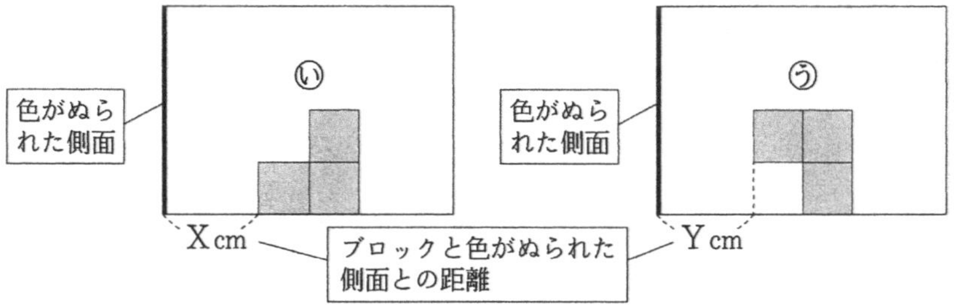

色がぬられた側面
い
X cm
ブロックと色がぬられた側面との距離
色がぬられた側面
う
Y cm

(5) 目盛り B で測った水面の高さが 14 cm になるのは，水を入れ始めてから何分何秒後かを求めなさい。また，その求め方も書きなさい。

令和3年度大阪府立富田林中学校入学者選抜

適性検査Ⅲ（算数的問題）解答用紙

受験番号	番	得点	

※100点満点

1

		採点者記入欄
(1)		/5
(2)		/5
(3)	分	/5
(4)	cm^2	/5
(5)	cm^2	/5
(6)	分	/5
		/30

2

		採点者記入欄
(1)		/5
(2)	1001 から 2021 までの整数のうち，［　　　］。	/5
(3)		/5
(4)	枚	/5
		/20

3

			採点者記入欄
(1)	①	ⓐ　ⓑ　ア　イ	/5
	②	個	/5
(2)	①		/5
	②	通り	/5
			/20

4

		採点者記入欄
(1)	毎分　cm^3	/5
(2)	個	/5
(3)	（方眼：10cm，10cm）	/5
(4)	cm	/5
(5)	（　　）分（　　）秒後	/5
	【求め方】	/5
		/30

2021(R3) 富田林中
K 教英出版

3

令 和 3 年 度

大阪府立富田林中学校入学者選抜

適 性 検 査 Ⅲ

（算数的問題）

（45分）

注　　意

1　「開始」の合図があるまで開いてはいけません。

2　答えは，すべて**解答用紙**に書きなさい。

答えとして記号を選ぶ問題は，下の**【解答例】**にならい，すべて**解答用紙の記号**を○で囲みなさい。また，答えを訂正（ていせい）するときは，もとの○をきれいに消しなさい。

【解答例】

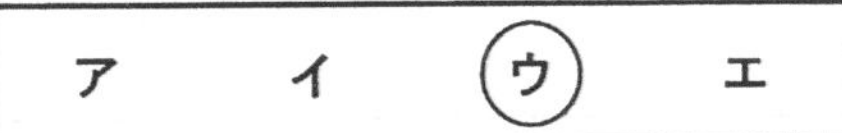

解答用紙の**採点者記入欄**（さいてんしゃきにゅうらん）には，何も書いてはいけません。

3　問題は，中の用紙のＡ面に**1**，Ｂ面に**2**，Ｃ面に**3**，Ｄ面に**4**があります。

4　「開始」の合図で，まず，**解答用紙**に**受験番号**を書きなさい。

5　「終了（しゅうりょう）」の合図で，すぐ鉛筆（えんぴつ）を置きなさい。

2021(R3) 富田林中
K 教英出版

適性検査Ⅱ（社会・理科融合的問題）

1　けんさんは，環境問題について調べました。(1)〜(4)の問いに答えなさい。

(1)　日本では，高度経済成長の時期に各地で公害問題が深刻になりました。けんさんは，公害裁判などにより，その後の環境対策に大きな影響をあたえ，社会の関心を集めた四大公害病（四大公害）について調べ，その発生場所を示した**図1**を作成しました。**図1**中の（　X　）〜（　Z　）に入る公害病をそれぞれ書きなさい。

図1

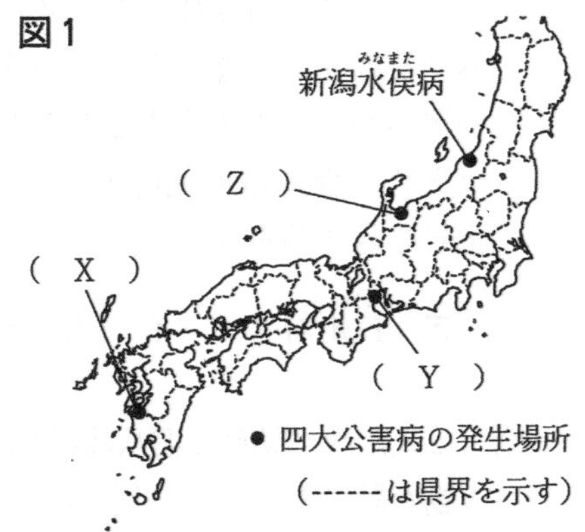

(2)　けんさんは公害についてさらに調べ，日本ではすでに明治時代に公害問題が起こっていたことを知りました。けんさんが足尾銅山の鉱毒事件について調べ，その内容をまとめた次の文章中の（　A　），（　B　）に入る語の組み合わせとして最も適しているものを，あとの**ア〜エ**から一つ選び，記号を○で囲みなさい。

> （　A　）の上流にある足尾銅山は，江戸時代に開かれた銅山です。この銅山の工場から出た有害な排水が川に流されたため，流域の人々は大きな被害を受けました。この問題に取り組んだのが田中正造です。田中正造は，1890年に行われた最初の選挙で国民によって選ばれた（　B　）の議員でした。

ア　A　阿賀野川　B　衆議院　　**イ**　A　阿賀野川　B　貴族院
ウ　A　渡良瀬川　B　衆議院　　**エ**　A　渡良瀬川　B　貴族院

(3)　けんさんは，近年課題となっている地球温暖化への日本の取り組みについても調べました。すると，日本では内閣に地球温暖化対策推進本部が設置され，地球温暖化対策が進められていることがわかりました。あとの問いに答えなさい。

①　内閣に関わることがらについて述べた次の文章中の（　C　），（　D　）に入る語と数の組み合わせとして最も適しているものを，あとの**ア〜エ**から一つ選び，記号を○で囲みなさい。

> 内閣の最高責任者である内閣総理大臣は，国務大臣を（　C　）して，内閣をつくります。内閣のもとには，省や庁などが置かれ，分担して仕事を進めています。2019年現在置かれている（　D　）の省のうち，環境省は環境の保全や整備，公害の防止など環境に関する仕事をしています。

ア　C　任命　D　8　　**イ**　C　任命　D　11
ウ　C　指名　D　8　　**エ**　C　指名　D　11

②　国の予算に基づいて，環境省は地球温暖化対策のさまざまな取り組みを行っています。**図2**は，2017年度の国の予算のうち，歳出（支出）を示しており，環境省の取り組む地球温暖化対策の予算は教育，文化，科学の項目やその他の項目にふくまれます。国の歳出の多くを占める，**図2**中の**a〜c**に入る項目の説明として最も適しているものを，次の**ア〜ウ**からそれぞれ一つずつ選び，記号を○で囲みなさい。

図2　2017年度の国の予算（歳出）

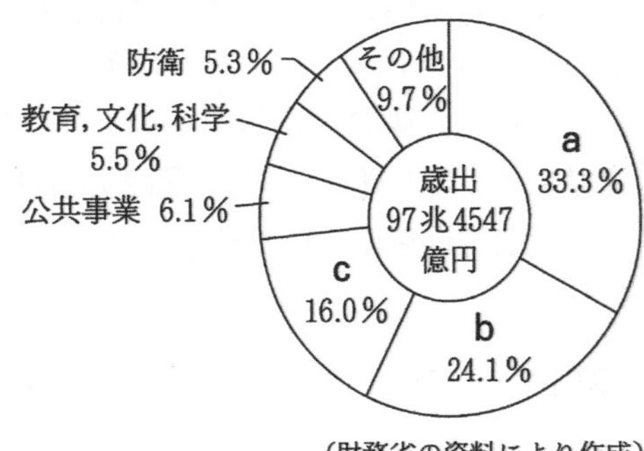

（財務省の資料により作成）

ア　国の借金を返したり，借金の利子を払うためのお金。
イ　わたしたちの健康や生活を守るためのお金。
ウ　地方公共団体へ配るお金。

(4)　けんさんは，＊温室効果ガスが地球温暖化に影響していることを知り，温室効果ガスについて調べ，**図3**，**図4**の資料を見つけました。けんさんはこの二つの資料から，**図4**中の四つの輸送機関のうち鉄道が最も環境にやさしいと考えました。けんさんがこのように考えた理由を，**図3**，**図4**から読み取れる内容をもとに，**80字以内**で書きなさい。

＊温室効果ガス：二酸化炭素やメタンなど，地球から放出される熱をにがさない性質をもつガス。温室効果ガスが増えると地球にたまる熱の量が増え，気温が上昇すると考えられている。

図3　日本が排出する温室効果ガス（＊二酸化炭素換算）の内訳（2017年度）

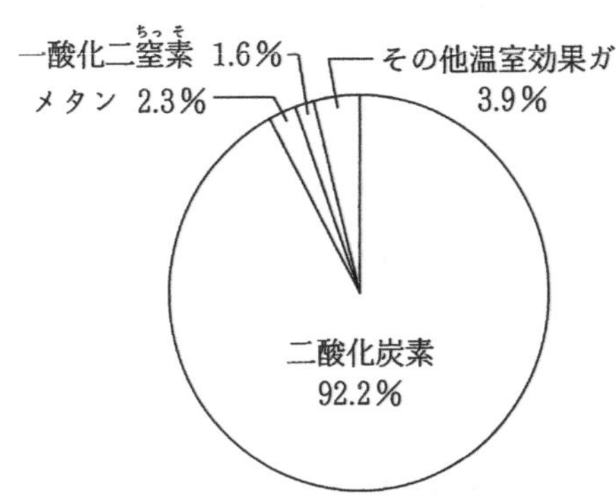

（国立環境研究所の資料により作成）

＊二酸化炭素換算：各温室効果ガスの排出量に地球温暖化へあたえる影響度をかけて，二酸化炭素の量に置き換えたもの。

図4　1人を1km輸送するときに排出される二酸化炭素の量（g）（2017年度）

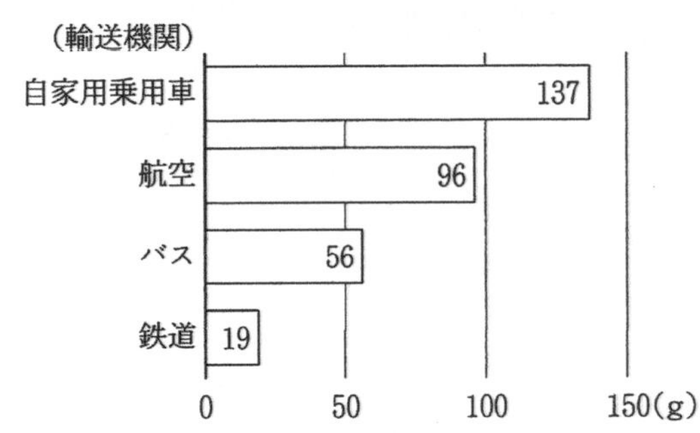

（国土交通省の資料により作成）

B　面

2　ある４月の休日，らんさんは滋賀県近江八幡市に住むいとこのみきさんの家を訪れました。みきさんは，１日目は近江八幡市の旧市街地を，２日目は武佐宿の街並みや安土城跡，大中の湖南遺跡を自転車で案内してくれました。次の**図１**は近江八幡市の位置を示した滋賀県の地図，**図２**は近江八幡市で二人が訪れた場所を示した地図，**図３**は旧市街地付近を拡大した地図です。(1)〜(12)の問いに答えなさい。

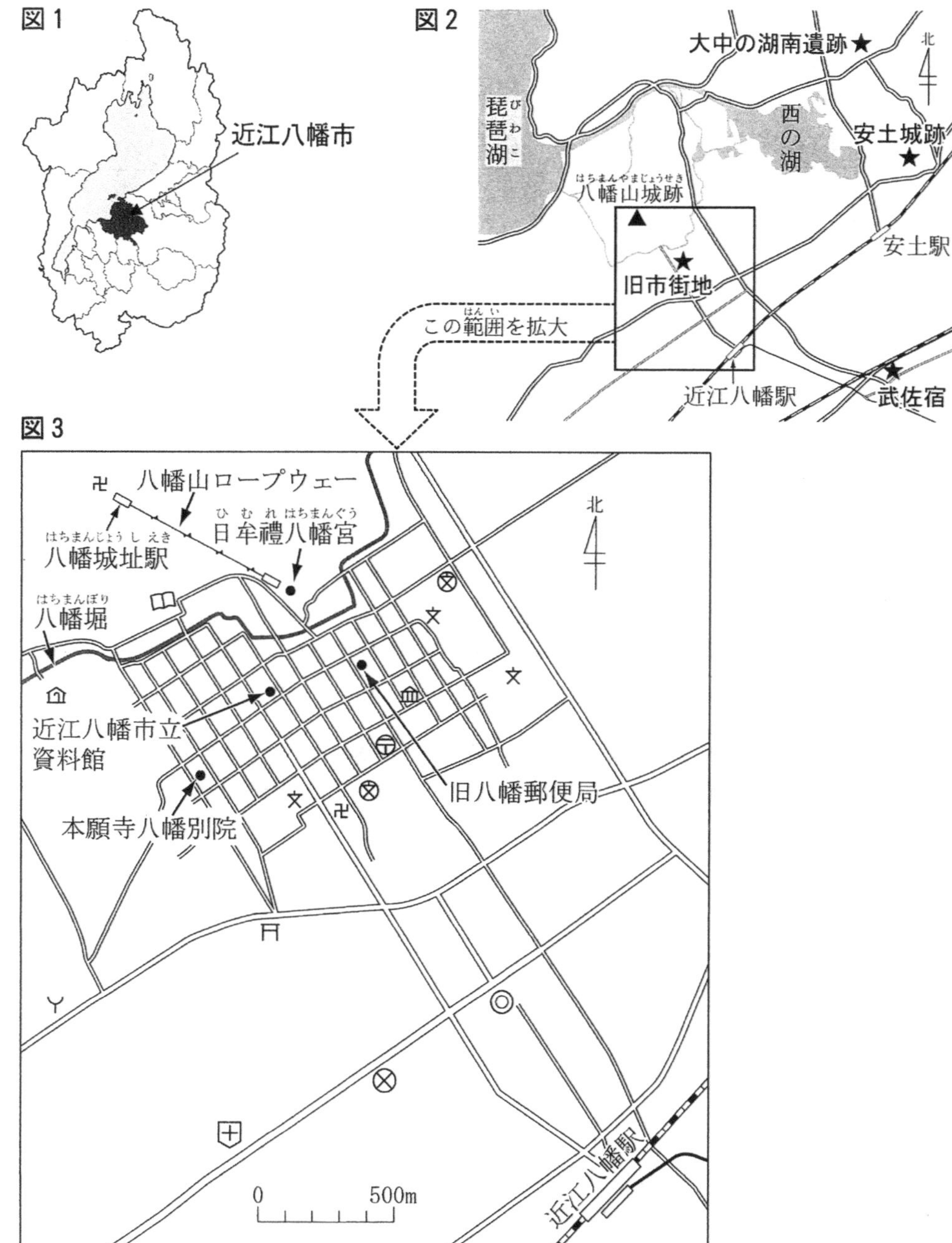

2021(R3) 富田林中
教英出版

B　面

(1)　１日目に二人が最初に訪れた本願寺八幡別院は，朝鮮通信使の休憩場所や食事場所などとして使用されたことがありました。朝鮮通信使は，朝鮮から日本に送られた外交使節団で，豊臣秀吉の時代に途絶えた朝鮮との国交が回復した江戸時代には，将軍がかわったときなどに来日しました。日本と朝鮮との国交回復のなかだちをつとめ，鎖国中も朝鮮との貿易を行った日本の藩を，次の**ア〜エ**から一つ選び，記号を○で囲みなさい。

ア　長州藩　　**イ**　薩摩藩　　**ウ**　松前藩　　**エ**　対馬藩

(2)　二人が次に訪れた旧八幡郵便局は洋風建築物で，明治時代にアメリカから来日した人物が設計しました。明治時代に起こった次の**ア〜エ**のできごとを年代の古い順に並べかえて，記号を書きなさい。

ア　ノルマントン号事件が起こった。
イ　大日本帝国憲法が発布された。
ウ　日露戦争が起こった。
エ　イギリスとの交渉で領事裁判権の廃止（治外法権の撤廃）に成功した。

(3)　旧八幡郵便局を見学した後に，二人は日牟禮八幡宮を訪れました。ここには，江戸時代初めごろに現在のベトナムにあった安南に渡り貿易を行った西村太郎右衛門が納めたといわれる「安南渡海船額」があります。現在のベトナムの位置を，**図４**中の**ア〜エ**から一つ選び，記号を○で囲みなさい。

図４

（------は国界を示す）

(4)　二人は日牟禮八幡宮で**図３**を見ながら，地図中に表された施設の位置や距離を確認しました。次の**ア〜オ**のうち，**図３**から読み取れる内容として正しいものを**すべて**選び，記号を○で囲みなさい。

ア　日牟禮八幡宮から見て，近江八幡市立資料館は南東にある。
イ　日牟禮八幡宮から約 400 m 西に学校がある。
ウ　八幡山ロープウェーに乗って八幡城址駅に行くと寺がある。
エ　日牟禮八幡宮からは，博物館（美術館）よりも本願寺八幡別院のほうが近い。
オ　日牟禮八幡宮から近江八幡駅までの距離は，直線で３km 以内である。

(5) 二人がみきさんの家へ帰る途中，きれいな夕焼けが見えました。これを見たらんさんは，明日のこの周辺の天気を予想しました。**【らんさんの予想】**が正しくなるように，文章中の㋐〔　　〕，㋒〔　　〕から適切なものをそれぞれ一つずつ選び，記号を○で囲みなさい。また，（ ㋑ ）に入る日本の春ごろの天気の特ちょうを表す適切なことばを**10字程度**で書きなさい。

【らんさんの予想】

きれいな夕焼けが見えているということは，太陽がしずんでいく㋐〔**ア** 東　**イ** 西　**ウ** 南　**エ** 北〕の空が晴れているということだよ。日本の春ごろの天気は雲の動きにつれて およそ（　　㋑　　）から，明日，この周辺の天気は㋒〔**オ** 晴れ　**カ** 雨〕になると予想できるね。

(6) 太陽がしずんだ直後，**図5**のように，南西の空に月とその右下で光っている明るい星が見えました。次の**ア～エ**のうち，このときに見えた月の明るくかがやいている部分のようすとして最も適しているものを一つ選び，記号を○で囲みなさい。

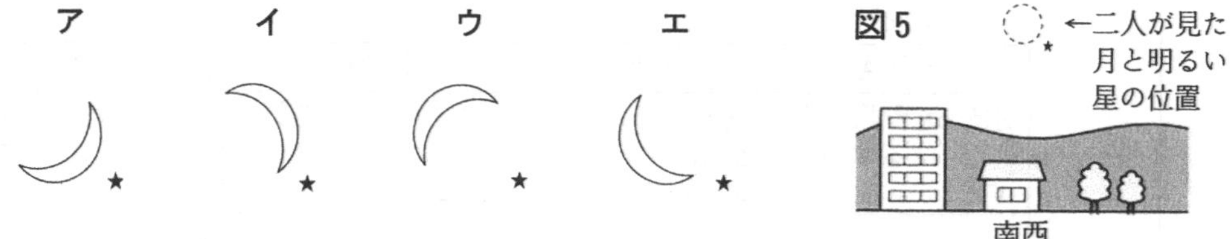

図5　←二人が見た月と明るい星の位置

南西

(7) 2日目，二人が最初に見学した武佐宿は，江戸時代に中山道の宿場としてにぎわいました。江戸幕府が整備した五街道のうち，近江国（現在の滋賀県）を通り，江戸と京都を行き来することができた街道は二つあり，その一つが中山道です。もう一つの街道の名前を書きなさい。

(8) 次に二人が訪れた場所は，織田信長が築いた安土城の跡地です。次の**ア～オ**のうち，織田信長の行ったこととして正しいものを**すべて**選び，記号を○で囲みなさい。

ア 安土城の城下町では，だれでも自由に商売をすることができるようにした。
イ 徳川家康との連合軍をつくり，桶狭間の戦いで武田軍と戦った。
ウ 足利氏の将軍を京都から追い出して，室町幕府を滅ぼした。
エ 九州の戦国大名である島津氏を降伏させ，九州に勢力を広げた。
オ キリスト教を禁止し，信者をきびしく取りしまった。

(9) 二人は最後に大中の湖南遺跡に行きました。この遺跡からは弥生時代中期の農耕集落での生活のようすを示す物などが出土しました。弥生時代について述べた次の文章中の（ a ）に入る適切な語，（ b ）に入る適切な県の名前を書きなさい。

弥生時代は，米作りが各地に広がった時代です。米作りが始まると，人々は集まって住み，協力して作業をするようになりました。秋の収穫の作業では，**図6**のような（ a ）と呼ばれる石器などが使われ，収穫された米は高床の倉庫にたくわえられました。弥生時代の代表的な遺跡として（ b ）県の吉野ヶ里遺跡があります。

図6

(10) 旧市街地を訪れたとき，時間によって，建物の影の大きさやできる位置がちがうことに気づいたみきさんは，後日，家の近くで次のような観察を行い，1日の影の動きを調べました。あとの**ア～カ**のうち，この日のみきさんの観察結果として最も適しているものを一つ選び，記号を○で囲みなさい。

＜観察＞　1日の影の動きを調べる。

1　厚紙を台紙にして，2本の直線を直角に交わるように引いて南北，東西の線とし，棒をこの2つの線の交点に厚紙と垂直になるよう固定し，**図7**のような装置を作る。
2　**図7**の装置の方位を実際の方位に正確に合わせ，午前7時から午後3時まで日光が直接当たる水平な場所に置く。
3　午前7時から午後3時までの間，1時間ごとに，厚紙の上にできる棒の影の先端の位置に印をつけ，その印をなめらかに線で結ぶ。

図7　棒　北　東西の線　厚紙　南北の線

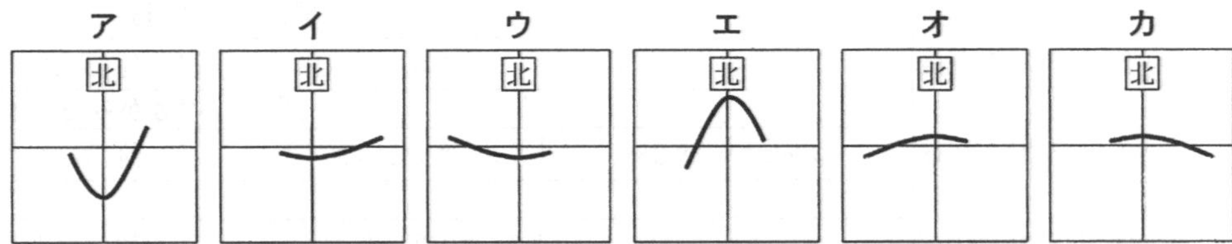

(11) 近江八幡市には田園風景が広がり，多くの田畑で米や野菜を育てていました。このことに興味をもったらんさんは，近江八幡市の農業と滋賀県の米作りについて調べました。①，②の問いに答えなさい。

① **表1**は，近江八幡市の2005年，2010年，2015年の耕地面積，農家戸数，農業経営規模別農家戸数です。**表1**から読み取れる内容として正しいものを，あとの**ア～エ**から一つ選び，記号を○で囲みなさい。

表1　近江八幡市の耕地面積，農家戸数，農業経営規模別農家戸数の変化

	耕地面積(ha)	農家戸数(戸)	農業経営規模別農家戸数(戸)				
			1 ha 未満	1～2 ha	2～3 ha	3～5 ha	5 ha 以上
2005年	4,016	2,308	918	970	194	135	91
2010年	3,555	1,810	699	697	174	131	109
2015年	2,940	1,355	525	509	110	94	117

（農林水産省の資料により作成）

ア 農家戸数の変化をみると，2005年から2010年の減少数よりも，2010年から2015年の減少数のほうが大きい。
イ 2015年の耕地面積と農家戸数は，ともに2005年の70％以下となった。
ウ 全農家のうち5 ha以上の経営規模である農家の割合は，2005年には5％以下であったのが，2015年には8％以上となった。
エ 農家1戸当たりの耕地面積は，2010年に比べて2015年は減少している。

② らんさんは，滋賀県で品種改良されて誕生した米の新品種である みずかがみ が，コシヒカリ，キヌヒカリにかわって近年の滋賀県では作付け面積が増えていることを知り，みずかがみ について調べました。**図8**は滋賀県の米の作付け面積と品種別作付け面積の割合の変化，**資料**はらんさんがまとめた みずかがみ の特ちょう，**図9**はコシヒカリ，キヌヒカリ，みずかがみ の*登熟(とうじゅく)初中期の滋賀県（彦根(ひこね)市）の平均気温の変化を示しています。

らんさんは滋賀県で みずかがみ の作付け面積が増えた理由を考察しました。**図8，資料，図9**を参考にして，右ページの**【らんさんの考察】**中の［ c ］，［ d ］に入る適切なことばをそれぞれ**30字以上，45字以内**で書きなさい。

＊登熟：稲穂(いなほ)が出て開花・受粉してから，稲(いね)の種子（米）が次第(しだい)に発育し，大きくなること。
注：コシヒカリ，キヌヒカリ，みずかがみ の登熟初中期は，3品種とも7月末～8月中旬(ちゅうじゅん)である。

図8　滋賀県の米の作付け面積と品種別作付け面積の割合の変化

年（作付け面積）	コシヒカリ	キヌヒカリ	みずかがみ	その他
2012年 32,800 ha	40.4％	25.4％	0.0％	34.2％
2014年 33,000 ha	38.2％	24.1％	3.3％	34.4％
2016年 31,900 ha	36.7％	22.1％	7.2％	34.0％

（滋賀県の Web ページなどにより作成）

資料　らんさんがまとめた みずかがみ の特ちょう

- 近江八幡市安土町大中(だいなか)にある滋賀県農業技術振興(しんこう)センターが品種改良を行い，2011年に誕生。みずかがみ と名付けられた。
- みずかがみ の味や単位面積当たりの収穫量は，コシヒカリと同程度。
- みずかがみ は，登熟初中期の高温に強い。コシヒカリ，キヌヒカリは，登熟初中期の高温により*高温障害が発生しやすい。

＊高温障害：登熟期間中の高温により，発育が十分でない米が発生すること。コシヒカリ，キヌヒカリは，登熟初中期の平均気温が27 ℃を上回る年は高温障害が発生しやすく，品質の悪い米の割合が高くなる。

（滋賀県農業技術振興センターの Web ページにより作成）

図9　コシヒカリ，キヌヒカリ，みずかがみ の登熟初中期の滋賀県（彦根市）の平均気温の変化（7/25～8/15）

（℃）
30
27
24
1980　1990　2000　2010　2019（年）

（彦根地方気象台の統計により作成）

【らんさんの考察】

近年の滋賀県ではコシヒカリやキヌヒカリの登熟初中期に［ c ］という問題があった。そこで，滋賀県で品種改良された，［ d ］という特ちょうをもつ みずかがみ が農家に選ばれるようになり，みずかがみ の作付け面積が増えたと考えられる。

⑿ 近江八幡市で野菜の栽培(さいばい)がさかんに行われていることを知ったらんさんは，野菜の栽培について興味をもちました。次の<実験1>，<実験2>は，らんさんがインゲンマメの種子を使って行った実験です。①～④の問いに答えなさい。

<実験1>　インゲンマメの種子の発芽には何が必要かを調べる。

［方法］ 1　プラスチックのカップに肥料をふくまない土（バーミキュライトなど）を入れ，インゲンマメの種子をまく。

2　条件を次の表のA～Dのように変えて実験し，1週間後，種子が発芽するかどうかを調べる。

条件A	条件B	条件C	条件D
水をあたえず，空気にふれるようにする	種子を水にしずめ，空気にふれないようにする	水をあたえ，空気にふれるようにする	水をあたえ，空気にふれるようにする
日光に当てる	日光に当てる	日光に当てる	箱をかぶせて日光に当てない
室温 20 ℃	室温 20 ℃	室温 20 ℃	室温 20 ℃

［結果］

条件A	条件B	条件C	条件D
発芽しなかった	発芽しなかった	発芽した	発芽した

<実験2>　インゲンマメの種子の発芽に適当な温度が必要かどうかを調べる。

［方法］ 1　カップに肥料をふくまない土を入れ，インゲンマメの種子をまく。

2　条件を次のEのようにして実験し，1週間後，種子が発芽するかどうかを調べる。

条件E：水をあたえ，空気にふれるようにして，日光が当たらない，温度が5 ℃の冷蔵庫の中に入れる。

冷蔵庫　5℃

［結果］ 発芽しなかった。

① <実験1>の条件Aの結果と条件Cの結果とを比べることでわかる，インゲンマメの種子が発芽するために必要なものは何ですか。次の**ア**～**エ**のうち，最も適しているものを一つ選び，記号を○で囲みなさい。

ア 日光　　**イ** 水　　**ウ** 空気　　**エ** 空気と水

②　＜実験2＞の条件Eで種子は発芽しませんでしたが，この結果だけではインゲンマメの種子の発芽に適当な温度が必要だとは言い切れません。適当な温度が必要であることを確かめるには，条件Eと＜実験1＞の条件A～条件Dのどの実験結果とを比べるとよいですか。次の**ア～エ**から一つ選び，記号を○で囲みなさい。

ア　条件A　　**イ**　条件B　　**ウ**　条件C　　**エ**　条件D

③　次に，＜実験1＞と＜実験2＞のA～Eの条件で，インゲンマメの種子のかわりにレタスの種子をまいて発芽するかどうかを調べると，1つだけインゲンマメの種子とちがう結果になりました。農家のおじさんにたずねたところ，らんさんがまいたレタスの種子は，発芽に日光が必要であることがわかりました。このことより，インゲンマメの種子とちがう結果になったのは，どの条件でまいたレタスの種子だと考えられますか。次の**ア～オ**から一つ選び，記号を○で囲みなさい。

ア　条件A　　**イ**　条件B　　**ウ**　条件C　　**エ**　条件D　　**オ**　条件E

④　さらにらんさんは，インゲンマメの成長と日光との関係を調べるために，次の＜実験3＞を行いました。この実験で，Ⓘのインゲンマメがⓐのインゲンマメに比べて成長しなかった理由を，**日光**，**でんぷん**という**2語**を使って，**40字以内**で書きなさい。

＜実験3＞　インゲンマメの成長と日光との関係を調べる。

方法　1　条件Cで発芽し同じくらいの大きさに育った2本のインゲンマメを，それぞれ別々に肥料をふくまない土を入れた植木ばちに植える。

2　二つの植木ばちを室温が20℃の部屋に置き，ⓐはインゲンマメに日光が当たるように，Ⓘは箱をかぶせてインゲンマメに日光が当たらないようにする。この状態で毎日肥料を入れた水を同じ量ずつあたえ，2週間後に育ち方を比べる。

結果　ⓐ：葉が緑色になりよく成長した。

Ⓘ：葉が黄色（うすい緑色）になり，ⓐに比べて成長しなかった。

3　次の(1)，(2)の問いに答えなさい。

(1)　たかしさんは，水にミョウバンが何gまでとけるかを調べて**表1**，**表2**をつくり，これらの表からわかることをまとめました。1mLの水の重さを1gとして，①～③の問いに答えなさい。

表1　30℃の水にとけるミョウバンの量

水の量(mL)	50	100	150	200
ミョウバンの量(g)	8.2	16.4	24.6	32.8

表2　100mLの水にとけるミョウバンの量

水の温度(℃)	20	30	40	50	60
ミョウバンの量(g)	11.6	16.4	24.0	36.1	57.5

【たかしさんのまとめ】

・水の温度が同じなら，とけるミョウバンの量は，水の量に比例する。
・水の量が同じなら，とけるミョウバンの量は，水の温度が高くなるほど増える。

①　30℃の水50mLにミョウバンを限度までとかしたとき，水よう液の重さは何gになると考えられますか。ただし，とけ残ったミョウバンはないものとします。

②　60℃の水50mLに25gのミョウバンをとかした水よう液の温度を20℃まで下げるとき，出てくると考えられるミョウバンの量として最も適しているものを次の**ア～エ**から一つ選び，記号を○で囲みなさい。

ア　5.8g　　**イ**　11.6g　　**ウ**　19.2g　　**エ**　23.0g

③　海水から塩をつくる「製塩」が，水よう液からとけているものを取り出す作業であることを知ったたかしさんは，海水のかわりに食塩水を用いて「製塩」について考えました。**表3**は，100mLの水に食塩が何gまでとけるかを示したものです。(i)，(ii)の問いに答えなさい。

表3　100mLの水にとける食塩の量

水の温度(℃)	20	30	40	50	60
食塩の量(g)	35.8	36.1	36.3	36.7	37.1

(i)　たかしさんが調べたところ，食塩水から食塩を取り出すとき，水よう液の温度を下げる方法では，ミョウバンの場合と比べてとけているものを取り出しにくいことがわかりました。その理由を，**表2**，**表3**からわかることをもとに，**40字以内**で書きなさい。

(ii)　たかしさんは，3.4gの食塩がとけている100gの食塩水から水を蒸発させて食塩を取り出す場合について，次のように考えました。あとの**ア～エ**のうち，文中の（　ⓐ　）に入る数として最も適しているものを一つ選び，記号を○で囲みなさい。ただし，水の温度が同じなら，とける食塩の量は，水の量に比例するものとします。

3.4gの食塩がとけている食塩水100gについて，温度を30℃に保ちながら水を蒸発させるとき，食塩水中に食塩が出始めるのは，食塩水が減って，約（　ⓐ　）gになったときだと考えられる。

ア　9.4　　**イ**　12.8　　**ウ**　14.6　　**エ**　18.4

(2)　あかりさんとそうたさんは，棒の上のはしのＰ点を支点とし，棒の下の部分に球の形をした ねん土のおもりをつけた**図１**のようなふりこを使って，ふりこの長さ，おもりの重さ，ふれはばを変えて実験**ア～ク**を行いました。それぞれのふりこが10往復する時間をはかり，ふりこが１往復する時間を調べ，その結果を次の**【表】**にまとめました。この**【表】**を見ながら，二人が話をしています。①～④の問いに答えなさい。ただし，Ｐ点からおもりの中心までの長さをふりこの長さとし，棒の重さは考えないものとします。

図１

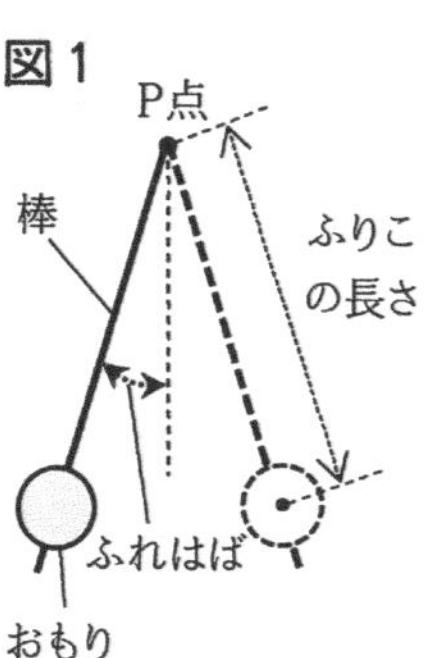

【表】

実験	ア	イ	ウ	エ	オ	カ	キ	ク
ふりこの長さ（cm）	30	30	30	30	35	35	40	40
おもりの重さ（ｇ）	50	25	25	25	25	50	25	50
ふれはば（°）	10	10	15	5	10	5	10	15
10往復する時間（秒）	10.9	11.0	11.0	11.0	11.9	11.9	12.6	12.7
１往復する時間（秒）	1.1	1.1	1.1	1.1	1.2	1.2	1.3	1.3

【会話】

あかりさん：実験**イ**と実験（　い　），または，実験**イ**と実験（　う　）の結果から，ふりこが１往復する時間がふりこの長さによって変わることがわかるね。

そうたさん：そうだね。一方，**【表】**の実験**イ**，**ウ**，**エ**の結果から，ふりこが１往復する時間は（　え　）によって変わらないことがわかるよ。

あかりさん：実験で複数のおもりを使う場合，上下（たて）に取りつけないよう注意があったけれど，なぜかな？

そうたさん：実験**ア**で用いた50ｇのおもりを二つに分けて上下に取りつけたふりこをつくって確かめよう。**図２**のように，ａのふりこは25ｇのおもり二つを10cm離して，ｂのふりこは10ｇと40ｇのおもりを10cm離して，上下に取りつけたよ。

図２

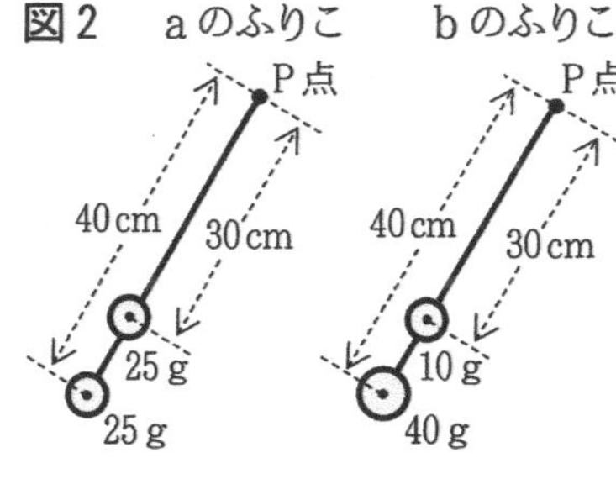

あかりさん：それぞれのふりこが10往復する時間をはかってみたら，ａのふりこが11.9秒，ｂのふりこが12.4秒になったよ。

そうたさん：ａのふりこは，実験**オ**・**カ**のふりこと１往復する時間が同じだね。ということは，ａのふりこの長さは実験**オ**・**カ**のふりこの長さと同じだと考えていいのかな。実験**オ**・**カ**のふりこの長さ35cmは，ａのふりこで考えると，Ｐ点から二つのおもりの真ん中の点までの長さになるよ。

あかりさん：そういえば「てこ」の授業で，ａのふりこの二つのおもりを**図３**のように10cmの棒の両はしにつるすとき，二つのおもりの真ん中の点で支えると水平につりあうことを学んだね。

そうたさん：**図４**のように，10cmの棒の両はしにそれぞれのおもりの中心がくるように取りつけた場合も，つるした場合と同じ点で水平につりあうよ。この点を『おもり全体の中心』と呼ぶことにすると，**図５**のように，Ｐ点から『おもり全体の中心』までの長さをａのふりこの長さと考えればいいんだね。

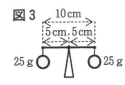

図３
10cm　5cm　5cm　25ｇ　25ｇ

図４

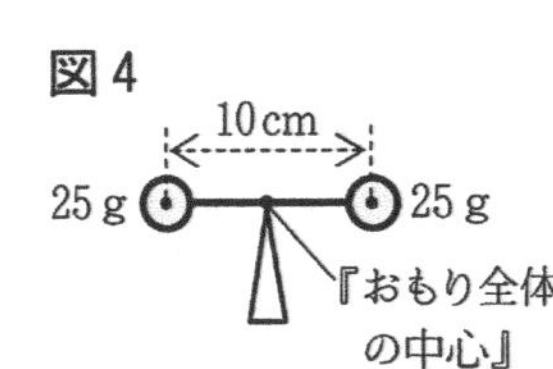

図５　ａのふりこ

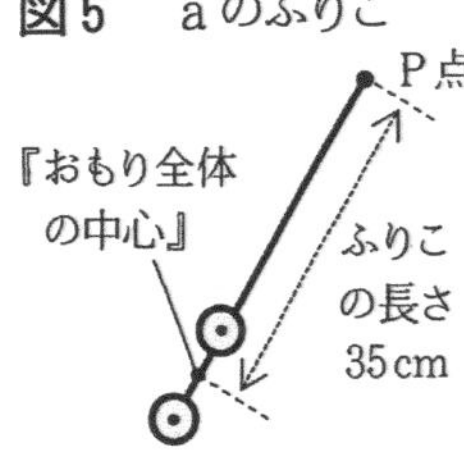

あかりさん：「てこ」の授業では，重さのちがう二つのおもりのつりあいについても学んだね。ｂのふりこの場合もａのふりこと同じように，<u>二つのおもりをつけた棒を支えるとき水平につりあう点を『おもり全体の中心』として，Ｐ点からこの点までの長さをふりこの長さと考える</u>ことにしよう。

そうたさん：ｂのふりこは，**図６**のように40ｇと10ｇのおもりが10cm離れているから，支えると棒が水平につりあう点，つまり『おもり全体の中心』は，40ｇのおもりの中心から（　お　）cm離れた位置にあるよ。だから，ｂのふりこの長さはＰ点からこの点までの（　か　）cmだね。

図６

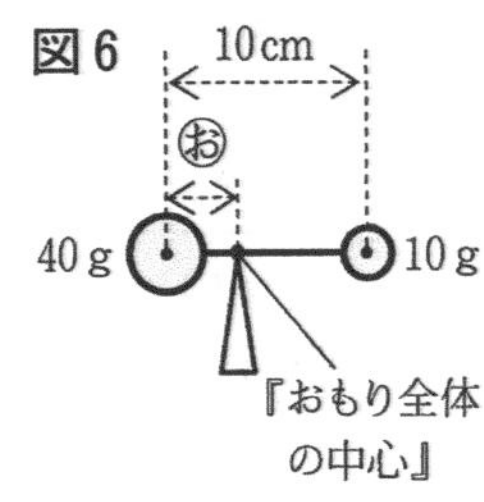

あかりさん：おもりが一つで長さが（　か　）cmのふりこをつくって，10往復する時間をはかったら，ｂのふりこと同じ12.4秒になったよ。複数のおもりを使ってふりこの実験をするとき，ａやｂのふりこのようにおもりを上下に取りつけると，ふりこの長さが変わってしまうんだね。

①　**【会話】**中の（　い　），（　う　）に入る実験として適しているものを，それぞれ**【表】**の実験**オ～ク**から一つずつ選び，記号を○で囲みなさい。

②　**【会話】**中の（　え　）に入る適切なことばを書きなさい。

③　**【会話】**中の（　お　），（　か　）に入る適切な数をそれぞれ書きなさい。

④　ｂのふりこについて，**図７**のように，40ｇのおもりをＰ点から40cmの位置に固定し，Ｐ点から30cmの位置につけた10ｇのおもりだけを棒上のある位置（Ｐ点以外）まで移動させると，ｂのふりこの長さがａのふりこの長さと同じになり，１往復する時間が等しくなりました。このとき，ふりこについて**【会話】**中の下線部の考え方が成り立つものとすると，10ｇのおもりを**Ｘ**，**Ｙ**どちらの向きに，何cm移動させたと考えられますか。適している向きを一つ選び，記号を○で囲みなさい。また，移動させた長さを書きなさい。

図７　ｂのふりこ

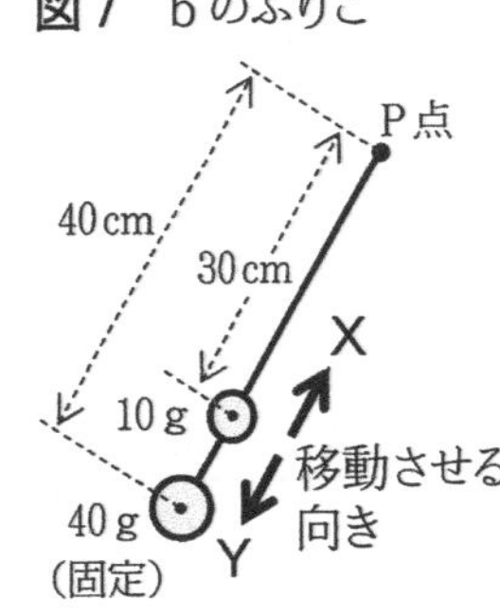

受験番号	番	得点	

令和3年度大阪府立富田林中学校入学者選抜

適性検査Ⅱ（社会・理科融合的問題）解答用紙

1

			採点者記入欄
(1)	X	Y	/4
	Z		
(2)	ア　イ　ウ　エ		/3
(3)	①	ア　イ　ウ　エ	/3
	②	a　ア　イ　ウ　　b　ア　イ　ウ	/3
		c　ア　イ　ウ	
(4)		80	/5
			/18

2

			採点者記入欄
(1)		ア　イ　ウ　エ	/3
(2)		→　→　→	/4
(3)		ア　イ　ウ　エ	/3
(4)		ア　イ　ウ　エ　オ	/3
(5)	あ	ア　イ　ウ　エ	/4
	い	10	
	う	オ　カ	
(6)		ア　イ　ウ　エ	/3
(7)			/3
(8)		ア　イ　ウ　エ　オ	/3
(9)		a　　b	/4
			/30

2021(R3) 富田林中
K 教英出版

2

				採点者記入欄
(10)			ア　イ　ウ　エ　オ　カ	/3
(11)	①		ア　イ　ウ　エ	/3
	②	c	30　45	/3
		d	30　45	/3
(12)	①		ア　イ　ウ　エ	/3
	②		ア　イ　ウ　エ	/3
	③		ア　イ　ウ　エ　オ	/3
	④		40	/4
				/25

3

				採点者記入欄
(1)	①		g	/3
	②		ア　イ　ウ　エ	/3
	③	(i)	40	/4
		(ii)	ア　イ　ウ　エ	/4
(2)	①	い	オ　カ　キ　ク	/3
		う	オ　カ　キ　ク	
	②			/3
	③	お	か	/3
	④	向き　X　Y	長さ　cm	/4
				/27

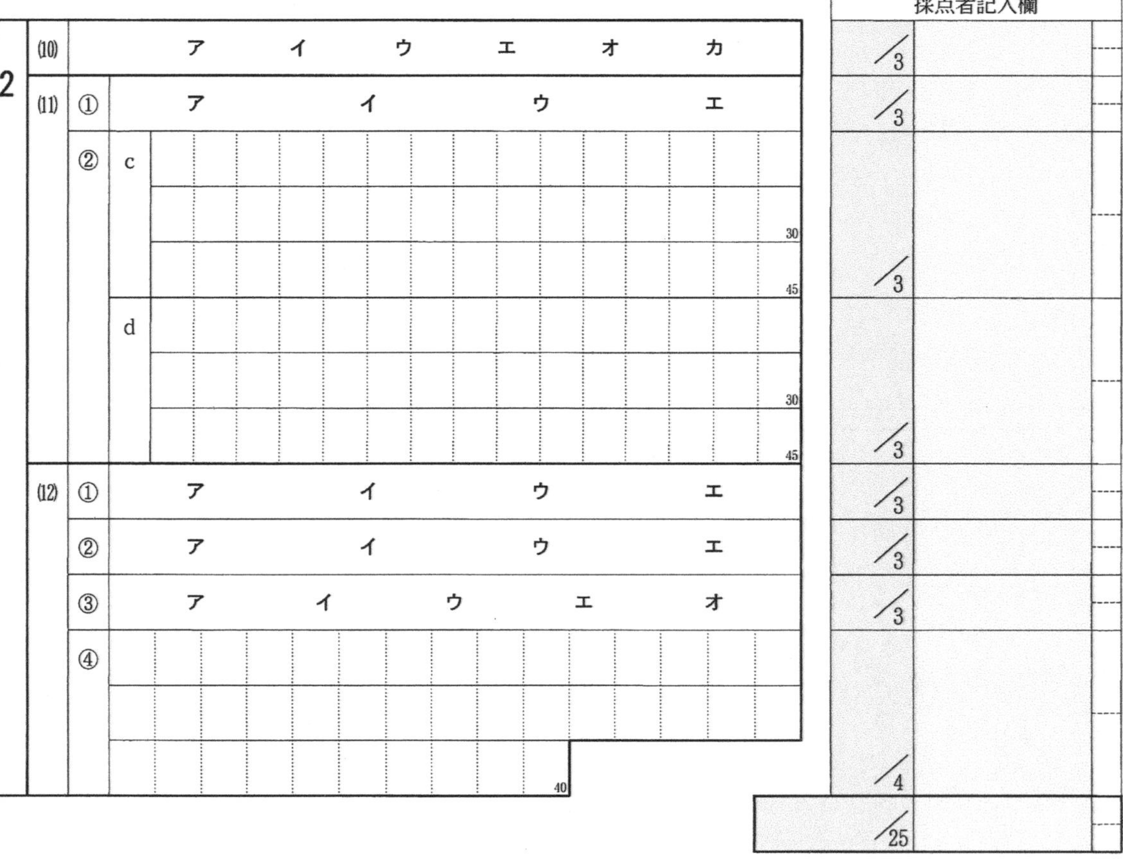

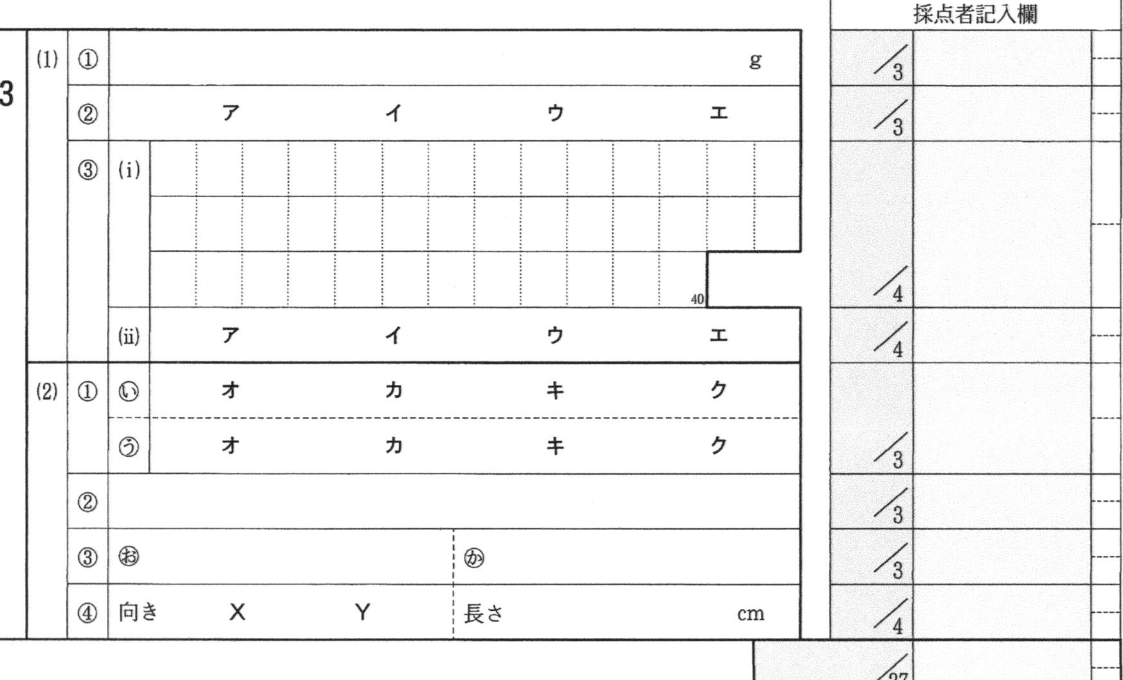

2

令 和 3 年 度

大阪府立富田林中学校入学者選抜

適 性 検 査 Ⅱ

（社会・理科融合的問題）

（45分）

注　　意

1 「開始」の合図があるまで開いてはいけません。

2 答えは，すべて**解答用紙**に書きなさい。

・答えとして記号を選ぶ問題は，下の**【解答例】**にならい，すべて**解答用紙の記号**を○で囲みなさい。また，答えを訂正（ていせい）するときは，もとの○をきれいに消しなさい。

【解答例】

ア	イ	㋒	エ

・答えの字数が指定されている問題は，、。なども一字に数えます。

解答用紙の**採点者記入欄**（さいてんしゃきにゅうらん）には，何も書いてはいけません。

3 問題は，中の用紙のA面に**1**，B・C・D・E面に**2**，E・F面に**3**があります。

4 「開始」の合図で，まず，**解答用紙**に**受験番号**を書きなさい。

5 「終了（しゅうりょう）」の合図で，すぐ鉛筆（えんぴつ）を置きなさい。

2021(R3) 富田林中
K 教英出版

適性検査Ⅰ（国語的問題）

一　次の文章は、宇宙飛行士の毛利衛（もうりまもる）さんが書いたものです。これを読んで、あとの問いに答えなさい。

＊オーサグラフ地図は、＊メルカトール地図のように緯度経度（いど）できちんと位置座標を表すものではないので、地理の専門家や科学者のなかには抵抗感（ていこう）をもつ人がいることも確かです。しかし、私（わたし）は、この地図で示されている「世界に中心はなく、ひとつにつながっている」というメッセージを、人類全体の価値観（かち）にできないだろうかと思います。オーサグラフ地図には、視点の転換（てんかん）による感動があります。その感動を人類全体の価値観にまで高めたいと思うのです。

①そのような価値観にもとづいて、ものを見て考えられるようになれば、気候変動や生物多様性、人口爆発（ばくはつ）、ａミンゾクや人種間の争いなど、地球規模の問題解決に必要な智恵（ちえ）がきっと出てくると思います。そして、その智恵は今まさに生まれつつあるように、私には見えます。このように考えてくると、人類が宇宙に出る最終的な目的も、社会をｂイトナむ活動も、これまでのように欧米（おうべい）の価値観に追従するのではなく、日本やアジアの見方から見直す必要もありそうに思われてきます。

＊アポロ計画や国際宇宙ステーションをはじめ、アメリカやヨーロッパの宇宙開発計画では、その最終目的として、「地球を離（はな）れて宇宙に人類が進出すること」が②うたわれています。はたしてそうなのでしょうか。私は宇宙開発の最終目的は、私たちの住む地球をよりよく知るためではないか、と思っています。

以前、これからもうすぐ国際宇宙ステーションに長期間滞在（たいざい）する、友人のアメリカ人宇宙飛行士とじっくり話す機会がありました。彼（かれ）は、半年間の長期滞在も含（ふく）め、すでに二回、宇宙飛行を経験しています。＊NASAの宇宙飛行士としては珍（めずら）しく、技術者というより、科学者の考え方をする人物で、私とｃニたところがあります。しかし、宇宙開発の最終目的とは何かという点では、彼は他の多くの宇宙飛行士と同じように、「地球を離れても人類が持続的に生き延びられるようにするため」と主張しました。

彼と私との間で議論になりました。たしかに、欧米諸国が月や火星を目指すのには、そのような意味もあります。しかし、「人類は人類だけでは生き延びられない」と考える私は、もっと違（ちが）う目的もあるはずだと思いました。そこで、私は彼にこう言いました。「われわれが宇宙を目指すのは、地球を脱出（だっしゅつ）するためではない。将来（しょうらい）、地球環境（かんきょう）が大きく変わったとき、それでも人類がこの地球上で生き延びていくための智恵を探すためではないかと思う」。

彼は思ってもみなかったような意外な顔をしました。NASAは工学系の出身者が多く、「何事も人間がコントロールできる」という考え方が強いところです。この地球で生命全体のつながりの中にいるからこそ、人間は人間という存在でいられる。そのつながりを離れたら、人間は人間でなくなる。そうした、どちらかと言うとアジア的な私の考え方が、ピンとこなかったのかも知れません。しかし、日本人は自然とどう向き合い、付き合ってきたのかを説明するうちに、彼は自分たち欧米人とは違う考え方もあることに気づき、納得（なっとく）してくれました。そして、「次回の宇宙滞在を、君の言う観点からも考えてみるよ」と言ってくれました。

実際、宇宙に出てみると、地球環境との大きな違いから、人類が持続的に生き延びるにはあまりにも過酷（かこく）な環境であることを実感し

ます。地球でのような「人間」という体型を保持しながら宇宙へ進出し、生き延びることは到底（とうてい）不可能だと私は思います。まだ適確な表現が見つからないのですが、もし仮に宇宙空間で生きることになれば、人間はおそらく、人間としてのあり方が根本から変わってしまうのではないかと私は考えます。

過去四〇億年つながって多様化してきた地球生命は、地球環境をこれからも大事にして未来へ受け渡（わた）し、生き延び、「生命の［Ａ］」を絶やさないことが必要です。月や火星へ行くのは、地球をよりよく知る智恵を得るためとして宇宙活動をとらえるべき、と私は考えています。

（毛利衛『宇宙から学ぶ　ユニバソロジのすすめ』岩波新書による）

＊オーサグラフ地図 ＝ 陸地と海洋の面積比をほぼ正確に保ちながら、世界地図を長方形にして作ったもの。周りに何枚もつなげると、世界に中心はなく、ひとつにつながっていることを教えてくれる。
＊メルカトール地図 ＝ 緯線と経線が直角に交わった地図。
＊アポロ計画 ＝ アメリカの月探査計画。一九六九年に人類を初めて月に送った。
＊NASA ＝ アメリカ航空宇宙局。ヒューストンなどに研究所がある。

1　本文中の――線部ａ～ｃのカタカナを文脈に合わせて漢字に直し、ていねいに書きなさい。

2　本文中の――線部①とは、どのようなことですか。その内容を「ということ。」で終わるように本文中から**二十字**でぬき出しなさい。

3　本文中の――線部②について、「うたう」の意味として最も適しているものを、次の**ア～エ**から一つ選び、記号を○で囲みなさい。

ア　ためらう
イ　旋律（せんりつ）に合わせて声を出す
ウ　うったえる
エ　言葉や文章にして示す

4　本文中の［　　］は、友人と筆者が宇宙開発について会話をした部分です。(1)、(2)の問いに答えなさい。

(1)　本文中の［　　］の部分について述べた文として最も適しているものを、次の**ア～エ**から一つ選び、記号を○で囲みなさい。

ア　筆者は、友人と互（たが）いの意見を主張し合う中で、友人の意見に全面的に賛成するようになった。
イ　筆者は、友人と議論する中で、友人が筆者の意見に対して関心をもってくれたと感じた。
ウ　筆者は、自分の思いを語らずに友人の意見を受け止め、その主張に賛同した。
エ　筆者は、実験と体験をふまえながら友人を説得し、強く自分の意見を主張した。

(2)　宇宙開発の最終的な目的について、友人と筆者はそれぞれどのように考えていますか。［　　］中の言葉を使って、**五十字以上、六十字以内**で書きなさい。

5　本文中の［Ａ］に入る適切な言葉を、本文中から**ひらがな四字**でぬき出しなさい。

二　六年生の水野さんと西川さんは、国語の授業で詩を調べることになりました。次は二人が詩を調べて書いた【メモ】、そしてそれを見た森本先生と交わした【会話】の一部です。これらを読んで、あとの問いに答えなさい。

【メモ】

〈詩〉
勧酒
君に勧む　金屈卮
満酌　辞するを須いず
花発けば　風雨多し
人生　別離足る

（鎌田正・米山寅太郎『漢詩名句辞典』より作成）

〈内容〉

※著作権上の都合により省略いたします　教英出版編集部

【会話】

森本先生　今回、水野さんと西川さんは古今東西^A さまざまな詩がある中で、どの詩を調べましたか。

水野さん　私たちは「勧酒」という詩を調べました。この詩は、祖父の家の壁に飾ってあったものです。不思議と心ひかれて調べたところ、ちょうどこの詩に関する本が図書室にあったので、【メモ】に〈内容〉を書いておきました。

西川さん　この詩は約千年前の中国で于武陵という人が、友人との別れを書いた詩です。私はこの詩から「遠慮するな一緒に酒を飲もう。最後の時間を大切にしよう。」と友人を励ましている作者の姿を想像しました。また、離れ離れになる自分と友人の姿を「（　①　）」の中で散ろうとする「（　②　）」に重ねているようにも感じ、悲しく美しい表現だと私は思いました。

水野さん　調べていくうちに新たな発見もありました。私たちが調べた本には、井伏鱒二という人が、次のように書いていました。前の詩と比べると、ずいぶん印象が違います。こちらです。

コノサカヅキヲ受ケテクレ
ドウゾナミナミツガシテオクレ
ハナニアラシノタトヘモアルゾ
「サヨナラ」ダケガ人生ダ

（井伏鱒二『厄除け詩集』による）

森本先生　確かに印象が違いますね。二人はこの詩を読んで、どのように感じましたか。

西川さん　はじめて読んだとき、井伏鱒二の詩は、さらっと軽やかな感じを受けました。

水野さん　そう、だからこそ最後の「『サヨナラ』ダケガ人生ダ」という言葉が心に突き刺さります。こんなにもさびしいことをさらっと書いてよいのかと、なんだか悲しくなりました。

西川さん　私はこの部分をいさぎよく感じました。作者は人生には別れがつきものだと、かくごしているように思いました。別れの悲しみや痛みを受け入れてこそ人は強くなれる、未来へ向かって進んでいける、私はそのように読みました。

森本先生　なるほど、それぞれ感じ方が違うのですね。寺山修司という人も井伏鱒二の詩を受けて、別れに関連した詩を残しているので紹介します。こちらです。

さよならだけが人生ならば
また来る春は何だろう
はるかなるかな地の果てに
咲いてる花は
何だろう

（寺山修司『書を捨てよ、町へ出よう』KADOKAWAによる）

水野さん　この詩、よいですね。確かにつらい、親しい人との別れは。^B それでも春は訪れる、どこかで花は咲く、そう信じ、希望をもつことで別れの悲しみや痛みを乗りこえる方法がある、そのようなメッセージがこめられているように感じました。

西川さん　はい。この詩は「『サヨナラ』ダケガ人生ダ」を受け、「本当にそうなのだろうか、別れを受け入れるだけが人生なのだろうか。」と反論し、乗りこえようとしているようにも思えます。

森本先生　よい視点ですね。実際、寺山修司は「『サヨナラ』ダケガ人生ダ」という言葉を愛し、よく口ずさんでいたそうですよ。

西川さん　やはり、好きな詩だからこそ出てくる反論だったのかな。なんだか、詩がつながっている感じがしますね。

水野さん　そう、千年前の中国の詩の心を日本の詩人二人が現代までつなげているのですね。壮大な詩の［　Ⅰ　］だと思いました。

西川さん　そのたとえだと、第一走者が于武陵、第二走者が井伏鱒二、第三走者が寺山修司になります。別れの際の思いをバトンとして、千年の時代をこえ、走りぬけたということかな。

森本先生　友人との最後の時間を大切にしたかった于武陵、別れに際して（　③　）することを「『サヨナラ』ダケガ人生ダ」という言葉で示した井伏鱒二、それに対し疑問を持ち、（　④　）とした寺山修司。表現は違うけれど、それぞれが詩を書く中で（　⑤　）に向き合ったことは共通しています。

西川さん　詩はすてきですね。たとえ友とは別れても、詩に書いたことで友を思う心は永遠に残るのですから。

水野さん　そうですね、本当に……。

1　【会話】中の――線部Aと同じ熟語の構成として最も適しているものを、次のア～エから一つ選び、記号を○で囲みなさい。

ア　前後左右　　イ　非科学的　　ウ　自家用車　　エ　正五角形

2　【会話】中の（　①　）、（　②　）に入る適切な言葉を、【メモ】の〈内容〉中からそれぞれぬき出しなさい。

3　【会話】中の――線部Bの文から、主語と述語をそれぞれ三字でぬき出しなさい。

4　【会話】中の井伏鱒二の詩と寺山修司の詩を音読した際に共通する特徴を次のようにまとめました。（　あ　）～（　う　）に入る適切な漢数字一字をそれぞれ書きなさい。

・どちらの詩も、短歌や俳句のように（　あ　）音・（　い　）音の言葉が用いられている。
・どちらの詩も、同じ音の響きになるような言葉が、行の終わりの部分に（　う　）回用いられている。

5　【会話】中の［　Ⅰ　］には、「たとえ（比喩）」の表現を用いた言葉が入ります。あとの西川さんの発言を読み、［　Ⅰ　］に入る言葉を書きなさい。

6　【会話】中の（　③　）～（　⑤　）に入る適切な言葉を、【会話】中からそれぞれぬき出しなさい。ただし、（　③　）は三字、（　④　）は六字、（　⑤　）は九字でぬき出すこと。

三　次の文章を読んで、あとの問いに答えなさい。

かつて海は、巨大な文明の＊篩であった。文明どうしを繋ぎながら隔て、選ばれた人と文物だけに、そのあいだの交流を許した。千年以上も、①日本列島の西の海は＊ユーラシア大陸の文明に篩をかけ、そこからさまざまな大思想や大技術をこの国に伝えたが、日常の＊風俗習慣は移さなかった。日本人は漢字は受け入れたが、話し言葉は学ばなかった。仏教と寺院の基本的な構造は受容したが、朝夕の立ち居振る舞いは固有の風を守った。[A]、この島には＊漢字かな混じり文が成立し、板床を張って人を座らせる独特の寺院建築が確立した。近代日本もその初期のうちは海の壁の恩恵を蒙り、工業技術は輸入しながら、それに伴うはずの階級社会の文化は拒んだ。海の篩は、とかく知的な情報を多く伝えて身体的な情報を遮り、より大規模に文明を伝えて文化を伝えなかったといってもよい。

海はまた、文明を間隔を置いて断続的に伝播させた。ある文明が革命的に力を増し、造船と航海の技術が飛躍したときに、それは海を渡った。西洋文明が地中海に生まれ、[B]そこを踏み出して東洋に至るまでには二千年近い時が流れた。太平洋が渡航できる海となり、アメリカ文明の窓となるには、さらにそのときから二百年がたった。その結果、他文明は長い静かな時を隔てて、衝撃とともに巨大な情報に襲われることになった。種子島にたどりついた二丁の鉄砲も、江戸湾を脅かした＊四杯の黒船も、日本にとって夢を醒ます衝撃であった。それは陸路によって継続的に伝わる情報よりも、一つの文明を緊張させて、内部から変革を促す力を持っていた。

そして文明を具体的に運んだ人間もまた、選ばれて日常の外に出る人びとであった。商人であり軍人であり、知識人であり冒険家であった。彼らは野心に燃え使命感に溢れ、好奇心に満ちて異質なものを愛した。しかも船旅は港を離れると、長時間、空と水だけの文明のない空間を経過する。その長い空白のあとで、にわかに出会う異文明はおそらく劇的に新鮮であったにちがいない。留学生であれ＊伝道師であれ、海の旅人は自他の文明の個性を意識に刻み、しばしば自国に帰って文明の変革者になった。

②幸か不幸か、彼らは二重の孤独になりがちであった。船旅は生涯にたびたびはできないから、いったん異国の土を踏めば滞在は長くなった。彼らは異質の風俗習慣を体験し、文明を支える文化の細部をからだで味わった。容易に身につかない異質文化のなかで孤独になり、それを身につけて帰国すると、今度は故郷で孤独になった。だが、孤独のなかで彼らは異文明の全体を理解し、文明交流の難しさも、それにどんな覚悟が必要かをも学んだ。＊森鷗外もたぶん＊空海も、自国と外国の文明を深く愛し、それゆえに違いの大きさをなめてはならないと知っていた。

③長らく、海は夢や憧れといった言葉を連想させたが、それはこの篩としての働きのせいであった。海辺は人を立ちどまらせ、脱出への思いをかきたて、逆にまた故郷への愛をも再確認させた。海は文

明を相互に開かせるとともに、そのそれぞれに求心力を与え、生きた＊有機体として統一する力を持っていた。

④二十世紀は、海の持つそうした力が失われ始めた時代であった。海を渡る手段は船から航空機に替わり、大量の普通の人間が、文明の空白の時間を経験することなしに異文明を訪れる。海峡には橋がかかり、戦争は宇宙で行われ、船は情報の含有量の少ない物材の運搬手段になった。通信衛星やインターネットは、高度な知的情報を即時に間断なく伝え、それから感動をともなう新鮮さを奪い去った。身体的な情報も風俗の表層の普遍化によって、太平洋の両岸で違いがないような錯覚を与える。旅人は一つの日常から別の日常へと移るだけで、自他の文明を強く意識する機会は乏しくなった。

（山崎正和『世紀を読む』朝日新聞出版による）

＊篩＝わくの底にあみを張り、粉などをあらい粒と細かい粒とに分ける道具。
＊ユーラシア大陸＝アジアとヨーロッパを合わせたひと続きの大陸。
＊風俗＝ある時代や地域ごとの衣食住などのしきたりや習わし。
＊漢字かな混じり文＝大陸から伝わった漢字と、漢字をもとに作ったかなで書き表した文。
＊四杯の黒船＝アメリカ大統領の手紙を持ってきたペリーがひきいた四せきの軍艦。
＊伝道＝宗教、特にキリスト教の教えを広めること。
＊森鷗外＝軍医としてドイツに留学後、多くの文学作品を発表した明治時代の作家。
＊空海＝唐（今の中国）に渡り仏教を学び、帰国して真言宗を開いた平安時代の僧。
＊有機体＝各部分がたがいに関連し合いながら統一された全体として機能する組織。

1　本文中の[A]、[B]には同じ言葉が入ります。入る言葉として適切なものを、次の**ア～エ**から一つ選び、記号を○で囲みなさい。

ア　すっかり　　**イ**　ようやく　　**ウ**　やがて　　**エ**　たとえ

2　本文中に――線部①とありますが、筆者がこの文章中であげている日本の例について述べた文として最も適しているものを、次の**ア～エ**から一つ選び、記号を○で囲みなさい。

ア　大陸の大思想や大技術は伝えられたが、日常的な風俗習慣は移さなかった。
イ　大陸の漢字や話し言葉を受け入れて、漢字かな混じり文を成立させた。
ウ　工業技術を輸入したので、それに伴う大陸の階級社会の文化を拒めなかった。
エ　知的な情報は積極的に受け入れたが、日本の文化を大陸に伝えることはなかった。

3　本文中の――線部②の「二重の孤独」とは何ですか。次の文中の[あ]、[い]に入る適切な言葉を、本文中の言葉を使ってそれぞれ**十五字以上、二十字以内**で書きなさい。

[あ]での孤独と、
[い]での孤独。

4　本文中の――線部③について、ここでの「篩としての働き」の意味が書かれている一文を本文中からぬき出し、**はじめの五字**を書きなさい。

5　本文中には――線部④とありますが、二十世紀がどのような時代であったかについて筆者が述べている内容を次のようにまとめました。[Ⅰ]、[Ⅱ]に入る適切な言葉を、[Ⅰ]は**七字**で、[Ⅱ]は**十四字**で本文中からそれぞれぬき出しなさい。

二十世紀は、人々が文明の空白の時間を経験することなしに異文明を訪れられるようになった。また、いつでもすぐに[Ⅰ]を手に入れられるようになった。その結果、異文明との出会いで得られていた感動をともなう新鮮さがなくなり、人々が[Ⅱ]は乏しくなった。

2021(R3) 富田林中
K 教英出版

受験番号　　番

得点

令和三年度大阪府立富田林中学校入学者選抜　適性検査Ⅰ（国語的問題）解答用紙

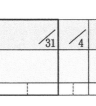

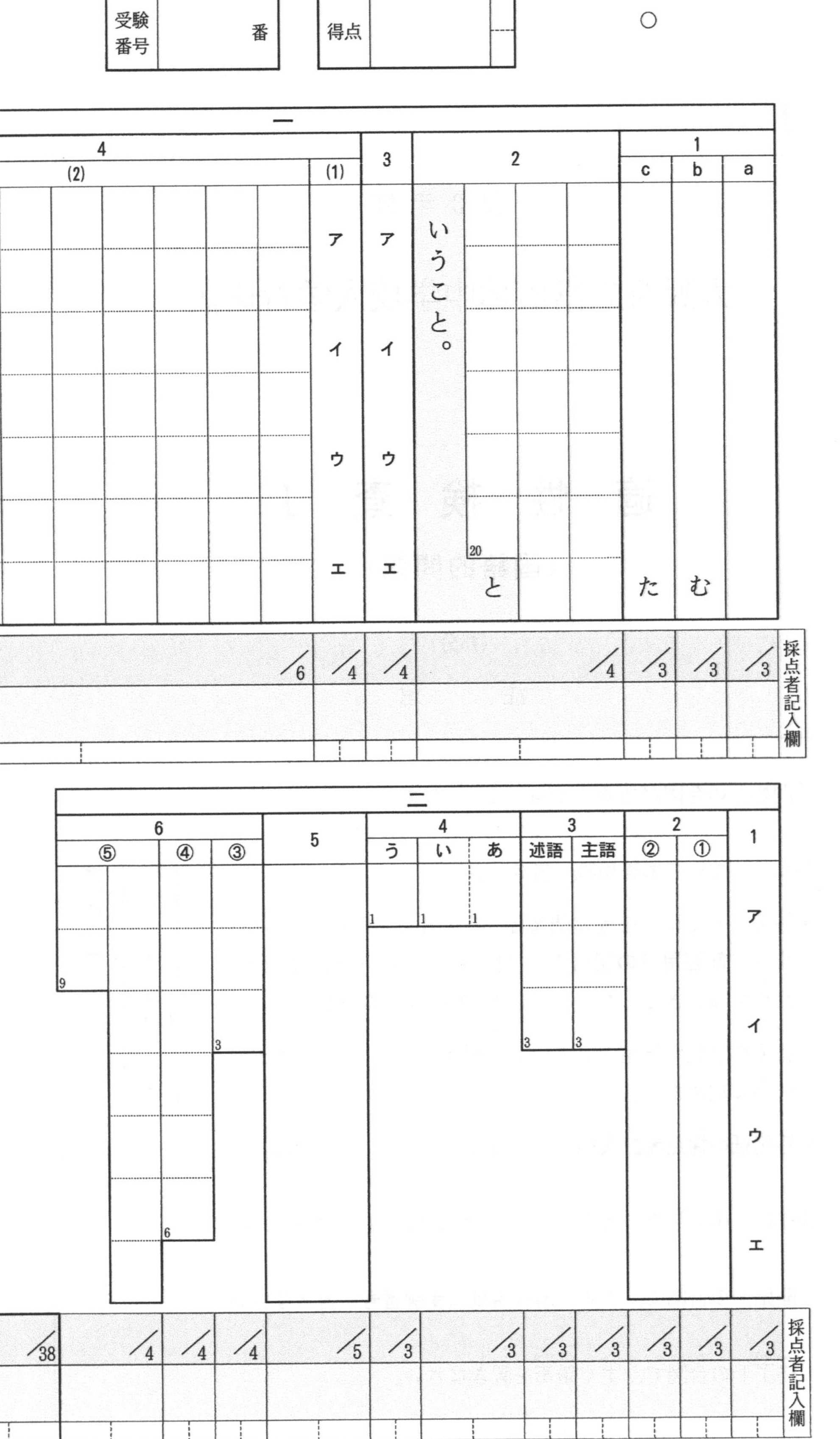

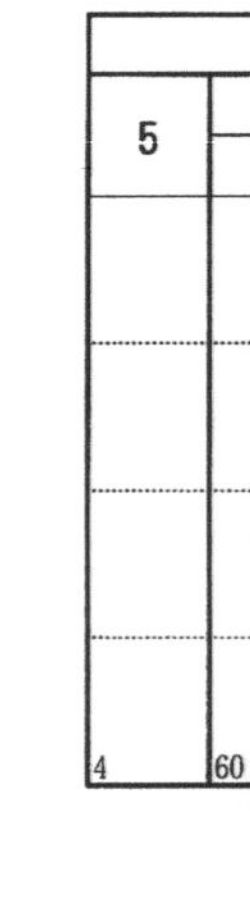

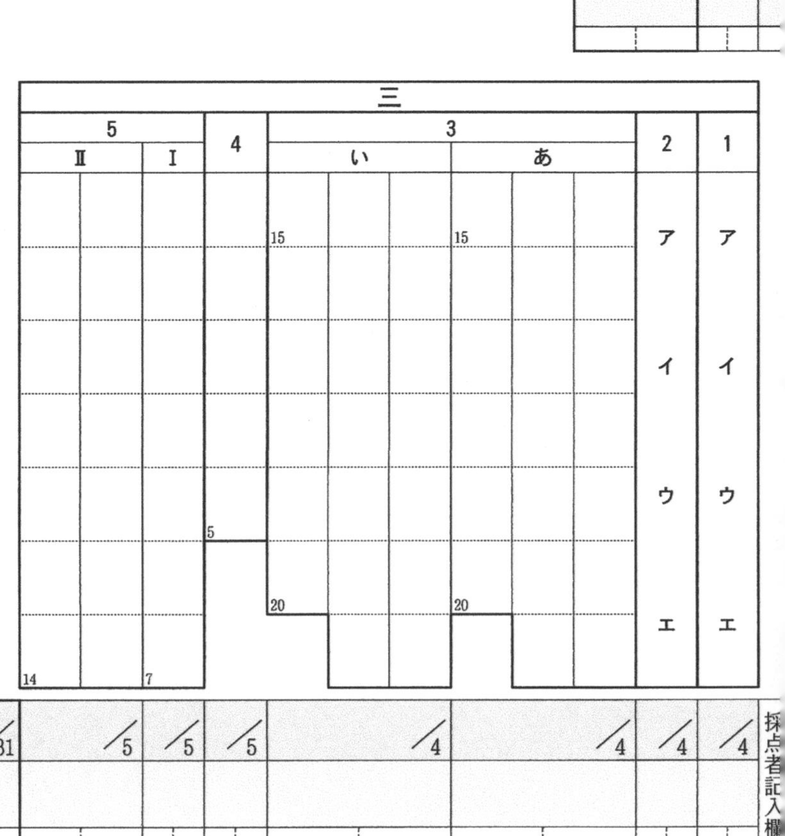

教英出版

1

令和３年度

大阪府立富田林中学校入学者選抜

適性検査Ⅰ

（国語的問題）

（45分）

注　　意

1　「開始」の合図があるまで開いてはいけません。

2　答えは，すべて**解答用紙**に書きなさい。

・答えとして記号を選ぶ問題は，右の【解答例】にならい，すべて**解答用紙の記号**を○で囲みなさい。また，答えを訂正（ていせい）するときは，もとの○をきれいに消しなさい。

・答えの字数が指定されている問題は，、。「」**など**も一字に数えます。

解答用紙の**採点者記入欄**（さいてんしゃきにゅうらん）には，何も書いてはいけません。

【解答例】
ア
イ
（ウ）
エ

3　問題は，中の用紙のＡ面に **一**，Ｂ面に **二**，Ｃ面に **三** があります。

4　「開始」の合図で，まず，**解答用紙**に**受験番号**を書きなさい。

5　「終了（しゅうりょう）」の合図で，すぐ鉛筆（えんぴつ）を置きなさい。

2021(R3) 富田林中

K 教英出版

※60点満点

得点

受験番号　　　番

作　文（大阪府立富田林中学校に係る入学者選抜）

次の文章を読んで、あとの**問い**に答えなさい。

　文章を書くという作業は、自分自身と対話する作業である。自分でも忘れていることを思い出し、思考を*掘り下げる。長い文章を書いたことのある人ならば、それが苦しく*充実した作業だということを知っている。

（齋藤孝『コミュニケーション力』岩波新書による）

*掘り下げる ＝ ここでは、深く考えるということ。
*充実 ＝ 中身がゆたかでしっかりしていること。

問い

　この文章を読んで、あなたは、文章を書くとはどのようなことだと考えますか。これまでのあなたの体験をもとに、次の**指示**に従って、あなたの考えを書きなさい。

指示

- **解答用紙**の19行から22行で終わるように書きなさい。
- 題名や名前は書かないで、本文から書き始めなさい。
- 全体は二段落で構成し、段落の最初は一字下げなさい。
- 第一段落では、あなたの体験を、第二段落では、その体験をもとに、あなたの考えを書きなさい。

解答用紙

4

令 和 4 年 度

大阪府立中学校入学者選抜作文

（大阪府立富田林中学校に係る入学者選抜）

作　文

（30分）

注　意

1　「開始」の合図があるまで開いてはいけません。

2　答えは，すべて**解答用紙**に書きなさい。

3　「開始」の合図で，まず，**解答用紙**に**受験番号**を書きなさい。

4　「終了（しゅうりょう）」の合図で，すぐ鉛筆（えんぴつ）を置きなさい。

K 教英出版

適性検査Ⅲ（算数的問題）（大阪府立富田林中学校に係る入学者選抜）

1 あとの各問いに答えなさい。

(1) $\frac{13}{6}$，$\frac{19}{8}$，2.75 のうち，最も大きい数と最も小さい数との差を求めなさい。

(2) 次の式が成り立つように，六つの□に，1，2，3，5，8，13 の六つの数を一つずつ入れます。六つの□に入れる数はすべて異なります。このとき，**分母**にある三つの□に入れる数を，あとの**ア**～**カ**から**三つ**選び，記号を○で囲みなさい。

$$\frac{\square+\square+\square}{\square+\square+\square}=\frac{3}{5}$$

ア 1　　**イ** 2　　**ウ** 3　　**エ** 5　　**オ** 8　　**カ** 13

(3) **図形1**は，6 cm はなれた点Aと点Bをそれぞれ中心とする半径6 cm の円をかいてできる図形です。また，二つの円が交わった点を点C，点Dとします。**図形2**は，**図形1**に，点Cと点Dをそれぞれ中心とする半径6 cm の円をかき加えてできる図形です。**図形3**は，**図形2**のまわりを太い線 ── で表してできる図形です。**図形3**のまわりの長さを求めなさい。ただし，円周率は3.14とします。

図形1

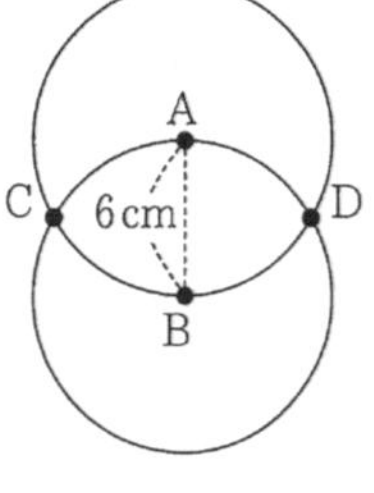

図形2

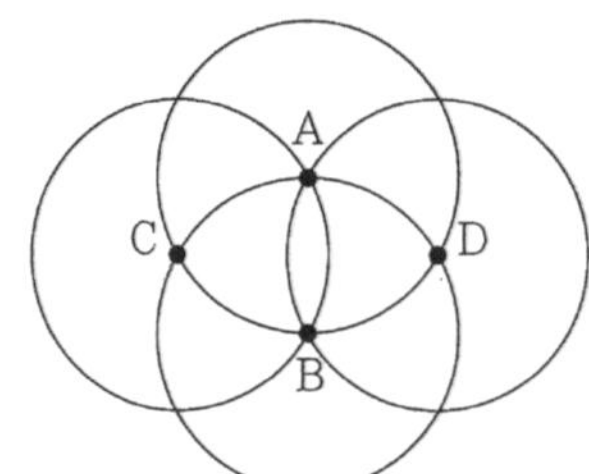

図形3

A 面

(4) あきさんは，午前10時に自宅を出発して図書館に向かいました。あきさんの家から図書館までの道のりは1200 m です。一定の速さで歩いていましたが，自宅からの道のりが120 m の地点で忘れ物に気づいてすぐに同じ速さで自宅に引き返しました。そして，自宅に着いて2分後に再び出発して，初めと同じ速さで図書館に向かいました。すると，あきさんが図書館に着いたのは午前10時20分でした。あきさんは分速何mで歩きましたか。求めなさい。

(5) **図1**の立体は，三つの面に **1**，**2**，**3** の三つの数字が一つずつかいてあり，残りの三つの面には何もかかれていない立方体です。

図2が**図1**の立方体の展開図であるとき，**3** はこの展開図のどこにどのような向きでかかれていますか。解答欄の図中に正しい向きで **3** をかき加えなさい。

図1　　**図2**

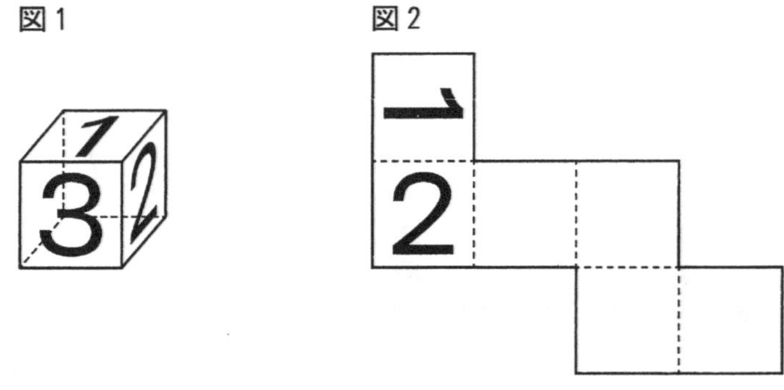

(6) 「ある数」は，2以上99以下の整数で，約数の個数が奇数（きすう）です。「ある数」としてあてはまる数を大きい方から**二つ**求めなさい。ただし，約数は1以上の整数とします。

2 次の(1)，(2)の問いに答えなさい。

(1) あるバスケットボールチームの児童がＡ班とＢ班の二つの班に分かれて，全員が１人あたり10回ずつシュートをし，それぞれの児童のシュートが成功した回数を記録しました。

表１は，Ａ班の児童18人の記録についてわかっていることをまとめたものです。**図**は，Ａ班の児童18人の記録を数直線の上にドット（●）で表したドットプロットです。しかし，一部が汚れてドットの個数が不明なところがあります。

あとの①～③の問いに答えなさい。

表１

Ａ班の児童18人の平均値	4.5回
Ａ班の児童18人の最頻値	7回
Ａ班の児童18人の記録のうち，値がいちばん大きい記録	9回

図

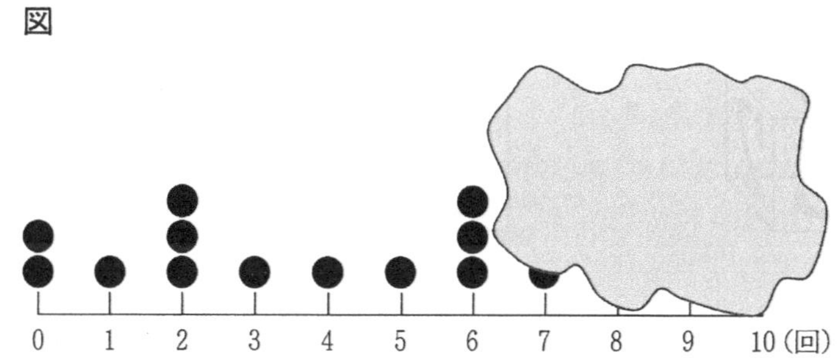

① Ａ班の児童18人の中央値を求めなさい。

② Ａ班の児童のうち，シュートが成功した回数が7回，8回，9回，10回である児童の人数をそれぞれ求めなさい。

③ Ｂ班の児童15人の平均値は5.6回でした。Ａ班とＢ班の児童の記録をあわせて計算した，バスケットボールチームの児童全員の平均値は何回ですか。求めなさい。

2022(R4) 富田林中
K 教英出版

(2) けんたさんとみずきさんとしのぶさんは，ある洋菓子店に，シュークリーム，ケーキ，プリンを買いに行きました。**表２**は，それぞれの商品のねだんを表したものです。

あとの①～③の問いに答えなさい。ただし，ねだんには消費税が含まれています。ねだんの合計を計算するときは，**表２**中のねだんをそのまま使いなさい。

表２

商品	ねだん
シュークリーム	350円
ケーキ	450円
プリン	170円

① けんたさんは，シュークリームとケーキをあわせて9個買うことにしました。シュークリームとケーキの個数の比を2：1にするとき，ねだんの合計は何円ですか。求めなさい。

② みずきさんは，シュークリームとプリンを買うことにしました。個数をそれぞれ3個以上にし，ねだんの合計を2100円以下にします。このとき，考えられるシュークリームとプリンの個数の組み合わせは何通りありますか。求めなさい。

③ しのぶさんが，シュークリームとケーキとプリンをそれぞれ1個以上買ったところ，ねだんの合計は2340円でした。三つの商品をそれぞれ何個買いましたか。求めなさい。

3　**図1**のような**ロボット**を，マス目のある床（ゆか）の上に置いて，次の**きまり**にしたがって動かします。あとの(1)，(2)の問いに答えなさい。

図1

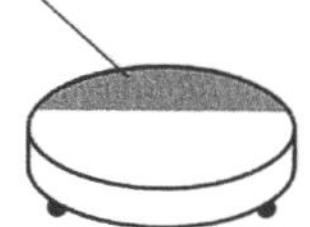

きまり

1．次の**X**と**Y**を，**ロボット**にさせることができる。
　X：前に1マス進むという動作。
　Y：その場で右に90°回転するという動作。

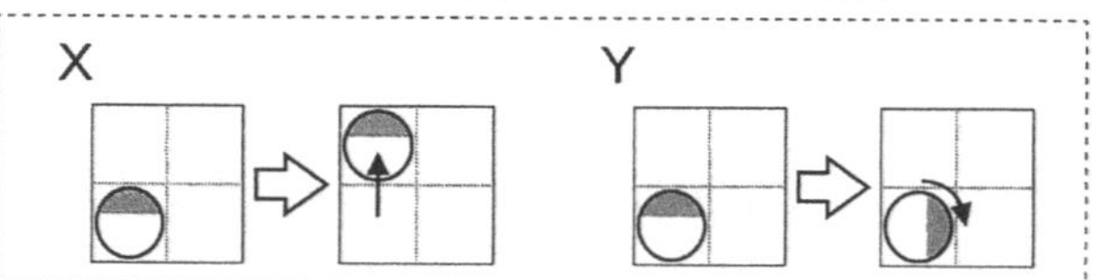

2．**X**と**Y**はそれぞれ1秒ずつかかる。
3．**ロボット**を置いてからはじめにさせる動作は，必ず**X**とする。
4．4回以上続けて**Y**をさせることはできない。

例えば，**図2**のように，縦2マス，横3マスの長方形の床に**ロボット**を置いて，（**X**，**Y**，**X**，**X**）と動作をさせると，**図3**の折れ線の矢印で表すように**ロボット**は動き，合計4秒かかります。

図2

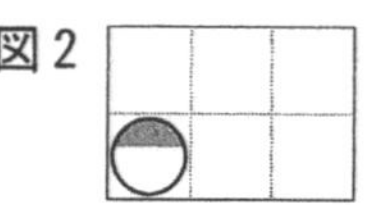

図3

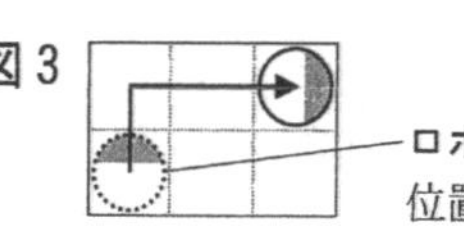

(1)　6回の動作で**図4**のように**ロボット**を動かすとき，どのような順番で**X**と**Y**をさせるとよいですか。解答欄の（　　）の中に，（**X**，**Y**，**X**，**X**）のように，動作の順番通りに**X**と**Y**を左から並べて書きなさい。

図4

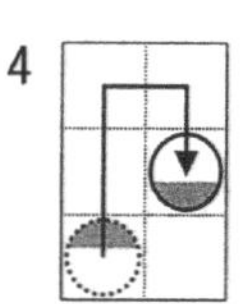

(2)　縦も横も4マスずつある正方形の床の上で，**ロボット**がすべてのマスを1回ずつ通るように動かします。はるさんとともさんは，**ロボット**の置き方や動かし方によって動作の合計時間がどのように変わるかについて，話をしています。**会話文**を読んで，あとの①～③の問いに答えなさい。

会話文

はるさん：**図5**のように**ロボット**を置いて動かすと，動作の合計時間がもっとも短くなりそうだよ。
ともさん：そうだね。このときの動作の合計時間は［ア］秒だね。
　　　　　ところで，**ロボット**はその場で左に90°回転することはできないよね。

図5

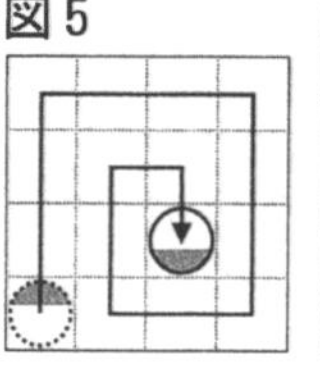

2022(R4) 富田林中
教英出版

はるさん：うん。**ロボット**がその場で右を向くには，**Y**を1回させたらいいけど，左を向くには，**Y**を3回させる必要があるよ。
ともさん：では，**図6**のように**ロボット**を置いたらどうなるだろう。
はるさん：**図7**のように**ロボット**を動かすと，動作の合計時間は**図5**よりも［イ］秒も増えてしまうね。動作の合計時間を短くする方法はないかな。
ともさん：よいアイデアがあるよ。**図8**のように**ロボット**を動かすのはどうだろう。
はるさん：**図7**の動かし方と**図8**の動かし方とを比べると，前に進む回数は15回で同じだね。左を向く回数と右を向く回数の合計も6回で同じだね。だけど，**図8**の動かし方は**図7**の動かし方より［ウ］ので，動作の合計時間を減らすことができるね。

図6　**図7**　**図8**

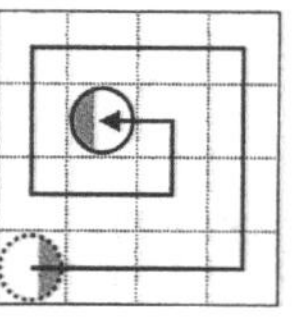

①　**会話文**中の［ア］，［イ］にあてはまる数をそれぞれ求めなさい。

②　**会話文**中の［ウ］にあてはまる言葉を，**左**という語を使って書きなさい。

③　**図9**のような床の上で，**ロボット**が「**ロボットが通れないマス**」以外のすべてのマスを1回ずつ通るように動かします。はるさんとともさんは，**ロボット**の置き方を変えずに3通りの動かし方を考え，表にまとめました。**二人が考えた動かし方**と**表**を見て，あとの(i)，(ii)の問いに答えなさい。

図9

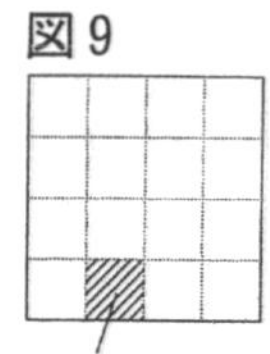

二人が考えた動かし方

Ⅰ案

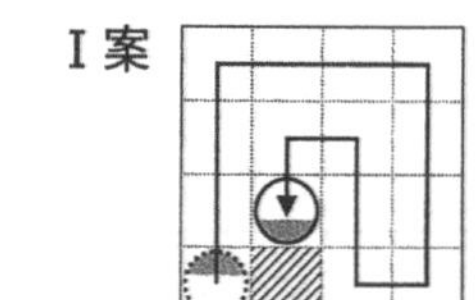

Ⅱ案

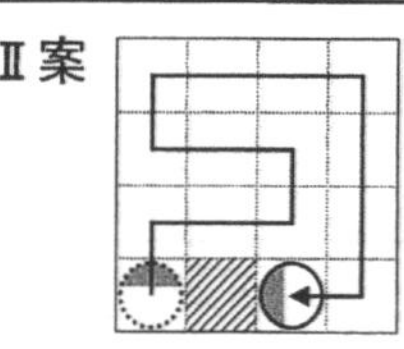

Ⅲ案

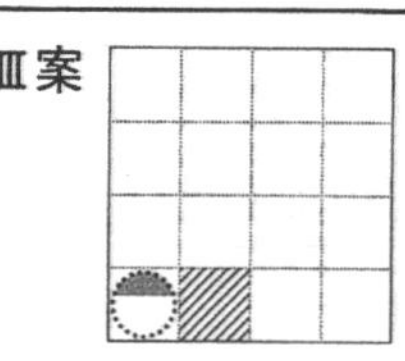

表

	前に進む回数(回)	右を向く回数(回)	左を向く回数(回)	動作の合計時間(秒)
Ⅰ案	14	4	2	24
Ⅱ案	14	5	2	**エ**
Ⅲ案	14	**オ**	1	23

(i)　**表**中の**エ**，**オ**にあてはまる数をそれぞれ求めなさい。

(ii)　**二人が考えた動かし方**の**Ⅲ案**にあてはまる動かし方を，解答欄の図中に折れ線の矢印でかきなさい。ただし，**ロボット**はかかなくてよいものとします。

4　なつさんは，1から連続する（1ずつ大きくなる）整数が一つずつかかれたカード 1 ，2 ，3 ，… を使って作業をします。次の(1)，(2)の問いに答えなさい。

(1)　なつさんは，次の**作業Ⅰ**について考えました。あとの①，②の問いに答えなさい。

作業Ⅰ

かかれた数が小さい順になるように左から横1列にカードを並べ，**図1**のように，左端（ひだりはし）のカードから順に右端のカードまで，1枚取りのぞくことと1枚残すことを交互（こうご）に行う。

図1

①　1から21までの整数がかかれた21枚のカードを使って**作業Ⅰ**をし，残るカードを使ってもう一度**作業Ⅰ**をするとき，2回目の**作業Ⅰ**で取りのぞかれるカードの枚数を求めなさい。

②　なつさんは，1から連続する整数がかかれた8枚以上のカードを使って**作業Ⅰ**をくり返すと，どのような数がかかれたカードが残るかについて，気づいたことを次のようにまとめました。

なつさんのまとめ

> **作業Ⅰ**をすると2の倍数がかかれたカードが残る。残るカードを使って**作業Ⅰ**をすると4の倍数がかかれたカードが残る。4は，2を2回かけた数である。2回目の**作業Ⅰ**で残るカードを使って**作業Ⅰ**をすると8の倍数がかかれたカードが残る。8は，2を3回かけた数である。

なつさんのまとめを参考に，(i)，(ii)の問いに答えなさい。

(i)　1から2022までの整数がかかれた2022枚のカードを使って，残るカードが1枚だけになるまで**作業Ⅰ**をくり返すとき，最後の**作業Ⅰ**で残るカードにかかれた数を求めなさい。

2022(R4) 富田林中
教英出版

D　面

(ii)　1から**「ある整数」**までの整数がかかれたカードを使って，残るカードが1枚だけになるまで**作業Ⅰ**をくり返すと，最後の**作業Ⅰ**で残るカードにかかれた数は32になります。**「ある整数」**としてあてはまる整数は何個ありますか。求めなさい。

(2)　なつさんは，次の**作業Ⅱ**について考えました。あとの①，②の問いに答えなさい。

作業Ⅱ

かかれた数が小さい順になるように左から横1列にカードを並べ，**図2**のように，左端のカードから順に右端のカードまで，1枚取りのぞくことと2枚残すことを交互に行う。

図2

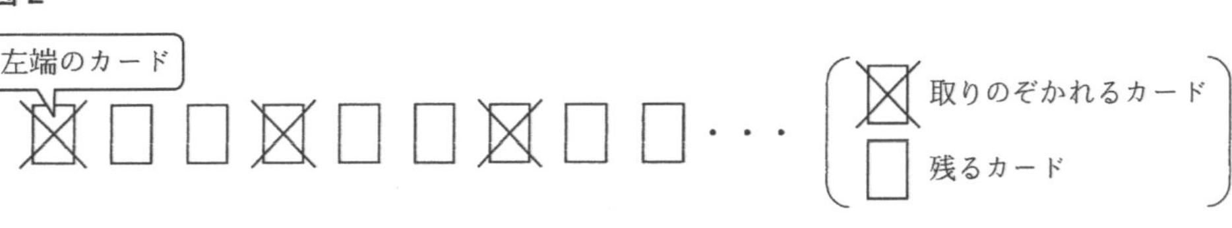

①　1から300までの整数がかかれた300枚のカードを使って1回だけ**作業Ⅱ**をするとき，どのような数がかかれたカードが取りのぞかれますか。取りのぞかれるカードにかかれた数に共通する性質を，**あまり**という語を使って書きなさい。

②　1から300までの整数がかかれた300枚のカードを使って**作業Ⅱ**をし，残るカードを使ってもう一度**作業Ⅱ**をするとき，2回目の**作業Ⅱ**で残るカードにかかれた数のうち，小さい方から100番目の数を求めなさい。

			採点者記入欄
（　　　　　　　　　　）			/3
①	ア		/2
	イ		/2
②			/5
③	(i)	エ	/2
		オ	/2
	(ii)		/5
			/21

			採点者記入欄
①		枚	/3
②	(i)		/5
	(ii)	個	/5
①			/5
②			/5
			/23

受験番号　　番

得点

※100点満点

令和４年度大阪府立中学校入学者選抜適性検査問題

適性検査Ⅲ（算数的問題）解答用紙

			採点者記入欄
1	(1)		/5
	(2)	ア　イ　ウ　エ　オ　カ	/5
	(3)	cm	/5
	(4)	分速　m	/5
	(5)	1 2	/5
	(6)		/5
			/30

				採点者記入欄
2	(1)	①	回	/3
		②	7回　人　8回　人 9回　人　10回　人	/5
		③	回	/5
	(2)	①	円	/3
		②	通り	/5
		③	シュークリーム　個，ケーキ　個， プリン　個	/5
				/26

3

令和４年度

大阪府立中学校入学者選抜適性検査問題
（大阪府立富田林中学校に係る入学者選抜）

適性検査 Ⅲ
（算数的問題）

（45分）

注　　意

1　「開始」の合図があるまで開いてはいけません。

2　答えは，すべて**解答用紙**に書きなさい。

答えとして記号を選ぶ問題は，下の【解答例】にならい，すべて**解答用紙の記号**を〇で囲みなさい。また，答えを訂正(ていせい)するときは，もとの〇をきれいに消しなさい。

【解答例】

ア	イ	㋒	エ

解答用紙の**採点者記入欄**(さいてんしゃきにゅうらん)には，何も書いてはいけません。

3　問題は，中の用紙のＡ面に**1**，Ｂ面に**2**，Ｃ面に**3**，Ｄ面に**4**があります。

4　「開始」の合図で，まず，**解答用紙**に**受験番号**を書きなさい。

5　「終了(しゅうりょう)」の合図で，すぐ鉛筆(えんぴつ)を置きなさい。

2022(R4) 富田林中
K 教英出版

適性検査Ⅱ（社会・理科的問題）（大阪府立富田林中学校に係る入学者選抜）

1　あかねさんとりょうさんは，ペットボトルに入れられて販売されている飲用水に興味をもち，水に関することを調べました。(1)～(4)の問いに答えなさい。

(1)　ペットボトルに入れられて販売されている飲用水に関することを調べたところ，ペットボトルなどの容器に入れられて販売されている飲用水は，*ミネラルウォーター類として生産されていることがわかりました。**図1**は，都道府県別ミネラルウォーター類の生産割合を示しています。また，**図2**は，日本のミネラルウォーター類の国内生産量の移り変わりを表しています。二人は，**図1**，**図2**から考えたことなどを話しています。**【会話文】**は二人の会話です。①～④の問いに答えなさい。

＊ミネラルウォーター類：容器入り飲用水として生産され流通している製品のこと。

図1　都道府県別ミネラルウォーター類の生産割合（2020年）

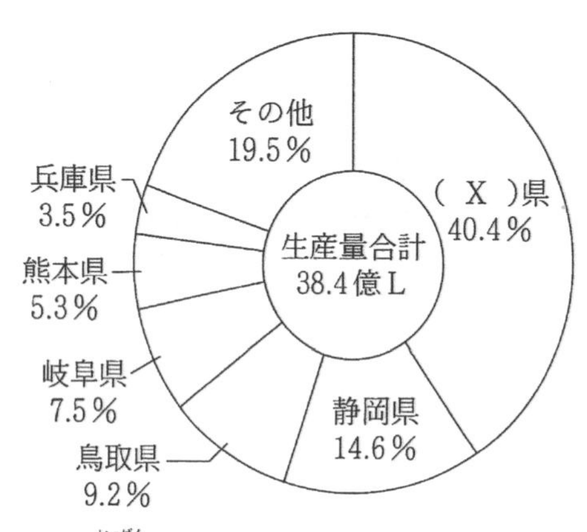

（一般社団法人日本ミネラルウォーター協会の資料により作成）

図2　日本のミネラルウォーター類の国内生産量の移り変わり

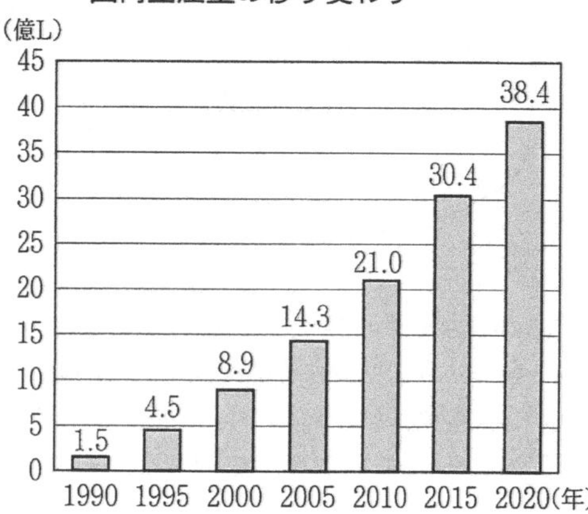

（一般社団法人日本ミネラルウォーター協会の資料により作成）

【会話文】

あかねさん：ミネラルウォーター類の生産量が多い上位2県にはどのような特ちょうがあるのだろう。
りょうさん：（　X　）県は東京都と隣り合って接する県で，海に面していない県だよね。この県は，県の土地の面積にしめる山地や森林の面積の割合が高いことが特ちょうだね。
あかねさん：また，（　X　）県は静岡県とも隣り合って接する県で，この2県にまたがる山や森林がミネラルウォーター類の生産量の多さに関係しているのかもしれないね。この2県の山や森林などの自然環境の特ちょうをくわしく調べてみようよ。
りょうさん：そうだね。生産量が第3位から第6位のあ鳥取県，岐阜県，熊本県，兵庫県の4県についての自然環境はどうなのかも調べてみたいね。それに，日本のミネラルウォーター類の国内生産量が，**図2**のように増加していることも気になるよ。

2022(R4) 富田林中
教英出版

あかねさん：**図2**から日本のミネラルウォーター類の国内生産量について，2005年に比べて2020年の国内生産量は約（　Y　）倍になっていることがわかるね。
りょうさん：なぜ日本のミネラルウォーター類の国内生産量は増加しているのだろう。
あかねさん：それは，ふだん飲む水として購入されたり，防災意識の高まりなどにより い自然災害によって水道が使えなくなった時の備えとして購入されたりする機会が増えてきたことなどが考えられるんじゃないかな。

①　**図1**と**【会話文】**中の（　X　）に共通して入る適切な県の名前を書きなさい。

②　**【会話文】**中の下線部あに関して，次の文中の ⓐ〔　　〕，ⓑ〔　　〕から適しているものをそれぞれ一つずつ選び，記号を○で囲みなさい。

> 4県のうち，海に面していない ⓐ〔**ア**　鳥取　**イ**　岐阜　**ウ**　熊本　**エ**　兵庫〕県のミネラルウォーター類の生産量は，ⓑ〔**オ**　約2.9億L　**カ**　約3.5億L　**キ**　約4.1億L　**ク**　約5.1億L〕である。

③　**【会話文】**中の（　Y　）に入る数として最も適しているものを，次の**ア**～**エ**から一つ選び，記号を○で囲みなさい。

ア　0.7　　**イ**　1.7　　**ウ**　2.7　　**エ**　3.7

④　**【会話文】**中の下線部いに関して，次の文中の［　　］に入る語を**漢字2字**で書きなさい。

> 大雨の時などに，山や川の上流からの土砂が大量に流れることをせきとめたり，土石流を防いだりする目的でつくられた［　　］ダムと呼ばれる施設や，土砂を固定することなどで森林の維持や造成をはかり山地災害を防ぐ施設（治山ダム）が全国各地にある。

(2)　あかねさんは，飲用水の歴史にも興味をもち，大阪の人々の生活に関わる水の歴史について調べました。①，②の問いに答えなさい。

①　現在でも人々に利用されている大阪府三島郡島本町の「離宮の水」は，1985年に環境庁（現在の環境省）が選定した名水百選に選ばれていることがわかりました。「離宮の水」の水汲み場がある水無瀬神宮は鎌倉時代に建てられました。次の**ア**～**オ**のうち，鎌倉時代のできごとを**すべて**選び，記号を○で囲みなさい。

ア　元軍が二度にわたって九州北部にせめてきた。
イ　清少納言が「枕草子」を著した。
ウ　武士が初めて太政大臣の地位についた。
エ　北条氏が鎌倉幕府において執権という役職についた。
オ　足利義政が京都に銀閣を建てた。

② 次の文章は大阪の飲用水の歴史についてあかねさんが調べたことの一部です。(i), (ii)の問いに答えなさい。

> ㋒大阪市で上水道が通る1895年まで，㋓淀川に近い地域の人々の多くが飲用水として淀川の水を飲んでいました。毎日の水汲みは大変な仕事であったため，江戸時代後期から1895年ごろまで「水屋」という水売り業者が活躍しました。「水屋」は＊水船を出して淀川から汲んできた水を街中で売り歩きました。
>
> ＊水船：汲んだ水を入れる大きなおけをのせた船のこと。

（国土交通省淀川河川事務所のWebページにより作成）

(i) 下線部㋒に関して，大阪市に現在でも残っている太閤下水と呼ばれる下水溝は，豊臣秀吉による大阪城築城時の町づくりの中で原型がつくられたとされています。次の**ア**～**エ**のうち，豊臣秀吉について書かれた文として正しいものを一つ選び，記号を○で囲みなさい。

ア 武家諸法度というきまりを定め，全国の大名を取りしまった。
イ 刀狩令によって百姓から武器を取り上げた。
ウ 人々が楽しむ芸術として浮世絵を保護した。
エ 将軍を京都から追い出して室町幕府をほろぼした。

(ii) 下線部㋓の淀川は大阪平野を流れています。次の**ア**～**エ**のうち，最上川が流れている平野を一つ選び，記号を○で囲みなさい。

ア 濃尾平野　**イ** 越後平野　**ウ** 仙台平野　**エ** 庄内平野

(3) りょうさんは，大阪平野が淀川などによって運ばれた土や砂でできていることを知り，流れる水のはたらきや地層に興味をもちました。①～③の問いに答えなさい。

① 流れる水には，地面をけずったり，土や砂を運んだり，運ばれてきた土や砂を積もらせたりするはたらきがあります。これらの三つのはたらきのうち，流れる水が地面をけずるはたらきは何と呼ばれていますか，書きなさい。

② 地層のでき方を調べるため，ペットボトルにどろ・砂・れきが混ざった土と水を入れ，ふたをしてよくふり混ぜたあとしばらく置いておくと，**図3**のように，ペットボトルの底に土がしずんで，どろ・砂・れきの三つの層ができました。次の**ア**～**カ**のうち，できた三つの層として最も適しているものを一つ選び，記号を○で囲みなさい。

図3
水
三つの層

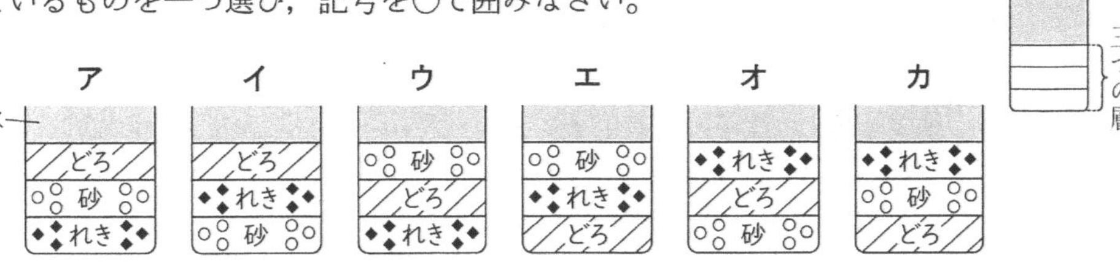

2022(R4) 富田林中
K 教英出版

③ **図4**はある山の地図であり，**図4**中の ―― 線は土地の高さが40m，50m，60mの等高線を表しています。**図5**は，**図4**中のａ地点，ｂ地点（山頂），ｃ地点で，地表から深さ15mまでのボーリング調査を行った結果です。**図4**において，この山をａ地点，ｂ地点（山頂），ｃ地点を通る - - - - 線にそって切り横から見た図（断面図）はどのようになっていると考えられますか。**図4**，**図5**をもとに，土地の高さが40mから山頂までのこの山の断面図における地層のようすを解答欄の図中にかきなさい。

ただし，この山の地表を表す線については，**図4**，**図5**から土地の高さがわかる地点をなめらかに結び，おおよその断面図を表すようにかくこととします。また，地層のようすについては，**図5**にならって，地層のさかいめは線で表し，地層は**図5**中の**地層を表す模様**を使って表すこととします。

なお，**図4**中のこの山では，どろ・砂・れき・火山灰のそれぞれの層が水平に重なっていて，途中でずれたり上下が入れかわったり厚さが変わったりしておらず，**図5**中の火山灰の層は過去に起こった火山のふん火のときに同時にできたことがわかっています。

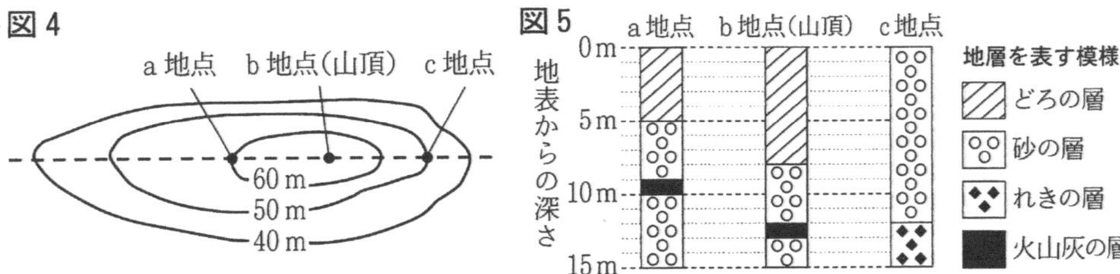

(4) あかねさんは，淀川が滋賀県にある琵琶湖を源としており，琵琶湖では，ニゴロブナをはじめ，いろいろな生物がかかわり合って生きていることを知りました。**図6**は，ニゴロブナと水中の小さな生物（プランクトン）のかかわりについてあかねさんがまとめたもので，**図6**中の ⇨ は，左の生物が右の生物に食べられることを示す矢印です。①～⑤の問いに答えなさい。

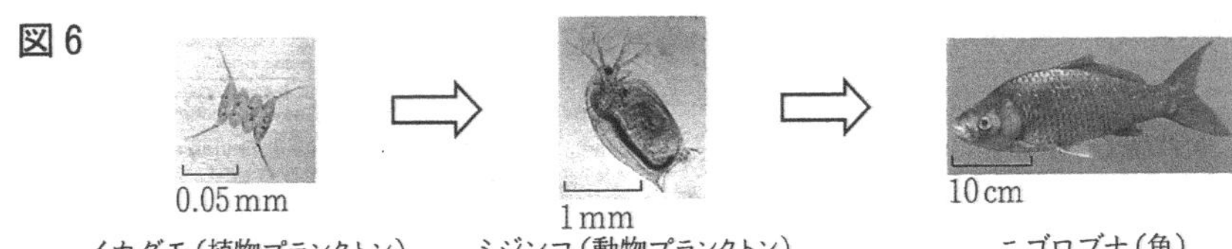

イカダモ（植物プランクトン）　ミジンコ（動物プランクトン）　ニゴロブナ（魚）

① 次の**ア**～**エ**のうち，**図6**中のイカダモを観察するときに使う器具として最も適しているものを一つ選び，記号を○で囲みなさい。

ア 解ぼうけんび鏡　イ けんび鏡　ウ そう眼実体けんび鏡　エ 虫めがね

② **図6**のように，生物は「食べる・食べられる」という関係で１本のくさりのようにつながっています。このような生物どうしのつながりは何と呼ばれていますか，書きなさい。

③ **図6**の生物どうしのつながりの中で，何かの原因で急にイカダモがいなくなったとすると，それに続いてミジンコとニゴロブナの数はどのように変化すると考えられますか。次の**ア**～**エ**のうち，最も適しているものを一つ選び，記号を○で囲みなさい。ただし，ニゴロブナはミジンコだけを食べ，ミジンコはイカダモだけを食べるものとします。

ア ミジンコが増えたあとニゴロブナが減る。　**イ** ミジンコが増えたあとニゴロブナも増える。
ウ ミジンコが減ったあとニゴロブナも減る。　**エ** ミジンコが減ったあとニゴロブナが増える。

④　図7のコシマゲンゴロウ（成虫）は，虫などを食べるこん虫で，琵琶湖にもすんでいます。コシマゲンゴロウ（成虫）をあしの付け根がわかる側（腹側）から観察して模式的に表した次のア〜エのうち，体を頭・胸・腹の部分に正しく分けているものを一つ選び，記号を○で囲みなさい。

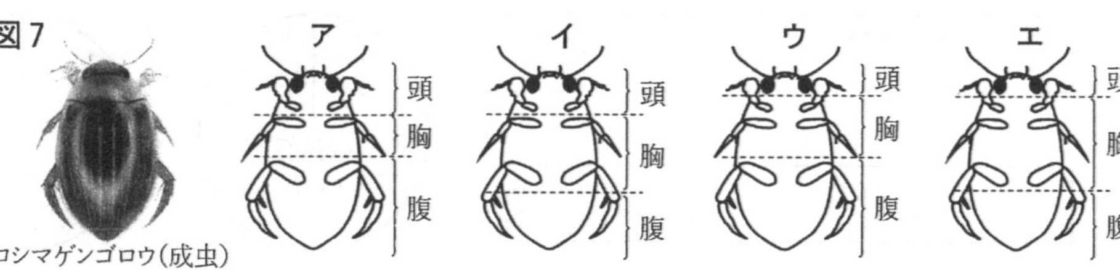

⑤　琵琶湖では，1年のうちある季節になると，とけている酸素が少ない湖の底（湖底）付近の水と，酸素が多くとけている水面（湖面）付近の水とが入れかわるように混ざる現象が起こり，湖底付近の水中の酸素の量が増えて湖面付近の水中の酸素の量とほぼ等しくなります。あかねさんは，その現象が「琵琶湖の深呼吸」と呼ばれていることに興味をもち，次の三つの資料をもとに「琵琶湖の深呼吸」がなぜ起こるかを考えてまとめました。

図8〜図10はあかねさんが集めた資料で，図8は，ある観測地点における水深0.5ｍ（湖面付近）と水深85ｍ（湖底付近）の琵琶湖の水１Ｌ当たりにとけていた酸素の重さを各月の５日ごろと20日ごろに観測した結果を，図9は，図8の観測地点に近い今津という場所の月平均気温と月別降水量を，図10は，温度による水１Ｌ当たりの重さを，それぞれ示したグラフです。【あかねさんのまとめ】中の ⓐ〔　　〕，ⓑ〔　　〕から適しているものをそれぞれ一つずつ選び，記号を○で囲みなさい。

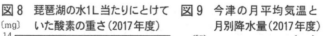

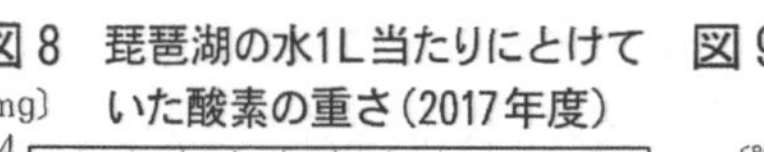
図8　琵琶湖の水1L当たりにとけていた酸素の重さ（2017年度）

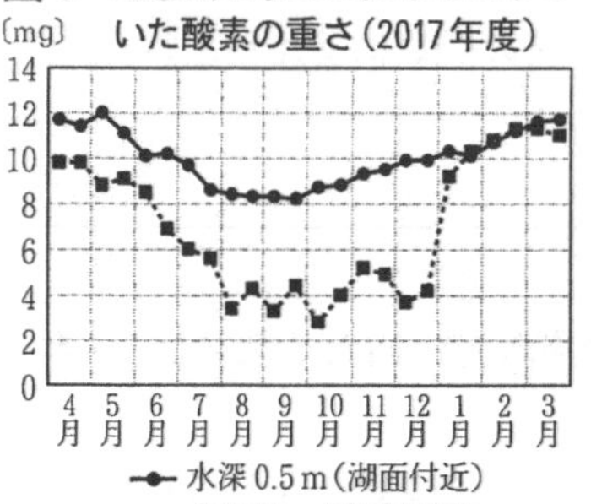

（滋賀県のWebページにより作成）

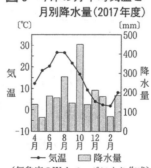

図9　今津の月平均気温と月別降水量（2017年度）

〔℃〕 気温　〔mm〕 降水量

— 気温　▨ 降水量

（気象庁のWebページにより作成）

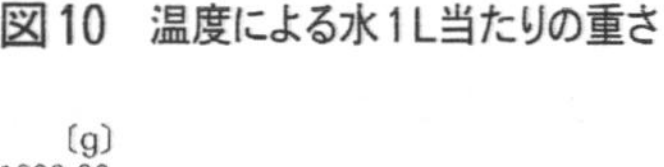
図10　温度による水１Ｌ当たりの重さ

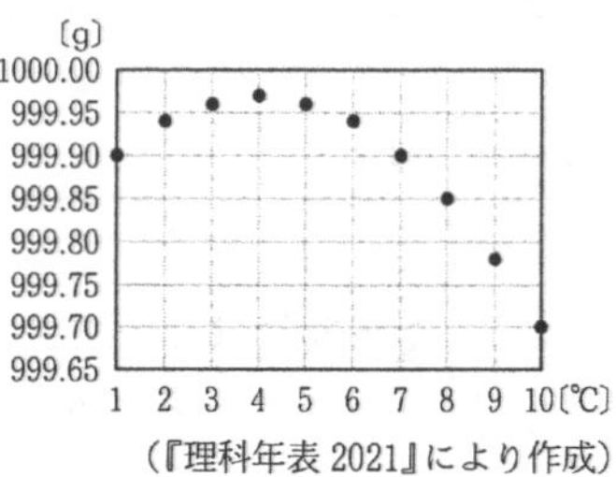

（『理科年表 2021』により作成）

【あかねさんのまとめ】

図8より，2017年度に湖底付近の水中の酸素の量が急激に増えたのはⓐ〔ア　7月20日ごろ〜8月5日ごろ　　イ　12月20日ごろ〜1月5日ごろ〕の間であったことがわかり，このころに「琵琶湖の深呼吸」が始まったと考えられる。

また，調べたところ，琵琶湖の湖底付近の水の温度は1年を通して約7〜8℃であるが，湖面付近の水の温度は気温とほぼ同じになることがわかった。このことと，図9，図10のデータを合わせて考えると，2017年度，「琵琶湖の深呼吸」が始まったころから2か月くらいの間は，湖面付近の水がⓑ〔ウ　湖底付近の水より軽く　エ　湖底付近の水と重さが等しく　　オ　湖底付近の水より重く〕なっていたと考えられる。その結果，湖面付近の水と湖底付近の水が混ざり合ったと考えられる。

2　かえでさんは，オーストラリアについて調べたことを，次のＡ〜Ｃの文章にまとめました。(1)〜(3)の問いに答えなさい。

> Ａ　イギリスの植民地となっていた時代があった。
> Ｂ　現在は，経済や文化の面でアジアとの結びつきが強くなっている。また，日本とともにアジア太平洋地域の経済協力などを進めている。
> Ｃ　日本をふくめ世界各国からの留学生がオーストラリアの教育機関で学んでいる。

(1)　Ａについて，かえでさんはイギリスの植民地に関することをさらに調べ，次の【メモ１】をつくりました。①〜③の問いに答えなさい。

【メモ１】

> 1770年にイギリス人のクックがオーストラリア大陸に上陸し，イギリス領と宣言した。その後，1901年にオーストラリア＊連邦が成立するまで，イギリスはオーストラリア大陸を植民地とした。イギリスの植民地は，オーストラリア大陸のほかに，現在のインドがある地域や，北アメリカ大陸やアフリカ大陸などにもあった。
> ＊連邦：複数の州（国を形づくる行政区画）が結びついて成り立つ国家のこと。

①　イギリス人のクックがオーストラリア大陸に上陸した1770年ごろの日本では，ヨーロッパ（西洋）の学問を研究する人がいる一方で，日本の古典（昔の書物）を研究する人もいました。次のア〜エのうち，「古事記伝」を著した人物の名前を一つ選び，記号を○で囲みなさい。

ア　伊能忠敬　　イ　本居宣長　　ウ　大塩平八郎　　エ　前野良沢

②　オーストラリア連邦が成立した1901年は何世紀ですか。**数字**で書きなさい。

③　次のア〜エのうち，イギリスについて述べた文として最も適しているものを一つ選び，記号を○で囲みなさい。

ア　江戸幕府によって鎖国と呼ばれる政策が行われた時期に，長崎に限り貿易船が出入りすることと，商人が幕府との貿易を行うことを認められた国である。
イ　日清戦争ののち，日本との対立が深まり，1904年から1905年にかけて日本と戦争になった国である。
ウ　陸奥宗光が条約改正の交渉を行い，1894年に初めて領事裁判権（治外法権）をなくすことに成功した相手国である。
エ　岩倉使節団に同行し海外にわたった津田梅子が，10年以上留学した国である。

(2) Bについて，かえでさんはオーストラリアの貿易に関する資料を集め，さらに調べることにしました。①，②の問いに答えなさい。

① かえでさんは，オーストラリアの貿易相手国について調べました。次の**表**は，オーストラリアとの貿易額が大きい上位5か国の貿易額を，オーストラリアの各国への輸出と各国からの輸入にわけてそれぞれ示しています。オーストラリアの貿易について，**表**から読み取れる内容として**誤っているもの**を，あとの**ア**～**エ**から一つ選び，記号を○で囲みなさい。

表　オーストラリアとの貿易額が大きい上位5か国の貿易額（2018年）

各国への輸出			各国からの輸入		
順位	相手国	輸出額（億ドル）	順位	相手国	輸入額（億ドル）
1	中華人民共和国	870	1	中華人民共和国	588
2	日本	412	2	アメリカ合衆国	249
3	大韓民国	176	3	日本	179
4	インド	117	4	ドイツ	119
5	アメリカ合衆国	97	5	タイ	118
	その他	875		その他	1156
	輸出額の総計	2547		輸入額の総計	2409

（『世界国勢図会 2020／2021』により作成）

ア　オーストラリアからの輸出額が大きい上位5か国のうち，ユーラシア大陸に属する国への輸出額を合わせた額は1163億ドルとなっている。

イ　日本への輸出額は日本からの輸入額の1.5倍以上であり，中華人民共和国への輸出額も中華人民共和国からの輸入額の1.5倍以上である。

ウ　日本と中華人民共和国とアメリカ合衆国への輸出額の合計は輸出額の総計の40％以上をしめており，日本と中華人民共和国とアメリカ合衆国からの輸入額の合計も輸入額の総計の40％以上をしめている。

エ　中華人民共和国への輸出額と中華人民共和国からの輸入額の差は，日本への輸出額と日本からの輸入額の差より大きくなっている。

② かえでさんは，日本とオーストラリアとの貿易について調べました。次の**図1**は日本の*鉄鋼業の主要原料の輸入先，**図2**は日本の鉄鋼業の主要原料となる鉄鉱石と石炭の輸入がしめる割合，**資料**はくらしの中の鉄について示した文です。これらを見たかえでさんは，オーストラリアは，日本にとって重要な貿易相手国の一つだと考えました。かえでさんは，なぜそのように考えたのか，**図1**，**図2**，**資料**から読み取れる内容をもとに，**資料**中のことばを使って**60字以内**で書きなさい。

＊鉄鋼業：鉄を生産する工業のこと。

2022(R4) 富田林中
教英出版

図1　日本の鉄鋼業の主要原料の輸入先（2018年）

鉄鉱石

オーストラリア 58.2％	ブラジル 26.9％	その他 14.9％

石炭

オーストラリア 66.1％	カナダ 11.6％	ロシア 9.8％	その他 12.5％

（『日本国勢図会 2019/2020』により作成）

図2　日本の鉄鋼業の主要原料の輸入がしめる割合（2018年）

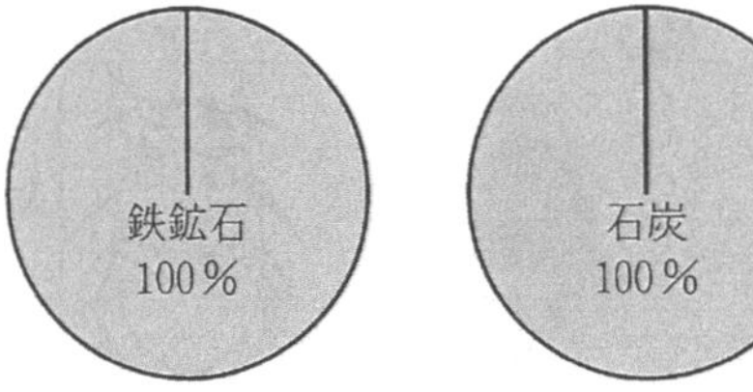

（資源エネルギー庁のWebページにより作成）

資料

- 金属製品の90％以上が鉄でできている。
- 自動車や電車，船，高速道路，橋，ビルなどには，鉄が使われている。また，これらをつくる工場や建設現場にあるさまざまな機械にも鉄が使われている。
- 鉄は，私たちのくらしや産業を支えている。

（一般社団法人日本鉄鋼連盟の資料により作成）

(3) Cについて，オーストラリアの教育について興味をもったかえでさんは，日本の教育とオーストラリアの教育とを調べ，教育制度などを比べることにしました。次の**【メモ２】**は，かえでさんが調べたことの一部です。①，②の問いに答えなさい。

【メモ２】

＜日本＞	＜オーストラリア＞
・㋐義務教育は9年である。 ・教育を受ける権利が㋑日本国憲法で保障されている。	・日本の義務教育に当たる教育は10年である。 ・教育に関する権限は基本的に州がもっている。

① **【メモ２】**中の下線部㋐に関して，日本国憲法で定められている国民の義務は三つあります。そのうち二つは，子どもに教育を受けさせる義務と働く義務です。残り一つを書きなさい。

② **【メモ２】**中の下線部㋑に関して，日本国憲法で定められている国会のはたらきに当たるものを，次の**ア**～**オ**から**すべて**選び，記号を○で囲みなさい。

ア　国の予算を決める。　　**イ**　内閣総理大臣を指名する。
ウ　外国と条約を結ぶ。　　**エ**　最高裁判所の長官を指名する。
オ　法律が憲法に違反していないか調べ，判断する（審査する）。

3 次の(1)，(2)の問いに答えなさい。

(1) **図1**の5本の試験管A～Eには，**表1**の5種類の水よう液のうち，いずれか1種類の水よう液が入っています。また，試験管A～Eに入っている水よう液はすべて異なっています。あおいさんは，試験管A～Eに入っている水よう液が，**表1**の5種類の水よう液のうち，どの水よう液であるかについて調べました。はじめにあおいさんは，**表2**の実験1～3を行い，その結果をまとめました。①～④の問いに答えなさい。

図1

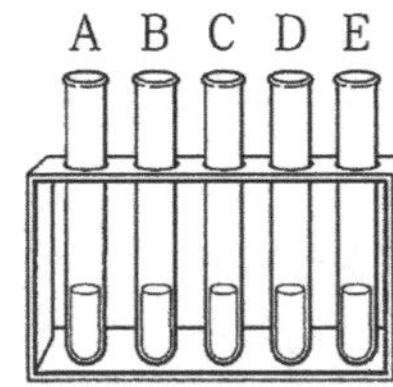

表1

水よう液	とけているもの	性質
うすい塩酸	塩化水素（気体）	酸性
うすいアンモニア水	アンモニア（気体）	アルカリ性
食塩水	食塩（固体）	中性
ミョウバンの水よう液	ミョウバン（固体）	酸性
石灰水（せっかいすい）	消石灰（しょうせっかい）（固体）	アルカリ性

表2

	方法	結果
実験1	水よう液をピペットで蒸発皿に少量とり，水を蒸発させる。	A，B，Cは，固体が残った。 D，Eは，何も残らなかった。
実験2	水よう液を赤色リトマス紙につける。	A，Dは，赤色リトマス紙が青色に変化した。 B，C，Eは，赤色リトマス紙の色が変化しなかった。
実験3	水よう液を青色リトマス紙につける。	B，Eは，青色リトマス紙が赤色に変化した。 A，C，Dは，青色リトマス紙の色が変化しなかった。

① ピペットとリトマス紙の使い方について述べた次の文章中の ⓐ〔　　〕，ⓑ〔　　〕から正しいものをそれぞれ一つずつ選び，記号を○で囲みなさい。

> ピペットを使って水よう液を少量とるときは，ⓐ〔**ア**　図2　　**イ**　図3〕のように持つ。
> また，リトマス紙をとりあつかうときは，ⓑ〔**ウ**　ピンセットを使って　　**エ**　手で直接〕持つ。

図2

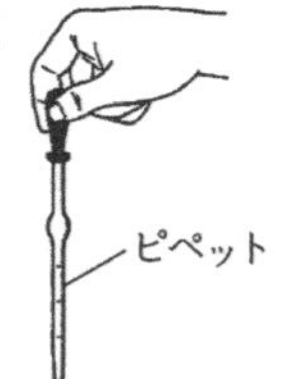

図3

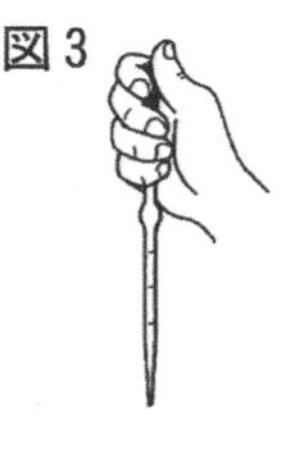

② **表2**の結果から，試験管Eに入っていると考えられる水よう液はどれですか。次の**ア**～**オ**から一つ選び，記号を○で囲みなさい。

ア　うすい塩酸　　**イ**　うすいアンモニア水　　**ウ**　食塩水
エ　ミョウバンの水よう液　　**オ**　石灰水

③ 次にあおいさんは，食塩水とミョウバンの水よう液それぞれの温度を 20 ℃まで下げることで，食塩水とミョウバンの水よう液を区別できるかについて考えました。

表3は，20 ℃と 40 ℃の水 100 g に食塩とミョウバンが何 g までとけるかを示したものです。**表1**の食塩水とミョウバンの水よう液は，40 ℃の水 50 g に食塩とミョウバンをそれぞれ 5 g ずつとかして作ったものです。**【あおいさんの考え】**が正しくなるように，文章中の ⓐ〔　　〕～ⓒ〔　　〕から適切なものをそれぞれ一つずつ選び，記号を○で囲みなさい。ただし，水の温度が同じなら，食塩とミョウバンが水にとける量は，それぞれ水の量に比例するものとします。

表3　20 ℃と 40 ℃の水 100 g にとける量

	20 ℃	40 ℃
食塩	35.8 g	36.4 g
ミョウバン	11.4 g	23.8 g

【あおいさんの考え】

> **表1**の食塩水の温度を 20 ℃まで下げるとき，食塩のつぶは ⓐ〔**ア**　出てくる　**イ**　出てこない〕。また，**表1**のミョウバンの水よう液の温度を 20 ℃まで下げるとき，ミョウバンのつぶは ⓑ〔**ウ**　出てくる　　**エ**　出てこない〕。これらのことから，水よう液の温度を 20 ℃まで下げることで，**表1**の食塩水とミョウバンの水よう液を ⓒ〔**オ**　区別できる　　**カ**　区別できない〕と考えられる。

④ 最後にあおいさんは，**図4**の3本の試験管に入っている水よう液が，**表1**の5種類の水よう液のうちどの水よう液であるかについて，**表2**の実験1～3のうち二つを行って調べました。

図4の試験管F～Hには，**表1**の5種類の水よう液のうち，いずれか1種類の水よう液が入っています。また，試験管F～Hに入っている水よう液はすべて異なっています。試験管F～Hに入っている水よう液を使って，**表2**の実験1と実験2の方法を行ったところ，結果は次のようになりました。あとの**ア**～**エ**のうち，**【結果】**からわかることを一つ選び，記号を○で囲みなさい。

図4

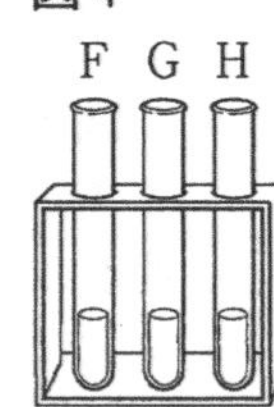

【結果】

> ・実験1を行ったところ，F，Gは，固体が残った。Hは，何も残らなかった。
> ・実験2を行ったところ，F，G，Hは，赤色リトマス紙の色が変化しなかった。

ア　試験管F，G，Hに入っている水よう液に，うすい塩酸はない。
イ　試験管F，Gに入っている水よう液のどちらかは，食塩水である。
ウ　試験管Fに入っている水よう液は，石灰水である。
エ　試験管F，G，Hそれぞれにどの水よう液が入っているか，すべてわかる。

(2)　**図5**のような磁石と，**図6**のような机に固定された鉄の板があります。ゆうさんは，鉄を引きつける磁石の力に興味をもち，この磁石の力を利用してさまざまな実験を行いました。①～③の問いに答えなさい。

図5

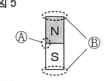

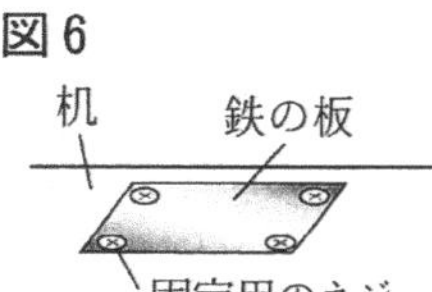

図6

机　鉄の板

固定用のネジ

①　ゆうさんは，実験を行う前に磁石の性質についてまとめました。**【まとめ1】**中の（　㋐　）に入る適切なことばを，**漢字1字**で書きなさい。

【まとめ1】

> **図5**のような磁石は，Ⓐの部分よりⒷの部分の方が鉄をよく引きつける。Ⓑのように，磁石のはしにある，鉄をよく引きつける部分を（　㋐　）という。

②　**図7**のように，磁石の力で鉄の板についた磁石にひもをつけて➡の方向に引くと，磁石と鉄の板がはなれました。また，ゆうさんは，**図8**と**図9**のようなてこを使って磁石と鉄の板をはなす実験を行い，その結果と理由をあとのようにまとめました。**【まとめ2】**中の［　㋑　］に入ることばを，**きょり，短い**という**2語**を使って，**40字以内**で書きなさい。

図7　**図8**　**図9**

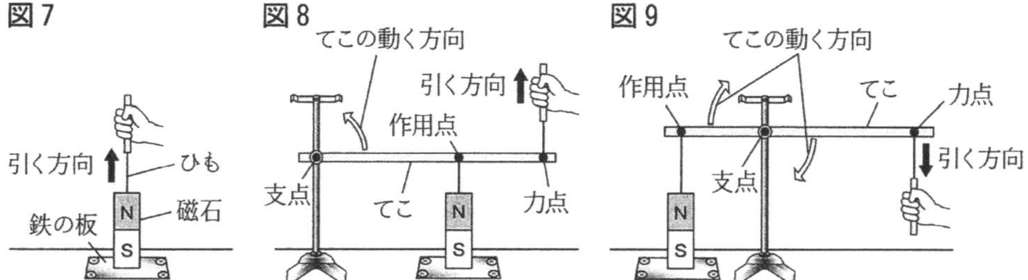

【まとめ2】

> **図8**と**図9**のようにてこを使うと，どちらの場合も**図7**で磁石と鉄の板をはなすときの引く力より小さい力で磁石と鉄の板をはなすことができた。これは，**図8**と**図9**のどちらのてこも，［　㋑　］ため，力点で加えた力より作用点ではたらく力が大きくなるからである。

③　ゆうさんは，磁石の力がどのくらいの大きさなのかを調べるために，**図5**のような磁石を用いて<実験1>を行ったあと，<実験2>を行いました。(i)，(ii)の問いに答えなさい。ただし，実験用てこは何もつるしていないときは水平であり，実験で使う磁石は鉄の板以外のものにはつかないものとします。

> <実験1>　磁石とおもりをつるして，てこが水平になる位置を調べる。
>
> 方法
>
> 磁石と20gのおもりそれぞれを，実験用てこにつるす位置をかえて，てこが水平になる位置を調べる。

> 結果
>
> **図10**のように，てこの支点からのきょりが2の位置に磁石を，反対側の4の位置におもりをつるしたとき，てこは水平になった。

図10

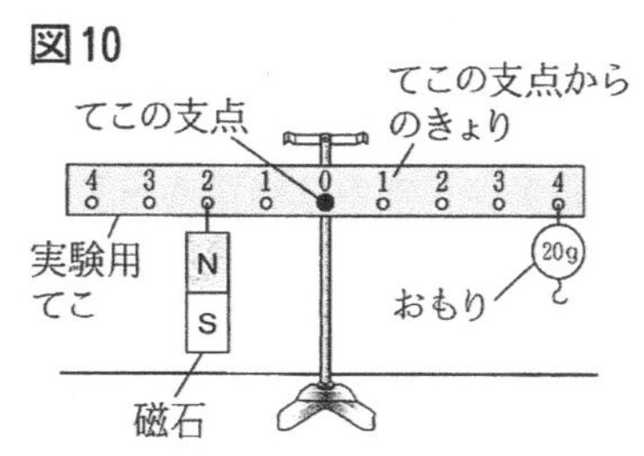

(i)　<実験1>の 結果 とはちがう位置に磁石とおもりをつるしても，てこが水平になることがありました。次の**ア～エ**のうち，てこが水平になるものを一つ選び，記号を○で囲みなさい。ただし，磁石とおもりはてこの支点をはさんで反対側につるすものとします。

ア　支点からのきょりが1の位置に磁石を，2の位置におもりをつるす。
イ　支点からのきょりが1の位置に磁石を，3の位置におもりをつるす。
ウ　支点からのきょりが3の位置に磁石を，2の位置におもりをつるす。
エ　支点からのきょりが3の位置に磁石を，4の位置におもりをつるす。

> <実験2>　磁石の力の大きさをおもりの重さに置きかえて表す。
>
> 方法
>
> 1　<実験1>で使った磁石を実験用てこの2の位置につるし，20gのおもりを4の位置につるして，てこが水平になっていることを確かめる。
>
> 2　**図11**のように，方法 1のてこにつるした磁石と鉄の板が磁石の力でついた状態で，てこが水平になるようにてこの支点の位置を調節する。
>
> 3　磁石と鉄の板がはなれるまで，てこにつるしたおもりに，10gずつおもりを追加していく。

図11

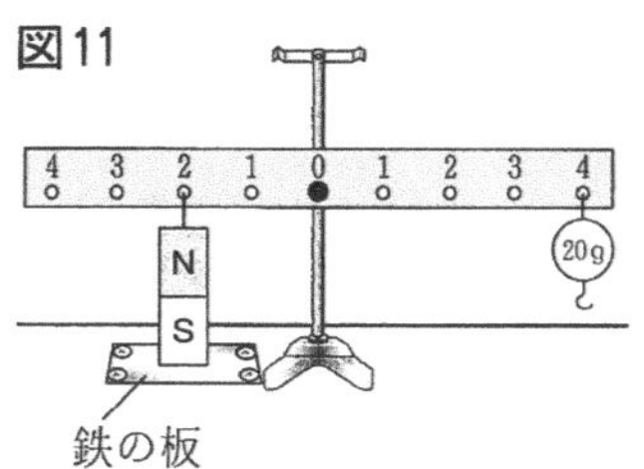

> 結果
>
> 20gのおもりをつるした状態から，おもりを50g追加したときにはじめて磁石と鉄の板がはなれて，おもりをつるしている方にてこがかたむいた。
>
> 考察
>
> **図11**の状態のてこにおもりを50g追加するまで磁石と鉄の板がはなれなかったのは，磁石の力がはたらいて，おもりをつるしている方にてこがかたむくのを防いでいたからである。4の位置に20gのおもりをつるした状態から，おもりを40g追加してもてこはかたむかず50g追加してはじめててこがかたむいたことから，**図11**において2の位置につるした磁石の力の大きさは，おもりの重さに置きかえて表すと（　㋒　）g以上（　㋓　）g未満であると考えられる。

(ii)　<実験2>の 考察 中の（　㋒　）に入る数のうち最も大きい数と，（　㋓　）に入る数のうち最も小さい数を，それぞれ書きなさい。

受験番号　　番　　得点

※100点満点

令和４年度大阪府立中学校入学者選抜適性検査問題

適性検査Ⅱ（社会・理科的問題）解答用紙

1

		解答欄	採点者記入欄
(1)	①	県	/4
	② ⓐ	ア　イ　ウ　エ	
	ⓑ	オ　カ　キ　ク	/4
	③	ア　イ　ウ　エ	/3
	④	ダム	/4
(2)	①	ア　イ　ウ　エ　オ	/4
	② (i)	ア　イ　ウ　エ	/3
	(ii)	ア　イ　ウ　エ	/3
(3)	①		/3
	②	ア　イ　ウ　エ　オ　カ	/3
	③	（図）	/4
(4)	①	ア　イ　ウ　エ	/3
	②		/3
	③	ア　イ　ウ　エ	/3
	④	ア　イ　ウ　エ	/3
	⑤	ⓐ ア　イ　ⓑ ウ　エ　オ	/3
			/50

a 地点　b 地点（山頂）　c 地点

60 m
50 m
40 m

70 m
60 m
50 m
40 m

地層を表す模様
どろの層
砂の層
れきの層
火山灰の層

2

		解答欄	採点者記入欄
(1)	①	ア　イ　ウ　エ	/3
	②	世紀	/3
	③	ア　イ　ウ　エ	/3
(2)	①	ア　イ　ウ　エ	/3
	②	（60字）	/4
(3)	①		/4
	②	ア　イ　ウ　エ　オ	/4
			/24

3

		解答欄	採点者記入欄
(1)	①	ⓐ ア　イ　ⓑ ウ　エ	/3
	②	ア　イ　ウ　エ　オ	/3
	③	ⓐ ア　イ　ⓑ ウ　エ　ⓒ オ　カ	/3
	④	ア　イ　ウ　エ	/3
(2)	①		/3
	②	（40字）	/4
	③ (i)	ア　イ　ウ　エ	/3
	(ii) ㋒	g 以上	
	㋓	g 未満	/4
			/26

2

令 和 4 年 度

大阪府立中学校入学者選抜適性検査問題

（大阪府立富田林中学校に係る入学者選抜）

適 性 検 査 Ⅱ

（社会・理科的問題）

(45分)

注　　意

1　「開始」の合図があるまで開いてはいけません。

2　答えは，すべて**解答用紙**に書きなさい。

・答えとして記号を選ぶ問題は，下の【解答例】にならい，すべて**解答用紙の記号**を○で囲みなさい。また，答えを訂正（ていせい）するときは，もとの○をきれいに消しなさい。

【解答例】

・答えの字数が指定されている問題は，、。なども一字に数えます。

解答用紙の**採点者記入欄**（さいてんしゃきにゅうらん）には，何も書いてはいけません。

3　問題は，中の用紙のＡ・Ｂ・Ｃ面に１，Ｃ・Ｄ面に２，Ｅ・Ｆ面に３があります。

4　「開始」の合図で，まず，**解答用紙**に**受験番号**を書きなさい。

5　「終了（しゅうりょう）」の合図で，すぐ鉛筆（えんぴつ）を置きなさい。

2022(R4) 富田林中
K 教英出版

適性検査Ⅰ（国語的問題）（大阪府立富田林中学校に係る入学者選抜）

一　次の文章は、昆虫にとって名前とは何かということについて書かれたものです。これを読んで、あとの問いに答えなさい。

お詫び
著作権上の都合により、文章は掲載しておりません。
ご不便をおかけし、誠に申し訳ございません。
教英出版

A 面

（高橋敬一『昆虫にとってコンビニとは何か？』による）

*系 ＝ ある特性をもってまとまるもの。
*振れ ＝ 一定基準からのずれ。
*統計処理 ＝ 同じ種類のものやことがらなどを多く集め、それを数で表して処理すること。
*暗黙の了解 ＝ 口に出さないが、たがいに了解し合っていること。
*識別番号 ＝ 物事のちがいを見分けるための番号のこと。
*かくして ＝ こうして。
*マニア ＝ 自分の楽しみのために、あることがらに夢中になっている人のこと。
*グルーピング ＝ 組み分けをすること。
*固執 ＝ 自分の意見などをかたく守って、ゆずらないこと。
*防除 ＝ 農作物の病虫害を防ぎ除くこと。

1　本文中の～～～線部a～cのカタカナを文脈に合わせて漢字に直し、ていねいに書きなさい。

2　次の一文は本文中の【あ】～【え】のいずれかに入ります。最も適しているものを一つ選び、記号を○で囲みなさい。

よく似ている人も世の中にはたしかにいるが、やはり同じ人は一人としていない。

3　次のア～エのうち、本文中の――線部①の理由として最も適しているものを一つ選び、記号を○で囲みなさい。

ア　人間は昆虫の個性を認識しているが、日常生活において、人間以外の種に属する個体が持つ個性については全く考えないから。
イ　人間は昆虫の個性を認識することで、日常生活において、昆虫種に属する個体が持つ個性を考えるようになったから。
ウ　人間が昆虫の個性を認識することはむずかしく、日常生活において昆虫種に属する個体が持つ個性についてはほとんど考えないから。
エ　人間が昆虫の個性を無視することで、日常生活において、人間とペットの個性だけを考えることができるから。

4　本文中に――線部②とありますが、筆者は、人間社会において、人間の個人個人にそれぞれ違いがあることによって具体的にどのようなことになると述べていますか。その内容がふくまれている一文を本文中からぬき出し、**はじめの五字**を書きなさい。

5　本文中に――線部③とありますが、昆虫の名前が持つ意味について筆者が述べている内容を次のようにまとめました。［Ⅰ］、［Ⅱ］に入る適切な言葉を、それぞれ本文中からぬき出しなさい。ただし、［Ⅰ］は**十二字**、［Ⅱ］は**五字**でぬき出すこと。

人間が昆虫に名前をつけることで、害虫などの場合は、名前を使って［Ⅰ］ことができ、そのことによって防除がなされ、種が全滅することもある。このように、昆虫の「名前」は、人間が昆虫の種を認識するうえで非常に大きな役割を持ち、［Ⅱ］にかかわるものである。

二　六年生の花井さんと東野さんは、学校の読書クラブ活動の時間に八木重吉さんの詩を読んでいます。【詩】は、八木重吉さんの「素朴な琴」という詩と「心よ」という詩です。また、【会話】は、担当の水川先生と交わした会話の一部です。これらを読んで、あとの問いに答えなさい。

【詩】

素朴な琴

この明るさのなかへ
ひとつの素朴な琴をおけば
秋の美しさに耐えかねて
琴はしずかに鳴りいだすだろう

心よ

こころよ
では　いっておいで
しかし
また　もどっておいでね
やっぱり
ここが　いいのだに
こころよ
では　行っておいで

【会話】

水川先生　東野さんは八木重吉さんの詩の中ではどの詩が好きですか。
東野さん　「素朴な琴」です。この詩を読むと美しい赤や黄色の葉や、きらきらとした秋の光、そして、ぽろんぽろんという琴の音色などを思い浮かべることができます。だから好きです。
水川先生　東野さんは、（　①　）。ところで、花井さんはこの詩を読み、どのようなことを思いましたか。
花井さん　私は夢の世界を書いた詩のように感じました。琴が人のように心をもち、自分から鳴りだす姿を想像するとおもしろいです。
水川先生　花井さんは、（　②　）。それでは次に、花井さんが好きな八木重吉さんの詩を教えてください。
花井さん　「心よ」という詩が好きです。私は遠くに引っ越しする親友を送り出した時のことを思い出しながらこの詩を読みました。笑って送り出したけど本当は悲しかった。でもこの詩を読むとその時の悲しさが少しなぐさめられるのです。だから好きです。
水川先生　そうなのですね。花井さんは、（　③　）。花井さんの気持ちが私によく伝わってきました。ところで、東野さんは「心よ」の詩を読み、どのようなことを思いましたか。
東野さん　私は詩で使われている言葉や表現の仕方が気になりました。例えば、詩にある「いいのだに」の「だに」を調べたところ、特定の地方で使われている言葉であることがわかりました。また、「〜のに」や「〜だもの」という意味であることもわかりました。
水川先生　共通語で書かれた詩の中に一か所だけ［　Ⅰ　］で書かれた部分があるということに東野さんは気づいたのですね。
東野さん　はい。他にも、詩の本文の中で「こころよ」という言葉が二回書かれているということにも気がつきました。
水川先生　（　④　）。東野さんは詩の言葉や表現の仕方を意識して読み、花井さんは詩にこめられた作者の心情によりそって読んでいますね。同じ詩を読んでも、それぞれが違う部分に着目していますね。
花井さん　ところで先生は八木重吉さんの詩の中で、どの詩が好きですか。
水川先生　私が好きなのは、「草に　すわる」という詩です。こちらです。

草に　すわる

わたしのまちがいだった
わたしの　まちがいだった
こうして　草にすわれば　それがわかる

花井さん　私は「まちがい」という言葉が気になりました。なんだか重い言葉のような気がするのですが、先生はなぜこの詩が好きなのですか。
水川先生　はい。「まちがい」は、重い言葉のようにも感じられます。また、自分の「まちがい」を認めるのはつらいものです。でも、この詩を読むと、素直に自分の「まちがい」を認めるのも悪くないという気持ちに私はなるのです。だからこの詩が好きです。東野さんはこの詩についてどのように思いましたか。
東野さん　言葉と言葉との間の空白の使い方がおもしろいと思いました。作者は最初の行で「わたしのまちがいだった」と書き、次の行で「わたしの」の後に一字分空白をつくり、「まちがいだった」と続けています。最終行の「こうして」と「草にすわれば」と「それがわかる」の間にも空白があります。これらの空白から作者の心がだんだんと落ちついていくような感じがしました。
花井さん　そうですね。最後の行で、ゆっくりと静かに思いをかみしめているように私も感じます。（A：感）
東野さん　また、この詩は題と本文にそれぞれ一か所ずつ［　Ⅱ　］で書かれた部分があります。そのことで「草」という言葉の印象が強められているように私は思いました。
水川先生　なるほど。私はこの詩で作者がすわっているのが「草」の上なのがよいなと思いました。何かをまちがったとしても、自然の中にいることで心が落ちついていったのではないかと私も思いました。
花井さん　今日は素敵な詩を教えてもらえてうれしかったです。心の奥に響く詩でした。
東野さん　私もしみじみと心が動かされました。
水川先生　Bそうですか。八木重吉さんの詩が花井さんと東野さんそれぞれの心の琴線にふれたのならよかったです。次の機会に別の詩人の詩も読んでみましょう。

1　【会話】中の――線部Aの漢字について、次の(1)、(2)の問いに答えなさい。
(1)　部首の名前を**ひらがな**で書きなさい。
(2)　部首の点画を省略しないでていねいに書いたとき、部首の画数として適切なものを、次のア〜エから一つ選び、記号を○で囲みなさい。
ア　四画　　イ　五画　　ウ　九画　　エ　十画

2　【会話】中の（　①　）〜（　④　）に入る言葉として最も適しているものを、次のア〜エからそれぞれ一つずつ選び、記号を○で囲みなさい。ただし、（　①　）〜（　④　）に同じ記号は入りません。
ア　詩と自分の体験とを重ねながら、詩をあじわうことができたのですね
イ　詩のなかにある、くり返し（反復）という表現の工夫に気づいたのですね
ウ　音や様子を表す言葉を用いて、詩から感じたことを表現したのですね
エ　比喩（たとえ）を用いて、詩から感じた内容を伝えてくれましたね

3　【会話】中の［　Ⅰ　］に入る適切な言葉を**二字**で書きなさい。

4　【会話】中の［　Ⅱ　］に入る適切な言葉を**二字**で書きなさい。

5　【会話】中の――線部Bの言葉を文末に用いた**一文**を書きなさい。

三　次の文章を読んで、あとの問いに答えなさい。

人間と関わるロボットの研究は、従来のロボット研究とは異なり、根本的な難しさを持つ。それは、人間が予測不能な存在だからだ。人間の行動は実に多様である。その多様な行動をすべてあらかじめ想定して、行動の一つ一つに対するロボットの動作を決定しておくことは不可能である。

工場で働くロボットでは、まわりの人間など不確定な要素をすべて取り払ったところで、ロボットが活動する環境を整え、ロボットの*タスクを決める。一方で、日常生活において、まわりの人間を排除することはできない。日常生活とは、人間が活動する場であり、そこで働くものはロボットでも人間でも、①人間を意識する必要がある。すなわち、「人間と関わる機能」を作ることが、研究の中心的な課題になる。この研究を、人間とロボットの相互作用（ヒューマン・ロボットインターラクション）と呼ぶ。

この「人と関わるロボット」の研究開発のもっとも大きな特徴は、ロボットの開発と人間についての理解を同時に進めなければならないという点である。

人間に関して完全な知識を持たなくても、人間が利用できるⓐ機械を作ることはできる。［A］横長テレビは、人間の特性を最初から考慮して設計されたのだろうか。テレビの幅を偶然横長にしてみて、臨場感が出ることに気づき、②あとから人間の視覚特性を改めて調べ直した可能性もある。

パソコンのマウスやキーボードも同じだ。とりあえず情報を入力する手段は必要なわけで、そのために、いろいろな形やⓑ機能を試してみた可能性もある。

そのようにしているうちに、ある特定の形が多くの人に受け入れられて、その製品がたくさん売れるようになる。そうなると、その形には人間の何かに訴えるものがあるはずだ、人間の特性を反映しているはずだと考えて、改めて人間の性質を調べてみることになる。

さらに典型的な例がインターネットである。インターネットは、メールやウェブの機能によって、ⓒ急速に世界的に*普及した。しかし、どうして人間はネットをそれほどまでに好むのか？　ウェブによる情報共有がそれほど便利なのか？　それによって人間社会が変わったのは、人間の持つどのような性質に基づくのか？

言いたいことは、③これまでのロボット工学の常識であれば、まずは環境やタスクに関する完全な知識を準備して、その知識の範囲でロボットを設計して動かすという*アプローチをとってきた。［B］、人間を含む環境がよく分からなくても、ロボットを作ることはできる。すなわち、

「人間がよく分からなくても、人が利用する物を作ることは可能である」

ということである。

もう少し説明を加えると、インターネットや携帯電話など、人間に利用され、社会を変えていく新しいⓓ技術は、人間に関する［I］なしに、設計され、普及する。その普及によって、人間の新しい性質が発見され、発見された性質は再度製品の設計に*フィードバックされる。

「製品の改良と人間に対する理解が同時に進行する」

のである。言い方を換えれば、生活上の強い*ニーズから生じた冷蔵庫や洗濯機などの開発とは異なり、インターネットや携帯電話に象徴される新しい技術開発は、それ自体が人間理解を伴うものになっている。人と関わるロボットも、インターネットと同様である。

実際、人と関わり、人とコミュニケーションできるロボットは、この四、五年のうちに、多くの企業で*プロトタイプが試作され、い

くつものショッピングモールで*実証実験が続けられている。そのような実証実験を繰り返しつつ、人々の反応を見ながらロボットを改良していこうとしているのである。

そのような意味で、ロボットの技術開発は、社会の変革を伴いながら普及するインターネットと同様に、人間理解を伴う技術開発なのである。

（石黒浩『ロボットとは何か』による）

*タスク＝割り当てられた仕事。
*普及＝広く行きわたること。
*アプローチ＝研究などで、目的に近づく方法のこと。
*フィードバック＝物事への反応や結果をみて、改良・調整を加えること。
*ニーズ＝必要。要求。需要。
*プロトタイプ＝実験的に作られるもの。試作品。
*実証実験＝新開発の製品・技術などを、実際の場面で使用し、実用化に向けての問題点を検証すること。

1　本文中の［A］、［B］に入る言葉として最も適しているものを、次の**ア**〜**エ**からそれぞれ一つずつ選び、記号を○で囲みなさい。

ア　たとえば　**イ**　だから　**ウ**　さらに　**エ**　けれども

2　本文中の――線部ⓐ〜ⓓの言葉の意味を国語辞典で調べるとき、国語辞典にのっている順番として正しいものを、次の**ア**〜**エ**から一つ選び、記号を○で囲みなさい。

ア　機械→技術→機能→急速
イ　技術→機械→機能→急速
ウ　機械→機能→急速→技術
エ　急速→機械→機能→技術

3　本文中の――線部①について、筆者がそのように考えるのはなぜですか。「日常生活とは、」に続けて、本文中の言葉を使って**二十五字以上、三十五字以内**で書きなさい。

4　本文中の――線部②について、「あとから」が修飾している言葉として適しているものを、次の**ア**〜**エ**から一つ選び、記号を○で囲みなさい。

ア　人間の　**イ**　視覚特性を　**ウ**　調べ直した　**エ**　ある

5　本文中の――線部③と同じ意味で用いられている言葉を本文中から**二字**でぬき出しなさい。

6　本文中の［I］に入る適切な言葉を、本文中から**五字**でぬき出しなさい。

7　次の**ア**〜**エ**のうち、本文中で述べられている内容と合うものとして最も適しているものを一つ選び、記号を○で囲みなさい。

ア　テレビ、マウス、キーボードは、すべて人間の特性をあらかじめ考慮して設計されているので、たくさん売れるようになった。
イ　人と関わるロボットの開発は、インターネットなどの技術開発と同じように、製品の改良と人間に対する理解が同時に進行する。
ウ　人と関わるロボットの研究では、人間の行動に対してロボットの動作を決定しておくことが必要である。
エ　冷蔵庫や洗濯機などの開発は、生活上の強いニーズから生じたものであるので、人間理解を伴った技術開発である。

2022(R4) 富田林中
K 教英出版

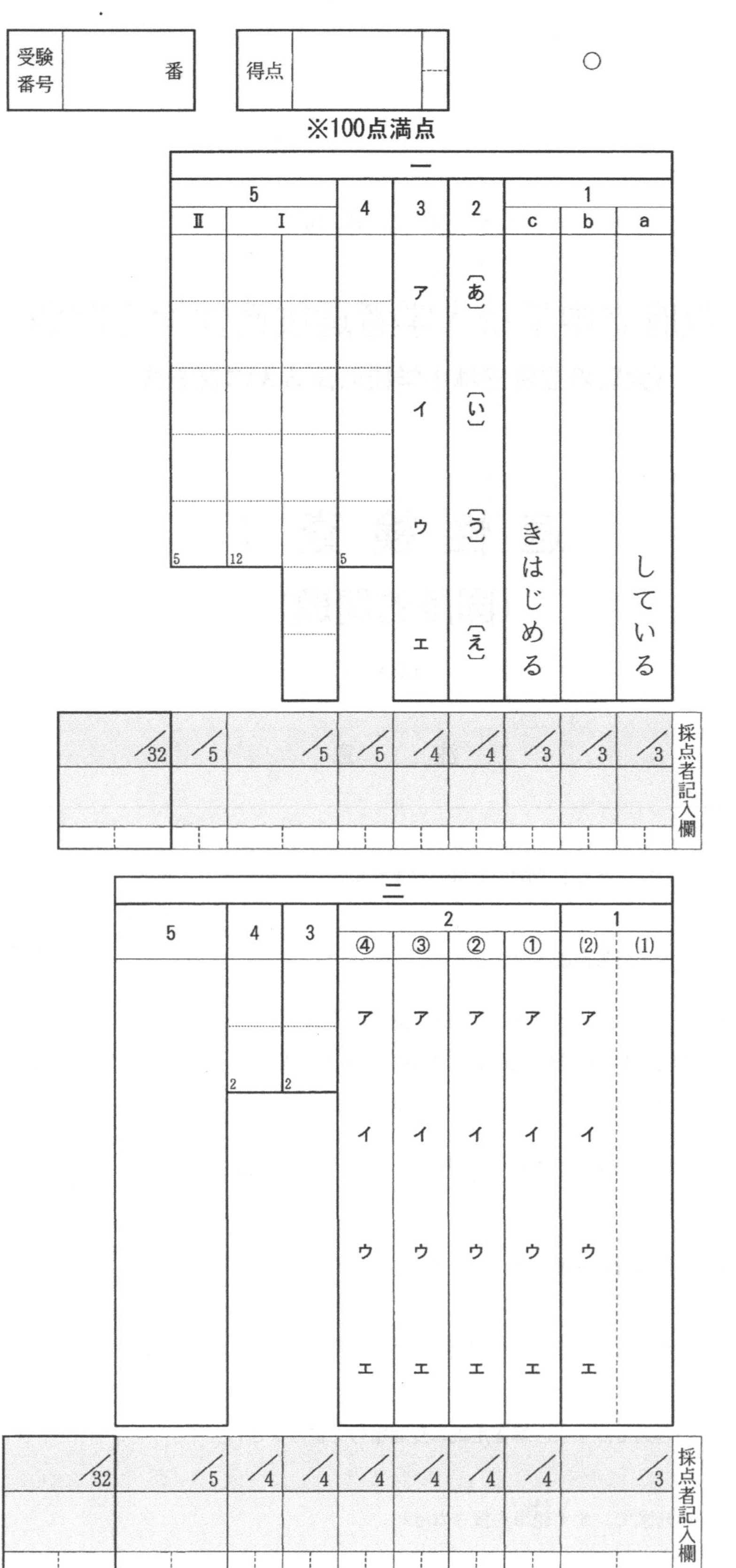

受験番号	番

得点	

※100点満点

一								
1 a	1 b	1 c	2	3	4	5 Ⅰ		5 Ⅱ
している		きはじめる	〔あ〕〔い〕〔う〕〔え〕	ア イ ウ エ	5	12		5
/3	/3	/3	/4	/4	/5	/5		/5

合計 /32（採点者記入欄）

二								
1 (1)	1 (2)	2 ①	2 ②	2 ③	2 ④	3	4	5
	ア イ ウ エ	ア イ ウ エ	ア イ ウ エ	ア イ ウ エ	ア イ ウ エ	2	2	
/3		/4	/4	/4	/4	/4	/4	/5

合計 /32（採点者記入欄）

令和四年度大阪府立中学校入学者選抜適性検査問題

適性検査Ⅰ（国語的問題）解答用紙

三							
B	2	3	4	5	6	7	
ア イ ウ エ	ア イ ウ エ	日常生活とは、（25）（35）	ア イ ウ エ	2	5	ア イ ウ エ	
/4	/4	/6	/4	/5	/5	/4	/36

1

令 和 4 年 度

大阪府立中学校入学者選抜適性検査問題

（大阪府立富田林中学校に係る入学者選抜）

適 性 検 査 Ⅰ

（国語的問題）

（45分）

注　　意

1　「開始」の合図があるまで開いてはいけません。

2　答えは，すべて**解答用紙**に書きなさい。

・答えとして記号を選ぶ問題は，右の【解答例】にならい，すべて**解答用紙の記号**を○で囲みなさい。また，答えを訂正（ていせい）するときは，もとの○をきれいに消しなさい。

・答えの字数が指定されている問題は，、。「 」なども一字に数えます。

解答用紙の**採点者記入欄**（さいてんしゃきにゅうらん）には，何も書いてはいけません。

【解答例】
ア
イ
㋒
エ

3　問題は，中の用紙のA面に 一，B面に 二，C面に 三 があります。

4　「開始」の合図で，まず，**解答用紙**に**受験番号**を書きなさい。

5　「終了（しゅうりょう）」の合図で，すぐ鉛筆（えんぴつ）を置きなさい。

2022(R4) 富田林中
K 教英出版

作文（大阪府立富田林中学校に係る入学者選抜）

受験番号　　　番

得点

※60点満点

次の文章を読んで、あとの**問い**に答えなさい。

（丸山晃『旅をする本―開こう、心おどる読書の扉』による）

問い

筆者はこのように述べていますが、あなたは、読書についてどのように考えますか。これまでのあなたの読書体験をもとに、次の**指示**にしたがって、あなたの考えを書きなさい。

指示

- **解答用紙**の19行から22行で終わるように書きなさい。
- 題名や名前は書かないで、本文から書き始めなさい。
- 全体は二段落で構成し、段落の最初は一字下げなさい。
- 第一段落では、あなたの読書体験を、第二段落では、その読書体験をもとに、あなたの考えを書きなさい。なお、読書には、新聞や雑誌を読んだり、図鑑等の資料を読んだりすることもふくめます。

解答用紙

4

令 和 5 年 度

大阪府立中学校入学者選抜作文

（大阪府立富田林中学校に係る入学者選抜）

作　文

（30分）

注　意

1　「開始」の合図があるまで開いてはいけません。

2　答えは，すべて**解答用紙**に書きなさい。

3　「開始」の合図で，まず，**解答用紙**に**受験番号**を書きなさい。

4　「終了（しゅうりょう）」の合図で，すぐ鉛筆（えんぴつ）を置きなさい。

適性検査Ⅲ（算数的問題）（大阪府立富田林中学校に係る入学者選抜）

1 次の問いに答えなさい。

(1) 次の文章中の ア ， イ にあてはまる数をそれぞれ求めなさい。

> $\frac{5}{7}$を小数で表し，小数第三位を四捨五入して小数第二位までのがい数にすると ア になる。また，$\frac{5}{7}$と ア との差を分数で表すと イ になる。

(2) 「整数 A」と「整数 B」はともに 2 以上 99 以下の整数です。また，「整数 A」は「整数 B」より小さく，「整数 A」と「整数 B」の最大公約数は 6 で，「整数 A」と「整数 B」の最小公倍数は 126 です。「整数 A」と「整数 B」をそれぞれ求めなさい。

(3) こうさんは，9 時から 10 時の間に家の近くの道路を通った乗り物について，種類ごとにそれぞれ何台通ったかを記録しました。**表**は，その記録をまとめたものです。**表**の一部が汚(よご)れて乗用車の台数と合計の台数がわからなくなってしまいましたが，合計の台数をもとにしたときの乗用車の台数の割合は 46 %であることがわかっています。**表**中の乗用車の台数を求めなさい。

表

種類	台数（台）
乗用車	
トラック	43
タクシー	16
バス	7
その他	15
合計	

(4) 5 年生の児童と 6 年生の児童あわせて 155 人に，**図 1** のような，「次の果物のうち好きなものをすべて選んでください。」というアンケートをとったところ，アンケートに回答した児童 155 人のうち，バナナを選んだ児童は 128 人で，みかんを選んだ児童は 81 人でした。バナナを選んだ児童 128 人のうち，みかんを選ばなかった児童は，最も少なくて何人ですか。求めなさい。

図 1

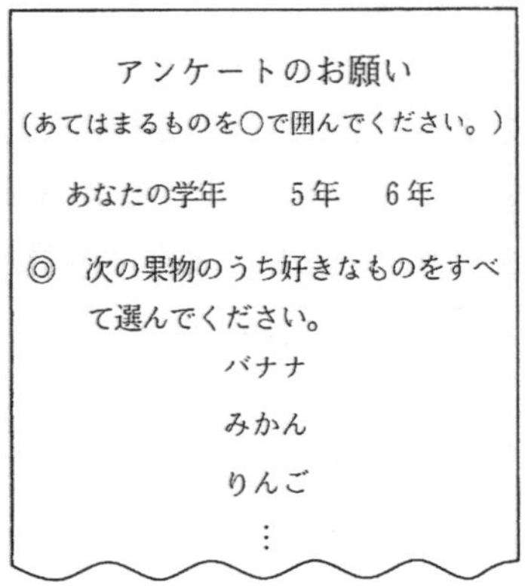

> アンケートのお願い
> （あてはまるものを〇で囲んでください。）
> あなたの学年　　5 年　6 年
> ◎ 次の果物のうち好きなものをすべて選んでください。
> バナナ
> みかん
> りんご
> ⋮

(5) **図 2** の四角形 ABCD は，辺 AD と辺 BC が平行な台形で，辺 AD の長さは 3 cm，辺 BC の長さは 5 cm です。また，点 E は辺 AD 上の点で，点 F は辺 BC 上の点です。辺 AE の長さが 1 cm で，四角形 ABFE と四角形 EFCD の面積の比が 5 : 7 のとき，辺 BF の長さを求めなさい。

図 2

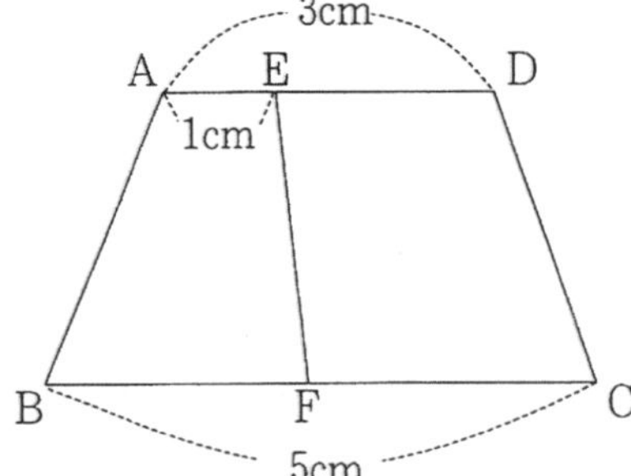

2　次の問いに答えなさい。

(1)　次の**ア〜ク**は，1辺が1cmの立方体が4個連結したブロックを表しています。それぞれのブロックの連結した立方体どうしが接している面では，正方形どうしがぴったり重なり，ずれないように接着されています。

①〜③の問いに答えなさい。

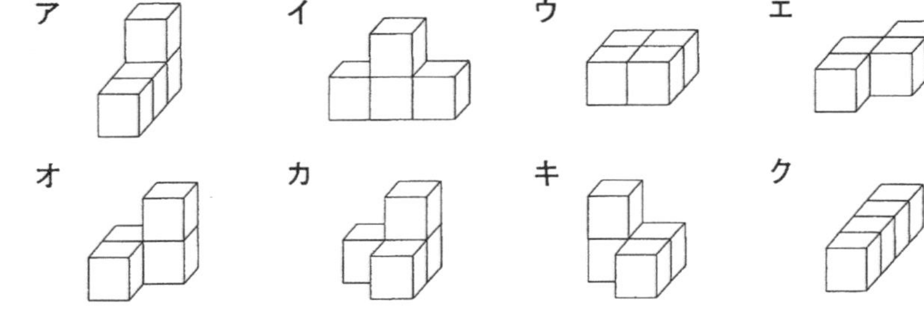

①　**図1**は，**ア**のブロックを板の上に置いたようすを表しています。**図1**で表した**ア**のブロックの，板に接している面以外の表面全体に色をぬります。色をぬる面積は何cm^2ですか。求めなさい。

図1

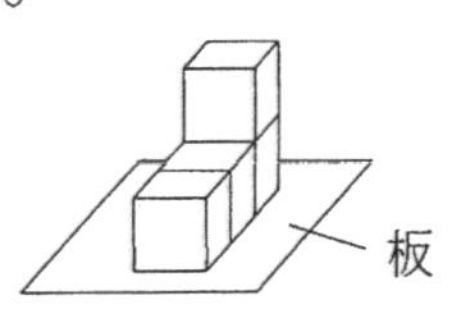

②　**図2**は，1辺が2cmの立方体を表しています。**ア〜ク**のうち，同じブロックを2個組み合わせて，1辺が2cmの立方体を作ることができるブロックを**すべて**選び，記号を○で囲みなさい。なお，2個のブロックを組み合わせるときに向きを変えてもかまいません。

図2

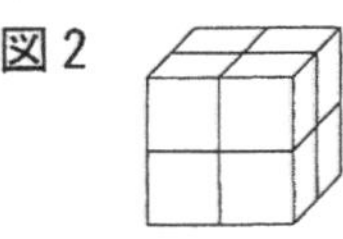

③　**図3**は，1辺が3cmの立方体を表しています。この立方体は1辺が1cmの立方体27個でできています。1辺が1cmの立方体の個数をもとに考えると，**ア〜ク**のどのブロックを何個どのように組み合わせても，**図3**で表した1辺が3cmの立方体を作ることはできないことがわかります。**図3**で表した1辺が3cmの立方体を**ア〜ク**のブロックを組み合わせて作ることができない理由を説明しなさい。

図3

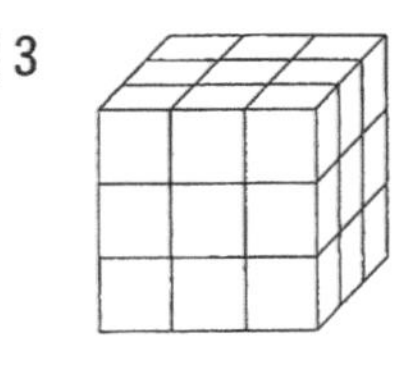

(2)　ある一本道にはA地点とB地点があり，二つの地点の間の道のりは1200mです。さとしさん，ゆうさん，しほさんが，この一本道を進みます。

①〜③の問いに答えなさい。

①　**図4**中の**ア〜エ**のグラフの中に，分速120mでx分間に進んだ道のりをymとしたときの，xとyの関係を表しているグラフがあります。正しいものを一つ選び，記号を○で囲みなさい。

図4

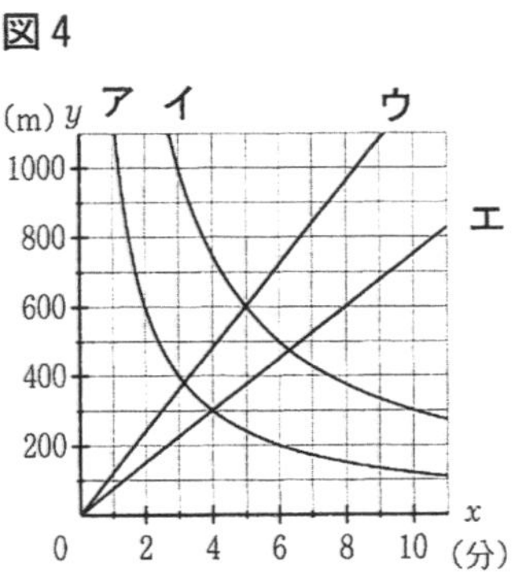

②　さとしさんは，A地点を出発し，途中(とちゅう)にあるP地点を通ってB地点に向かいました。A地点からP地点まではある一定の速さで進み，P地点からB地点まではそれまでの速さの1.2倍の速さで進みました。すると，A地点からP地点まで進むのに10分かかり，P地点からB地点まで進むのに5分かかりました。A地点からP地点までの道のりは何mですか。求めなさい。

③　ゆうさんは，A地点を出発し，ある一定の速さで進みB地点に向かいました。しほさんは，ゆうさんがA地点を出発した3分後にA地点を出発し，分速80mで進みB地点に向かいました。すると，しほさんは途中でゆうさんを追(お)い抜(ぬ)き，ゆうさんを追い抜いた2分後にB地点に到着(とうちゃく)しました。ゆうさんは分速何mで進みましたか。求めなさい。

3 3×3の魔方陣について考えます。3×3の魔方陣は，縦も横も3マスの全部で9マスの表で，1マスにつき1個の数が入っています。3×3の魔方陣では，縦に並んだ3個の数も，横に並んだ3個の数も，ななめに並んだ3個の数（ここでは，右上，中央，左下それぞれのマスに入る数，または，左上，中央，右下それぞれのマスに入る数のこととします）も，すべて和が同じです。

表1は，3×3の魔方陣の例です。**図1～3**は，**表1**の3×3の魔方陣では，並んだ3個の数の和がすべて33であることを表しています。

表1

13	3	17
15	11	7
5	19	9

図1　**図2** 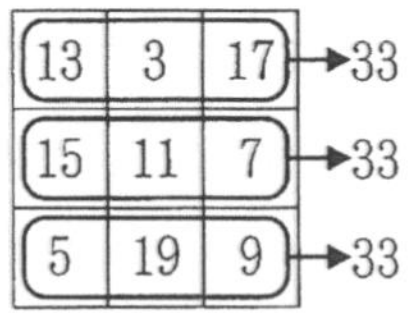　**図3**

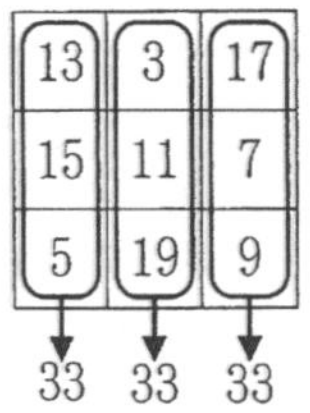

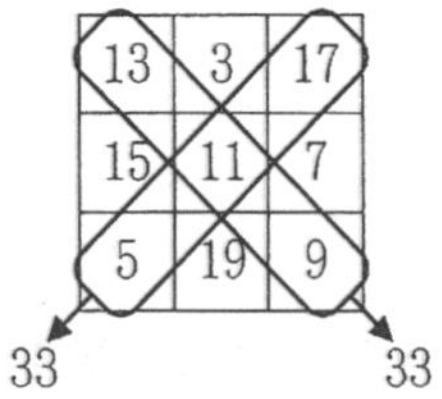

(1)，(2)の問いに答えなさい。

(1) **表2**中の数が入っていない5マスに数を入れて，3×3の魔方陣を作ります。**ア**，**イ**のマスに入る数をそれぞれ求めなさい。

表2

9	ア	20
24		
6		イ

(2) はるさんとともさんが，マスに入る9個の数を1，2，3，4，5，6，7，8，9にして，3×3の魔方陣を作ろうと話をしています。次の**会話文**を読んで，あとの①～④の問いに答えなさい。

会話文

はるさん：どのマスにどの数が入るかを考える前に，何かわかることはないかな。

ともさん：並んだ3個の数の和ならわかるよ。**図4**を参考にして考えると，並んだ3個の数の和の3倍は，マスに入る9個の数すべての和と同じだね。マスに入る9個の数すべての和は [あ] だから，並んだ3個の数の和は15だとわかるね。

図4

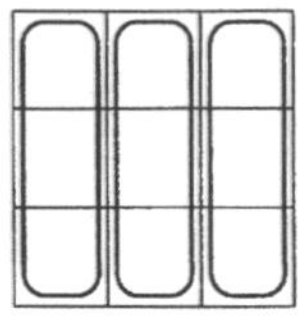

はるさん：考え方を変えると，中央のマスに入る数もわかるよ。3×3の魔方陣には縦や横やななめに並んだ3マスが全部で8組あるけれど，そのうち，中央のマスをふくむのは，**図5**で表した4組だね。**図5**を参考にして考えると，並んだ3個の数の和の4倍は，[い] と同じだね。つまり，中央のマスに入る数は5だとわかるよ。

図5

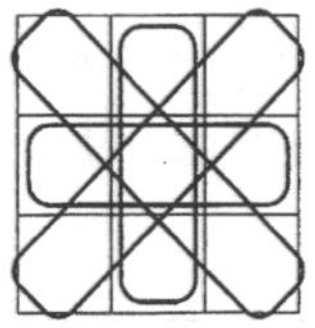

ともさん：残りのマスはどうかな。例えば，1はどこに入るのだろう。

はるさん：1から9までの整数から，和が15になるように異なる3個の数を選ぶことを考えると，1がふくまれる選び方は（1，5，9）と（1，6，8）の2通りだけだね。

ともさん：では，ⓤ1が入るマスは限られるね。ただ，そのうちのどのマスに1が入るかは決まらないし，1が入るマスを決めても他のマスに入る数が決まらないから，9マスそれぞれに入る整数の組み合わせは何通りかありそうだね。

① **会話文**中の [あ] にあてはまる数を求めなさい。

② **会話文**中の [い] にあてはまる言葉を，**マスに入る9個の数すべての和**，**中央のマスに入る数**という**二つ**の言葉を使って書きなさい。

③ **会話文**中の下線部ⓤについて，**表3**中の**ア～ク**のマスのうち，9マスに入る数を1から9までの9個の整数にした3×3の魔方陣を作るとき，1を入れることができるマスを**すべて**選び，記号を○で囲みなさい。

表3

ア	イ	ウ
エ	5	オ
カ	キ	ク

④ マスに入る9個の数を2，3，4，4，5，6，6，7，8にして，3×3の魔方陣を作ります。**会話文**を参考に，**表4**中の数が入っていない7マスそれぞれに入る整数を求め，解答欄の表中に書きなさい。ただし，組み合わせが複数ある場合は，そのうちの一つを書きなさい。

表4

	8	
	5	

4 なつきさんは，次の**操作**について考えました。**操作**では，1から20までの整数のうち，一つの整数を□に入れて計算を行います。ただし，行う計算は□に入れる整数の大きさによって異なります。

操作

- □に入れる整数が1以上10以下であるときは，□ × 2を計算する。
- □に入れる整数が11以上20以下であるときは，□ × 2 − 21を計算する。

例えば，□に1を入れて**操作**をすると，行う計算は1 × 2となり結果は2です。また，□に11を入れて**操作**をすると，行う計算は11 × 2 − 21となり結果は1です。

(1)，(2)の問いに答えなさい。

(1) □に14を入れて**操作**をしたときの結果を求めなさい。

(2) なつきさんは，1から20までの整数のうち，一つの整数をはじめの数として□に入れて**操作**をし，その結果を□に入れて**操作**をし，さらにその結果を□に入れて**操作**をし…，と**操作**をくり返すと，それぞれの**操作**の結果がどのようになるかを考えました。例えば，3をはじめの数として**操作**をくり返すと次のようになります。

- □にはじめの数である3を入れて**操作**をすると，1回目の結果は6になる。
- □に1回目の結果である6を入れて**操作**をすると，2回目の結果は12になる。
- □に2回目の結果である12を入れて**操作**をすると，3回目の結果は3になる。

⋮

表は，1から6までの整数をそれぞれはじめの数として**操作**をくり返したときの，1回目から6回目までの結果をまとめたものです。

表

		結果					
		1回目	2回目	3回目	4回目	5回目	6回目
はじめの数	1	2	4	8	16	11	1
	2	4	8	16	11	1	2
	3	6	12	3	6	12	3
	4	8	16	11	1	2	4
	5	10	20	19	17	13	5
	6	12	3	6	12	3	6

①～③の問いに答えなさい。

① 1をはじめの数として**操作**をくり返したときの，100回目の結果を求めなさい。

② 1から20までの整数のうち，ある整数をはじめの数として**操作**をくり返すと，200回目の結果が9になります。はじめの数とした整数を求めなさい。

③ 1から20までの整数をそれぞれはじめの数として**操作**をくり返し，それぞれの2023回目の結果を比べます。2023回目の結果が最も大きい整数になるのは，どの整数をはじめの数として**操作**をくり返したときですか。はじめの数とした整数を求めなさい。

○ 受験番号　番　　得点

※100点満点

○ 令和５年度大阪府立中学校入学者選抜適性検査問題

適性検査Ⅲ（算数的問題）解答用紙

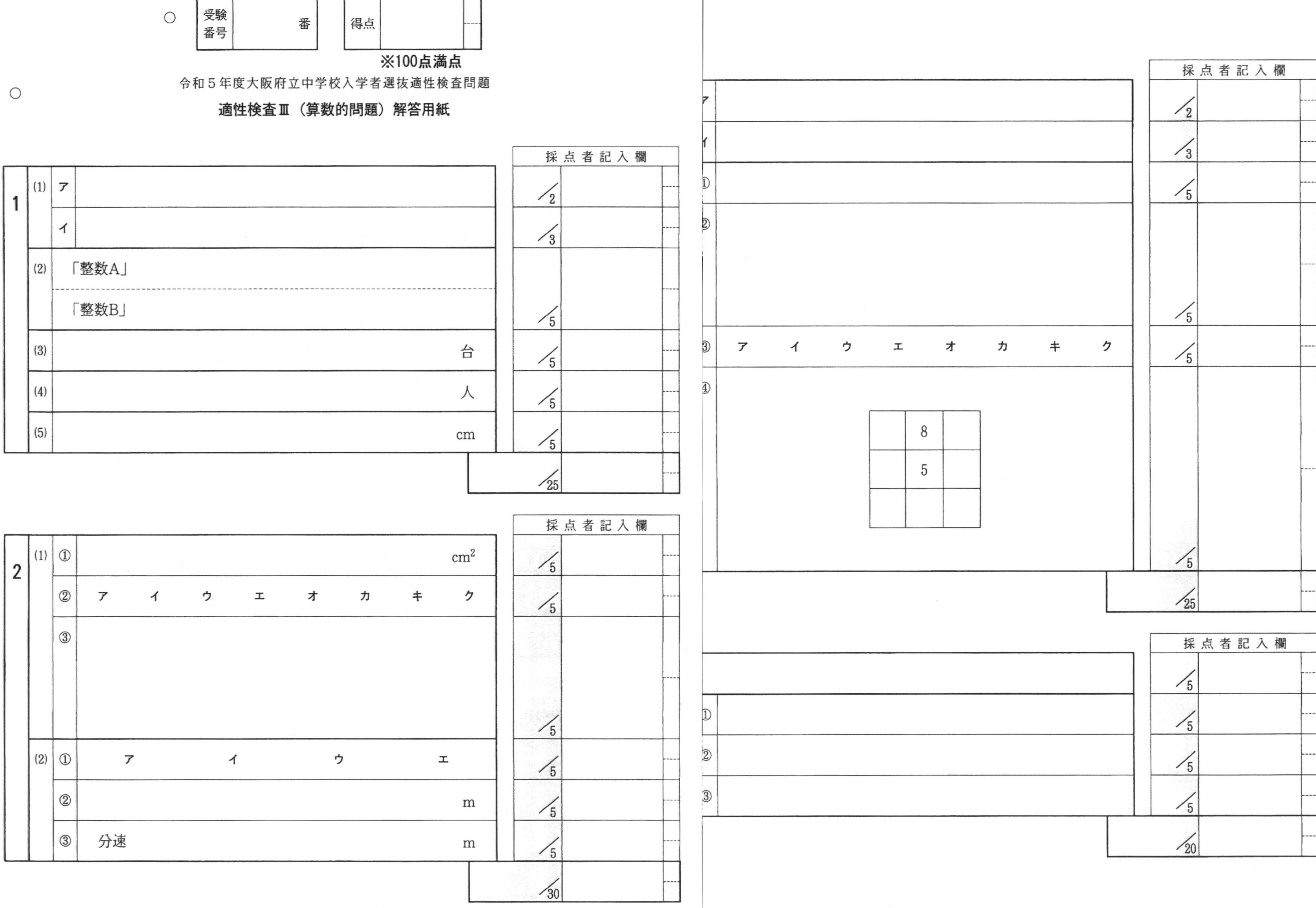

1			採点者記入欄
(1)	ア		/2
	イ		/3
(2)	「整数A」		
	「整数B」		/5
(3)		台	/5
(4)		人	/5
(5)		cm	/5
			/25

2			採点者記入欄
(1)	①	cm^2	/5
	②	ア　イ　ウ　エ　オ　カ　キ　ク	/5
	③		/5
(2)	①	ア　イ　ウ　エ	/5
	②	m	/5
	③	分速　m	/5
			/30

	採点者記入欄
ア	/2
イ	/3
①	/5
②	/5
③ ア　イ　ウ　エ　オ　カ　キ　ク	/5
④	/5
	/25

	8	
	5	

	採点者記入欄
	/5
①	/5
②	/5
③	/5
	/20

3

令和５年度

大阪府立中学校入学者選抜適性検査問題

（大阪府立富田林中学校に係る入学者選抜）

適性検査Ⅲ

（算数的問題）

（45分）

注　意

1　「開始」の合図があるまで開いてはいけません。

2　答えは，すべて**解答用紙**に書きなさい。

答えとして記号を選ぶ問題は，下の【解答例】にならい，すべて**解答用紙の記号**を○で囲みなさい。また，答えを訂正（ていせい）するときは，もとの○をきれいに消しなさい。

【解答例】

ア	イ	㋒	エ

解答用紙の**採点者記入欄**（さいてんしゃきにゅうらん）には，何も書いてはいけません。

3　問題は，中の用紙のＡ面に**1**，Ｂ面に**2**，Ｃ面に**3**，Ｄ面に**4**があります。

4　「開始」の合図で，まず，**解答用紙**に**受験番号**を書きなさい。

5　「終了（しゅうりょう）」の合図で，すぐ鉛筆（えんぴつ）を置きなさい。

適性検査Ⅱ（社会・理科的問題）（大阪府立富田林中学校に係る入学者選抜）

1　はるさんとりんさんは，日本で消費量の多い野菜の一つであるキャベツについて調べ，次のようにまとめました。(1)～(4)の問いに答えなさい。

○日本におけるキャベツの歴史について
- 現在私たちが食べているキャベツは，19世紀後半にあヨーロッパやアメリカから日本に伝わったといわれている。
- 西洋の食文化の影響などがありい明治時代中期からキャベツを食べることが広まったといわれている。

○日本におけるキャベツの主なう産地と販売について
- 日本におけるキャベツの主な産地は群馬県，愛知県，千葉県である。
- 2013年のえ国会で成立した食品表示法にもとづいて，*生鮮食品として販売する際には，原産地の表示が義務づけられている。

＊生鮮食品：新鮮であることを必要とする食品。

(1)　下線部あに関して，**図1**は，現在のヨーロッパの一部を示した地図です。**図1**中のXとYの国の名前をそれぞれ書きなさい。

図1

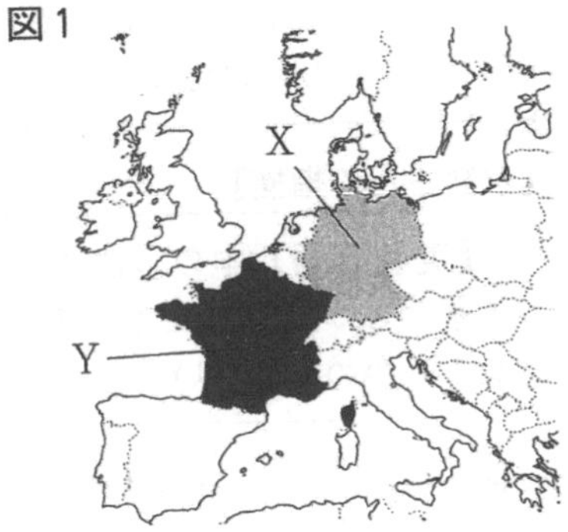

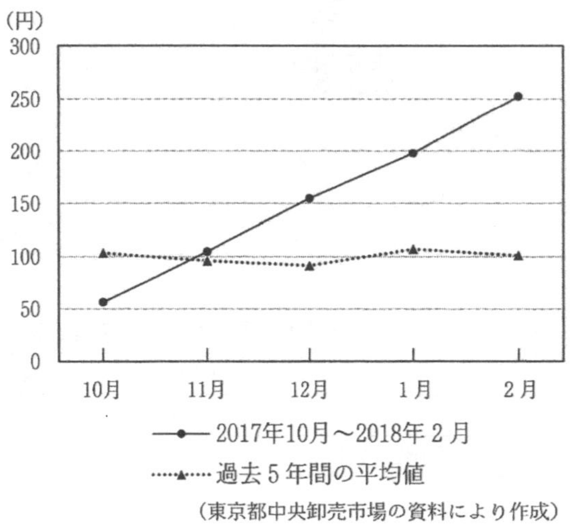

（――は現在の国界を示す）

(2)　下線部いに関して，次の**ア～エ**は，西洋の食文化が広がるなど海外の国々との関わりが深くなった明治時代に起こったできごとです。**ア～エ**をできごとが起こった順に並べかえて，記号を書きなさい。

ア　日英同盟が結ばれた。
イ　大日本帝国憲法が発布された。
ウ　群馬県に富岡製糸場が建てられた。
エ　陸奥宗光がイギリスとの交渉において領事裁判権の廃止（治外法権の撤廃）に成功した。

(3)　下線部うに関して，はるさんとりんさんは，キャベツの産地に関することについて調べました。①，②の問いに答えなさい。

①　2017年10月以降の天候不順によるキャベツの栽培への影響を報じたニュース記事を見つけた二人は，天候不順が市場で取り扱われるキャベツにどのような影響をあたえたのかを調べました。**【メモ】**は，二人がキャベツの栽培などへの影響について調べたことをもとにつくったものです。**表1**は東京都中央卸売市場におけるキャベツの月別取扱量について，**図2**は東京都中央卸売市場におけるキャベツ1kgあたりの月別平均価格について，それぞれ2017年10月から2018年2月までの各月の値と，その各月の過去5年間（10月～12月は2012年から2016年まで，1月，2月は2013年から2017年まで）の平均値とを示したものです。二人は**【メモ】**，**表1**，**図2**から考えたことなどを話しています。あとの問いに答えなさい。

2023(R5) 富田林中

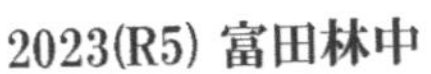

【メモ】

○2017年10月以降の天候不順による影響
　しばらくは天候不順による影響はあまりなかったが，12月ごろから2月ごろまで主な産地である愛知県や千葉県などで低温による生育の遅れなどがあり出荷量への影響があった。

表1　月別取扱量

（単位：t）

	2017年10月～2018年2月	過去5年間の平均値
10月	18,060	16,494
11月	14,133	13,425
12月	13,045	13,398
1月	11,795	13,711
2月	11,808	14,441

（東京都中央卸売市場の資料により作成）

図2　1kgあたりの月別平均価格

(円)
300
250
200
150
100
50
0
10月　11月　12月　1月　2月
―●― 2017年10月～2018年2月
……▲…… 過去5年間の平均値

（東京都中央卸売市場の資料により作成）

【会話文】

はるさん：低温などの天候不順が，愛知県や千葉県のキャベツの生育に影響したということがニュース記事に書かれていたよ。天候不順は，市場で取り扱われるキャベツの取扱量や価格にも影響したのか気になるね。

りんさん：キャベツの価格はさまざまなことが関係して変わるようだけれど，市場での取扱量との関係もあるのかな。

はるさん：当時の東京都中央卸売市場のキャベツの取扱量や平均価格について，**【メモ】**の内容と合わせて考えてみようよ。

りんさん：そうだね。**【メモ】**中のキャベツの生育の状況と，**表1**で示されている取扱量と，**図2**で示されている平均価格の特ちょうをみると，2017年12月から2018年2月までの期間は［　　　　］ことがわかるね。

はるさん：この期間において東京都中央卸売市場で取り扱われるキャベツの多くが愛知県産と千葉県産であり，天候不順の影響が取扱量にも価格にもおよんでいたのかもしれないね。

問い　**【会話文】**中の［　　］には，**【メモ】**，**表1**，**図2**から読み取れる内容をもとに，2017年12月から2018年2月までの期間について，キャベツの生育の状況および，過去5年間の平均値と比べた取扱量と平均価格の特ちょうをまとめた内容が入ります。［　　］に入る適切なことばを，**取扱量**，**価格**という2語を使って，**50字以内**で書きなさい。

② はるさんとりんさんは，キャベツの主な産地である群馬県と愛知県のキャベツの収穫量や産出額について調べました。**図3**は1988年と2018年における全国のキャベツの収穫量にしめる収穫量の多い上位2県の割合を，**表2**は2018年における群馬県と愛知県と全国のキャベツの産出額と農業産出額合計を，それぞれ示したものです。**図3**と**表2**から読み取れる内容として**誤っているもの**を，あとの**ア～エ**から一つ選び，記号を○で囲みなさい。

図3　全国のキャベツの収穫量にしめる収穫量の多い上位2県の割合

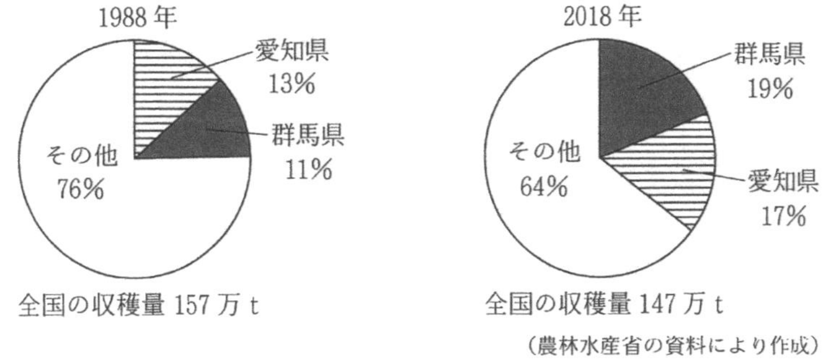

（農林水産省の資料により作成）

表2　群馬県と愛知県と全国のキャベツの産出額と農業産出額合計（2018年）

	群馬県	愛知県	全国
キャベツの産出額	196億円	246億円	1039億円
農業産出額合計	2454億円	3115億円	9兆1283億円

（農林水産省の資料により作成）

ア　キャベツの収穫量について，全国の収穫量にしめる群馬県と愛知県を合わせた収穫量の割合は，1988年より2018年の方が大きい。

イ　2018年における農業産出額合計にしめるキャベツの産出額の割合は，群馬県も愛知県もそれぞれ7％以上である。

ウ　2018年におけるキャベツの収穫量と産出額について，群馬県と愛知県を合わせた収穫量は50万t以上であり，群馬県と愛知県を合わせた産出額は全国の産出額の50％以上をしめている。

エ　2018年におけるキャベツの収穫量と産出額について群馬県と愛知県とを比べると，収穫量は群馬県の方が愛知県より多く，産出額は愛知県の方が群馬県より高い。

(4)　下線部㋛の国会に関して書かれた次の文章について，①，②の問いに答えなさい。

> 国会は二院制であり，衆議院と（　ⓐ　）の二つの議院がある。衆議院については，議員の任期はⓑ〔**ア**　4　　**イ**　5　　**ウ**　6〕年であり，任期の途中で議院がⓒ〔**エ**　解散されることがある　　**オ**　解散されることはない〕。

①　文章中の（　ⓐ　）に入る語を書きなさい。

②　文章中のⓑ〔　　〕，ⓒ〔　　〕から適しているものをそれぞれ一つずつ選び，記号を○で囲みなさい。

2　そらさんとひなさんは，それぞれ自分が興味のあることについて，実験を行ったり調べたりすることにしました。(1)～(3)の問いに答えなさい。

(1)　そらさんは，ヘチマを育てることにしました。①，②の問いに答えなさい。

①　そらさんは，ヘチマの種子の発芽には適当な温度が必要であることを確かめるために，次の**【実験計画】**をたてました。しかし，ひなさんから「この**【実験計画】**では，ヘチマの種子の発芽には適当な温度が必要かどうかを確かめられない」という指摘を受けました。**【ひなさんの指摘】**中の［　　　］に入る適切なことばを**25字以内**で書きなさい。

【実験計画】

> 実験の目的　ヘチマの種子の発芽には適当な温度が必要かどうかを調べる。
>
> 方法　1　肥料をふくまない土（パーライトなど）を同量入れた同じ大きさのプラスチックの容器を二つ用意し，それぞれの容器にヘチマの種子を三つずつまいて，容器A，容器Bとする。
> 2　容器Aは日光がよく当たるベランダ（土の温度は約25℃）に置き，容器Bは日光の当たらない冷蔵庫の中（土の温度は約5℃）に置く。
> 3　容器Aにも容器Bにも，土がかわかないように適切な量の水をあたえながら発芽のようすを観察し，その結果を比べる。

【ひなさんの指摘】

> **【実験計画】**中の容器Aと容器Bでは，［　　　　　］ため，たとえ容器Aの種子だけが発芽したとしても，ヘチマの種子の発芽には適当な温度が必要かどうかを確かめられない。

②　**図1**は，ヘチマにさく2種類の花のスケッチです。そらさんが育てているヘチマには，**花A**と同じつくりの花が8個，**花B**と同じつくりの花が12個さきました。これらの20個の花以外にヘチマの花がさかなかったとすると，そらさんが育てているヘチマには，最大で何個の実ができると考えられますか。書きなさい。

図1

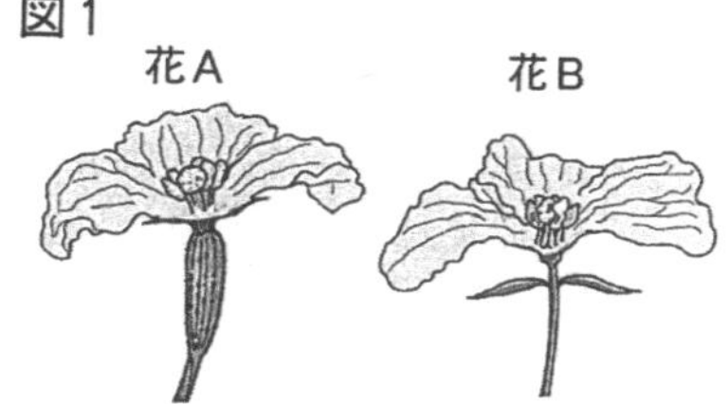

(2)　ひなさんは，以前学校で行った，温度による水と空気の体積の変化について調べた実験の結果をもとに，温度計をつくることにしました。①，②の問いに答えなさい。ただし，温度が変わっても水と空気以外のものの形や大きさは変わらないものとし，目印に使う赤く色をつけた油は水や空気の体積の変化に影響をあたえないものとします。

【学校で行った実験とその結果】

> ○　空どうの部分が底面積0.2 cm^2 の円柱の形である**図2**のようなガラス管がついたゴムせんと試験管をそれぞれ二つずつ用意し，それらを用いて**図3**に表した装置Aと装置Bをつくった。
> 　**図3**で表したように，それぞれの装置のガラス管には，水や空気の体積の変化を観察するときの目印となるように赤く色をつけた少量の油を入れてあり，装置Aの油より下の部分には20℃の水20 cm^3 が，装置Bの油より下の部分には20℃の空気20 cm^3 が，それぞれ入った状態で実験を始めた。

図2　ガラス管

底面積0.2 cm^2 の円柱の形の空どう

○ 装置Aと装置Bをそれぞれ40℃のお湯につけ，油の位置が変わらなくなるまで置いたあと，それぞれの油の位置をお湯につける前の20℃のときの位置と比べると，結果は次のようになった。なお，装置Aに入れた油は，水と混ざることなく常に水面にういていた。

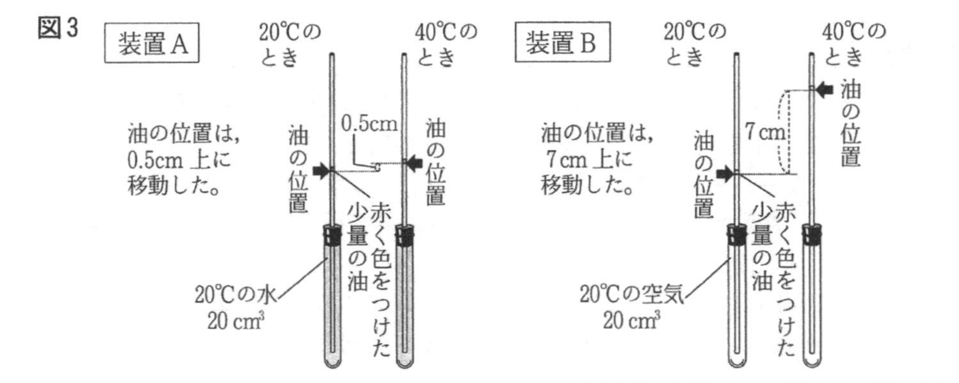

① 次の文章は，**【学校で行った実験とその結果】**からわかることをまとめたものです。文章中の ⓐ〔　　〕，ⓑ〔　　〕から適しているものをそれぞれ一つずつ選び，記号を○で囲みなさい。

> 実験の結果から，温度を20℃から40℃に上げるとき，水の体積も空気の体積も，ともにⓐ〔ア 大きく　イ 小さく〕なることがわかる。また，温度が20℃のときに，装置Aに入っている水と装置Bに入っている空気の体積が同じであるとき，温度を20℃から40℃に上げるときの体積の変化は，ⓑ〔ウ 水　エ 空気〕の方が大きいことがわかる。

② ひなさんは，**【学校で行った実験とその結果】**をもとに，20℃から40℃までの温度の変化を調べることができる，**図4**のようなつくりの温度計をつくることにしました。そこで，ガラス管がついたゴムせん2種類（ガラス管の中の空どうの部分が，底面積0.2 cm²の円柱の形であるガラス管がついたものと，底面積0.8 cm²の円柱の形であるガラス管がついたもの）と250 cm³まで水が入るガラスびんを用意し，使うガラス管の種類と装置の中（油より下の部分）に入れる水と空気の体積の組み合わせとして，**表**中の**ア～エ**の4種類の条件で考えることにしました。**表**中の**ア～エ**のうち，**20℃から40℃までの温度の変化を調べることができ，温度の変化にともなう油の位置の変化が最も大きくなる温度計**の条件として適しているものを一つ選び，記号を○で囲みなさい。

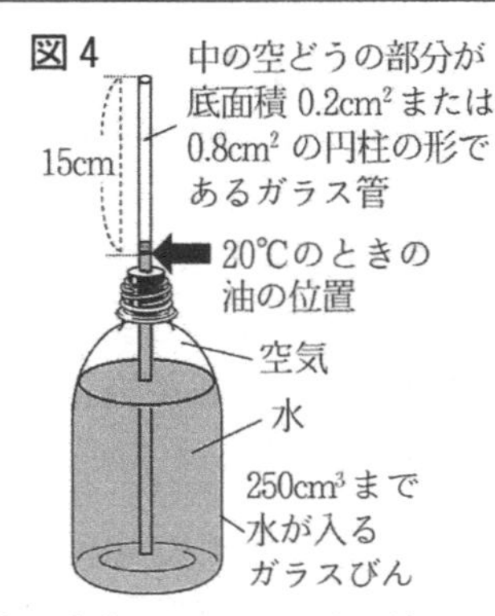

ただし，**表**中の**ア～エ**の条件でつくる温度計の20℃のときの油の位置は，**図4**と同じく空気中に出たガラス管の先から15 cmであるものとし，つくる温度計における水や空気の20℃のときの体積と40℃のときの体積の比は，**【学校で行った実験とその結果】**から求められる比とそれぞれ同じであるものとします。

表

	ア	イ	ウ	エ
ガラス管の種類（円柱の形の空どうの部分の底面積）	0.2 cm²	0.2 cm²	0.8 cm²	0.8 cm²
装置の中に入れる水の体積	250 cm³	200 cm³	200 cm³	150 cm³
装置の中に入れる空気の体積	0 cm³	50 cm³	50 cm³	100 cm³

(3) そらさんとひなさんは，学校にあるグリーンカーテン（植物でつくった日よけ）の効果について調べることにしました。グリーンカーテンについて調べる中で，窓の外に何も設置していない部屋Aと，すだれを設置した部屋Bと，グリーンカーテンを設置した部屋Cの室内の温度を比べた資料を見つけました。**図5**と**図6**はその資料の一部で，**図5**は部屋Bと部屋Cの窓の外のようすを，**図6**は部屋A～部屋Cそれぞれの室内の温度の変化を表したものです。二人は**図6**を見ながら話をしています。①，②の問いに答えなさい。

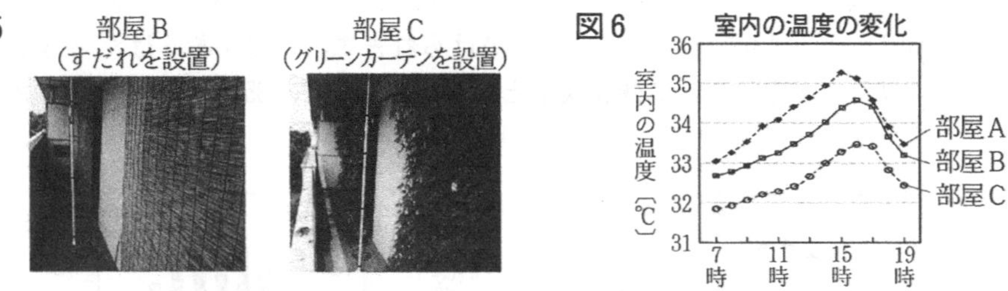

（国立研究開発法人 建築研究所「緑のカーテンによる生活環境改善手法に関する研究」により作成）

【会話文】

> ひなさん：部屋A～部屋Cの室内の温度を比べると，窓の外にすだれやグリーンカーテンを設置した部屋の方が，何も設置しない部屋より室内の温度が低くなることがわかるね。同じように日差しをさえぎっているのに，部屋Bより，部屋Cの方が室内の温度が低いのはなぜだろう。
> そらさん：調べたところ，グリーンカーテンを設置すると，ⓐ植物が根から吸い上げた水が植物の体から水蒸気となって出ていくときに葉やその周りの熱をうばうため，温度が下がるそうだよ。
> ひなさん：なるほど。だから，グリーンカーテンを設置する方が，すだれを設置するよりも室内の温度が低くなるんだね。
> そらさん：それだけではなく，グリーンカーテンを設置することは，地球上の植物を増やし，地球温暖化の原因の一つだといわれているⓘ温室効果ガスを減らすことにもつながるらしいよ。

① **【会話文】**中の下線部ⓐについて，植物が根から吸い上げた水が植物の体から水蒸気となって出ていくことは何と呼ばれていますか。書きなさい。

② **【会話文】**中の下線部ⓘとは，太陽からの熱を地球にためるはたらきがある気体のことです。この温室効果ガスの一つに，二酸化炭素があります。(i)，(ii)の問いに答えなさい。

(i) 次の**ア～オ**のうち，二酸化炭素や，二酸化炭素がとけている水よう液である炭酸水について書かれた文として適しているものを**二つ**選び，記号を○で囲みなさい。

ア 二酸化炭素で満たしたびんの中に火のついたろうそくを入れると，激しく燃える。
イ 二酸化炭素で満たしたびんの中に火のついたろうそくを入れると，すぐに火が消える。
ウ 炭酸水をリトマス紙につけたとき，赤色のリトマス紙が青くなる。
エ 炭酸水をリトマス紙につけたとき，青色のリトマス紙が赤くなる。
オ 炭酸水をリトマス紙につけたとき，赤色のリトマス紙も青色のリトマス紙も変化しない。

(ii) **図7**と**図8**は，ともに2018年における日本のある場所での気象観測の結果をまとめたもので，**図7**は空気中にしめる二酸化炭素の割合の変化を，**図8**は月別日照時間を，それぞれ表したものです。

図7，**図8**から，空気中にしめる二酸化炭素の割合が減少している5月から9月は，日照時間が他の月より長いことがわかります。日照時間が長いときに空気中にしめる二酸化炭素の割合が減少する理由の一つとして，植物がもつ「あるはたらき」が他の時期より長い時間行われることが挙げられます。この「あるはたらき」とはどのようなはたらきですか。**二酸化炭素**という語を使って，**35字以内**で書きなさい。

図7

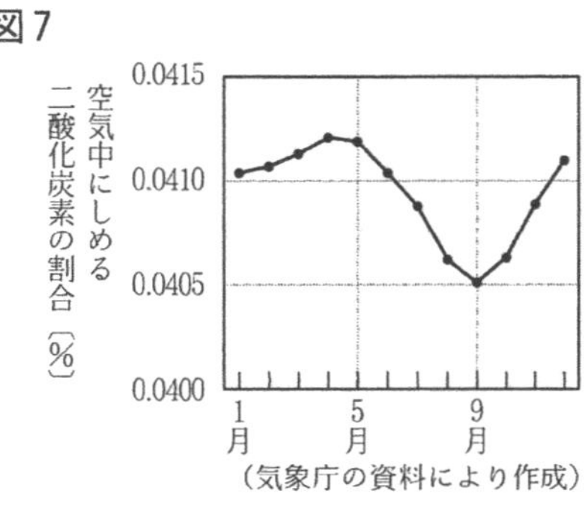

（気象庁の資料により作成）

図8

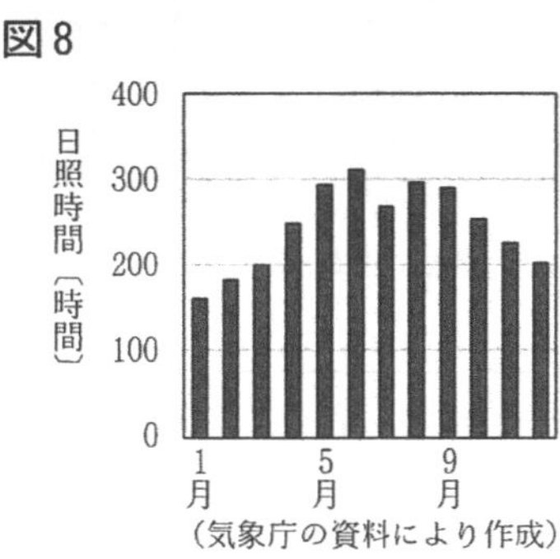

（気象庁の資料により作成）

3 2022年の7月31日から8月2日まで，大阪府に住むみくさんは，兵庫県の丹波篠山市に住むいとこのりょうさんの家を訪れ，りょうさんに篠山城跡周辺を案内してもらいました。**図1**は丹波篠山市の位置を示した兵庫県の地図，**図2**は丹波篠山市で二人が訪れた施設などを表した地図です。(1)～(8)の問いに答えなさい。

図1

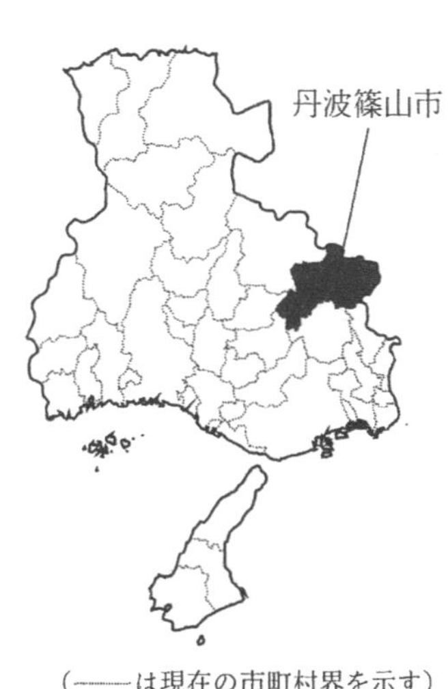

（――は現在の市町村界を示す）

図2

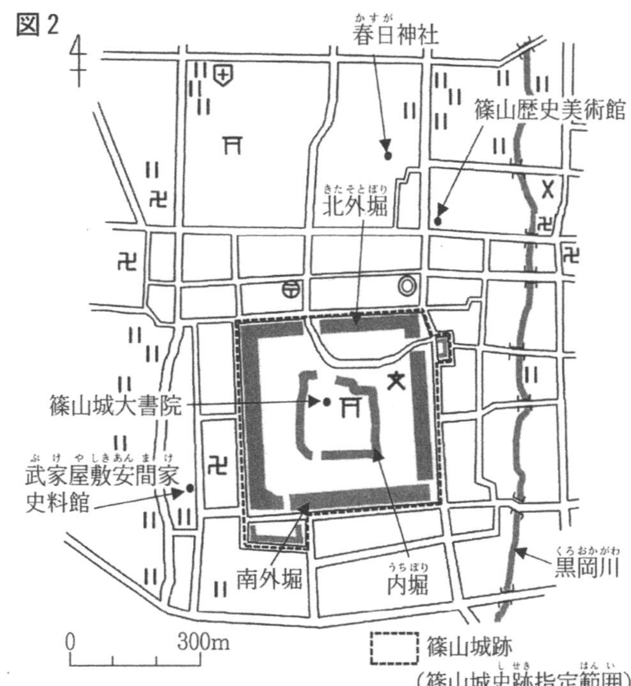

(1) みくさんは，丹波篠山市を訪れる前に，兵庫県について調べました。**【メモ】**は，みくさんが調べたことの一部です。①～③の問いに答えなさい。

【メモ】

［位置］ 近畿地方に位置している。本州にある都道府県のうちで隣り合って接している四府県は，大阪府と京都府の二つの府と，日本海に面する（　A　）県と，瀬戸内海に面する（　B　）県の二つの県である。
［歴史］ 平清盛が港を整え（　C　）との貿易を行う拠点としたのが現在の神戸市兵庫区南部である。
［人口］ 2021年における人口は500万人をこえており，全国第7位である。
［農業と水産業］ 農業ではたまねぎの収穫量が全国第3位であり，漁業ではあ<u>のりの収獲量</u>が全国第2位である。

① **【メモ】**中の（　A　），（　B　）に入る適切な県の名前をそれぞれ書きなさい。

② 次の**ア**～**エ**のうち，**【メモ】**中の（　C　）に入る語として適しているものを一つ選び，記号を○で囲みなさい。

ア 漢　　**イ** 隋　　**ウ** 唐　　**エ** 宋

③ **【メモ】**中の下線部あに関して，のりなどの水産物を収獲するまで人工的に育てる漁業は，何と呼ばれていますか。書きなさい。

(2) 最初に，みくさんとりょうさんは，丹波篠山市の歴史などについて調べるために篠山歴史美術館を見学しました。篠山歴史美術館の見学を終えた二人は，**図2**中に表された施設などの位置や施設間の距離などを確認しました。次の**ア**～**オ**のうち，**図2**から読み取れる内容として正しいものを**すべて**選び，記号を○で囲みなさい。

ア 篠山歴史美術館から約300m南に寺がある。
イ 篠山歴史美術館から500m以内の距離に田がある。
ウ 篠山歴史美術館からは，病院よりも市役所の方が遠い。
エ 篠山歴史美術館から見て，篠山城大書院は南東にある。
オ 篠山歴史美術館から武家屋敷安間家史料館までの距離は，直線で1km以内である。

(3) 次に，二人は，春日神社を訪れ，春日神社の境内には国の重要文化財に指定されている能舞台があることを知りました。能を完成（大成）した観阿弥・世阿弥親子は，ある人物からの保護を受けたり協力を得たりしていました。次の**ア**～**エ**のうち，観阿弥・世阿弥親子に対して保護や協力を行ったある人物の名前として適しているものを一つ選び，記号を○で囲みなさい。

ア 藤原道長　　**イ** 北条時宗　　**ウ** 足利義満　　**エ** 豊臣秀吉

(4) その後，二人は，篠山城跡を訪れました。みくさんは，篠山城が徳川家康の命令で築かれた城であるということを知りました。次の**ア**～**オ**のうち，徳川家康について書かれた文として正しいものを**すべて**選び，記号を○で囲みなさい。

ア 関ケ原の戦いに勝利した。
イ 九州北部で元軍と戦った。
ウ 武家諸法度に参勤交代の制度を加えた。
エ 征夷大将軍に任じられ江戸に幕府を開いた。
オ 安土城を築き，その城下町において自由に商工業を行うことを認めた。

(5) 最後に，二人は武家屋敷安間家史料館を訪れました。安間家は，江戸時代から明治時代にかけて藩校や学校の教育に関わっていました。次の**ア**～**ウ**のうち，古代の中国で生まれ，その後日本に伝わった学問で，江戸時代には幕府や藩によって重んじられ藩校の教育の中心となっていた学問として適しているものを一つ選び，記号を○で囲みなさい。

ア 儒学　　**イ** 国学　　**ウ** 蘭学

(6) 二人が史料館を出たとき，空に太陽と月が出ていました。りょうさんは夏休みの間，月の形を観察しており，この日も月の形を観察しました。**図3**は，2022年の7月31日に南の空に見えた月の形で，この日の月は三日月でした。次の**A**～**C**は，2022年の7月7日，7月20日，7月26日のそれぞれの日にりょうさんの家から観察した月の形のいずれかを表したものです。**A**～**C**を観察した日付順に並べかえて，記号を書きなさい。なお，**A**～**C**は，大きさと向きを**図3**にそろえて表しています。

図3　　**A**　　**B**　　**C**

(7) 二人は，りょうさんの家に帰る途中，遠くの方にランプが球の形をした街灯を見つけました。街灯を見つけた時刻は午後3時で，このとき，みくさんとりょうさんと街灯の位置関係は上から見ると**図4**の通りでした。**図5**は，二人が街灯を見つけたときに，**図4**中のみくさんの位置から ➞ の方向を向いて観察した街灯のようすを表したものです。①，②の問いに答えなさい。

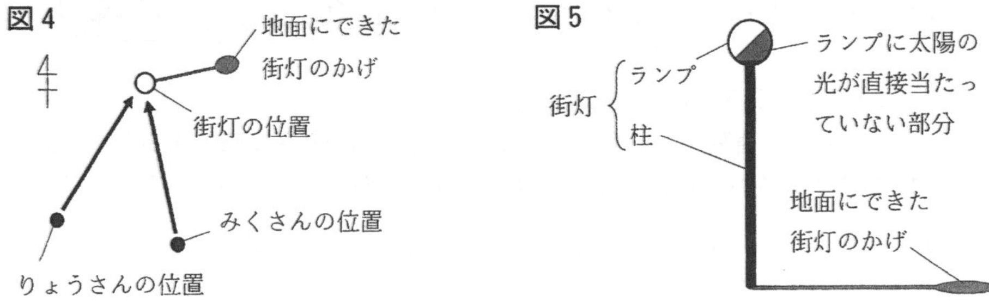

① 次の**ア**～**エ**のうち，二人が街灯を見つけたときに，**図4**中のりょうさんの位置から ➞ の方向を向いて観察した街灯のランプのようすを表した図として最も適しているものを一つ選び，記号を○で囲みなさい。なお，**ア**～**エ**中の ■ はランプに太陽の光が直接当たっていない部分を表しています。

ア

イ
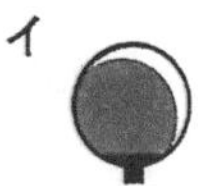
ウ

エ

② 篠山城跡周辺を訪れた翌日（8月1日）のある時刻に，二人が**図4**の街灯の近くを通ったとき，地面にできた街灯のかげは北に向かってのびており，かげの長さは篠山城跡周辺を訪れた日（7月31日）の午後3時よりも短くなっていました。このときの時刻と太陽の高さについて述べた次の文章中のⓐ〔　　〕，ⓑ〔　　〕から適しているものをそれぞれ一つずつ選び，記号を○で囲みなさい。

> 篠山城跡周辺を訪れた翌日（8月1日）に，地面にできた街灯のかげが北に向かってのびている時刻は，ⓐ〔**ア** 午前7時　**イ** 正午　**ウ** 午後5時〕ごろであると考えられる。また，このときの太陽の高さは，篠山城跡周辺を訪れた日（7月31日）の午後3時の太陽の高さと比べてⓑ〔**エ** 高い　**オ** 低い〕と考えられる。

(8) みくさんが大阪に帰ったあと，みくさんとりょうさんはそれぞれ，この3日間で気になったことを自分の家で調べたり考えたりしました。①，②の問いに答えなさい。

① みくさんは，丹波篠山地域では田であった土地を利用して黒豆が栽培されていることを知り，興味をもちました。そこでみくさんは，丹波篠山地域で行われている黒豆の栽培の工夫について調べ，次のようにまとめました。文章中のⓐ〔　　〕～ⓒ〔　　〕から適しているものをそれぞれ一つずつ選び，記号を○で囲みなさい。

> 丹波篠山地域の田の多くは，どろと同じくらい小さいつぶの土でできている。小さいつぶでできた土は，大きいつぶでできた土より水がⓐ〔**ア** しみこみやすい　**イ** しみこみにくい〕ため，小さいつぶの土でできた地面には水たまりがⓑ〔**ウ** できやすい　**エ** できにくい〕。このような土では黒豆の栽培は難しいとされていたが，**図6**のように土をもり上げた部分をつくることで，土をもり上げた部分では溝になった部分よりも水がⓒ〔**オ** たまりやすく　**カ** たまりにくく〕なり，黒豆の栽培ができるようになった。
>
> **図6**
> 土をもり上げた部分
> 50cm以上
> 溝になった部分

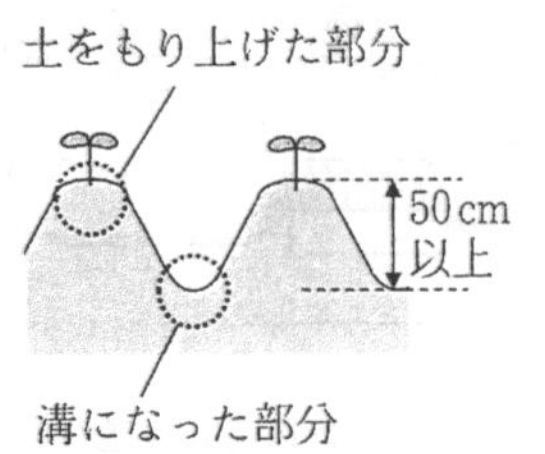

（農林水産省の Web ページなどにより作成）

②　8月2日の夕方，大阪に帰るみくさんを見送ったりょうさんが街灯の近くを通ったときに，街灯のランプに明かりがつきました。太陽がしずんで辺りが暗くなると明かりがつくしくみに興味をもったりょうさんは，光が当たるときは明かりが消え，光が当たらないときは明かりがつく装置のつくり方を考えました。

<装置のつくり方>

1　**図7**のように，クリップX，豆電球，かん電池，クリップYの順に導線でつないだ回路（以下，回路あとする）をつくる。このとき，**図7**のように導線とクリップYをセロハンテープで固定し，（　）で囲った部分をスイッチとする。

図7　回路あ

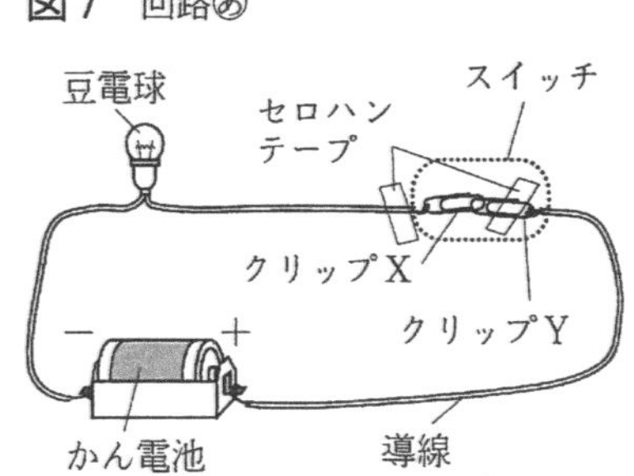

2　エナメル線を巻いてつくったコイルに鉄心を入れたものをつくる。これに光電池（こうでんち）をエナメル線でつなぎ，**図8**のような回路（以下，回路いとする）をつくる。

図8　回路い

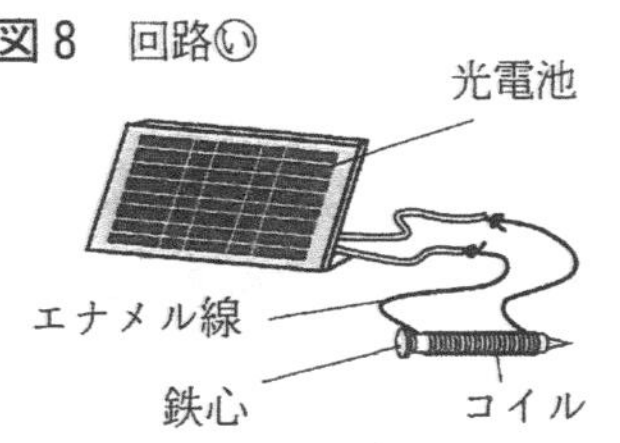

3　回路あのクリップXの真上に，回路いの鉄心の端（はし）がくるように回路いを固定する。

<装置のしくみ>

光電池に光が当たるときは，回路いに電流が流れ，クリップXが鉄心に引きつけられて持ち上がるため，豆電球の明かりが消える。（**図9**）

光電池に光が当たらないときは，回路いに電流が流れず，クリップXが鉄心に引きつけられずクリップYとふれるため，豆電球の明かりがつく。（**図10**）

図9　　　**図10**

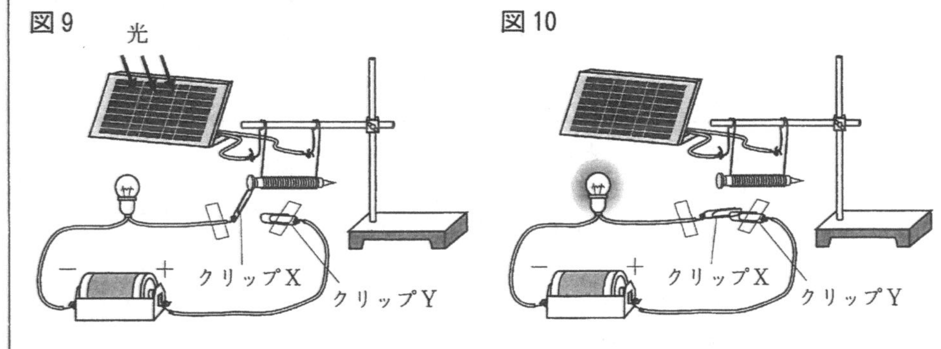

(i)〜(iv)の問いに答えなさい。ただし，豆電球の明かりが光電池に当たっても回路いに電流が流れることはないものとします。

(i)　**図7**で示した回路あの回路図（記号で表した回路）を，かん電池は ─┤├─，豆電球は ⊗，スイッチは ＿／＿ の記号を使ってかきなさい。

(ii)　りょうさんは，次の**ア〜エ**の4種類のクリップのいずれかを使って，回路あのスイッチをつくることにしました。**表**は，**ア〜エ**の4種類のクリップの素材と性質を示したものです。回路あのスイッチのクリップXとして使うことができるものと，回路あのスイッチのクリップYとして使うことができるものを，それぞれ**ア〜エ**から**すべて**選び，記号を○で囲みなさい。

ア 　**イ** 　**ウ** 　**エ** 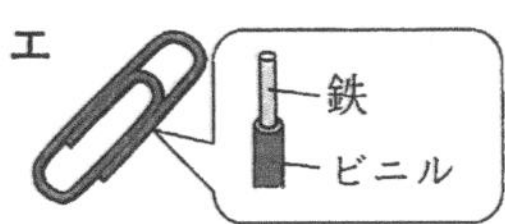

表

	ア	イ	ウ	エ
素材	鉄	プラスチック	アルミニウム	ビニルでおおわれた鉄
性質	電気を通し，磁石につく	電気を通さず，磁石につかない	電気を通し，磁石につかない	電気を通さず，磁石につく

(iii)　<装置のつくり方>をもとに実際に装置をつくり，装置の光電池に光を当てたところ，回路いに電流が流れましたが，クリップXが重いため持ち上がりませんでした。次の**ア〜エ**のうち，クリップを交換（こうかん）せずに，クリップが持ち上がるようにするために考えられる方法として最も適しているものを一つ選び，記号を○で囲みなさい。

ア　回路あのかん電池の向きを逆にする。　**イ**　回路あに検流計をつなぐ。
ウ　回路いのコイルの巻き数を減らす。　**エ**　回路いのコイルの巻き数を増やす。

(iv)　りょうさんは，回路あをつくりかえて，豆電球の明るさを2段階に変えることができないか試（ため）してみました。**図11**は，りょうさんがつくりかえた回路を表しています。**図11**中のスイッチA〜Cに，次の**ア**の操作を行ったときと**イ**の操作を行ったときとでは豆電球の明るさが異なりました。**ア**の操作を行ったときの豆電球の明るさと，**イ**の操作を行ったときの豆電球の明るさとを比べると，より明るいのはどちらですか。適している操作を一つ選び，記号を○で囲みなさい。また，そのように判断した理由を，電流の大きさにふれて，**直列**，**へい列**という**2語**を使って，**50字以内**で書きなさい。ただし，**図11**中の2個のかん電池は，同じ種類であり，どちらも新しいものとします。

図11

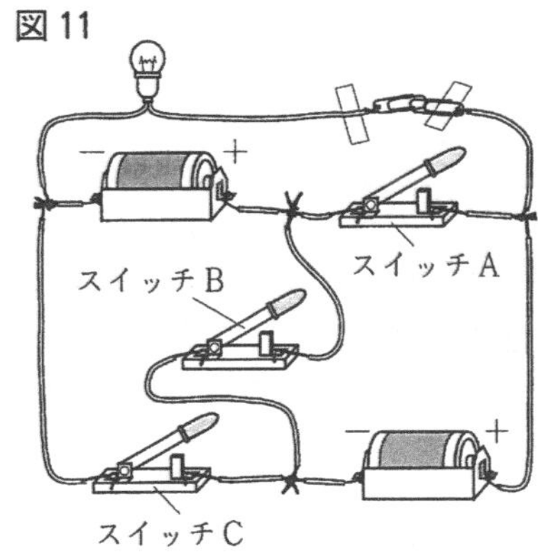

ア　スイッチAとスイッチCを入れる。スイッチBは切れたままにする。
イ　スイッチBを入れる。スイッチAとスイッチCは切れたままにする。

受験番号　　番　　得点

※100点満点

令和５年度大阪府立中学校入学者選抜適性検査問題

適性検査Ⅱ（社会・理科的問題）解答用紙

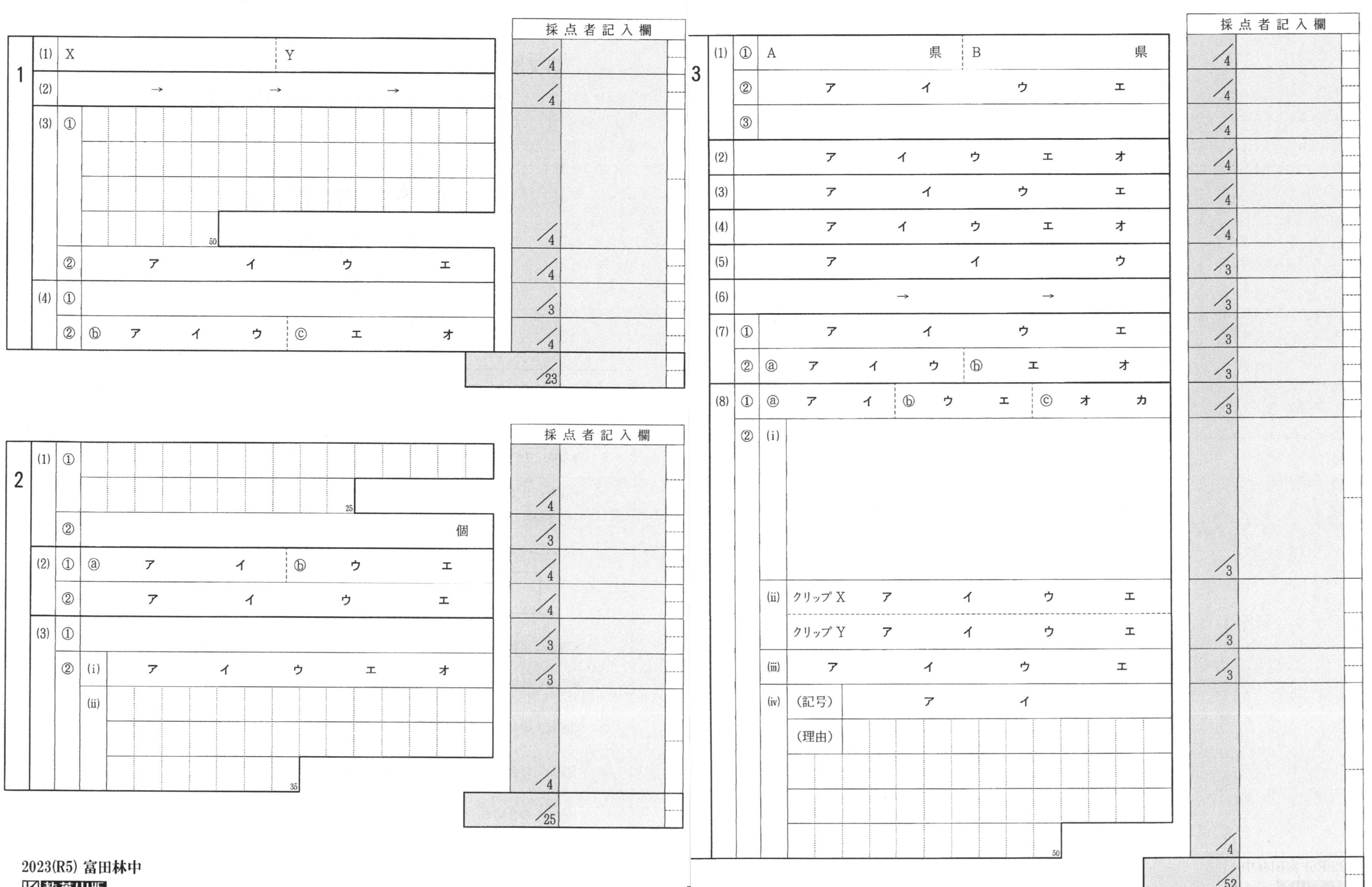

1
(1) X　Y　/4
(2) →　→　→　/4
(3) ① (50字) /4
② ア　イ　ウ　エ　/4
(4) ① /3
② ⓑ ア　イ　ウ　ⓒ エ　オ　/4
/23

2
(1) ① (25字) /4
② 個　/3
(2) ① ⓐ ア　イ　ⓑ ウ　エ　/4
② ア　イ　ウ　エ　/4
(3) ① /3
② (i) ア　イ　ウ　エ　オ　/3
(ii) (35字) /4
/25

3
(1) ① A 県　B 県　/4
② ア　イ　ウ　エ　/4
③ /4
(2) ア　イ　ウ　エ　オ　/4
(3) ア　イ　ウ　エ　/4
(4) ア　イ　ウ　エ　オ　/4
(5) ア　イ　ウ　/3
(6) →　→　/3
(7) ① ア　イ　ウ　エ　/3
② ⓐ ア　イ　ウ　ⓑ エ　オ　/3
(8) ① ⓐ ア　イ　ⓑ ウ　エ　ⓒ オ　カ　/3
② (i) /3
(ii) クリップX ア　イ　ウ　エ
クリップY ア　イ　ウ　エ　/3
(iii) ア　イ　ウ　エ　/3
(iv) (記号) ア　イ
(理由) (50字) /4
/52

採点者記入欄

2023(R5) 富田林中
教英出版

2

令和５年度

大阪府立中学校入学者選抜適性検査問題

（大阪府立富田林中学校に係る入学者選抜）

適性検査Ⅱ

（社会・理科的問題）

（45分）

注　意

1　「開始」の合図があるまで開いてはいけません。

2　答えは，すべて**解答用紙**に書きなさい。

・答えとして記号を選ぶ問題は，下の【解答例】にならい，すべて**解答用紙の記号**を○で囲みなさい。また，答えを訂正（ていせい）するときは，もとの○をきれいに消しなさい。

【解答例】

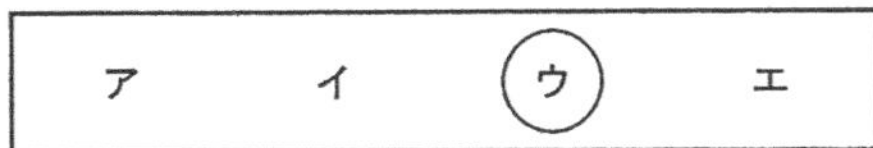

・答えの字数が指定されている問題は，、。「　」なども一字に数えます。

解答用紙の**採点者記入欄**（さいてんしゃきにゅうらん）には，何も書いてはいけません。

3　問題は，中の用紙のA・B面に**1**，B・C・D面に**2**，D・E・F面に**3**があります。

4　「開始」の合図で，まず，**解答用紙**に**受験番号**を書きなさい。

5　「終了」（しゅうりょう）の合図で，すぐ鉛筆（えんぴつ）を置きなさい。

一　次の文章を読んで、あとの問いに答えなさい。

適性検査Ⅰ（国語的問題）（大阪府立富田林中学校に係る入学者選抜）

自然と人間の共生、私たちは近年になって①しばしばこの言葉を口にするようになった。だが自然と人間の共生とは何だろうか。この問題を考えるとき、生存の条件を変えながら生きていく人間と、その条件を受け入れながら少しずつ過去の状態に戻っていこうとする自然との、根本的な生存原理の違いを私は感じてしまう。そしてこの自然と人間の違いの奥には、自然がつくりだしている時間世界と、人間の時間世界の相違があるように思うのである。〔あ〕

自然は特有の時間世界をもっている。ゆっくりと流れゆく時間や、時間スケールの大きさもその特徴のひとつだろう。少しずつしか変わることのない森の時間はゆったりと流れ、ときにその森のなかには、数千年を生きる古木が息づいている。それとくらべれば、人間の時間世界はあわただしくその短い時間を変わっていく。

だが②それだけが、自然の時間の特徴だとは思わない。〔い〕なぜなら自然は円を描くように繰り返される時間世界のなかで生きているのに対して、現代の人間たちは、直線的に伸びていく時間世界のなかで暮らしているような気がするからである。〔う〕

森のなかでは季節は毎年繰り返されている。草花の花が咲き森の樹々が芽吹く春、濃緑の葉に[a]ツツまれる夏、紅葉の秋、そして落葉の冬。季節は毎年同じように*循環してきて、その季節のなかで森は、春の営み、夏の営み、そして秋の、冬の営みを繰り返す。毎年変わらない春を迎えることは、森の正常な姿である。〔え〕一年を[b]タンイとする時間循環があり、さらに幼木が老木となって倒れていく、大きな時間循環の世界がある。

そしてこの循環する時間世界のなかで暮らすものたちは、変化を求めてはいないのである。太古の自然と同じように、今日の自然も生きようとしている。

だが現代の人間たちはそんな時間世界のなかでは生きていない。私たちはけっして循環することもなく、変わりつづける③直線的な時間のなかで生きているのである。過去は過ぎ去り、時間とともに私たちはすべてのものを変化させてしまう。自然が去年と同じ春の営みをはじめるのに対して、人間たちは昨年から一年を経た新しい春を迎えるのである。

ある意味では、人間はこの直線的な時間世界を確立することによって、循環する時間世界のなかで生存している自然から自立した動物になった。自然のように、[c]セイいっぱい春を生き、秋を生きていくことを、生命の*証とすることはできなくなった。

こうして、人間の営みは自然の営みを*阻害するようになったのではなかろうか。なぜなら人間たちは生存していくために変化を求めつづけるけれども、自然は生存条件の変化を求めてはいないからである。

とすると自然と人間が共生するには、循環的な時間世界のなかで、変化を望まずに生きている自然の時空をこわさないでおくことのできる社会を、私たちがつくりだすしかないのである。

（内山節『森にかよう道』による）

*循環 ＝ ひとまわりして、また元の場所あるいは状態にかえり、それを繰り返すこと。
*証 ＝ 確かな証拠。
*阻害 ＝ じゃますること。

1　本文中の～～～線部a～cのカタカナを文脈に合わせて漢字に直し、解答欄の枠内に**大きくていねいに**書きなさい。

2　本文中に――線部①とありますが、次のア～エのうち、この言葉の本文中での意味として最も適しているものを一つ選び、記号を○で囲みなさい。

ア　もしも　**イ**　たびたび　**ウ**　いろいろ　**エ**　もともと

3　本文中の――線部②のさし示している内容を次のようにまとめました。［　］に入る内容を、本文中の言葉を使って**十五字以上、二十五字以内**で書きなさい。

時間が［　］ということ。

4　次の一文は本文中の〔あ〕～〔え〕のいずれかに入ります。最も適しているものを一つ選び、記号を○で囲みなさい。

こんな森の様子をみていると、私には自然は循環する時間世界のなかで生きているように思えてくる。

5　本文中に――線部③とありますが、筆者は、現代の人間たちは直線的な時間世界を確立することによってどのようなものになり、自然に対してどのようなことをするようになったと述べていますか。その内容についてまとめた次の文の［　］に入る内容を、本文中の言葉を使って**三十五字以上、四十五字以内**で書きなさい。

現代の人間たちは、直線的な時間世界を確立することによって、［　］ようになったのではないか。

6　次の**ア**～**エ**のうち、本文中で述べられている内容と合うものとして最も適しているものを一つ選び、記号を○で囲みなさい。

ア　今日の自然は太古の自然と違って、循環的な時間世界のなかで変化を求めて生きるようになった。

イ　自然は一年ごとに新しい営みをはじめるのに対して、人間は毎年同じ営みを繰り返している。

ウ　現代の人間は生存の条件を変えながら生きていくことによって、自然がつくりだしている時間世界のなかで暮らすようになった。

エ　人間は、自然の時空をこわさないでおくことのできる社会をつくりださなければ、自然と共生することはできない。

二　六年生の川野さんと山田さんは、学校の読書クラブ活動の時間に、東直子さんの短歌について調べました。次は、二人が調べた【短歌】と、それを見ながら二人が担当の木村先生と交わした【会話】の一部です。これらを読んで、あとの問いに答えなさい。

【短歌】

A　ふたりしてひかりのように泣きました　あのやわらかい草の上では

B　京ことばふうのしろき湯気たててゆっくり熟す白飯あまし

C　とうに答はミシンカタカタほのあかく見えているけどミシンカタカタ

【会話】

木村先生　川野さんと山田さんは、東直子さんの①三つの短歌を調べたのですね。調べた中で感じたことやわかったことを教えてください。

川野さん　はい。最初にAの短歌を読んだときには、「ひかりのように」という（　Ⅰ　）の後に「笑う」などの前向きな言葉が続くのかと思いましたが、「泣きました」だったので意外でした。

山田さん　私は「ふたりしてひかりのように泣きました」という言葉が先にあることで、「この二人はどのような関係で、なぜ泣いたのだろう」と気になり、興味をもちました。もし「やわらかい草の上ではふたりしてひかりのように泣いたのでした」と表現されていたら興味をもたなかったかもしれません。このことから、（　Ⅱ　）は大切だと思いました。

川野さん　Aの短歌について作者が書いた文章を読むと、「若草の上に座ると、身体中の力が抜けて素直な気持ちになる。大地の力が直に伝わって魂が透明になるのだ。ふと、泣きたくなる。うれしい、悲しい、といった感情の言葉ではないものにつき動かされて。」とありました。

木村先生　「うれしい、悲しい、といった感情の言葉ではないもの」に「つき動かされて」「泣きたくなる」とはどのような状況でしょう。

山田さん　短歌にも作者の文章にもはっきりと書かれていませんが、だからこそ、自由に想像できるのかもしれません。

川野さん　確かに。私は草原で泣いている親友同士に光(a)が降っている風景を想像し、きらきらとした透明感を感じました。

木村先生　魅力的な短歌ですね。BとCの短歌についてはどうでしょうか。

山田さん　はい。Bの短歌は、初めて読んだとき、温かくて白くて甘いごはんがうかんできて、おいしそうだと思いました。

川野さん　「京ことばふう」という表現もよいですね。

木村先生　どのようなよさがあると思いますか。

川野さん　やわらかな感じが伝わってくるのがこの短歌のよさだと思います。作者はやわらかなひびきの京ことばと、ふんわり白い湯気をたてながらゆっくりたけていくやわらかなお米(b)のイメージとを重ねているようです。

山田さん　あと、Bの短歌を音読したとき、言葉のひびきがここちよいと思いました。

木村先生　そうですね。「　あ　」「熟す」「白飯」「　い　」と、短歌の中にサ行の音が入った言葉が四つ使われているから、音読したとき、言葉のひびきがここちよいのかもしれませんね。

川野さん　Cの短歌については、「ミシンカタカタ」という言葉が二回使われていることが私は気になりました。

山田さん　調べた本によると、作者はこの言葉で、ミシンの針が動いていることと時間が過ぎていくことを表現するとともに、（　Ⅲ　）によって答えを先のばしにしている感じを出したそうです。

川野さん　また、「ほのあかく」は夕陽の色で、作者は心の不安感を重ねているそうです。オレンジ(c)が混ざった赤色の夕陽に染まる部屋と、その部屋の中で一人で「ミシン」を使いながら、ぼんやりと何かを考えている人の姿がうかびます。

木村先生　三つの短歌には、透明感ややわらかさや不安感、そしてそれらを伝える表現の工夫があったということですね。二人は短歌についてよく考えていると思いました。それでは私からも東直子さんの短歌を紹介しましょう。

D　土を踏んで目を光らせて朝をゆくわたくしたちはせせらぎになる

山田さん　なんだか、いきいきとした印象を受ける短歌ですね。

川野さん　はい、私もそう思いました。なぜでしょう。

山田さん　「踏んで」「光らせて」「　う　」「　え　」のような、動きや変化を表す言葉が使われているからかもしれません。

木村先生　よい観点ですね。実はDの短歌には、他にも表現の工夫があります。「土を踏んで」の「つ」、「目を光らせて」の「め」、「朝をゆく」の「あ」、というように、音をつなげて読んでみてください。

川野さん　あ、「つめあわせ」という言葉になります。

木村先生　このように、短歌の五七五七七の最初の一音をつなげて読んだときに一つの言葉になるようにした表現の工夫を折り句といい、言葉のパズルのようなおもしろさが味わえます。

山田さん　前に私は折り句を使って短歌を作ったことがあります。「春風だルンルンするねよい予感今年も友といっぱい笑顔」という短歌です。

川野さん　最初の一音をつなげると「（　Ⅳ　）」という言葉になりますね。

木村先生　はい。「（　Ⅳ　）」という言葉を折り句に使っていることと、「ルンルン」「よい予感」「笑顔」などの言葉から、うきうきした感じが伝わります。

川野さん　短歌はおもしろいですね。私も作ってみようかな。

（東直子『短歌の詰め合わせ』などにより作成）

1　次のア～エのうち、【会話】中の――線部①の漢字の成り立ちとして最も適しているものを一つ選び、記号を○で囲みなさい。

ア　象形文字　　イ　指事文字　　ウ　会意文字　　エ　形声文字

2　次のア～ウのうち、【会話】中の（　Ⅰ　）～（　Ⅲ　）に入れるのに最も適している言葉をそれぞれ一つずつ選び、記号を○で囲みなさい。ただし、（　Ⅰ　）～（　Ⅲ　）に同じ記号は入りません。

ア　同じ言葉のくり返し　　イ　言葉の順番の工夫　　ウ　たとえ

3　次のア～ウのうち、【会話】中の～～～線部a～cの言葉の種類として最も適しているものをそれぞれ一つずつ選び、記号を○で囲みなさい。

ア　和語　　イ　漢語　　ウ　外来語

4　【会話】中の　あ　、　い　に入れるのに最も適している言葉を、それぞれBの短歌の中から**三字**でぬき出しなさい。

5　【会話】中の　う　、　え　に入れるのに最も適している言葉を、それぞれDの短歌の中から**二字**でぬき出しなさい。

6　前後の内容から考えて、【会話】中の（　Ⅳ　）に入れるのに最も適している言葉を、**ひらがな五字**で書きなさい。

三 次の文章を読んで、あとの問いに答えなさい。

私の家具作りは、注文製作を中心にしています。注文製作というのは、お客様の希望に合わせて作るという面と、在庫を持たずに、注文が有ったら作るという面が有ります。

お客様の希望に合わせて作るのは、いわゆるオーダーメードの家具で、文字通りこの世で一つの品物です。これは、あらかじめ作っておくことはできません。［A］、定番商品と呼ばれるジャンルの家具は、設計が確定していて、需要が有れば同じ形のものを何度でも作ります。

椅子などは、定番品の中からお客様に選んで頂くのが一般的です。ただし、座面の高さなどの細かい寸法については、お客様の体に合わせて変えることも有ります。テーブルも定番品のジャンルですが、主要な寸法はお客様に決めて頂くので、オーダーメードの性格が強いとも言えます。

定番品は、在庫を持っていればすぐに販売することができますが、数が多くなると保管場所に困るので、うちのように小さな工房の場合は、注文を受けてから作る事が多いと思います。注文を受けてから作るのであれば、細かい仕様に関してお客様の要望に合わせることも可能ですから、多少日数はかかりますが、お客様にも*メリットの有る事だと思います。

家具は、使う人の生活スタイルによって、必要とされるサイズや機能が異なります。オーダーメードにしろ、定番品にしろ、そのような希望を満たす品物を作ると言うのは、注文製作の*醍醐味と言えるでしょう。

ところで、注文で家具を作った場合、価格がどうなるのかと言うことは、買い手側の大きな関心事だと思います。

以前、知り合いからこんな話を(a)聞いた事があります。その方は、自宅の台所を改造して、有名なメーカーのシステムキッチンを入れようとしたそうです。ところが、カタログに載っていた品物には、百パーセント満足の行くものが無かったので、一部を変更したオーダー品にしようと(b)考えました。それを業者に(c)伝えて、後日出てきた見積りを見たら、あまりにも高額なので(d)驚いたそうです。業者からは、*些細な変更でも、大きな*コストになるのは止むを得ない事だという説明が有ったとか。

［Ⅰ］
ところが、私自身の経験で、こんな事も有りました。家具ではありませんが、学生時代に登山靴を買いに行ったときのこと。山岳部の先輩の勧めで、都心の小さな登山靴の店を訪ねました。そこは、作って売っている、工房と店舗を兼ねた店でした。

店の棚には、数点の登山靴が並んでいましたが、店主は「足に合うのが無ければ注文で作ります」と言いました。私は注文と言う言葉を聞いて少し怖気づきました。ただでさえ高めの手作り品ですから、注文だとかなり高いものになると思ったのです。その予想に反して、店主は言いました「値段は変わらないよ、どうせここで作っているのだから」。
［Ⅰ ここまで］

量産システムというのは、同じものを能率良く大量に作り、生産コストを下げ、低い価格で沢山売り、全体として利益を上げようという方式です。全く同じ物を作るところがポイントですから、ほんの僅かでも仕様を変更して、量産*ラインから外れると、その一つの品物のために特別な手間がかかり、製作費用が大幅に高くなってしまうのです。

一方、一品ものは元々一つずつ作りますから、基本の形から多少の変更を求められても、小回りが利きます。機械で量産するのとは違って、人の手が関わる部分が多いですから、価格が高くなるのはやむを得ませんが、お客様の要望に合わせて作っても、価格レベルは大きく変わらないのです。

自分の好みに合った家具を手に入れたいと思った時、それが量産品の中に見つからなければ、注文で作る事を考えてみても良いと思います。その場合、価格の面で*躊躇するかも知れません。確かに注文品は高く見えます。しかし、見方を変えれば、物が作られるに当たっては、本来それくらいの費用がかかる、と考えることも出来ると思います。

（大竹収『木工ひとつばなし』による）

*メリット＝長所。利点。
*醍醐味＝物事の本当のおもしろさや楽しさ。
*些細＝わずかなようす。
*コスト＝ものをつくるのにかかる費用。
*ライン＝生産工程。
*躊躇＝考えが決まらず、あれこれとまよい、ためらうこと。

1 次のア～エのうち、本文中の［A］に入れるのに最も適している言葉を一つ選び、記号を○で囲みなさい。

ア それと同様に　イ それでなければ
ウ それならば　エ それに対して

2 筆者の工房における家具の作り方とその特徴について、筆者が述べている内容を次のようにまとめました。［あ］に入る内容を、本文中の言葉を使って**二十字以上、三十字以内**で書きなさい。また、［い］に入れるのに最も適している言葉を、本文中から**二十二字**でぬき出し、**はじめの五字**を書きなさい。

筆者の小さな工房では、在庫の数が［あ］が多く、そうすることで［い］ができるので、多少日数はかかるが、お客様にもメリットが有る。

3 本文中の――線部**a～d**の言葉のうち、その動作を行っている人物の異なるものが一つだけあります。その記号を○で囲みなさい。

4 次の**ア～エ**のうち、本文中のⅠで示した部分を説明したものとして最も適しているものを一つ選び、記号を○で囲みなさい。

ア 直前の段落で述べた例と異なり、注文で作るのと売っているものを買うのとでは品物の価格が変わらなかったという例を述べている。
イ 直前の段落で述べた例と異なり、注文で作ると売っているものを買うより品物の価格が高くなったという例を述べている。
ウ 直前の段落で述べた例と同じく、注文で作ると売っているものを買うより品物の価格が低くなったという例を述べている。
エ 直前の段落で述べた例と同じく、注文で作るのと売っているものを買うのとでは品物の価格が変わらなかったという例を述べている。

5 量産システムの特徴と注文製作の特徴について、筆者が述べている内容を次のようにまとめました。［ⓐ］、［ⓑ］に入れるのに最も適している言葉を、それぞれ本文中からぬき出しなさい。ただし、［ⓐ］は**八字**、［ⓑ］は**十二字**でぬき出すこと。

量産システム	注文製作
○ 能率良く大量に［ⓐ］ことで、生産コストを下げ、低価格で沢山売り、全体として利益を上げる。 ○ 少しでも仕様を変更すると、その一つの品物のために特別な手間がかかり、製作費用が大幅に高くなってしまう。	○ 基本の形から多少の変更を求められても、価格レベルは大きく変わらない。 ○ ［ⓑ］ので、量産システムとは異なり、価格が高くなる。

【適

令和五年度大阪府立中学校入学者選抜適性検査問題

適性検査Ⅰ（国語的問題）解答用紙

受験番号　番

得点

※100点満点

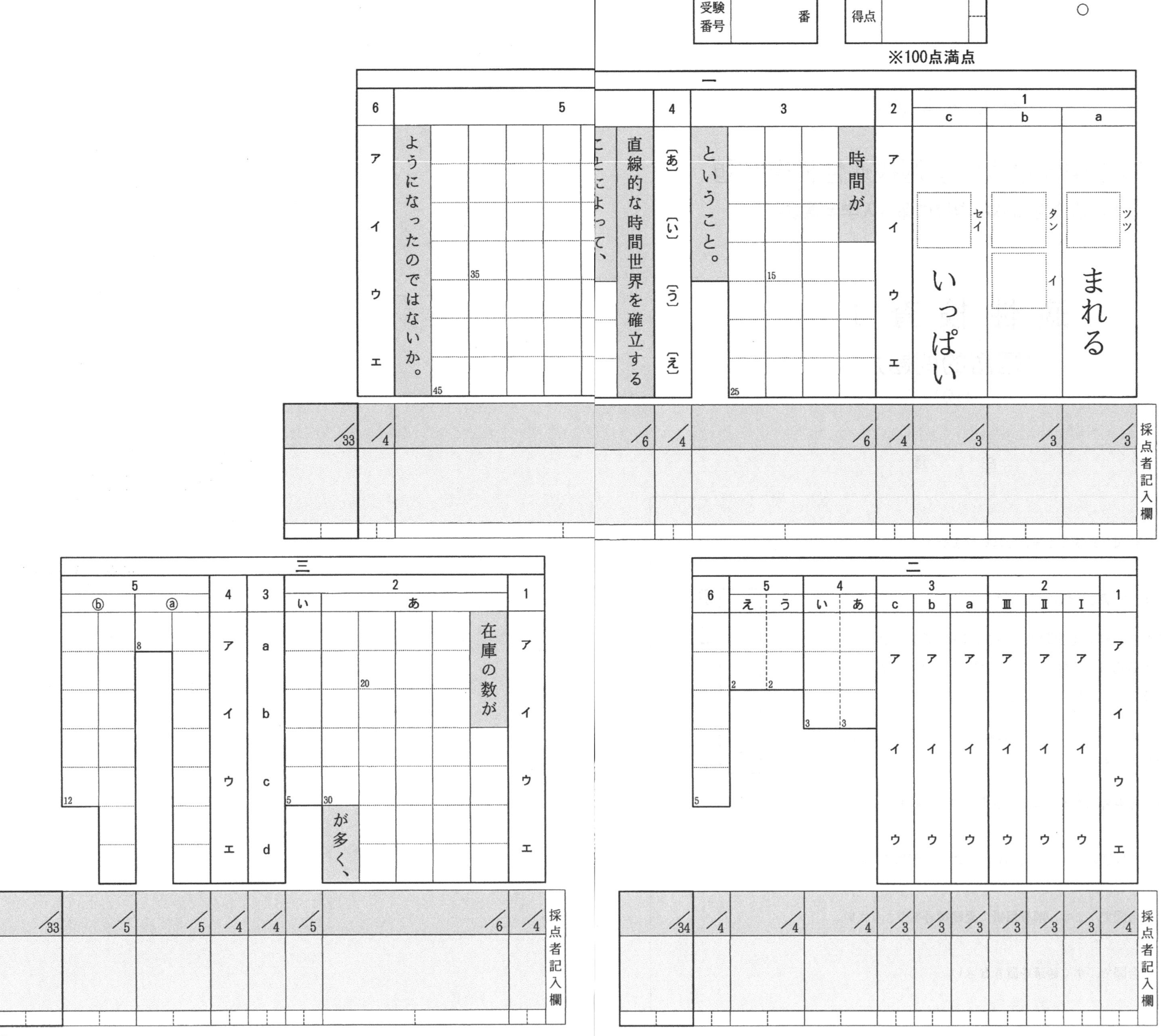

一

1 a ツ まれる　b タン イ　c セイ いっぱい

2 ア イ ウ エ

3 時間が ……（15）（25） ということ。

4 〔あ〕〔い〕〔う〕〔え〕

5 直線的な時間世界を確立することによって、……（35）（45） ようになったのではないか。

6 ア イ ウ エ

採点者記入欄 /3 /3 /3 /4 /6 /4 /6 /4 /33

二

1 ア イ ウ エ

2 Ⅰ ア イ ウ　Ⅱ ア イ ウ　Ⅲ ア イ ウ

3 a ア イ ウ　b ア イ ウ　c ア イ ウ

4 あ い（3）

5 う え（2）

6 （5）

採点者記入欄 /4 /3 /3 /3 /3 /3 /3 /4 /4 /4 /34

三

1 ア イ ウ エ

2 あ 在庫の数が ……（20）（30） が多く、　い （5）

3 a b c d

4 ア イ ウ エ

5 ⓐ（8）　ⓑ（12）

採点者記入欄 /4 /6 /5 /4 /4 /5 /5 /33

1

令和５年度

大阪府立中学校入学者選抜適性検査問題

（大阪府立富田林中学校に係る入学者選抜）

適性検査Ⅰ

（国語的問題）

（45分）

注　意

1　「開始」の合図があるまで開いてはいけません。

2　答えは，すべて**解答用紙**に書きなさい。

・答えとして記号を選ぶ問題は，右の【解答例】にならい，すべて**解答用紙の記号**を〇で囲みなさい。また，答えを訂正（ていせい）するときは，もとの〇をきれいに消しなさい。

・答えの字数が指定されている問題は，、。「　」なども一字に数えます。

解答用紙の**採点者記入欄**（さいてんしゃきにゅうらん）には，何も書いてはいけません。

【解答例】

ア
イ
(ウ)
エ

3　問題は，中の用紙のＡ面に 一，Ｂ面に 二，Ｃ面に 三 があります。

4　「開始」の合図で，まず，**解答用紙**に**受験番号**を書きなさい。

5　「終了（しゅうりょう）」の合図で，すぐ鉛筆（えんぴつ）を置きなさい。

適性検査Ⅲ（社会・理科的問題）（大阪府立富田林中学校に係る入学者選抜）

1 ある休日、ゆうさんは、和歌山県和歌山市に住むいとこのけいさんの家を訪れました。(1)〜(5)の問いに答えなさい。

(1) ゆうさんは、けいさんとともに和歌山市内のさまざまな場所を訪れることにしました。**図1**は、二人が訪れる場所などを示した和歌山市内の地図であり、**【メモ1】**は、二人が訪れる場所などについて、ゆうさんが事前に調べ、まとめたものです。①〜⑤の問いに答えなさい。

図1

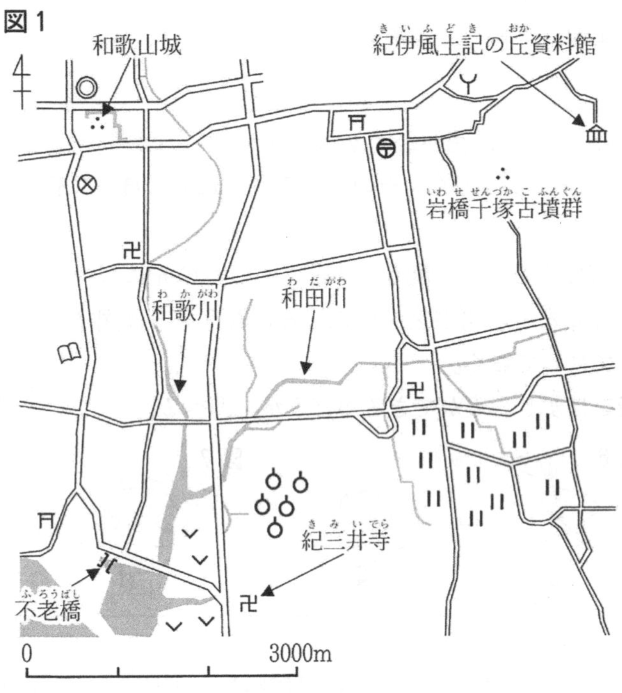

【メモ1】

- ㋐**和歌山県**
  県の大部分が江戸時代には、紀州藩と呼ばれる藩の領地であった。
- ㋑**和歌山城**
  1585年に築かれた城である。城のまわりには武家屋敷や町人が住む町などがつくられ、城下町が形成されていった。
- ㋒**紀伊風土記の丘資料館**
  岩橋千塚古墳群に関する資料が展示されている。
- ㋓**紀三井寺**
  奈良時代に開かれた（創建された）寺である。現在も多くの人が訪れる桜の名所である。

① ゆうさんは、訪れる施設などの位置や施設間の距離などを**図1**を使って確認しました。次の**ア〜オ**のうち、**図1**から読み取れる内容として正しいものを**すべて**選び、記号を○で囲みなさい。

ア 紀三井寺から3km以内の距離に郵便局がある。
イ 紀三井寺から3km以内の距離に畑と果樹園がある。
ウ 紀伊風土記の丘資料館から見て、紀三井寺は南東にある。
エ 紀伊風土記の丘資料館からは、消防署よりも市役所の方が遠い。
オ 紀伊風土記の丘資料館から紀三井寺までの距離は、直線で10km以内である。

② **【メモ1】**中の下線部㋐が接している三つの府県のうち、海に面していない府県の名前を書きなさい。

③ **【メモ1】**中の下線部㋑を訪れ、展示されている資料を見た二人は、1619年に徳川家の親類（親せき）の大名が紀州藩をおさめるようになったことや、城下町に当時の役所の一つである町奉行所があったことや、1851年に不老橋という石橋がつくられたことを知りました。(i)〜(iii)の問いに答えなさい。

(i) 江戸時代に全国各地をおさめていた大名のうち、徳川家の親類（親せき）の大名は何と呼ばれていますか。次の**ア〜エ**のうち、適しているものを一つ選び、記号を○で囲みなさい。

ア 親藩　**イ** 地頭　**ウ** 外様　**エ** 譜代

(ii) 町奉行所は、現在の裁判所のような機能を果たしていました。次の文章は、現在の裁判に関するものです。文章中の（ ⓐ ）に入る適切な語を**漢字**で書きなさい。

> 日本の裁判では、同じ事件について3回まで裁判を受けることができる三審制というしくみを取り入れています。例えば、1回目の裁判を地方裁判所で受け、地方裁判所の判決に納得できない場合は高等裁判所にうったえることができます。さらに、高等裁判所の判決に納得できない場合は（ ⓐ ）裁判所にうったえることができます。

(iii) 次の**ア〜エ**は、不老橋がつくられた江戸時代後期から明治時代初期にかけて起こったできごとです。**ア〜エ**をできごとが起こった順に並べかえて、記号を書きなさい。

ア 日米修好通商条約が結ばれた。
イ 徳川慶喜が政権を天皇（朝廷）に返した。
ウ 五箇条の御誓文が発表された（示された）。
エ ペリーが4せきの軍艦を率いて初めて浦賀に現れた。

④ 次に二人は、**【メモ1】**中の下線部㋒を訪れ、岩橋千塚古墳群には800をこえる古墳があり、そのうちの一つである大日山35号墳の形（種類）は大阪府にある大仙古墳と同じ形（種類）であることを知りました。大仙古墳や大日山35号墳の形（種類）は何と呼ばれていますか。書きなさい。

⑤ 最後に二人は、**【メモ1】**中の下線部㋓を訪れ、この寺が唐の時代の中国から日本にわたってきた僧によって奈良時代に開かれたことを知りました。次の**ア〜オ**のうち、奈良時代に起こったできごとを**すべて**選び、記号を○で囲みなさい。

ア 大化の改新が始まった。
イ 藤原道長が政治を行った。
ウ 鑑真が唐招提寺を開いた（創建した）。
エ 小野妹子が遣隋使として隋に送られた。
オ 聖武天皇の命令で東大寺に大仏がつくられた。

(2)　紀三井寺からけいさんの家に帰った二人が空を見ると、満月が見えました。以前読んだ本に、「50円玉を持った手をのばして穴から月をのぞくと、月が50円玉の穴にすっぽりと入って見える。」と書かれていたことを思い出したけいさんは、**図2**のように、棒の先につけた50円玉の穴から実際に月をのぞいてみました。すると、けいさんから50円玉までの距離が44 cmになったときに、月は50円玉の穴（直径4 mm）とぴったり同じ大きさに見えました。**図3**は、月を観察しているけいさんの位置と50円玉の位置と月の位置の関係を模式的に表したものです。けいさんから50円玉までの距離とけいさんから月の中心までの距離との比は、50円玉の穴の直径と月の実際の直径との比と等しく、月の実際の直径が3475 kmであると考えるとき、けいさんから月の中心までの距離は何kmか求めなさい。ただし、答えは四捨五入して**上から2けたのがい数**で表すこと。

図2

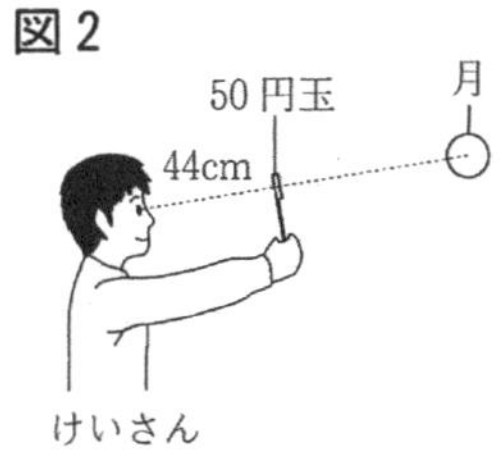

図3

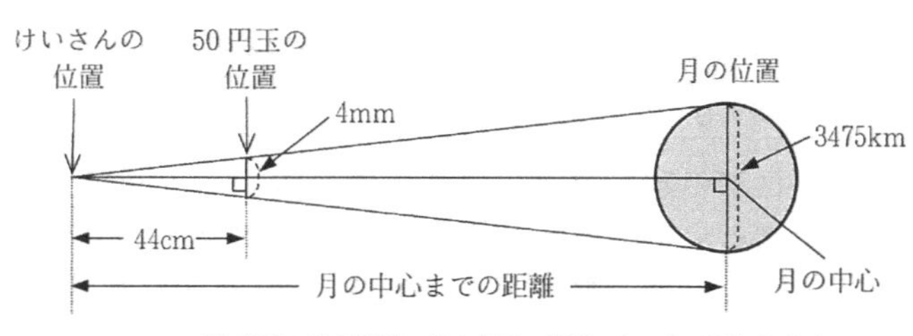

※ 直径の比や距離の比などは、実際のものとは異なります。

(3)　次の日、ゆうさんは、朝食で和歌山県産の梅を使った料理を食べました。口から入った食べ物を、かみくだいて細かくしたり、だ液や胃液などによって体に吸収されやすい養分にかえたりするはたらきは、何と呼ばれていますか。書きなさい。

　また、前（腹側）から見たヒトの臓器を表した**図4**中の**ア**～**カ**のうち、口から始まってこう門に終わる食べ物の通り道となる臓器を**すべて**選び、食べた物が通る順に並べかえなさい。ただし、答えは解答欄の（　　　）中に〔例〕にならって書くこと。

図4

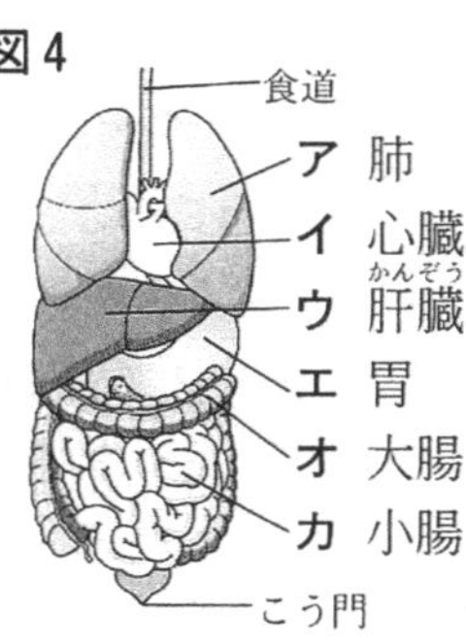

〔例〕口→食道→（　**ア→イ→ウ→エ**　）→こう門

(4)　和歌山県は梅の収穫量が日本で最も多いことをけいさんから教えてもらったゆうさんは、和歌山県で行われている梅の生産の工夫について調べました。**【メモ2】**は、和歌山県のみなべ・田辺地域で行われている梅の生産の工夫の一部についてまとめたものです。①、②の問いに答えなさい。

【メモ2】

- ㋔ニホンミツバチを利用した梅の花の㋕受粉が行われている。
- ニホンミツバチのすみかでもある＊薪炭林を残しつつ、山の斜面を利用して梅を生産している。

　＊薪炭林：薪や炭の原料となる木材を生産するための森林のこと。

（みなべ・田辺地域世界農業遺産推進協議会のWebページなどにより作成）

①　**【メモ2】**中の下線部㋔は、たまご→よう虫→さなぎ→成虫の順に育つこん虫です。次の**ア**～**エ**のうち、ニホンミツバチと同じように、よう虫から成虫に育つ間にさなぎになるこん虫を**すべて**選び、記号を○で囲みなさい。

ア　バッタ（ショウリョウバッタ）　　**イ**　チョウ（モンシロチョウ）
ウ　トンボ（シオカラトンボ、アキアカネ）　　**エ**　カブトムシ

②　**【メモ2】**中の下線部㋕に関して、次の**【実験】**は、植物の実ができるために受粉が必要かどうかを、アサガオを使って調べる実験です。

【実験】

方法　1　つぼみを二つ選び、めしべに花粉がつかないようにしながらそれぞれのつぼみからおしべをとりのぞく。その後、それぞれのつぼみに**図5**のように袋をかぶせる。

2　花が咲いたら、一方は袋をとって**図6**のようにめしべの先にピンセットを使って花粉をつけたあと、再び袋をかぶせる。もう一方は**図7**のように袋をかぶせたままにしておく。

3　花がしぼんだら袋をはずし、実ができるかどうかを調べる。

図5

図6

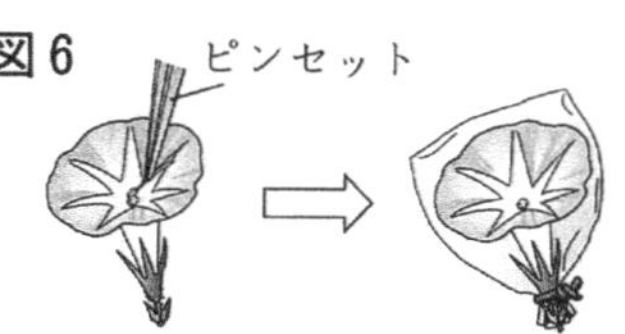

図7

【実験】をアサガオのかわりにヘチマを使って行う場合、**【実験】**の 方法 1～3のうち、どれか一つを変えなければなりません。(i)、(ii)の問いに答えなさい。

(i)　**【実験】**をアサガオのかわりにヘチマを使って行う場合に方法を変えなければならない理由を、ヘチマの花とアサガオの花の異なっている点がわかるように、「ヘチマの花は、アサガオの花と異なり、」に続けて**25字以内**で書きなさい。

(ii)　**【実験】**をアサガオのかわりにヘチマを使って行う場合、**【実験】**の 方法 1～3のうち、どれを変えなければなりませんか。1～3から一つ選び、数字を○で囲みなさい。

　また、次の**条件1、2**にしたがって、選んだ**【実験】**の方法をヘチマを使って行う場合の方法に書きかえなさい。

条件1　アサガオを使って行う場合の**【実験】**の方法を参考に書くこと。
条件2　**40字以内**で書くこと。

(5) ゆうさんは、和歌山県の総面積の4分の3以上が森林であることを知りました。①〜④の問いに答えなさい。

① 和歌山県にある森林の約6割は、スギなどの人工林です。ゆうさんは、人工林に関することについて調べました。【メモ3】は、人工林で行われている「林業のサイクル」について、【メモ4】は、苗木（なえぎ）を植えてからの時間による人工林の二酸化炭素の吸収量の変化について、ゆうさんが調べたことをもとにつくったものです。(i)、(ii)の問いに答えなさい。

【メモ3】

> 苗木を植え、手入れをし、苗木を植えてから50年を過ぎたころに育った木を収穫（しゅうかく）して使い、収穫したあとの土地にまた苗木を植えるという「林業のサイクル」は、森林を健全な状態に保ちながら、持続的に木材を利用するために重要である。

【メモ4】

- 同じ種類、同じ年れいの木が集まってできた人工林は、苗木を植えてから約10〜15年で若齢（じゃくれい）段階へ、苗木を植えてから約50年で若齢段階から成熟段階へ、苗木を植えてから約150年で成熟段階から老齢段階へと移るといわれている。
- 図8は、同じ種類、同じ年れいの木が集まってできた人工林における、㋖二酸化炭素をとり入れる量と二酸化炭素を出す量の、植えてからの時間による変化を模式的に表したものである。図8の二酸化炭素をとり入れる量と二酸化炭素を出す量の差を人工林の二酸化炭素の吸収量とすると、人工林の二酸化炭素の吸収量が最も多いのは若齢段階であることや、人工林の二酸化炭素の吸収量は成熟段階に移ったあと減少し続けることがわかる。

図8

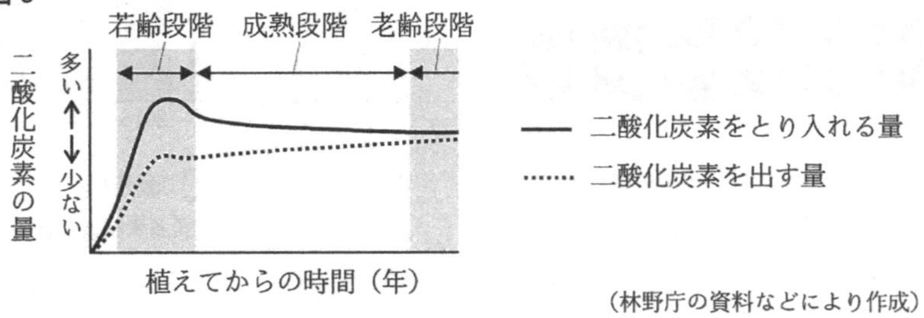

若齢段階　成熟段階　老齢段階
二酸化炭素の量（多い↑↓少ない）
植えてからの時間（年）
―― 二酸化炭素をとり入れる量
…… 二酸化炭素を出す量

（林野庁の資料などにより作成）

(i) 【メモ4】中の下線部㋖について、植物が二酸化炭素をとり入れるときと、植物が呼吸によって二酸化炭素を出すときは、それぞれどのようなときですか。次のア〜ウのうち、最も適しているものをそれぞれ一つずつ選び、記号を○で囲みなさい。

ア 光が当たるときのみ　　**イ** 光が当たらないときのみ
ウ 光が当たるときと当たらないときの両方

(ii) ゆうさんは、【メモ3】、【メモ4】をつくる中で新たに気がついたことを、次のようにまとめました。次の文章中の［　　］に入る適切なことばを、**若齢段階、二酸化炭素**という**2語**を使って**30字以内**で書きなさい。ただし、老齢段階では、人工林の二酸化炭素の吸収量が減少し続けることとします。

> 多くの人工林が、「林業のサイクル」が行われないまま放置され続けると、老齢段階の人工林の割合が多くなる。これに対して、多くの人工林で「林業のサイクル」がくり返し行われると、［　　］が多い状態に保たれる。このため、「林業のサイクル」がくり返し行われることは地球温暖化をおさえることにつながると考えられる。

② 間ばつをした森林では、森林内に太陽の光が届くようになると、地面に草が生えたり木が成長しやすくなったりします。**図9**は、ある森林を東から見たようすを模式的に表したものであり、**図9**中の**ア〜オ**の木（▲）は、南北方向に一直線に並んで生えています。**ア〜オ**の木のうち、できるだけ少ない本数を根もとからきって、**図9**中の㋗の位置に→で示す南からさす太陽の光が直接当たるようにするには、どの木をきればよいですか。きる木を**ア〜オ**から**すべて**選び、記号を○で囲みなさい。ただし、木は太陽の光を完全にさえぎるものとします。

図9

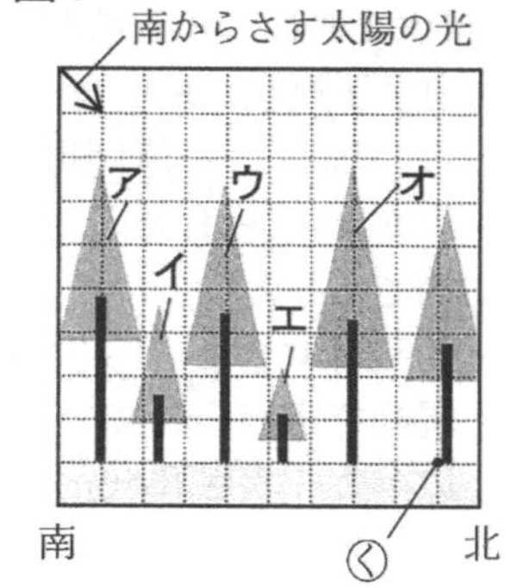

③ 森林に降った雨水のうち、地面まで届いた水の一部は、地下にとどまることがあります。**図10**は、ある森林に降った雨水の一部が地下深くまでしみこみ、Xの層とYの層（Xの層のすぐ下にある層）のさかいめ付近に水が一時的にとどまるようすを模式的に表したものです。**図10**中のXの層とYの層が、それぞれ泥（どろ）、砂、れきのいずれか1種類でできているとすると、次の**ア〜エ**のうち、X、Yの組み合わせとして最も適しているものを一つ選び、記号を○で囲みなさい。

ア X 砂　Y 泥　　**イ** X 砂　Y れき
ウ X 泥　Y 砂　　**エ** X 泥　Y れき

図10

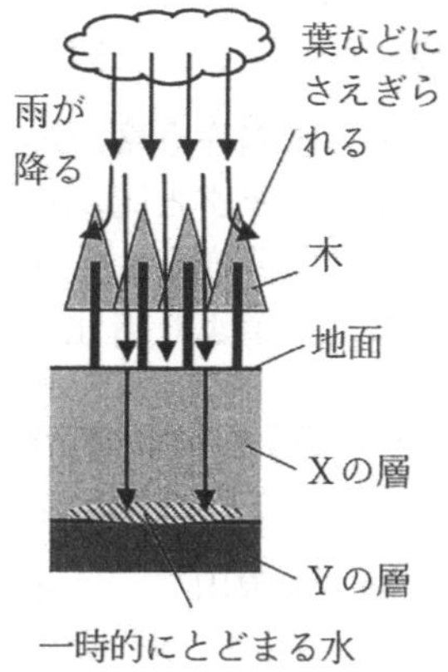

雨が降る
葉などにさえぎられる
木
地面
Xの層
Yの層
一時的にとどまる水

④ **図11**は、ある山の海面からの高さを等高線で表したもので、P地点の地表から13mの深さに、Q地点の地表から2mの深さに、R地点の地表から21mの深さに、それぞれ水があることがわかっています。**図11**中のP地点〜R地点において、地下に水があるとわかっている位置の、海面からの高さが最も高い地点と最も低い地点はどれですか。P〜Rからそれぞれ一つずつ選び、記号を○で囲みなさい。

図11

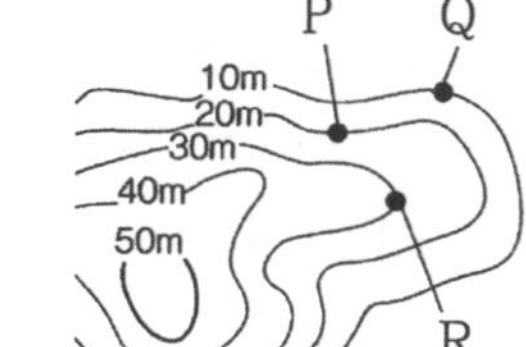

2　ようさんとゆいさんは、身近な文房具に関することについて調べました。(1)、(2)の問いに答えなさい。

(1)　ようさんは、鉛筆の歴史に関することについて調べ、次の【メモ】をつくりました。①～④の問いに答えなさい。

【メモ】

〔世界における鉛筆の歴史に関すること〕
- 1560年代に、イギリスで質の良い*黒鉛が発見され、筆記具として使うために黒鉛を細長く切り、にぎるために糸を巻いたり木ではさんだりしたことが鉛筆のはじまりといわれている。
- 19世紀後半に、加工した木材で芯をはさむという鉛筆の製造方法があアメリカで開発され、これが現在の鉛筆の製造方法の基礎となっている。

〔日本における鉛筆の歴史に関すること〕
- 江戸時代にヨーロッパでつくられた鉛筆が徳川家康におくられ、その鉛筆は、現在、い静岡県の久能山東照宮博物館に保存されている。徳川家康に鉛筆がおくられたころの日本では、文字を書く際にう筆が使われることが一般的であった。
- 1951年に、えJIS規格において、鉛筆についての規格が定められた。現在のJIS規格で定められている鉛筆の長さや太さについての規格の中には、「長さ172 mm以上」、「太さ8 mm以下」などがある。

　*黒鉛：天然資源の一つであり、灰黒色のつやがある。ねん土と混ぜて鉛筆の芯をつくるときなどに使われる。

①　**【メモ】**中の下線部あについて、次の**ア**～**エ**のうち、現在のアメリカ合衆国について書かれた文として**誤っているもの**を一つ選び、記号を○で囲みなさい。

ア　国内を0度の経線が通っている。
イ　カナダと国境を接している。
ウ　大西洋と太平洋の両方に面している。
エ　赤道よりも北に国土が位置している。

②　**【メモ】**中の下線部いに関して、次の**ア**～**エ**のうち、静岡県を流れている川として適しているものを一つ選び、記号を○で囲みなさい。

ア　木曽川　　**イ**　信濃川　　**ウ**　天竜川　　**エ**　利根川

③　**【メモ】**中の下線部うは、墨や絵の具をふくませて文字や絵画をかくことに用いられます。墨によってえがかれた絵画である水墨画は、唐の時代の中国で生まれました。次の**ア**～**エ**のうち、室町時代に日本で水墨画を大成した人物の名前として適しているものを一つ選び、記号を○で囲みなさい。

ア　歌川広重　　**イ**　行基　　**ウ**　世阿弥　　**エ**　雪舟

④　**【メモ】**中の下線部えは、産業標準化法という法律にもとづいて定められた規格です。日本において国の法律を決める国の機関の名前を書きなさい。

(2)　ようさんとゆいさんは、紙について調べている中で、これまで紙に印刷していた情報を、紙を使わずに電子化して活用する「ペーパーレス化」が会社などですすめられていることを知りました。二人は、調べた内容について話をしています。①、②の問いに答えなさい。

【会話文1】

ようさん：紙のことを調べてみたら、紙の生産量を示す資料では「紙」と「板紙」の二つに大きく分けて示されていることがわかったね。
ゆいさん：そうだね。「紙」に分類されているものには、新聞の材料になる新聞用紙や、雑誌やコピー用紙などの材料になる印刷・情報用紙、ティッシュペーパーなどの材料になる衛生用紙などがあって、「板紙」に分類されているものには、段ボールの材料になる段ボール原紙や、紙コップなどの材料になる紙器用板紙などがあるんだね。
ようさん：「紙」と「板紙」それぞれの、生産量や種類別の内訳の変化のようすについて見てみよう。

①　**図1**は、2013年から2019年までにおける「紙」の生産量と種類別の内訳を、**図2**は、2013年から2019年までにおける「板紙」の生産量と種類別の内訳を、それぞれ示したものです。あとの問いに答えなさい。

図1　「紙」の生産量と種類別の内訳

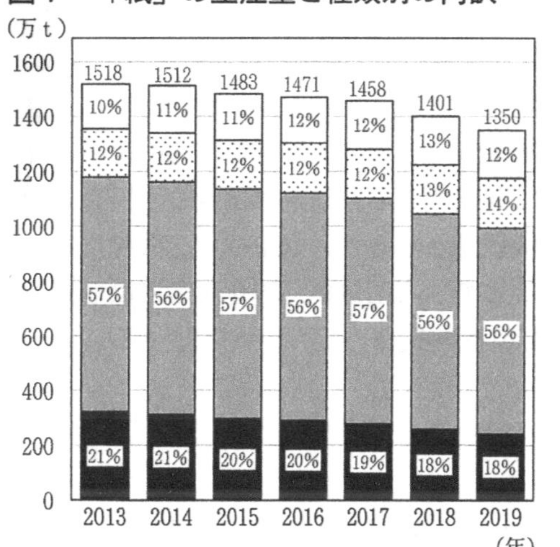

(経済産業省の資料により作成)

図2　「板紙」の生産量と種類別の内訳

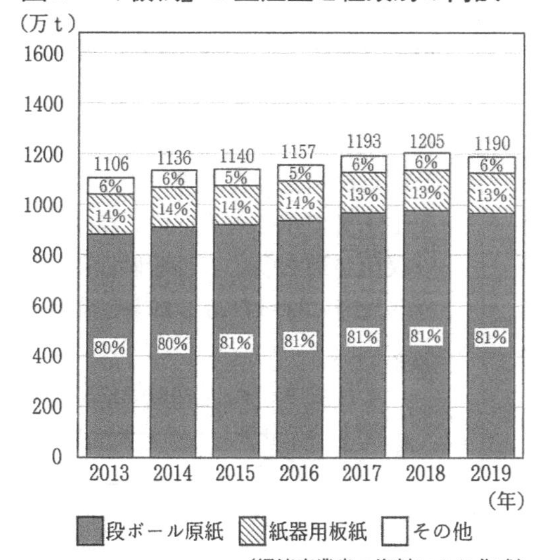

(経済産業省の資料により作成)

問い　次の**ア**～**エ**のうち、**図1**と**図2**から読み取れる内容として正しいものを**すべて**選び、記号を○で囲みなさい。

ア　2013年から2019年にかけて、「紙」の生産量と「板紙」の生産量の合計は減少し続けている。
イ　2013年から2019年にかけて、「紙」の生産量と「板紙」の生産量との差は小さくなり続けている。
ウ　新聞用紙と印刷・情報用紙の生産量について、2013年と2019年とを比べると、ともに2019年において減少しており、新聞用紙の方が減少量が大きい。
エ　段ボール原紙の生産量について、2013年と2019年とを比べると、2019年において60万t以上増加している。

② 二人は、図1を見ながら、新聞用紙の生産量について話をしています。あとの問いに答えなさい。

【会話文2】

ようさん：「紙」の生産量にしめる新聞用紙の生産量の割合は、減少していく傾向にあるよね。
ゆいさん：図1から新聞用紙の生産量を計算してみると、2013年から2019年にかけて減少し続けていってるんだ。それで、㋔新聞用紙の生産量が減少しているのはなぜだろうと思って調べてみたら、図3と図4を見つけたよ。
ようさん：図3と図4から何かわかるかもしれないね。考えてみようよ。

図3　ニュース記事を読むときに最も利用している手段

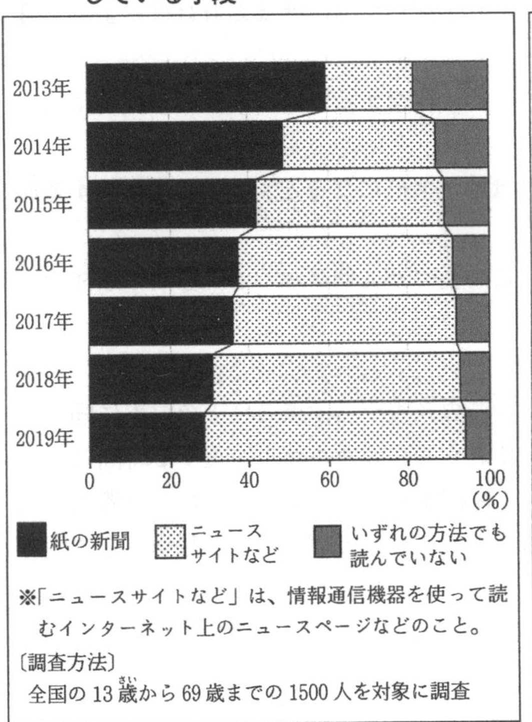

※「ニュースサイトなど」は、情報通信機器を使って読むインターネット上のニュースページなどのこと。
〔調査方法〕
全国の13歳から69歳までの1500人を対象に調査

図4　スマートフォン・携帯電話・タブレットの利用者の割合

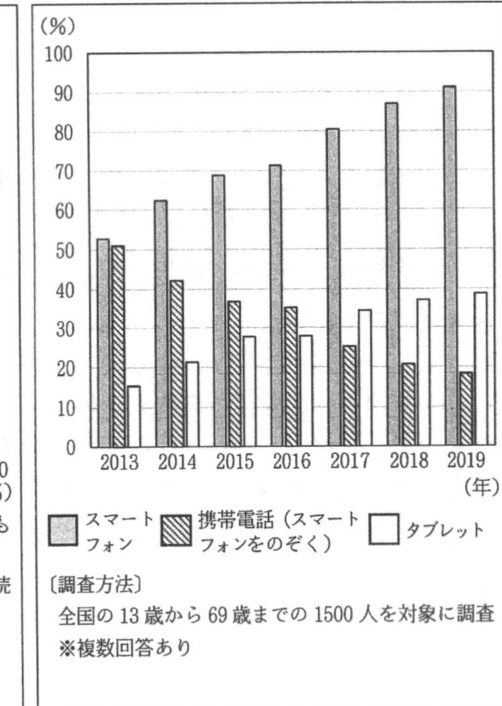

〔調査方法〕
全国の13歳から69歳までの1500人を対象に調査
※複数回答あり

（図3、図4ともに総務省の資料により作成）

問い　【会話文2】中の下線部㋔に関して、新聞用紙の生産量が減少した理由として、図3と図4から考えられることを、次の条件1、2にしたがって書きなさい。

条件1　図3、図4それぞれから読み取れることを書くこと。
条件2　解答欄の「ことが理由だと考えられる。」に続くように、80字以内で書くこと。

2024(R6) 富田林中
K 教英出版

3　次の(1)、(2)の問いに答えなさい。

(1)　ひろさんは、次の【実験】を行いました。①〜③の問いに答えなさい。
ただし、水と食塩水の温度はつねに20℃であり、食塩が水にとける最大の重さは、とかす水の重さに比例するものとします。また、水の蒸発は考えないものとします。

【実験】

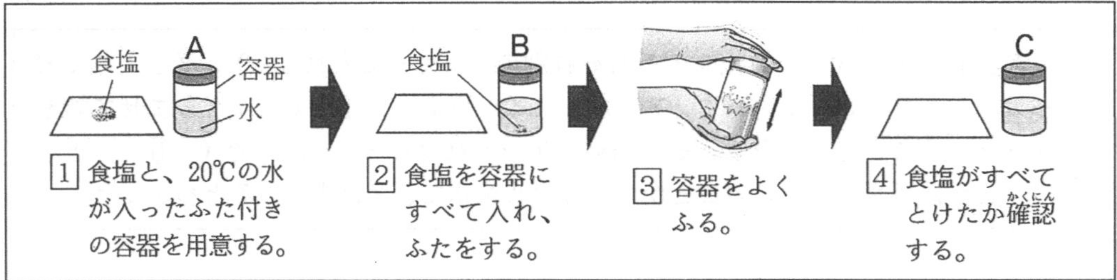

食塩
A
容器
水
食塩
B
C
1 食塩と、20℃の水が入ったふた付きの容器を用意する。
2 食塩を容器にすべて入れ、ふたをする。
3 容器をよくふる。
4 食塩がすべてとけたか確認する。

①　【実験】中の、Aは食塩を入れる前の、Bは食塩を入れた直後の、Cはよくふったあとの容器をそれぞれ表しています。25gの容器を使って、水100gと食塩10gで【実験】を行ったところ、食塩はすべてとけました。次のア〜エのうち、A、B、Cそれぞれの全体の重さについて正しく説明しているものを一つ選び、記号を○で囲みなさい。ただし、食塩、水、容器以外の重さは考えないものとします。

ア　全体の重さは、AもBもCも135gである。
イ　全体の重さは、AとCは135gより軽く、Bは135gである。
ウ　全体の重さは、Aは135gより軽く、BとCは135gである。
エ　全体の重さは、Aは135gより軽く、Bは135gより重く、Cは135gである。

②　20℃の水100gにとける食塩の重さは最大で35.8gです。次のP、Qで示した重さの水と食塩を使って【実験】を行うと、どちらも食塩がとけ残りました。ひろさんは、このときのとけ残った食塩の重さについて考えたことをあとのようにまとめました。あとの文章中のⓐ〔　　〕、ⓑ〔　　〕から適しているものをそれぞれ一つずつ選び、記号を○で囲みなさい。

P　水50g、食塩25g　　Q　水200g、食塩80g

P、Qで示した重さの水と食塩を使って【実験】を行った場合、とけ残った食塩の重さが重いのはⓐ〔ア　P　イ　Q〕の方であると考えられる。また、水に入れた食塩の重さに対するとけ残った食塩の重さの割合が大きいのはⓑ〔ウ　P　エ　Q〕の方であると考えられる。

③　**図1**のような、ビーカーに入ったとうめいな液体X、Yがあります。X、Yのうち、どちらか一方は100gの水で、もう一方は90gの水に10gの食塩をとかしてつくった食塩水です。ひろさんは、X、Yのどちらが食塩水であるかを調べました。次の文章は、ひろさんが調べた方法とその結果をまとめたものです。文章中の ⓐ〔　　〕から適しているものを一つ選び、記号を○で囲みなさい。また、（　ⓑ　）に入る適切なことばを**15字以内**で書きなさい。

図1

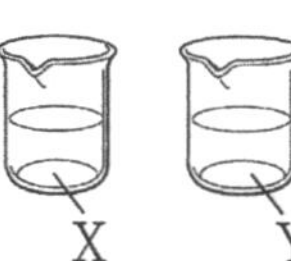

> X、Yを50gずつとり出してそれぞれ別のビーカーに入れる。X、Yを入れたビーカーそれぞれに1gずつ ⓐ〔**ア**　水　　**イ**　食塩〕を加えてよくかきまぜて観察するということをくり返す。その結果、Xを入れたビーカーの方で（　ⓑ　）ということが観察された。このことから、Xは食塩水で、Yは水であるとわかった。

(2)　けんさんは、**図2**のようなふりこを用意し、おもりの重さ、ふれはば、ふりこの長さの三つの条件を変えて、ふりこが1往復する時間を調べることにしました。**表1**は、けんさんが行った実験の結果をまとめたものです。①～③の問いに答えなさい。

ただし、糸の重さと糸ののびは考えないものとし、おもりが「最下点→最上点あ→最下点→最上点い→最下点」と動くのにかかる時間をふりこが1往復する時間とします。また、**図2**のふりこは、おもりが「最下点→最上点あ→最下点」と動くのにかかる時間と、おもりが「最下点→最上点い→最下点」と動くのにかかる時間が同じであるものとします。

図2

支点　糸　ふりこの長さ　ふれはば　おもり　最上点あ　最下点　最上点い

表1

	実験A	実験B
おもりの重さ（g）	20	30
ふれはば（°）	10	20
ふりこの長さ（cm）	20	35
ふりこが1往復する時間（秒）	0.9	1.2

①　実験Aのふりこと実験Bのふりこを同時に動かして観察していたとき、けんさんは、実験A、実験Bそれぞれのふりこのおもり（以下、「二つのおもり」とします）が何秒かおきに同時に最下点にくることに気がつきました。「二つのおもり」が同時に最下点にきてから、次に同時に最下点にくるまでの時間は何秒だと考えられますか。求めなさい。ただし、ふりこが往復する時間は、ふりこが動き続けても変わらないものとします。

2024(R6) 富田林中
K 教英出版

②　けんさんは、おもりの重さ、ふれはば、ふりこの長さの三つの条件を変えてふりこが1往復する時間を調べる実験をさらに行い、結果を**表2**にまとめました。あとの**ア**～**オ**のうち、**表2**のそれぞれの実験の結果からいえることを**すべて**選び、記号を○で囲みなさい。

表2

	実験C	実験D	実験E	実験F	実験G	実験H
おもりの重さ（g）	20	20	20	30	30	30
ふれはば（°）	10	20	20	10	20	20
ふりこの長さ（cm）	40	20	40	20	20	80
ふりこが1往復する時間（秒）	1.3	0.9	1.3	0.9	0.9	1.8

ア　実験Cと実験Eの結果から、ふりこが1往復する時間はおもりの重さによって変わらないといえる。

イ　実験Fと実験Gの結果から、ふりこが1往復する時間はふれはばによって変わらないといえる。

ウ　実験Cと実験Dの結果から、ふりこが1往復する時間はふりこの長さによって変わるといえる。

エ　実験Fと実験Hの結果から、ふれはばが2倍になるとふりこが1往復する時間は2倍になるといえる。

オ　実験Gと実験Hの結果から、ふりこの長さが4倍になるとふりこが1往復する時間は2倍になるといえる。

③　けんさんは、次の**ア**～**ウ**のように、ふりこの糸をつるす点の真下の位置に固定したくぎに、糸が引っかかってふりこが動くときの、ふりこが1往復する時間について考えました。**ア**～**ウ**のうち、ふりこが1往復する時間が最も短くなると考えられるものと最も長くなると考えられるものをそれぞれ一つずつ選び、記号を○で囲みなさい。ただし、くぎの太さは考えないものとし、**ア**～**ウ**のふりこは、ふりこの糸がくぎにふれている間、くぎを支点とするふりこと考えてよいものとします。

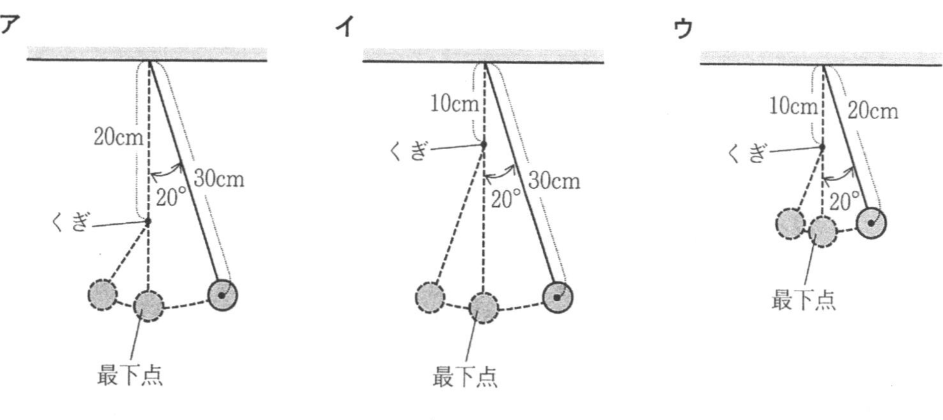

受験番号 番　得点

※100点満点

令和６年度大阪府立中学校入学者選抜適性検査問題

適性検査Ⅲ（社会・理科的問題）解答用紙

				採点
1	(1)	①	ア イ ウ エ オ	4
		②		4
		③ (i)	ア イ ウ エ	4
		③ (ii)		3
		③ (iii)	→ → →	4
		④		4
		⑤	ア イ ウ エ オ	4
	(2)		約 km	4
	(3)		（はたらき） 口 → 食道 →（ ）→ こう門	3
	(4)	①	ア イ ウ エ	3
		② (i)	ヘチマの花は、アサガオの花と異なり、（25）	2
		② (ii)	（数字） 1 2 3 （ヘチマの場合の方法）（40）	3
	(5)	① (i)	（二酸化炭素をとり入れるとき） ア イ ウ （二酸化炭素を出すとき） ア イ ウ	3
		① (ii)	（30）	5
	(5)	②	ア イ ウ エ オ	3
		③	ア イ ウ エ	3
		④	（最も高い地点） P Q R ｜（最も低い地点） P Q R	3
				/59

				採点
2	(1)	①	ア イ ウ エ	4
		②	ア イ ウ エ	3
		③	ア イ ウ エ	4
		④		4
	(2)	①	ア イ ウ エ	4
		②	（80） ことが理由だと考えられる。	4
				/23

				採点
3	(1)	①	ア イ ウ エ	3
		②	ⓐ ア イ ｜ ⓑ ウ エ	3
		③	ⓐ ア イ ⓑ （15）	3
	(2)	①	秒	3
		②	ア イ ウ エ オ	3
		③	（最も短いもの） ア イ ウ ｜（最も長いもの） ア イ ウ	3
				/18

採点者記入欄

2024(R6) 富田林中
K 教英出版

4

令和６年度

大阪府立中学校入学者選抜適性検査問題
（大阪府立富田林中学校に係る入学者選抜）

適性検査Ⅲ
（社会・理科的問題）
（45分）

注　　意

1　「開始」の合図があるまで開いてはいけません。

2　答えは、すべて**解答用紙**に書きなさい。

・答えとして記号を選ぶ問題は、下の【解答例】にならい、すべて**解答用紙の記号**を○で囲みなさい。また、答えを訂正（ていせい）するときは、もとの○をきれいに消しなさい。

【解答例】

ア	イ	㋒	エ

・答えの字数が指定されている問題は、、。「　」なども一字に数えます。

解答用紙の「**採点**」の欄（らん）と「**採点者記入欄**」には、何も書いてはいけません。

3　問題は、中の用紙のA・B・C面に**1**、D・E面に**2**、E・F面に**3**があります。

4　「開始」の合図で、まず、**解答用紙**に**受験番号**を書きなさい。

5　「終了（しゅうりょう）」の合図で、すぐ鉛筆（えんぴつ）を置きなさい。

受験番号　　　番

得点

※60点満点

作　文（大阪府立富田林中学校に係る入学者選抜）

次の文章を読んで、あとの問いに答えなさい。

お詫び
著作権上の都合により、文章は掲載しておりません。
ご不便をおかけし、誠に申し訳ございません。
教英出版

（松本零士（まつもとれいじ）『君たちは夢をどうかなえるか』による）

＊見聞 ＝ 実際に見たり聞いたりすること。また、それによって得た経験・知識。

問い
　筆者はこのように述べていますが、あなたは、「夢」を実現するためにどのようなことが大切だと考えますか。次の指示にしたがって、あなたの考えを書きなさい。

指示
・**解答用紙**の19行から22行で終わるように書きなさい。
・題名や名前は書かないで、本文から書き始めなさい。
・全体は二段落で構成し、段落の最初は一字下げなさい。
・第一段落では、あなたの考えを、第二段落では、あなたがそのように考える理由を書きなさい。

解答用紙

採点者記入欄

採点　60

3

令 和 6 年 度

大阪府立中学校入学者選抜作文
（大阪府立富田林中学校に係る入学者選抜）

作　　文

（30分）

注　　意

1　「開始」の合図があるまで開いてはいけません。

2　答えは、すべて**解答用紙**に書きなさい。
　解答用紙の「**採点**」の欄（らん）と「**採点者記入欄**」には、何も書いてはいけません。

3　「開始」の合図で、まず、**解答用紙**に**受験番号**を書きなさい。

4　「終了（しゅうりょう）」の合図で、すぐ鉛筆（えんぴつ）を置きなさい。

適性検査Ⅱ（算数的問題）　大阪府立富田林中学校に係る入学者選抜

1　次の問いに答えなさい。

(1)「ある数」を3でわった数に7をたした数は10です。この「ある数」に3をかけた数から7をひいた数は何ですか。求めなさい。

(2) **表**は、ある洋菓子店の販売記録をもとに、ある15日間の、1日に売れたプリンの個数と、その個数のプリンが売れた日がそれぞれ何日あったかをまとめたものです。この15日間の、1日に売れたプリンの個数の平均値は何個ですか。求めなさい。

表

1日に売れたプリンの個数（個）	日数（日）
8	1
9	3
10	5
11	4
12	2
合計	15

(3) **図1**の三角形ABCは、角Aが90°の直角三角形で、辺ABの長さは3cm、辺BCの長さは5cm、辺CAの長さは4cmです。**図2**の三角形DEFは、**図1**の三角形ABCの何倍かの拡大図で、辺EFの長さは7.5cmです。三角形DEFの面積は何cm^2ですか。求めなさい。

図1

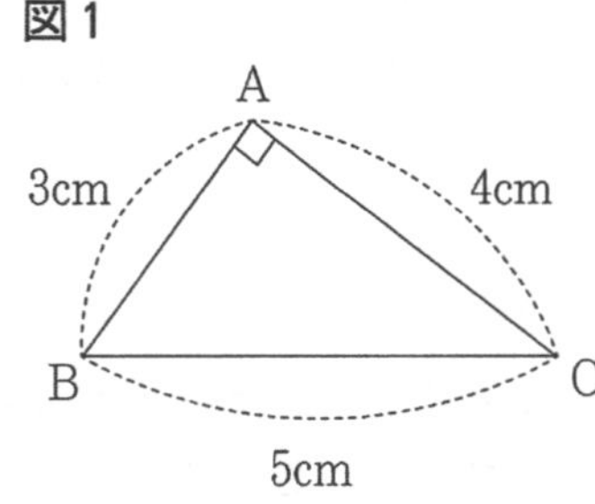

図2

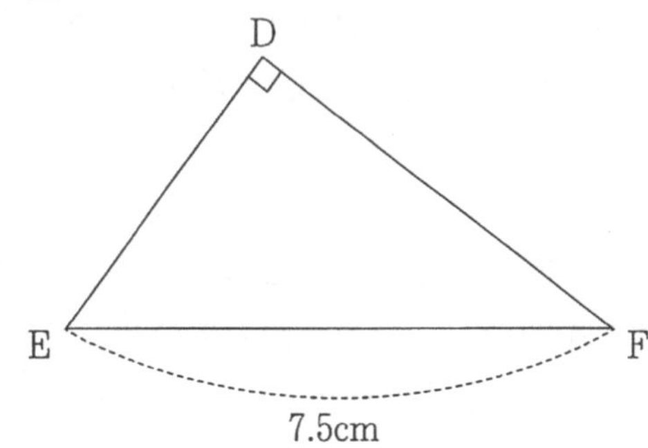

(4)　2024以上3000以下の整数のうち、0.6をかけても、0.6でわっても、その答えがそれぞれ整数となる数は全部で何個ありますか。求めなさい。

(5) ゆうさんは何枚かの折り紙を用意しました。ゆうさんとしほさんは、ゆうさんが用意した折り紙のうち、それぞれ何枚かの折り紙を使いました。しほさんは、ゆうさんが用意した折り紙の枚数の$\frac{1}{2}$より7枚少ない枚数の折り紙を使い、ゆうさんは、しほさんが使った折り紙より2枚多い枚数の折り紙を使いました。また、二人が使った折り紙の合計の枚数は、ゆうさんが用意した折り紙の枚数の$\frac{3}{5}$でした。ゆうさんが用意した折り紙の枚数は何枚ですか。求めなさい。

(6) **図3**は、縦2マス、横2マスの合計4個のマスに区切られた正方形であり、4個のマスはすべて合同な正方形です。**図3**中の1から9の9個の点はそれぞれマスの頂点にあります。**図3**中の1の点を点A、2の点を点Bとします。また、**図3**中の3から9の7個の点のうち1個の点を選び点Cとし、残りの6個の点のうち1個の点を選び点Dとして、点Aと点B、点Bと点C、点Cと点D、点Dと点Aとをそれぞれ直線で結びます。このとき、結んだ直線によって囲まれてできる図形（以下、「囲まれた図形」とします）が、四角形になる点C、点Dの選び方と、四角形にならない選び方があります。例えば、**図4**の選び方では「囲まれた図形」は四角形になり、**図5**、**図6**、**図7**の選び方では「囲まれた図形」はどれも四角形になりません。「囲まれた図形」が四角形になる点C、点Dの選び方は、**図4**の選び方をふくめて全部で何通りありますか。求めなさい。

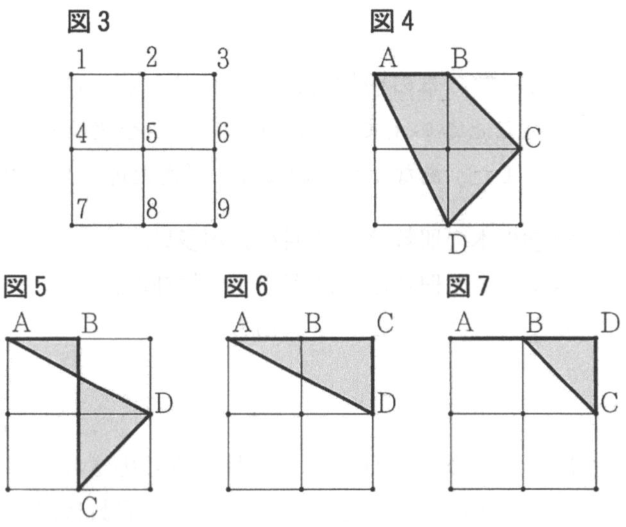

2 次の問いに答えなさい。

(1) ある学校の図書委員は、図書室で11月と12月に貸し出された本を調べました。**図1**は、11月に貸し出されたすべての本の冊数をもとにしたときの、種類別の冊数の割合を、**図2**は、12月に貸し出されたすべての本の冊数をもとにしたときの、種類別の冊数の割合を、それぞれ表したものです。また、12月に貸し出されたすべての本の冊数は、11月に貸し出されたすべての本の冊数の1.2倍でした。

①～③の問いに答えなさい。計算するときは、**図1**、**図2**中の割合をそのまま使いなさい。

図1　　**図2**

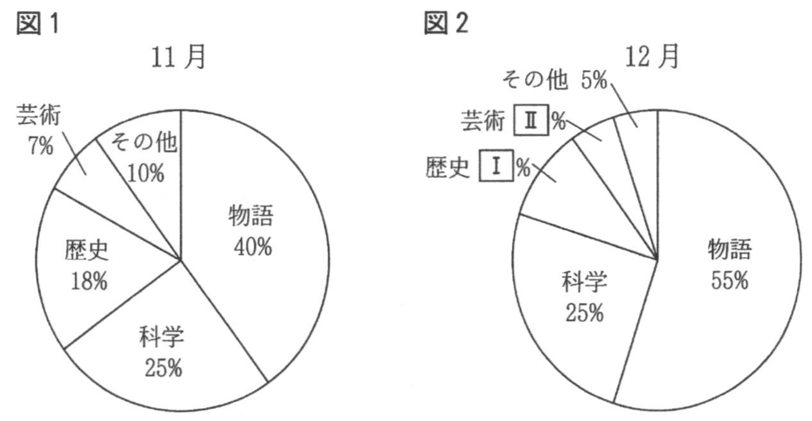

① 12月に貸し出された歴史の本の冊数と12月に貸し出された芸術の本の冊数の比は、2:1です。**図2**中の Ⅰ と Ⅱ に当てはまる数をそれぞれ求めなさい。

② 11月に貸し出された科学の本の冊数と、12月に貸し出された科学の本の冊数とを比べると、どのようなことがいえますか。正しいものを次の**ア**～**ウ**から一つ選び、記号を○で囲みなさい。また、あなたがそのように考えた理由を説明しなさい。

ア 貸し出された科学の本の冊数は、11月の方が多い。
イ 貸し出された科学の本の冊数は、11月と12月で同じ。
ウ 貸し出された科学の本の冊数は、12月の方が多い。

③ 12月に貸し出された物語の本の冊数は、11月に貸し出された物語の本の冊数よりも、78冊多いです。12月に貸し出された物語の本の冊数は何冊ですか。求めなさい。

2024(R6) 富田林中
教英出版

(2) **図3**のさいころは立方体であり、向かい合う面（向き合う面）の目の数の和はどれも7です。**図4**は、縦3マス、横3マスの合計9個のマスに区切られた正方形の紙であり、**ア**～**ケ**のマスと**図3**のさいころの面はすべて合同な正方形です。**図3**のさいころを、**図4**の紙の上で転がします。

図3

図4

ア	イ	ウ
エ	オ	カ
キ	ク	ケ

図5は、さいころを、**ア**のマスに置いたようすを表しており、さいころの上を向いている面の目の数（以下、「目の数」とします）は1です。**図5**において、**ア**のマスの正方形とさいころの面の正方形はぴったり重なっています。

図5のようにさいころを置き、**図6**のように一つの面を倒(たお)すようにさいころを転がして**イ**のマスに乗せると、**イ**のマスでの「目の数」は2になります。このように、一つの面を倒すようにさいころを転がしてとなりのマスに乗せることを、以下、「操作」とします。ただし、「操作」でさいころを転がすときには、さいころの辺のうち一つの辺をマスの辺とぴったり重ねたまま転がすものとし、**ア**～**ケ**のマス以外にさいころを乗せることはないものとします。

①～③の問いに答えなさい。

図5　　**図6**

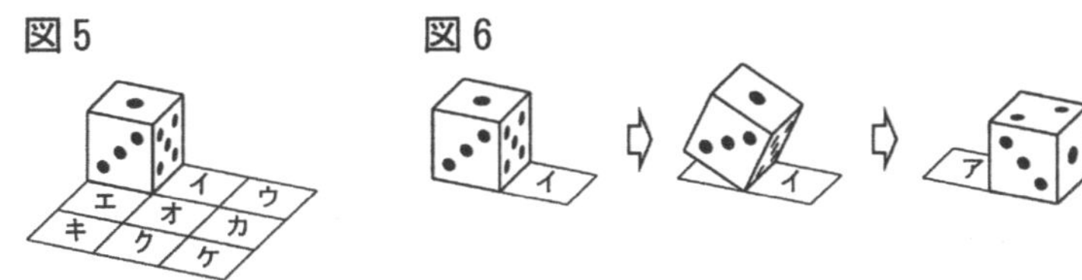

① **図5**のようにさいころを置き、「操作」を2回行って、**ア**のマス→**エ**のマス→**キ**のマスの順に乗せると、**キ**のマスでの「目の数」は何になりますか。求めなさい。

② **図5**のようにさいころを置き、「操作」を5回行うと、さいころが乗った6個のマスそれぞれでの「目の数」は、**ア**のマスから順に1、2、4、6、5、4でした。この5回の「操作」が終了(しゅうりょう)したとき、さいころはどのマスに乗っていますか。**ア**～**ケ**から一つ選び、記号を○で囲みなさい。

③ **図5**のようにさいころを置き、同じマスに2回以上乗せることがないように「操作」を3回行いました。このとき、さいころが乗った4個のマスそれぞれでの「目の数」を記録し、その4個の数の合計を求めると、10でした。さいころをどのマスにどのような順番で乗せましたか。次の ⓐ ～ ⓒ に当てはまる記号を、**ア**～**ケ**からそれぞれ一つずつ選び、○で囲みなさい。

アのマス→ ⓐ のマス→ ⓑ のマス→ ⓒ のマス

3　**表**は、九九の表です。はなさんとゆきさんは、**表**中のかけ算の答えが かかれたマスを、縦何マスか、横何マスかの四角形で囲み、囲んだマスにかかれた数の和について考えました。例えば、**図1**のように、縦1マス、横2マスの四角形で囲むとき、囲んだ2個のマスにかかれた数は4と6であり、囲んだマスにかかれた数の和は10です。(1)〜(4)の問いに答えなさい。

表

		かける数								
		1	2	3	4	5	6	7	8	9
かけられる数	1	1	2	3	4	5	6	7	8	9
	2	2	4	6	8	10	12	14	16	18
	3	3	6	9	12	15	18	21	24	27
	4	4	8	12	16	20	24	28	32	36
	5	5	10	15	20	25	30	35	40	45
	6	6	12	18	24	30	36	42	48	54
	7	7	14	21	28	35	42	49	56	63
	8	8	16	24	32	40	48	56	64	72
	9	9	18	27	36	45	54	63	72	81

図1

	1	2	3
1	1	2	3
2	2	4	6
3	3	6	9

(1)　**表**中のかけ算の答えがかかれたマスを、縦1マス、横2マスの四角形で囲みます。囲んだ2個のマスにかかれた数の和が20のとき、囲んだ2個のマスにかかれた数は何と何ですか。求めなさい。

(2)　**表**中のかけ算の答えがかかれたマスを、縦1マス、横3マスの四角形で囲みます。はなさんは、囲んだ3個のマスにかかれた数のうち、左のマスにかかれた数を「左の数」、真ん中のマスにかかれた数を「真ん中の数」、右のマスにかかれた数を「右の数」として、3個の数の和の求め方の工夫(くふう)を考え、気づいたことをまとめました。**はなさんの考え**と**はなさんのまとめ**を参考に、あとの**問い**に答えなさい。

はなさんの考え

4、6、8のマスを囲むと

4は6より2小さい数、8は6より2大きい数であるので、4と6と8の和は次のように計算できる。

$4+6+8=(6-2)+6+(6+2)$
$=6+6+6+(2-2)$
$=6\times3$
$=18$

28、35、42のマスを囲むと

28は35より7小さい数、42は35より7大きい数であるので、28と35と42の和は次のように計算できる。

$28+35+42=(35-7)+35+(35+7)$
$=35+35+35+(7-7)$
$=35\times3$
$=105$

はなさんのまとめ

表中のかけ算の答えがかかれたマスを、縦1マス、横3マスの四角形で囲むと、囲んだ3個のマスにかかれた数の和は、「真ん中の数」を3倍することで求めることができる。

問い　囲んだ3個のマスにかかれた数の和が75のとき、「左の数」、「真ん中の数」、「右の数」はそれぞれ何ですか。求めなさい。答えを求める過程がわかるように、途中(とちゅう)の式をふくめた求め方も説明すること。

(3)　**表**中のかけ算の答えがかかれたマスを、縦2マス、横2マスの四角形で囲みます。はなさんとゆきさんは、囲んだ4個のマスにかかれた数の和について話をしています。**会話文**を参考に、あとの**問い**に答えなさい。

会話文

はなさん：囲んだ4個のマスにかかれた数の和を、何か工夫して求められないかな。

ゆきさん：マスにかかれた数を、四角形の面積におきかえて考えてみるのはどうだろう。例えば、**図2**のように囲むとき、2と4の積である8を、縦が2cm、横が4cmの長方形の面積におきかえてみよう。

図2

	1	2	3	4	5
1	1	2	3	4	5
2	2	4	6	8	10
3	3	6	9	12	15

はなさん：同じように考えると、10を縦が2cm、横が5cmの長方形の面積に、12を縦が3cm、横が4cmの長方形の面積に、15を縦が3cm、横が5cmの長方形の面積におきかえることができるね。

ゆきさん：**図3**のように、四つの長方形を組み合わせると、囲んだ4個のマスにかかれた数の和を、縦が5cm、横が9cmの長方形の面積におきかえることができるよ。

図3

	4cm	5cm
2cm	$8cm^2$	$10cm^2$
3cm	$12cm^2$	$15cm^2$

はなさん：囲んだ4個のマスにかかれた数の和は5×9で求めることができるね。

ゆきさん：この考え方を利用すれば、囲んだ4個のマスにかかれた数の和から、囲んだ4個のマスにかかれた数はそれぞれ何か求めることもできそうだね。

問い　次の文章中の ア 、 イ 、 ウ 、 エ に当てはまる数は何ですか。求めなさい。

囲んだ4個のマスにかかれた数の和が119になる囲み方は2通りある。どちらの囲み方も、囲んだ4個のマスにかかれた数を小さい順にならべると、 ア 、 イ 、 ウ 、 エ である。

(4)　**表**中のかけ算の答えがかかれたマスを、縦4マス、横3マスの四角形で囲みます。**はなさんのまとめ**と**会話文**を参考に、囲んだ12個のマスにかかれた数の和が396のとき、囲んだ12個のマスにかかれた数のうち最も大きい数を求めなさい。

4 さとるさんの家とＡ商店は一本道に沿ってあり、さとるさんの家からＡ商店までの道の途中にあきなさんの家があります。あきなさんとさとるさんが、この道を通ってそれぞれの家からＡ商店までを行き来します。

ある日、二人は、それぞれの家を同時に出発して、別々に歩いてＡ商店に向かいました。すると、あきなさんは、自宅を出発した8分後から9分後までの間に、Ａ商店に到着しました。その後、あきなさんは、自宅を出発した12分後から13分後までの間に、Ａ商店を出発し、初めと異なる速さで走って自宅に向かったところ、Ａ商店を出発してから自宅に到着するまでの間に、さとるさんと出会いました。二人が出会ったのは、二人がそれぞれの家を同時に出発してから13分後でした。さとるさんが歩く速さも、あきなさんが歩く速さも、あきなさんが走る速さも、途中で変化することはありませんでした。また、さとるさんとあきなさんは、それぞれの家とＡ商店の間の道で、止まることはありませんでした。

表は、二人がそれぞれの家を同時に出発してからの時間と二人の間の道のりとの関係を、1分ごとに表したもので、あきなさんがＡ商店に到着してからＡ商店を出発するまでの間、あきなさんの位置は変わらなかったものとして表しています。

(1)〜(4)の問いに答えなさい。

表

二人が出発してからの時間（分）	1	2	3	4	5	6	7	8	9	10	11	12	13
二人の間の道のり（m）	240	250	260	270	280	290	300	310	270	220	170	120	0

(1) さとるさんの家からあきなさんの家までの道のりは何ｍですか。求めなさい。

(2) あきなさんが歩く速さは分速何ｍですか。求めなさい。

D 面

(3) あきなさんが走る速さが分速120ｍであるとき、あきなさんがＡ商店を出発したのは自宅を出発した何分何秒後ですか。求めなさい。

(4) さとるさんの家からＡ商店までの道のりは何ｍですか。求めなさい。

受験番号	番	得点	

※100点満点

令和６年度大阪府立中学校入学者選抜適性検査問題

適性検査Ⅱ（算数的問題）解答用紙

1			採点	採点者記入欄
	(1)		5	
	(2)	個	5	
	(3)	cm^2	5	
	(4)	個	5	
	(5)	枚	5	
	(6)	通り	5	
			/30	

2				採点	採点者記入欄
	(1)	①	Ⅰ Ⅱ	5	
		②	ア　イ　ウ （理由）	5	
		③	冊	5	
	(2)	①		5	
		②	ア　イ　ウ　エ　オ　カ　キ　ク　ケ	5	
		③	ⓐ　ア　イ　ウ　エ　オ　カ　キ　ク　ケ ⓑ　ア　イ　ウ　エ　オ　カ　キ　ク　ケ ⓒ　ア　イ　ウ　エ　オ　カ　キ　ク　ケ	5	
				/30	

		採点	採点者記入欄
(1)	と	5	
(2)	（求め方） 「左の数」　「真ん中の数」　「右の数」	5	
(3)	ア　イ ウ　エ	5	
(4)		5	
		/20	

		採点	採点者記入欄
(1)	m	5	
(2)	分速　m	5	
(3)	分　秒後	5	
(4)	m	5	
		/20	

教英出版

2

令和６年度

大阪府立中学校入学者選抜適性検査問題

大阪府立富田林中学校に係る入学者選抜

適性検査Ⅱ

（算数的問題）

（45分）

注　　意

1　「開始」の合図があるまで開いてはいけません。

2　答えは、すべて**解答用紙**に書きなさい。

答えとして記号を選ぶ問題は、下の【解答例】にならい、すべて**解答用紙の記号**を○で囲みなさい。また、答えを訂正するときは、もとの○をきれいに消しなさい。

【解答例】

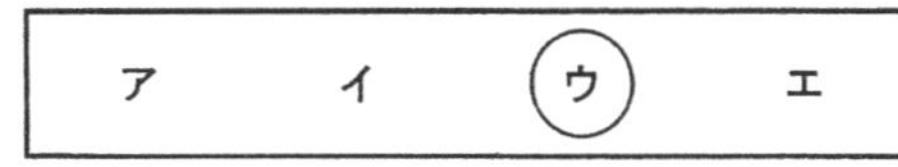

解答用紙の「**採点**」の欄と「**採点者記入欄**」には、何も書いてはいけません。

3　問題は、中の用紙のＡ面に**1**、Ｂ面に**2**、Ｃ面に**3**、Ｄ面に**4**があります。

4　「開始」の合図で、まず、**解答用紙**に**受験番号**を書きなさい。

5　「終了」の合図で、すぐ鉛筆を置きなさい。

令和６年度　適性検査Ⅰ（英語的問題）
（大阪府立富田林中学校に係る入学者選抜）
リスニング・スクリプト

※教英出版注
音声は，解答集の書籍ＩＤ番号を教英出版ウェブサイトで入力して聴くことができます。

1　This is my room.　I like my cat.　My cat is on my desk.

2　Hello, everyone.　I like Friday.　On Friday, I have science and P.E.
They are my favorite subjects.

3　Takeru: Beth, you have a nice pencil case.
Beth: Thank you, Takeru.　This is my new pencil case.
Takeru: What do you have in your pencil case?
Beth: I have four pencils and an eraser.
Takeru: Do you have a ruler?
Beth: No, I don't.　I want to buy a ruler.

4　Natsumi: Ben, let's make sandwiches in my house today.
Ben: Yes.　I like egg sandwiches.　I want to make vegetable sandwiches, too.
Natsumi: Yes.　What vegetables do you like?
Ben: I like onions, cucumbers and tomatoes.
Natsumi: I have eggs and a cucumber in my house.　Let's buy an onion and a tomato at a supermarket.
Ben: Yes!

5　Hello, everyone.　In my summer vacation, I went to Italy.　I ate delicious food. Today I want to talk about the delicious food of Italy.

On July thirtieth, I ate tomato spaghetti for lunch.　The tomato was fresh.　For dinner, I ate fish soup.　It was delicious.

On July thirty-first, I ate lunch with my friend.　My friend ate beef steak.　I ate a mushroom pizza.　We enjoyed the lunch.　For dinner, I went to a famous restaurant. I ate beef steak.　The steak was soft.

I enjoyed my summer vacation.　Thank you.

適性検査Ⅰ（英語的問題）　大阪府立富田林中学校に係る入学者選抜

1　ジェーンが教室で話をしています。ジェーンの話を聞いて、その内容を表しているものとして、次の**ア**～**エ**のうち最も適していると考えられるものを一つ選び、記号を○で囲みなさい。

ア

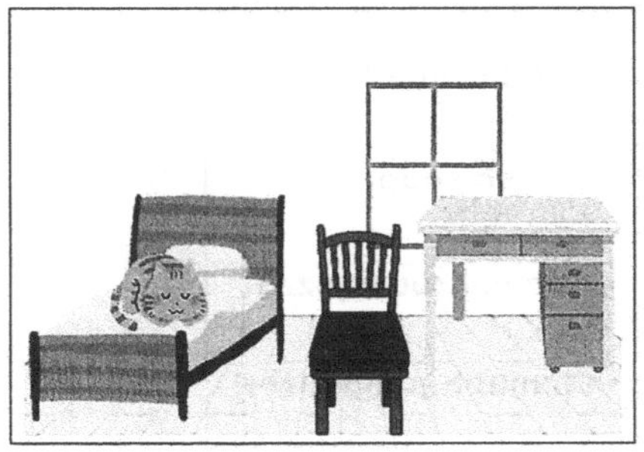

イ

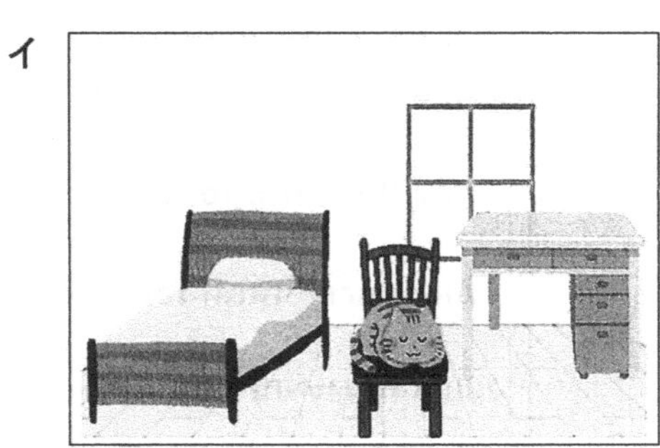

ウ

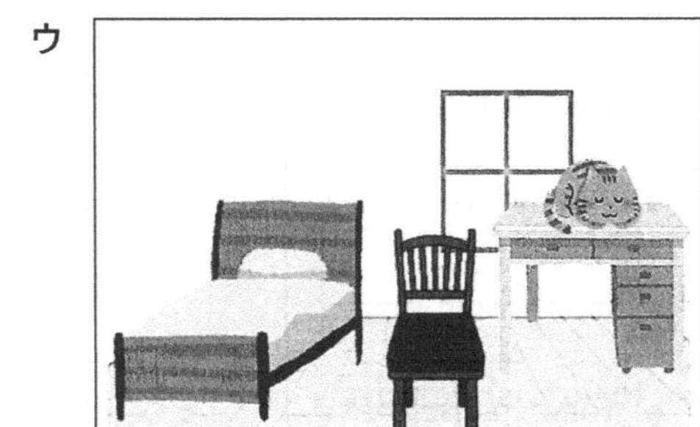

エ

2　けんたが英語の授業で、自分の好きな曜日について時間割を見せながらスピーチをしています。けんたのスピーチを聞いて、けんたが見せている時間割として、次の**ア**～**エ**のうち最も適していると考えられるものを一つ選び、記号を○で囲みなさい。

ア

	月	火	水	木	金
1	国語	英語	道徳	算数	理科
2	家庭科	音楽	社会	国語	体育

イ

	月	火	水	木	金
1	英語	家庭科	音楽	国語	道徳
2	社会	国語	体育	理科	算数

ウ

	月	火	水	木	金
1	音楽	道徳	社会	算数	家庭科
2	理科	英語	国語	体育	国語

エ

	月	火	水	木	金
1	国語	理科	算数	道徳	音楽
2	体育	英語	家庭科	国語	社会

※教英出版注
音声は，解答集の書籍ＩＤ番号を教英出版ウェブサイトで入力して聴くことができます。

3　たけるとベスが教室で話をしています。二人の会話を聞いて、**ベス**のふでばこに入っている文房具(ぶんぼうぐ)の組み合わせを表しているものとして、次の**ア**～**エ**のうち最も適していると考えられるものを一つ選び、記号を○で囲みなさい。

ア

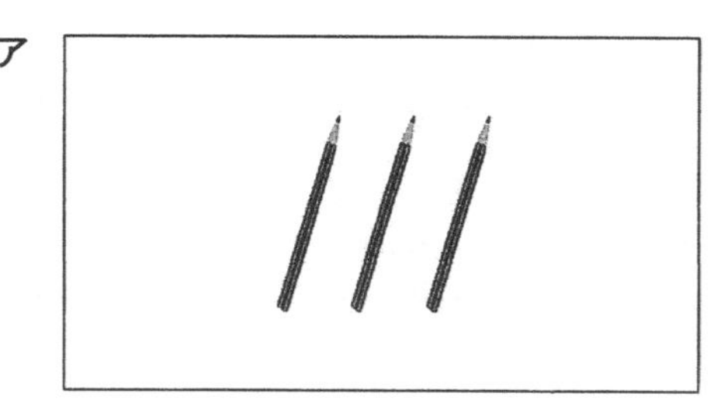

イ

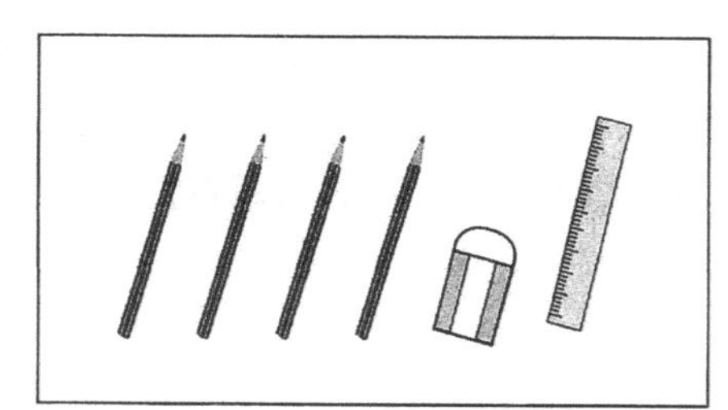

ウ

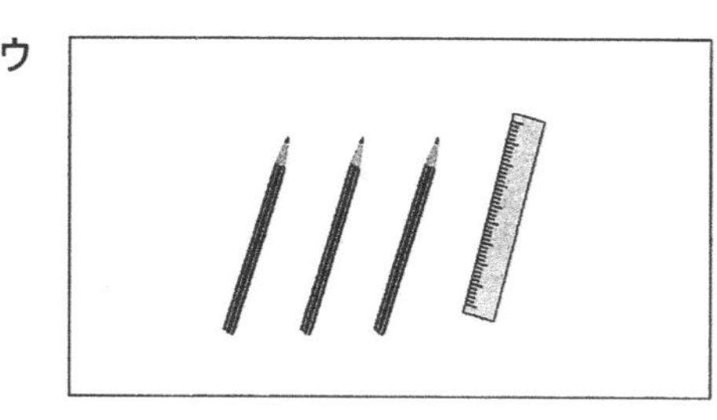

エ

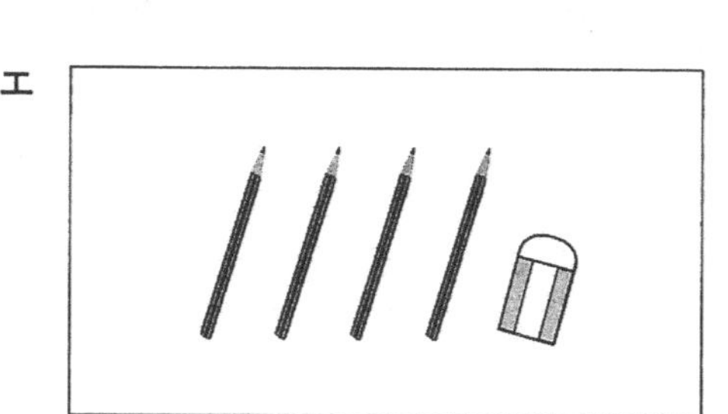

4　なつみとベンがなつみの家で話をしています。二人の会話を聞いて、二人がスーパーマーケットで買おうとしている材料の組み合わせを表しているものとして、次の**ア**～**エ**のうち最も適していると考えられるものを一つ選び、記号を○で囲みなさい。

ア

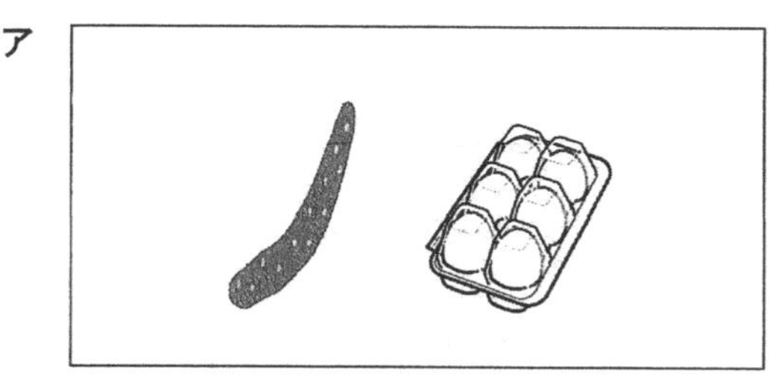

イ

ウ

エ

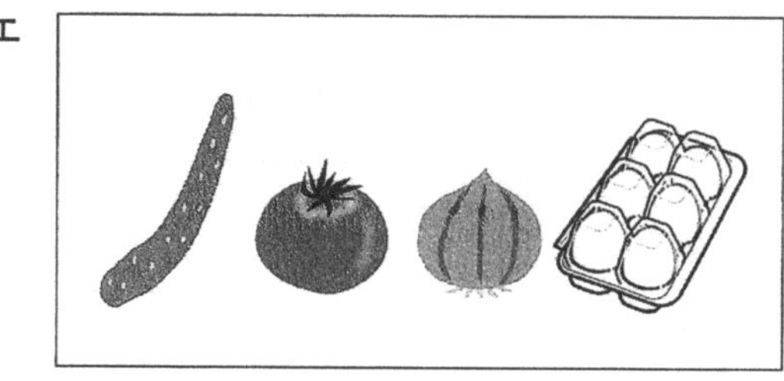

5　ホワイト先生は、夏休みにイタリアで食べたものについて、英語の授業で【写真】を使ってスピーチをするところです。ホワイト先生は、児童に【プリント】を配り、スピーチを聞いて【プリント】を完成させるように指示をしました。

次に示すのがその【写真】と【プリント】です。あとの【問い】に答えなさい。

今から時間を30秒間与(あた)えますので、【写真】、【プリント】、【問い】を読みなさい。そのあと、ホワイト先生のスピーチが放送されます。スピーチを聞きながら、メモを取ってもかまいません。では【写真】、【プリント】、【問い】を読みなさい。

※お詫び：著作権上の都合により，食べ物の写真は掲載しておりません。
ご不便をおかけし，誠に申し訳ございません。　教英出版

【写真】

beef steak	fish soup	mushroom pizza	tomato spaghetti

【プリント】

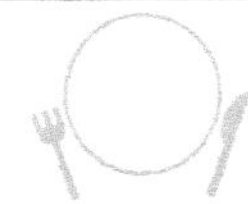

Delicious food of Italy

Let's try!

先生のスピーチを聞いて、先生がイタリアで食べたものについて、いつ、何を食べたのかをそれぞれ線で結びましょう。

July thirtieth, for lunch •	• beef steak
July thirtieth, for dinner •	• fish soup
July thirty-first, for lunch •	• mushroom pizza
July thirty-first, for dinner •	• tomato spaghetti

Name: ____________________

2024(R6) 富田林中
K 教英出版

【適

【問い】

次のア～エのうち、ホワイト先生のスピーチの内容と合うものを一つ選び、記号を○で囲みなさい。

ア
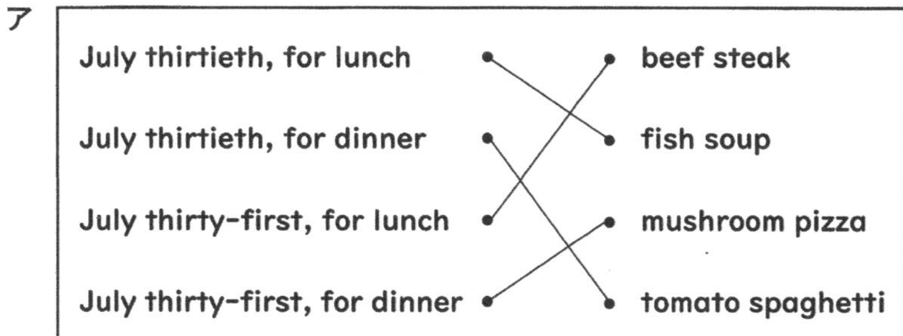

イ
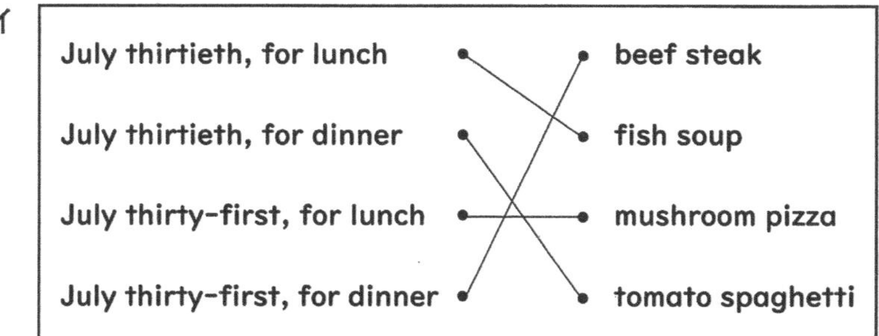

ウ
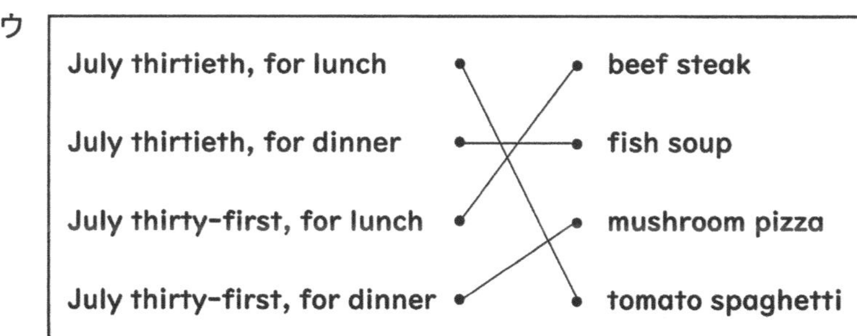

エ
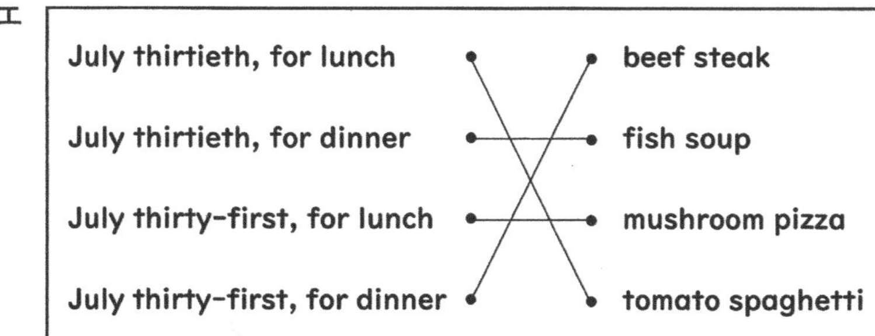

受験番号	番

得点	

※20点満点

令和６年度大阪府立中学校入学者選抜適性検査問題

適性検査Ⅰ（英語的問題）解答用紙

					採点	採点者記入欄
1	ア	イ	ウ	エ	3	
2	ア	イ	ウ	エ	3	
3	ア	イ	ウ	エ	4	
4	ア	イ	ウ	エ	4	
5	ア	イ	ウ	エ	6	
					/20	

1

令和６年度

大阪府立中学校入学者選抜適性検査問題

大阪府立富田林中学校に係る入学者選抜

適性検査Ⅰ

（英語的問題）

（10分）

注　意

1　放送の指示があるまで開いてはいけません。

2　答えは、すべて**解答用紙**に書きなさい。

答えは、下の【解答例】にならい、すべて**解答用紙の記号**を○で囲みなさい。
また、答えを訂正（ていせい）するときは、もとの○をきれいに消しなさい。

【解答例】

ア	イ	㋒	エ

解答用紙の「**採点**」の欄（らん）と「**採点者記入欄**」には、何も書いてはいけません。

3　問題は、中の用紙のＡ面に**１～４**、Ｂ面に**５**があります。

4　放送の指示にしたがい、**解答用紙に受験番号**を書きなさい。

5　放送を聞きながらメモを取ってもかまいません。

6　放送の指示にしたがい、書くのをやめなさい。

適性検査Ⅰ（国語的問題）

大阪府立富田林中学校に係る入学者選抜

一　次の文章を読んで、あとの問いに答えなさい。

お詫び
著作権上の都合により、文章は掲載しておりません。
ご不便をおかけし、誠に申し訳ございません。
教英出版

お詫び
著作権上の都合により、文章は掲載しておりません。
ご不便をおかけし、誠に申し訳ございません。
教英出版

（藤井幹・井上雅英『野鳥が集まる庭をつくろう』による）

＊多摩川＝山梨県・東京都・神奈川県を流れる川。
＊猛禽類＝鋭いツメとクチバシを持つ鳥の総称。タカ・ハヤブサ・フクロウなど。
＊種＝生物を、同じ特徴や性質によってわける単位の一つ。
＊紋付＝ここでは、ジョウビタキのこげ茶色の翼にある大きな白い斑点のこと。

1　本文中の～～～線部a～cのカタカナを文脈に合わせて漢字に直し、解答欄の枠内に**大きくていねいに**書きなさい。

2　次のア～エのうち、本文中の──線部①と熟語の構成（成り立ち）が同じ言葉を一つ選び、記号を○で囲みなさい。

ア　増減　　イ　不満　　ウ　温暖　　エ　逆転

3　本文中の──線部②がさしている内容を次のようにまとめました。［　］に入れるのに最も適している言葉を、本文中から**二十字**でぬき出し、**はじめの五字**を書きなさい。

自分の住んでいる集合住宅の芝生に来る鳥が［　］とき。

4　次のア～エのうち、本文中の──線部③の意味として最も適しているものを一つ選び、記号を○で囲みなさい。

ア　ものごとの最後のしめくくり。
イ　特に変わったものごとがないこと。
ウ　ものごとに対するあきらめの気持ち。
エ　ものごとを始める機会や手がかり。

5　次の一文は本文中の〔あ〕～〔え〕のいずれかに入ります。入れる場所として最も適しているものを一つ選び、記号を○で囲みなさい。

> キジバト、オナガ、ヒヨドリ、メジロ、シジュウカラなど、また、冬になるとジョウビタキやツグミなどがやって来ることもわかってきて20種類くらいは見つけられました。

6　野鳥の魅力について、筆者が述べている内容を次のようにまとめました。［A］、［B］に入る内容を、本文中の言葉を使って書きなさい。ただし、［A］は**二十五字以上、三十五字以内**、［B］は**二十字以上、三十字以内**で書くこと。

野鳥の魅力について、筆者は二つのことを述べている。一つめは、野鳥に関心を持ち、身近なところで少しだけ気をつけていると、［A］を感じられることである。二つめは、身近にいる鳥を探して見ているうちに、［B］がわかってきて、楽しくて何時間見ていても飽きないことである。

二 次の文章を読んで、あとの問いに答えなさい。

人が思いつかないアイデアを生むには、どうしたらいいだろう。

＊オリジナリティのある面白いアイデアは、どこかに「その人らしさ」が＊垣間見えるものだ。

でも、「面白い人は、面白いことを考えるから」といって、「面白い人間」になろうと努力する必要はない。誰にでも、他人とは違う個性があるし、面白いことを考えるヒントは必ず持っているからだ。

①アイデアの源である＊妄想は、自分の「やりたいこと」だ。人はそれぞれ、やりたいことが違う。欲望が違う。だから他人の目を意識した面白さを追求するのではなく、自分の問題から始めるのがいいと思う。そこで妄想の種としておすすめしたいのが、自分の「好きなもの」だ。

＊エンジニアなら、あるジャンルの装置や部品などに対する好みは人それぞれだ。テクノロジーとは直接関係のない趣味も個性の一部だ。クラシック音楽が好きな人とテニスが好きな人とでは、「こんなものがあればいい」の中身も違う。

ただ、好きなものがひとつあるだけでは、なかなか強い個性にはなりにくい。ある装置やクラシック音楽やテニスが好きな人はたくさんいる。その「好きなもの」から同じような妄想を抱く人も多いだろうから、アイデアがかぶる。

他人が考えない自分らしいアイデアの源泉にするなら、好きなものが三つぐらいあるといい。［A］＊視線センサーという装置とクラシック音楽とテニスがどれも好きな人は、かなりかぎられるだろう。「クラシック音楽が好きです」と言われてもべつに個性的だとは思わないが、好きなものを聞いてその三つが挙げられたら、何となく「その人らしさ」が立ち現れてくる。

＊エンジニア＝機械、電気、建築など、技術関係の仕事をしている人。
＊視線センサー＝どこを見ているか判断するために、目の動きを追跡して検出する装置のこと。
＊突拍子もない＝常識では考えられない。並はずれている。
＊既知＝すでに知っていること。
＊バリエーション＝ここでは、さまざまな種類のこと。

「好きなもの」がわからない人も多いようだけれど、誰でも、ふだんから興味を向けている対象の三つや四つはあるはずだ。他人に自慢できるような見栄えのいいものでなくていい。それは自分らしいオリジナルなアイデアを生む妄想の種として大事にしたほうがいい。アイデアは、「無」から「有」を生むものではないからだ。

自分が思いもつかない新しいアイデアを見聞きすると、②「なんでそんな＊突拍子もないことをひらめくんだ！」と驚く。タネも仕掛けもないところからハトが飛び出してきたように感じるかもしれない。

［B］、考えた本人にとってはタネも仕掛けもある。新しいアイデアは、何もないところから突如として出現するわけではない。そのほとんどは、「＊既知」のことがらの組み合わせだ。その組み合わせが新しいから、「未知」のアイデアになる。

好きなものがひとつでは、その「既知」と「既知」のかけ算ができない。最低二つは必要だ。三つあれば、組み合わせの＊バリエーションが増大する。それだけ、妄想の幅が広がる。

もっとも、ひとりの人間だけでは、アイデアの幅に限界があるのもたしかだろう。③「既知と既知の未知の組み合わせ」からアイデアが生まれるなら、さまざまな個性を持つ複数の人間が集まれば、妄想の種はさらに広がりそうだ。「三人寄れば文殊の知恵」という諺もある。好きなものが三つあれば「既知×既知」の組み合わせが増えるのだから、この諺にもそれなりの説得力があると言えるだろう。

（暦本純一『妄想する頭 思考する手』による）

＊オリジナリティ＝人のまねでなく、自分の考えで物事をつくり出す性質。
＊垣間見える＝事態や物事のある一面がわずかに見える。
＊妄想＝あり得ないことをあれこれ想像すること。また、その想像。

1 次のア～エのうち、本文中の［A］、［B］に入れる言葉の組み合わせとして最も適しているものを一つ選び、記号を○で囲みなさい。

ア A たとえば　B なぜなら
イ A たとえば　B しかし
ウ A それとも　B なぜなら
エ A それとも　B しかし

2 本文中の――線部①について説明した次の文の［あ］に入れるのに最も適している言葉を、本文中から**十一字**でぬき出しなさい。また、［い］に入る内容を、本文中の言葉を使って**十字以内**で書きなさい。

人がアイデアを生む源である妄想は、［あ］である。それは［い］ので、他人を意識することなく、自分の「好きなもの」を妄想の種として考えるとよい。

3 次のア～エのうち、本文中の――線部②が修飾している部分として最も適しているものを一つ選び、記号を○で囲みなさい。

ア そんな　イ 突拍子もない
ウ ことを　エ ひらめくんだ

4 本文中の――線部③で筆者が述べている内容を次のように言いかえました。［う］に入る内容を、本文中の言葉を使って**十五字以上、二十五字以内**で書きなさい。

「未知」のアイデアは、［う］から生まれる。

5 次のア～オのうち、本文中で述べられている内容と合うものを**すべて**選び、記号を○で囲みなさい。

ア 誰にでも他人とは違う個性があるので、その個性をヒントにして面白い人間にならなければならない。
イ 好きなものがひとつあるだけでは、強い個性になりにくく、同じような妄想を抱く人とアイデアが重なる。
ウ 自分らしいアイデアを生み出すためには、他人が個性的だと思うものを好きになる必要がある。
エ 他人に自慢できるような見栄えのいいものを、ふだんから興味を向ける対象にするべきである。
オ 一人では限界があるが、さまざまな個性を持つ複数の人間が集まったら、妄想の種は広がりそうである。

三　青木さんは、学級で「言葉の使い方」についてスピーチをすることになりました。次の【発表原稿の下書き】を読んで、あとの問いに答えなさい。

【発表原稿の下書き】

「この選手、走るのがすごい速いね。」この言葉は、先日祖父の家でテレビを見ていた時に私が発した言葉です。祖父は、「その言い方、気になるよ。」と言いました。祖父によると、「速い」以外にも「きれい」、「おいしい」などの様子をあらわす言葉が続くときには、「すごい」ではなく「すごく」を使うのが本来の使い方で、「すごい」は、「すごい人」、「すごい映画」など、ものの名前をあらわす言葉が続くときに使うということでした。みなさんは「すごい速い」という言い方をどう思いますか。私は、友だちとの会話の中で「（　A　）速い」などの言い方をしても、友だちから「気になる」と言われたことがなかったので意外でした。そこで、「すごい」という言葉の使い方について、調べてみることにしました。

辞典で「すごい」という言葉を調べたところ、ある辞典では、話し言葉では「すごい」を「すごく」と同じように様子などを表す言葉を修飾する言葉として使うことが多いが本来は誤りであるということが書かれていました。このことから祖父の言う通り、「（　B　）速い」という言い方が本来の使い方だということがわかりました。しかし、他の辞典では、「すごいきれい」という例があげられ、この場合の「すごい」は、話し言葉の表現で、若い世代に好んで用いられるということが書かれていました。これらを読んで、「すごい」という言葉の使い方について、［　あ　］のかという疑問がわいてきたので、そのことについてインターネットで調べてみました。

今からお示しする【資料1】、【資料2】、【資料3】は、いずれも令和三年度の文化庁の調査の結果です。まずはじめに、【資料1】をみてください。こちらは、「すごい速い」という言い方を「使うことがある」と回答した人の年齢別の割合を示しています。次に、【資料2】をみてください。こちらは、「すごい速い」という言い方をほかの人が使うことが「気になる」と回答した人の年齢別の割合を示しています。この二つの資料をみると、一六～一九歳、二〇代、三〇代、四〇代では、「すごい速い」という言い方を「使うことがある」と回答した人の割合は七割から八割の間となっており、「すごい速い」という言い方をほかの人が使うことが「気になる」と回答した人の割合は約一割だということがわかります。一方、七〇歳以上では、［　い　］ことがわかります。

最後に、【資料3】をみてください。こちらは、「すごい速い」という言い方を使うことがありますかという質問への回答について、令和三年度の結果と過去の結果とを比べることができる資料です。【資料3】をみると、「すごい速い」という言い方を「使うことがある」と回答した人の割合は、平成八年度は約四割でしたが、その後の調査では少しずつ増加していき、令和三年度では約六割になっていることがわかります。私は今後も①この流れが続くのではないかと考えます。

祖父からの指摘を受けて調べた結果、「すごい速い」という言い方は本来は誤りだということ、世代によって使う割合や感じ方にちがいがあること、本来と異なる使い方をする人の割合が増加していることを知りました。②今回私がわかったことは、言葉は使う人や時代によって変化するのです。このことを意識しながら、言葉についてもっと調べたり考えたりしていきたいです。これで私のスピーチを終わります。

【資料1】

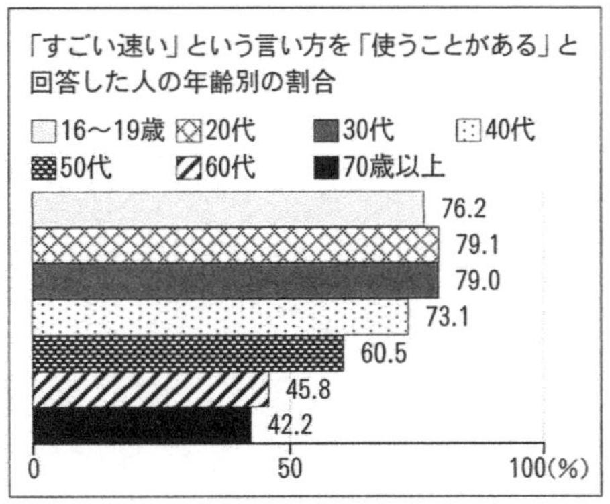

「すごい速い」という言い方を「使うことがある」と回答した人の年齢別の割合

年齢	割合（%）
16～19歳	76.2
20代	79.1
30代	79.0
40代	73.1
50代	60.5
60代	45.8
70歳以上	42.2

【資料2】

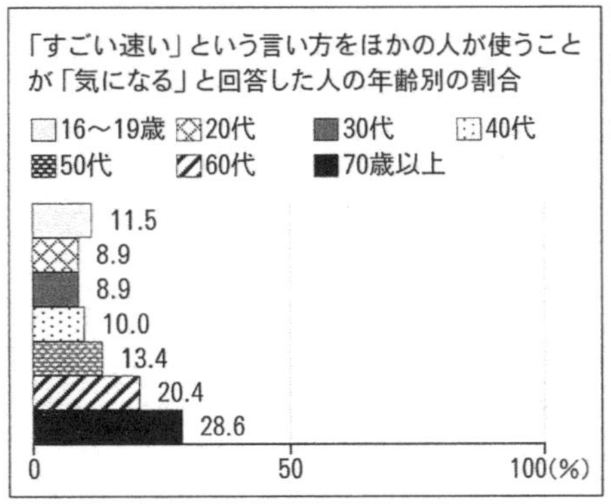

「すごい速い」という言い方をほかの人が使うことが「気になる」と回答した人の年齢別の割合

年齢	割合（%）
16～19歳	11.5
20代	8.9
30代	8.9
40代	10.0
50代	13.4
60代	20.4
70歳以上	28.6

【資料3】

「すごい速い」という言い方を使うことがありますかという質問への回答結果

年度	使うことがある	使うことはない	その他（無回答・分からない）
令和３年度	59.0	37.5	3.5
平成23年度	48.8	50.3	0.9
平成15年度	46.3	52.9	0.8
平成８年度	43.1	55.5	1.4

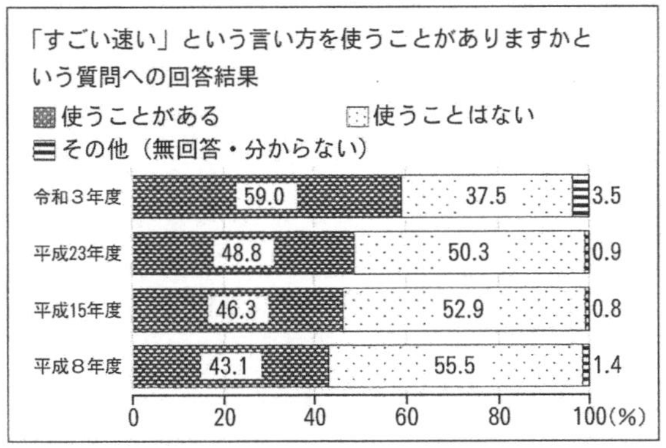

（【資料１】、【資料２】、【資料３】のいずれも文化庁の資料により作成）

1　次のア～エのうち、【発表原稿の下書き】中の青木さんの発表の工夫として**誤っているもの**を一つ選び、記号を○で囲みなさい。

ア　初めに結論を述べている。

イ　聞き手に質問を投げかけている。

ウ　自分が体験したことを述べている。

エ　順序を示す言葉を使って説明している。

2　次のア～エのうち、【発表原稿の下書き】中の（　A　）、（　B　）に入る言葉の組み合わせとして最も適しているものを一つ選び、記号を○で囲みなさい。

ア　Aすごい　Bすごい　　イ　Aすごい　Bすごく

ウ　Aすごく　Bすごく　　エ　Aすごく　Bすごい

3　【発表原稿の下書き】中の［　あ　］に入れるのに最も適している言葉を、前後の内容から考えて、【発表原稿の下書き】中から**二十一字**でぬき出し、**はじめの六字**を書きなさい。

4　【発表原稿の下書き】中の［　い　］には【資料1】と【資料2】から読み取れる内容が入ります。前後の内容から考えて、【資料1】から読み取れる内容にも【資料2】から読み取れる内容にもそれぞれ**最も**という言葉を用いて、**五十五字以上、八十五字以内**で書きなさい。

5　【発表原稿の下書き】中の———線部①とはどのような流れですか。その内容を「流れ。」で終わるように、【発表原稿の下書き】中の言葉を使って**十五字以上、三十五字以内**で書きなさい。

6　【発表原稿の下書き】中の———線部②の「わかったことは」と「変化するのです」は適切に対応していません。この文の内容を変えないように、「変化するのです」の部分を適切な形に書き直しなさい。

【適

④

令 和 2 年 度

大阪府立富田林中学校入学者選抜

作　　文

（30分）

注　　意

1　「開始」の合図があるまで開いてはいけません。

2　答えは，すべて**解答用紙**に書きなさい。

3　「開始」の合図で，まず，**解答用紙**に**受験番号**を書きなさい。

4　「終了（しゅうりょう）」の合図で，すぐ鉛筆（えんぴつ）を置きなさい。

2020(R2) 富田林中
K 教英出版

受験番号　　番

得点

※60点満点

作文

元マラソン選手の有森裕子（ありもりゆうこ）さんは、たび重なる足の故障や精神的な落ち込（こ）みという困難な道のりを乗りこえ、オリンピック二大会連続でメダルを獲得（かくとく）しました。次は有森さんが、10代の読者に向けて書いた文章の一部です。これを読んで、あとの**問い**に答えなさい。

子どものころから何をやっても自信がなかったわたしでしたが、「走る」ことに出会ってから、自分の人生が大きくかわった気がします。何が楽しくて何が自分のよろこびになるのかがわかったからです。

ここまでわたしが歩いてきた道のりをお話したのは、みなさんにもぜひ「自分を生かせるもの」を見つけていただきたいからです。何をやってもだめだと、最初から投げてかかるのではなく、「これだけはがんばれる」というものを自分のなかに見つけてください。すぐには見つけられないかもしれませんが、もとめつづければきっと何かあるはずです。

（有森裕子、里中満智子（さとなかまちこ）、武宮正樹（たけみやまさき）、西本鶏介（にしもとけいすけ）『わたしは　だれ？』による）

問い

「自分を生かせるもの」を見つけるために、あなたはどのようにすることが必要だと思いますか。これまでのあなたの体験をもとに、次の**指示**に従って、あなたの考えを書きなさい。

指示

- 解答用紙の19行から22行で終わるように書きなさい。
- 題名や名前は書かないで、本文から書き始めなさい。
- 全体は二段落で構成し、段落の最初は一字下げなさい。
- 第一段落では、あなたの体験を、第二段落では、その体験をもとに、あなたの考えを書きなさい。

解答用紙

4

平 成 31 年 度

大阪府立富田林中学校入学者選抜

作　　文

(30分)

注　　意

1 「開始」の合図があるまで開いてはいけません。

2 答えは，すべて**解答用紙**に書きなさい。

3 「開始」の合図で，まず，**解答用紙**に**受験番号**を書きなさい。

4 「終了(しゅうりょう)」の合図で，すぐ鉛筆(えんぴつ)を置きなさい。

K 教英出版

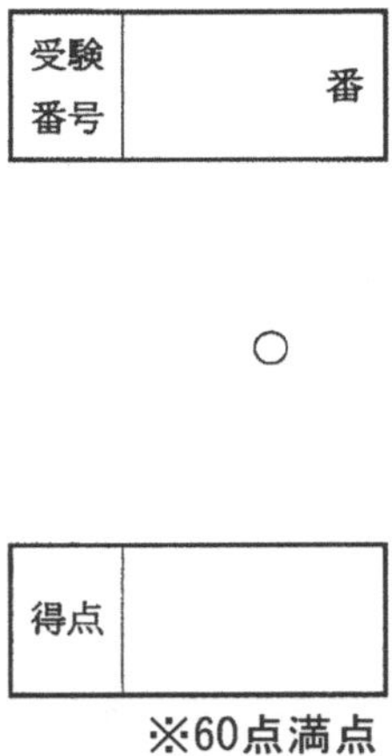

作文

次の文章は、宮大工の*棟梁（とうりょう）として法隆寺（ほうりゅうじ）や薬師寺（やくしじ）などの修理と再建をてがけ、「最後の宮大工」と称（しょう）された西岡常一（にしおかつねかず）さんについて述べられたものです。これを読んで、あとの**問い**に答えなさい。

私は前に一度、*名工の西岡さんが語った*弟子（でし）教育法に大変興味を覚えたことがあります。

「弟子には、*鉋（かんな）の使い方などを細かく教えない。教えると、自分より上手にならない」

（江崎玲於奈（えさきれおな）『創造力の育て方・鍛（きた）え方』による）

*棟梁 ＝ 大工の親方・監督（かんとく）。
*名工 ＝ すぐれたわざを持つ職人。
*弟子 ＝ ある先生のもとで教えを受ける人。
*鉋 ＝ 木の表面をなめらかにけずるための道具。

問い

あなたが何かに取り組むとき、「教わらずにまず自分でやってみる」ことについて、あなたはどう思いますか。あなたの体験をもとに、次の指示に従って、あなたの考えを書きなさい。

指示

・解答用紙の19行から22行で終わるように書きなさい。
・題名や名前は書かないで、本文から書き始めなさい。
・全体は二段落で構成し、段落の最初は一字下げなさい。
・第一段落では、あなたの体験を、第二段落では、その体験をもとに、あなたの考えを書きなさい。

解答用紙

1 2 3 4 5 6 7 8 9 10 11 12 13 14 15 16 17 18 19 20 21 22

適性検査Ⅲ（算数的問題）

1　あとの各問いに答えなさい。

(1)　次の**ア**〜**エ**の式を計算し，その答えを大きい順に並べたとき，3番目に大きい答えになるのはどの式ですか。記号を○で囲みなさい。

ア　$1+\frac{1}{2}+\frac{1}{3}$　　**イ**　$1\times\frac{1}{2}\times\frac{1}{3}$

ウ　$1+\frac{1}{2}\times\frac{1}{3}$　　**エ**　$1\times\frac{1}{2}+\frac{1}{3}$

(2)　46を「ある数」でわると4あまり，33をその「ある数」でわると5あまります。「ある数」を**すべて**求めなさい。

(3)　はるこさんは，家から学校の前を通って図書館に行きました。家から図書館までの道のりは900 mです。学校までは分速60 mで歩きましたが，学校から図書館までは分速140 mで走ったので，家から図書館まで11分で行くことができました。はるこさんが歩いた時間を求めなさい。

(4)　**図1**は，三角形ABCの内部にある点Pと頂点A，B，Cをそれぞれ直線で結んだものです。Pを出発して線上を通ってこの三角形の頂点をまわり，Pにもどってくるまわり方を考えます。2つの頂点をまわる場合と3つの頂点をまわる場合をあわせると全部で何通りのまわり方がありますか。ただし，同じ線上は二度通らないこととし，P→A→B→PとP→B→A→Pのまわり方は別のものとして考えなさい。

図1

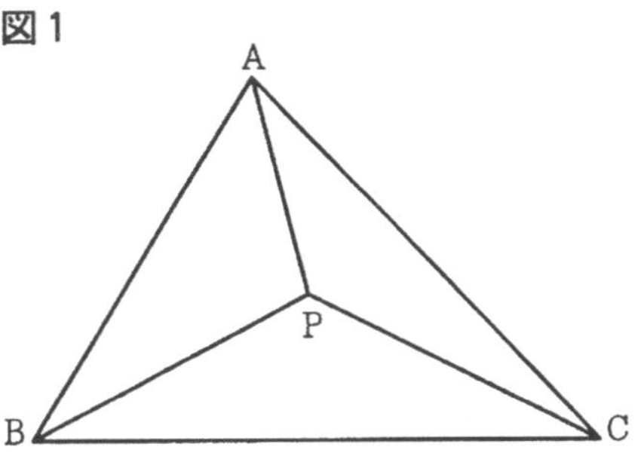

2019(H31) 富田林中
K 教英出版

(5)　**図2**のような立体があります。この立体の6つの面のうち5つの面に，頂点や辺のまん中の点を結んだ太い線 ━━ （以下，「太線」とします）がかいてあります。

図3はこの立体の展開図で，「太線」の一部がかかれています。この展開図を「太線」が外側にくるように組み立てると**図2**の立体になります。残りの「太線」をかき加え，解答用紙の展開図を完成させなさい。

図2

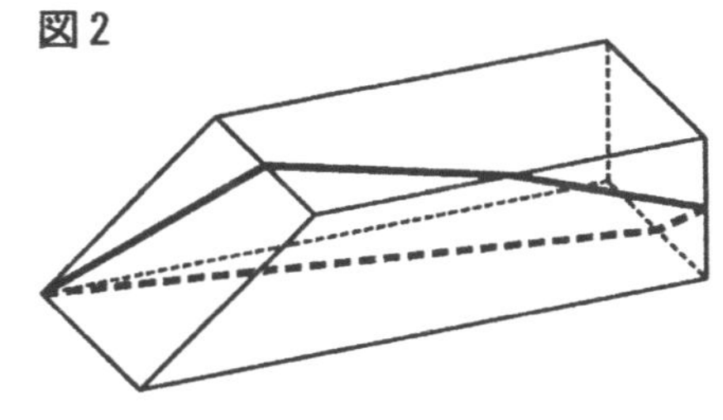

（━ ━ ━ は見えない部分の「太線」を表しています）

図3

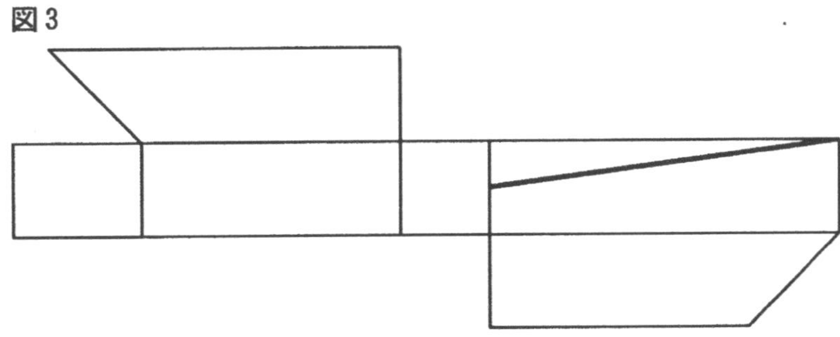

(6)　**図4**では，三角形ABCの辺AB上に点Dがあり，ADの長さとDBの長さの比は3：7になっています。また，辺BC上に点Eがあり，BEの長さとECの長さの比は4：3です。点Aと点Eを結んだ線と点Dと点Cを結んだ線の交わった点をFとすると，AFの長さとFEの長さは等しくなります。

三角形ADFの面積は，三角形ABCの面積の何倍かを求めなさい。

図4

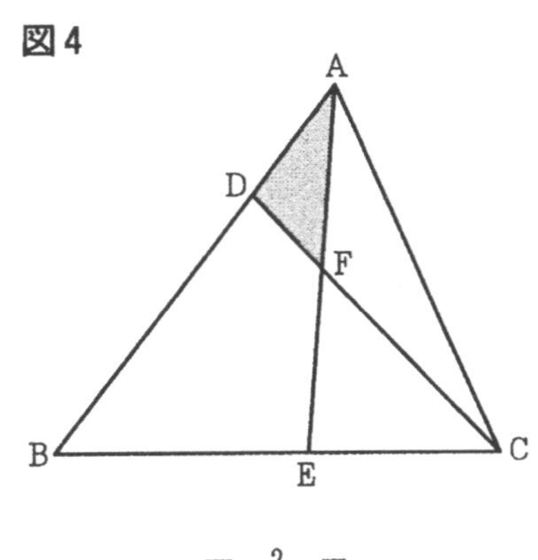

2　きみこさんは，弟が鉄道模型で遊んでいるとき，電車がトンネルを通過するようすを見て，次のような２通りの図形の移動を考えました。(1)，(2)の問いに答えなさい。

(1)　**図１**のように，１辺が２cmと４cmの正方形を組み合わせた図形ABCDEF（図形ア）と２つの辺がそれぞれ８cmと６cmの長方形PQRS（図形イ）が直線l上に並んでいます。

図１

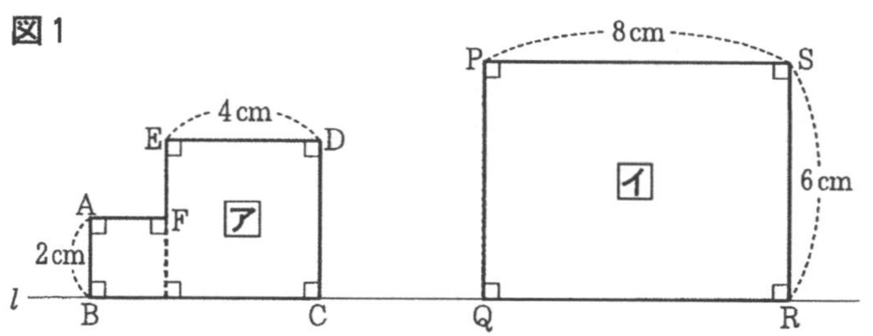

図形イを固定し，図形アを直線lに沿って，矢印の方向に，**図２**のように頂点Cが頂点Qに重なるところから，頂点Bが頂点Rに重なるところまで移動させます。**図３**の斜線部は図形アと図形イが重なってできる図形です。

①～③の問いに答えなさい。

図２

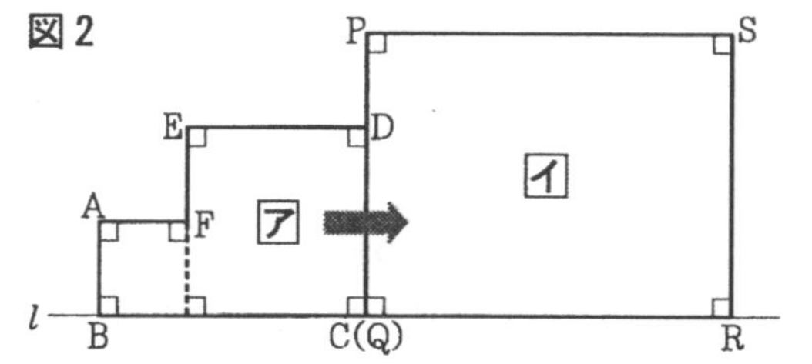

図３

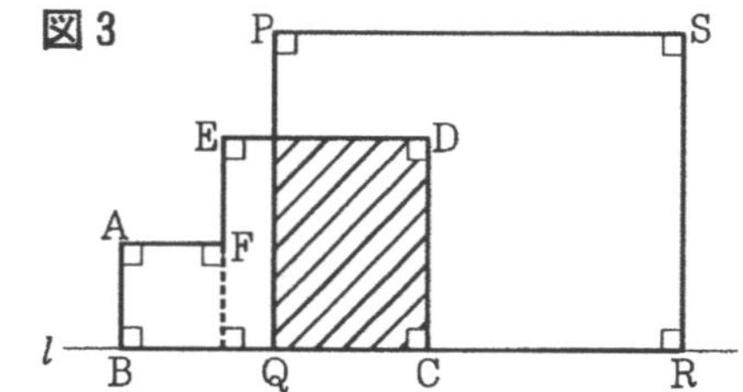

①　**図３**において，QCの長さが２cmのとき，重なってできる図形（斜線部）の面積を求めなさい。

②　重なってできる図形（斜線部）の面積が18 cm^{2}になるとき，QCの長さを**すべて**求めなさい。

③　QCの長さを$x$cm，重なってできる図形（斜線部）の面積を$y$cm^{2}とするとき，QCの長さが４cmになるまでのyをxの式で表しなさい。

(2)　**図４**のように，縦の長さが４cm，横の長さ$a$cmの長方形と１辺の長さが$b$cmの正方形を組み合わせた図形ABCDEF（図形ウ）と縦の長さが６cm，横の長さが12 cmの長方形PQRS（図形エ）が直線l上に並んでいます。図形エを固定し，図形ウを直線lに沿って，矢印の方向に，頂点Cが頂点Qに重なるところから，頂点Bが頂点Rに重なるところまで移動させるとき，QCの長さを$x$cm，重なってできる図形の面積を$y$cm^{2}とすると**図５**のようなグラフになりました。①，②の問いに答えなさい。

図４

図５

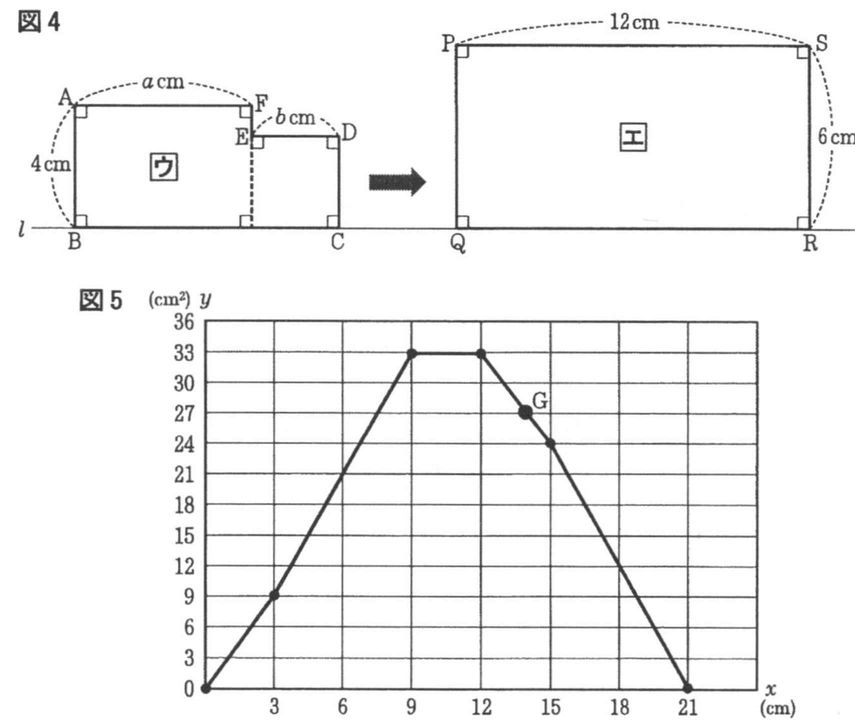

①　a，bの長さを求めなさい。

②　方眼紙に長方形PQRS（図形エ）がかいてあります。このとき，**図５**のグラフで，yの値が27 cm^{2}である点Gは，図形ウが図形エに対してどのような位置にあるときですか。図形ウを解答用紙にかきなさい。（方眼紙の１めもりを１cmとします。）

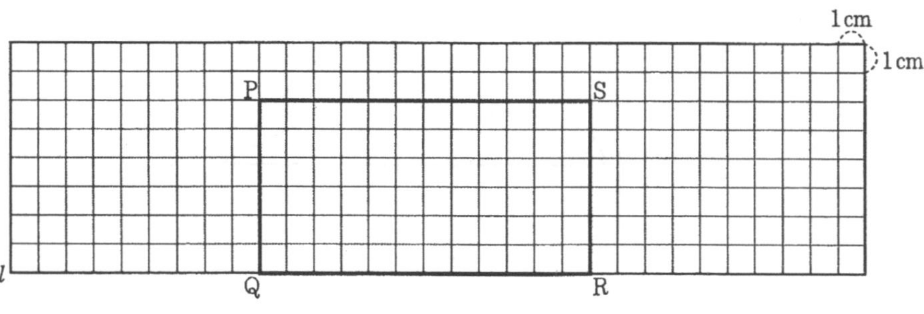

3　くみこさんは，算数大会にあきらさんと組んで参加し，**【第1問】**から**【第4問】**に挑戦しました。二人は**会話文1〜4**で，それぞれの問題を解く見通しや気づいたことを話し合っています。(1)〜(4)の問いに答えなさい。

(1)　**会話文1**を読んで，**【第1問】**の**ア〜エ**にあてはまる数を求めなさい。また，**会話文1**の中の［　**オ**　］にあてはまる言葉を答えなさい。

【第1問】

1辺が5cmの正方形の折り紙を**図1**のように正方形の対角線の交点に折り紙の角がくるように，また正方形と正方形の辺が直角に交わるように順に重ねていきます。

折り紙が2枚のとき，重ねた折り紙の周りを線で結ぶと，**図2**のような図形になりました。

同じように，重ねる折り紙の枚数を増やしたときにできる図形の，周りの線の長さ，内部の直角の個数を**表1**に表しました。

表1の**ア**，**イ**，**ウ**，**エ**にあてはまる数を求めなさい。

図1

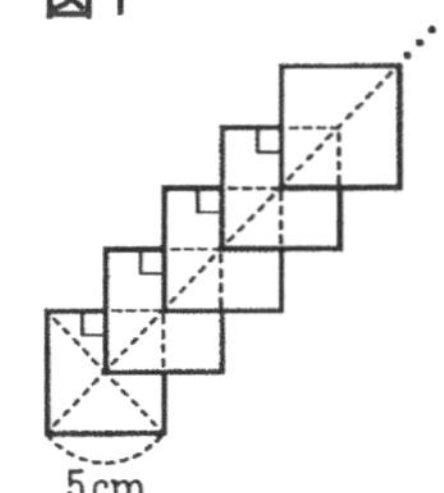

図2

表1

折り紙の枚数	1	2	3	…	**エ**	…
図形の周りの長さ	20	30	**ア**	…	340	…
内部の直角の個数	**イ**	6	**ウ**	…	68	…

会話文1

くみこ：折り紙2枚だと**図3**になるよね。この図の（　）の部分が解くためのポイントね。（　）の部分は折り紙2枚のとき2か所あるわ。折り紙3枚のときはどうだろう？

あきら：（　）の部分の線の長さは正方形の1辺の長さに等しいね。そこから**ア**は求められるよ。

図3

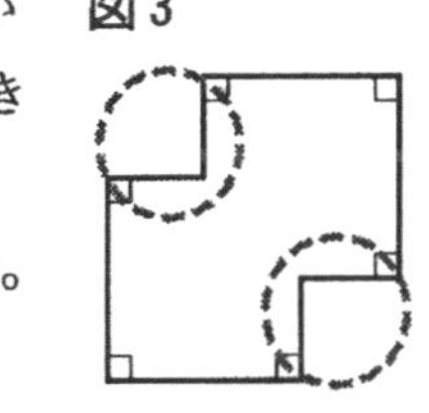

くみこ：**イ**，**ウ**，**エ**を求めるには図形をかいて，数えていけばいいのよね。

あきら：**イ**，**ウ**はそれで求められるけれど，**エ**を求めるには何枚の折り紙を重ねればいいのかがわからないから，図形がかけないよ。

くみこ：ねえ，折り紙の枚数と内部の直角の個数には，折り紙の枚数が1枚増えるごとに［　**オ**　］というきまりがあるみたいよ。

あきら：じゃあ，図形をかかなくても，内部の直角の個数が68になるのは何枚重ねたときか，求められそうだ。

(2)　**会話文2**を読んで，**【第2問】**の①，②の問いに答えなさい。また，**会話文2**の中の［**ア**］〜［**カ**］にあてはまる数を答えなさい。ただし，［**ア**］，［**エ**］，［**オ**］は小数第2位を四捨五入して小数第1位まで求めた数とします。

【第2問】

［ゲームの結果のお知らせ］をみて，あとの①，②の問いに答えなさい。

［ゲームの結果のお知らせ］

昨日の1組と2組の児童が参加した，ゲームの結果をお知らせします。

このゲームにはそれぞれの組の希望者が参加し，10点満点で8点以上の得点の人にメダルが与えられました。

図4，**図5**のグラフは，1組と2組の参加者の得点ごとの人数をそれぞれ表しています。**図5**のグラフは，一部が破れて人数が不明なところがありますが，2組の参加者の総数は16人，参加者の得点の平均は6.5点でした。

図4

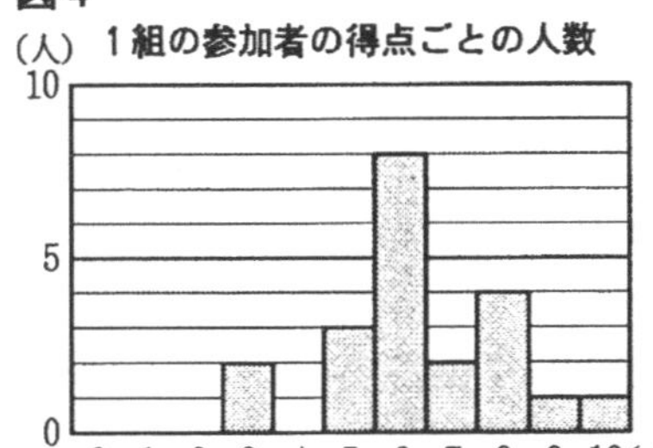

図5

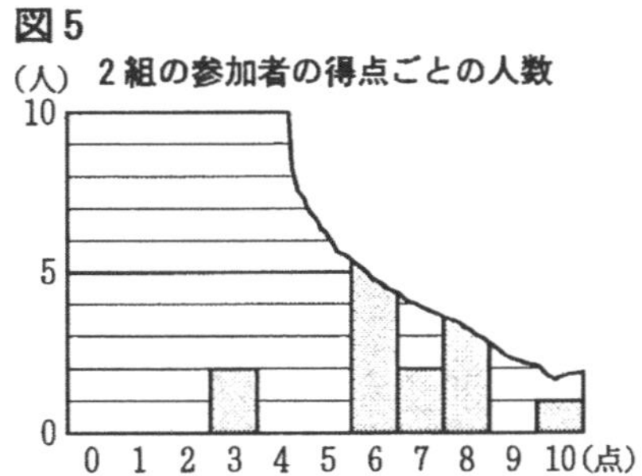

①　1組の参加者で，得点が5点以上7点未満の人の数を求めなさい。

②　2組の参加者で，得点が6点だった人の数を求めなさい。

会話文2

くみこ：①の問いはグラフから読み取れるね。

あきら：②の問いは6点のところが破れているから読み取れないよ。

くみこ：2組の参加者の総数と平均点から考えると答えが求められるわ。

あきら：ところで，どちらの組の参加者の方がゲームが上手だと思う？

くみこ：参加者の得点の平均で比べると，1組は［　**ア**　］点だから［　**イ**　］組の方が上手だと言えるかな。

あきら：メダルをもらった人の数で判断したらどうだろう？メダルをもらった人の数の多さからみると，［　**ウ**　］組の方が上手じゃないかな。

くみこ：人数ではそうだけれど，メダルをもらった人の参加者に対する割合を比べると，1組は［　**エ**　］%，2組は［　**オ**　］%だから，［　**カ**　］組の方が上手ね。

あきら：比べる方法によって，見方は変わるんだね。おもしろいね。

(3) **会話文3**を読んで，**会話文3**の中であきらさんが考えた**図7**の4個の□にあてはまる数を入れて，**図7**を完成させなさい。

【第3問】
図6の8個の□の中に，
1，2，3，4，5，6，7，8の数を1つずつ入れて，縦と横が4つの等号で結ばれるようにしてみよう。ヒントは「グループA，B，Cのまとまりで考える。」ことです。

図6
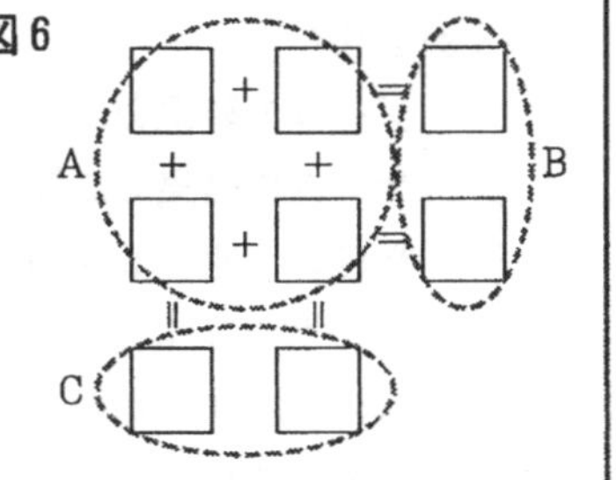

会話文3

くみこ：次は**【第3問】**。今度は計算の問題だね。
ヒントの「グループA，B，Cのまとまりで考える。」ってどう考えることなのかな？
あきら：□には，**1**～**8**の8つの数がそれぞれ1回だけ入るのだから，
（グループAの4つの数の和）＋（グループBの2つの数の和）
＋（グループCの2つの数の和）は**1**から**8**までの数の和になることがいえるよね。
くみこ：あら！この3つのグループそれぞれの数の合計は同じじゃない？
あきら：ということは，**1＋2＋3＋4＋5＋6＋7＋8**＝36だから，1つのグループの数の合計は3で割ると12だよね。
くみこ：グループBとCを考えると，**1**～**8**の数の中で，たして12になる2つの数は，**4**と**8**，**5**と**7**の2組だよ。
あきら：ということは，**図7**も正解の1つだね。

図7
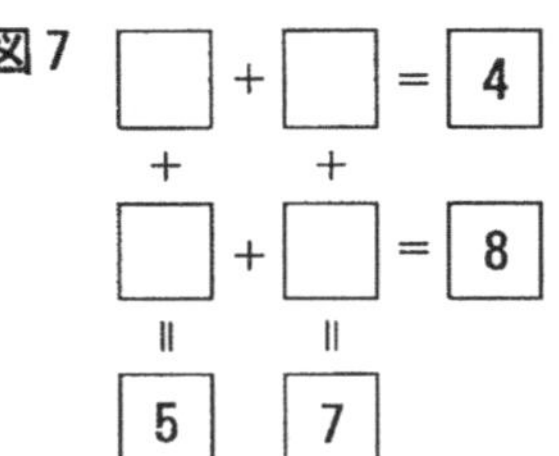

2019(H31) 富田林中
教英出版

(4) **会話文4**を読んで，あとの①，②の問いに答えなさい。

【第4問】
図8の正三角形の3つの辺におかれた12個の□の中に，**1，2，3，4，5，6，7，8，9，10，11，12**の数を1つずつ入れて，各辺の5つの数の和が3つの辺ですべて等しくなるように**図8**を完成させてみよう。

図8
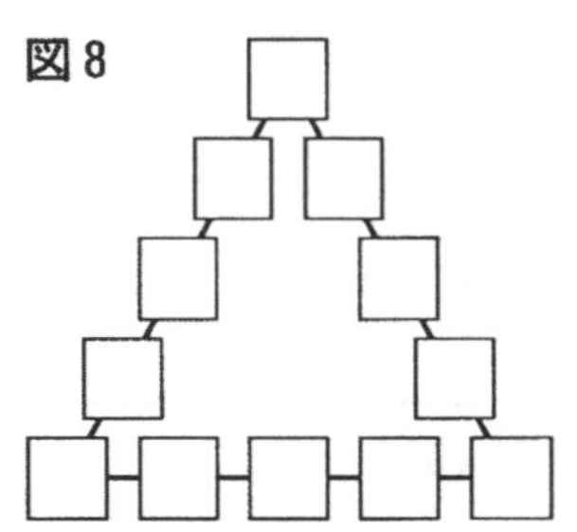

会話文4

あきら：さあ，最後の**【第4問】**だよ。数を□に入れるルールは**【第3問】**と同じみたいだけれど□が12個に増えているよ。
くみこ：正三角形の3つの辺におかれた5つの数の和が等しいから**【第3問】**と同じように考えればいいのかな。
あきら：ということは，**図9**のようにそれぞれの辺の5つの数をグループA，グループB，グループCとして，グループA，B，Cのそれぞれ5つの数の和が同じだから，**1**から**12**までの数の和を**【第3問】**と同じように3で割ればいいんだよ。

図9
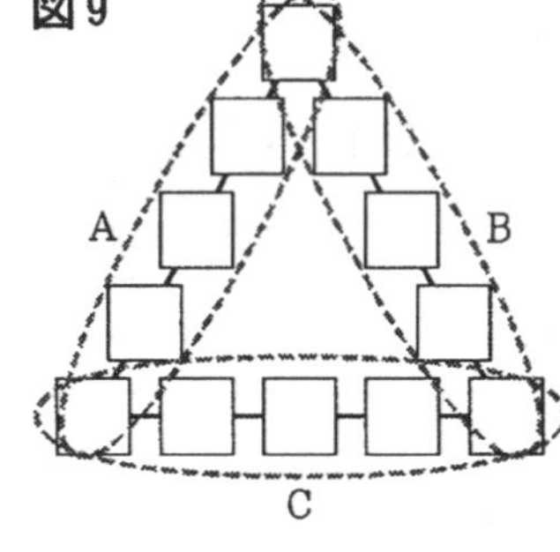

くみこ：でも，3つの頂点の数が重なっているよ。
あきら：そうか。グループA，B，Cの和の中には，3つの頂点の位置におかれた数が2回ずつ出てくるんだ。

① **1，2，3，4，9**を**図10**のように入れました。**図10**の**イ**，**ロ**，**ハ**にどのような数を入れたとき，3つの辺の数の和が等しくなりますか。あてはまる数の組を**すべて**求めなさい。
例えば，あてはまる数の組が5と6と7であるとき，解答用紙に（5，6，7）のように3つの数を（　）で囲んで書きなさい。（　）内の数の順番は考えないものとします。

図10
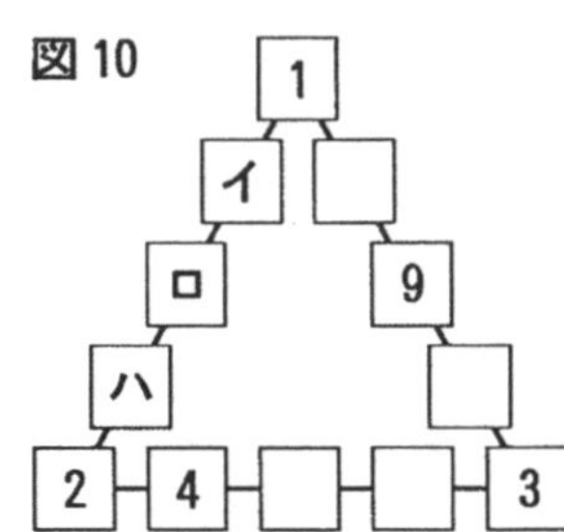

② 1つの辺の5つの数の和が最も大きくなるとき，その5つの数の和を求めなさい。

				採点者記入欄
3	(1)	ア		/3
		イ		/3
		ウ		/3
		エ		/3
		オ		/4
	(2)	①	人	/3
		②	人	/3
		ア	点	/3
		イ	組	/3
		ウ	組	/3
		エ	%	/3
		オ	%	/3
		カ	組	/3
	(3)		図7 □ ＋ □ ＝ 4 / ＋ ＋ / □ ＋ □ ＝ 8 / ‖ ‖ / 5 7	/5
	(4)	①		/5
		②		/5
				/55

受験番号	番	得点	

※100点満点

平成31年度大阪府立富田林中学校入学者選抜

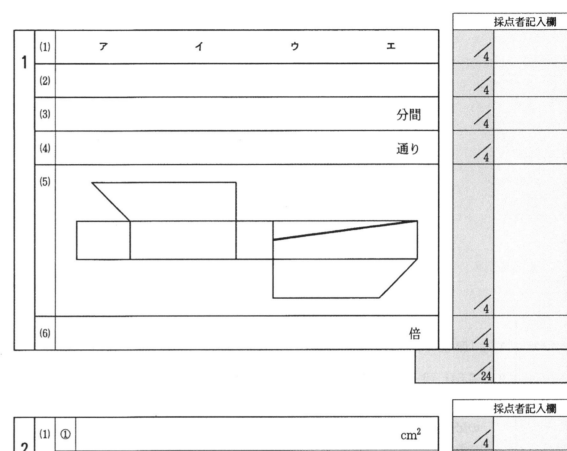

適性検査Ⅲ（算数的問題）解答用紙

			採点者記入欄
1	(1)	ア　イ　ウ　エ	/4
	(2)		/4
	(3)	分間	/4
	(4)	通り	/4
	(5)		/4
	(6)	倍	/4
			/24

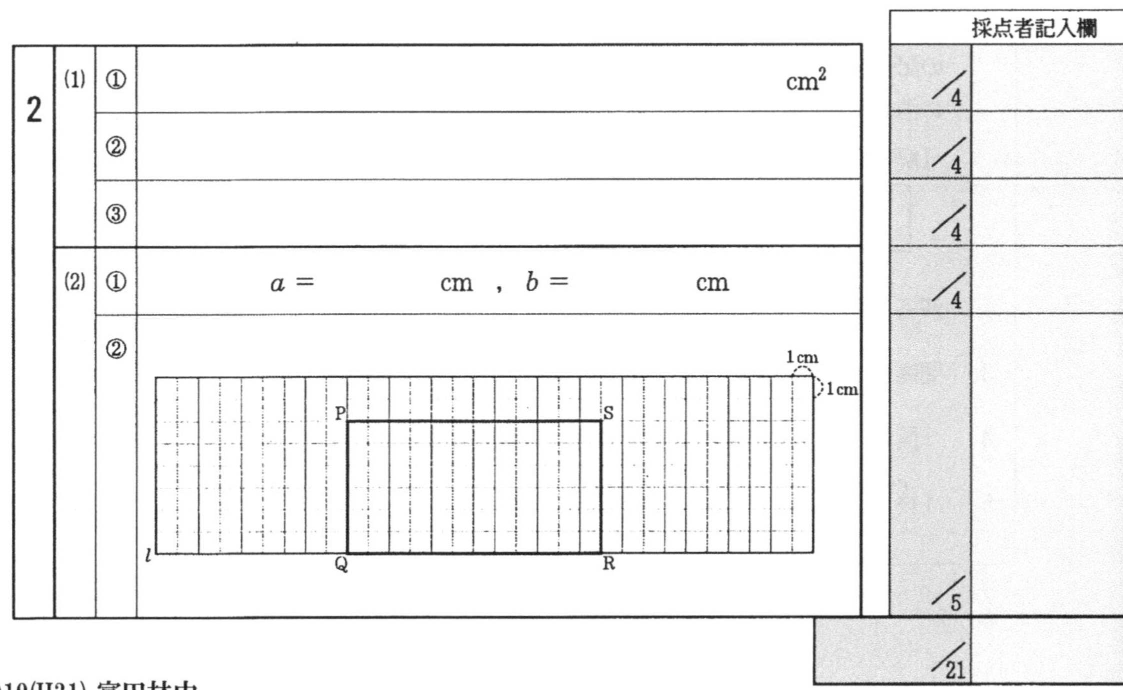

				採点者記入欄
2	(1)	①	cm^2	/4
		②		/4
		③		/4
	(2)	①	$a=$　　cm ,　$b=$　　cm	/4
		②		/5
				/21

3

平成31年度

大阪府立富田林中学校入学者選抜

適性検査 Ⅲ

（算数的問題）

（45分）

注　意

1　「開始」の合図があるまで開いてはいけません。

2　答えは，すべて**解答用紙**に書きなさい。

答えとして記号を選ぶ問題は，下の【解答例】にならい，すべて**解答用紙の記号**を○で囲みなさい。また，答えを訂正（ていせい）するときは，もとの○をきれいに消しなさい。

【解答例】

ア	イ	㋒	エ

解答用紙の**採点者記入欄**（さいてんしゃきにゅうらん）には，何も書いてはいけません。

3　問題は，中の用紙のA面に**1**，B面に**2**，C・D面に**3**があります。

4　「開始」の合図で，まず，**解答用紙**に**受験番号**を書きなさい。

5　「終了（しゅうりょう）」の合図で，すぐ鉛筆（えんぴつ）を置きなさい。

2019(H31) 富田林中
教英出版

(4)　**表**の下線部③に関して，日本国憲法には三つの原則があります。そのうちの二つは，国民主権と平和主義です。残りの一つを書きなさい。

(5)　次の文章は，**表**の下線部④についての海と漁業に関することについて述べたものです。文章中の**A**～**E**の中で，**誤っているものをすべて**選び，記号を○で囲みなさい。

> 海洋国日本の沿岸には，暖流と寒流が流れています。太平洋を流れる暖流の日本海流は A 親潮とも呼ばれています。わが国では，海流のめぐみをうけて漁業が盛んです。漁かく量（生産量）の多い漁港の中で，B 境・C 焼津は日本海側にあり，D 銚子は太平洋側にあります。
> 　しかし，近年，わが国の漁かく量（生産量）は減少傾向にあります。1977（昭和 52）年ごろから，世界の国々が自国の水産資源の保護のために，自国の海岸から E 300 海里（約 370 km）以内の海で外国の漁船がとることのできる魚の量や種類を制限しはじめたことにより，わが国の漁かく量（生産量）が影響を受けたからです。

(6)　**表**の下線部⑤に関して，たくやさんは，東北地方にある山にいつか登ってみたいと考えています。次の**ア**～**エ**のうち，東北地方にある山脈を一つ選び，記号を○で囲みなさい。

ア　赤石山脈　　**イ**　飛驒山脈　　**ウ**　奥羽山脈　　**エ**　日高山脈

(7)　**表**の文化の日に関する（　⑥　）には，日本国憲法が公布された月日が入ります。次の**ア**～**エ**のうち，日本国憲法が公布された年と月日を一つ選び，記号を○で囲みなさい。

ア　1945（昭和 20）年 11 月 3 日　　**イ**　1945（昭和 20）年 11 月 23 日
ウ　1946（昭和 21）年 11 月 3 日　　**エ**　1946（昭和 21）年 11 月 23 日

適性検査Ⅱ（社会・理科融合的問題）

1　たくやさんは，日本の祝日について調べました。次の**表**は，その一部を示したものです。あとの問いに答えなさい。

表

主な祝日	月日	内容
成人の日	1 月の第 2 月曜日	①おとなになったことを自覚し，みずから生き抜こうとする青年を祝いはげます。
昭和の日	4 月 29 日	激動の日々を経て，復興を遂げた②昭和の時代を顧み，国の将来に思いをいたす。
憲法記念日	5 月 3 日	③日本国憲法の施行を記念し，国の成長を期する。
海の日	7 月の第 3 月曜日	海の恩恵に感謝するとともに，④海洋国日本の繁栄を願う。
山の日	8 月 11 日	⑤山に親しむ機会を得て，山の恩恵に感謝する。
文化の日	（　⑥　）	自由と平和を愛し，文化をすすめる。

＊祝日については，平成 30 年 4 月末現在

(1)　たくやさんは，祝日が「国民の祝日に関する法律」という国の法律で定められていることを知りました。国の法律に対して，日本国憲法の定めにより法律の範囲内で，都道府県や市（区）町村の議会で定められ，その都道府県や市（区）町村だけで適用されるきまりは何と呼ばれていますか。**漢字 2 字**で書きなさい。

(2)　**表**の下線部①に関して，選挙権を得たことにより，「おとな」の仲間入りをしたという考えがあります。わが国の国民は何才になると初めて選挙権があたえられますか。次の**ア**～**エ**から一つ選び，記号を○で囲みなさい。

ア　16 才　　**イ**　18 才　　**ウ**　20 才　　**エ**　22 才

(3)　**表**の下線部②の昭和の時代のできごとを次の**ア**～**オ**から**四つ**選び，年代の古い順に並びかえて，記号を書きなさい。

ア　日米安全保障条約が結ばれた。
イ　満州事変がおこった。
ウ　関東大震災がおこった。
エ　日中平和友好条約が結ばれた。
オ　日本が国際連盟を脱退した。

2019(H31) 富田林中
教英出版

2　4月のある土曜日，はるきさんとゆかりさんは，奈良にある東大寺を訪ねることにしました。あとの問いに答えなさい。

(1)　はるきさんは学校で学んだことを生かして，日本付近の雲の動きから土曜日の奈良の天気を考えてみようと思いました。そこで，その週の木曜日と金曜日の気象衛星の雲画像と奈良市の天気・気温をインターネットで調べ，次の図1のようにまとめました。①，②の問いに答えなさい。

図1　気象衛星の雲画像と奈良市の天気・気温

＜木曜日の正午＞

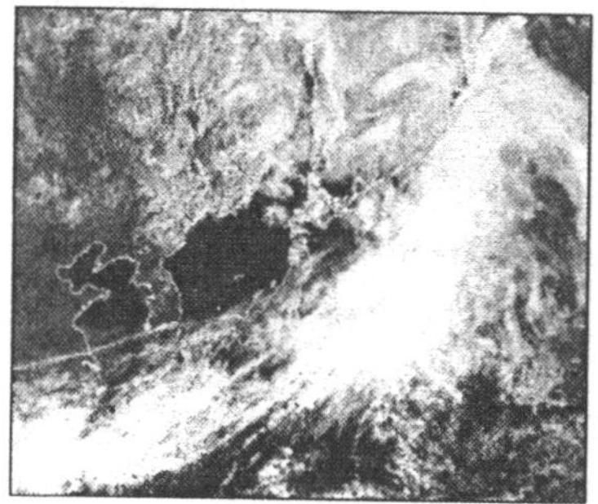

天気：晴れ　気温：17.7℃

＜金曜日の正午＞

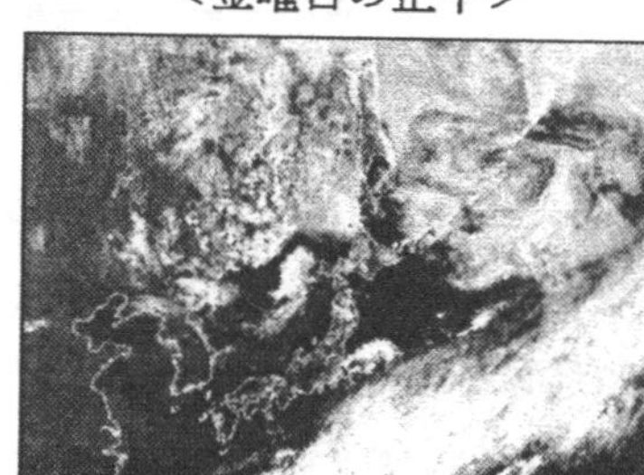

天気：晴れ　気温：19.1℃

①　次のＡ～Ｃの文は，気温のはかり方を説明したものです。文中の（　　）に入ることばとして適しているものを，それぞれア，イから一つずつ選び，記号を○で囲みなさい。

Ａ　気温は（ア　風通しのよい　　イ　風の通らない）場所ではかる。

Ｂ　温度計を地面から（ア　0.3ｍ～0.5ｍ　　イ　1.2ｍ～1.5ｍ）の高さにしてはかる。

Ｃ　温度計に日光が直接（ア　当たる　　イ　当たらない）ようにしてはかる。

②　次のア～ウのうち，図1の気象衛星の雲画像から考えられる土曜日の正午の雲画像として，最も適しているものを一つ選び，記号を○で囲みなさい。

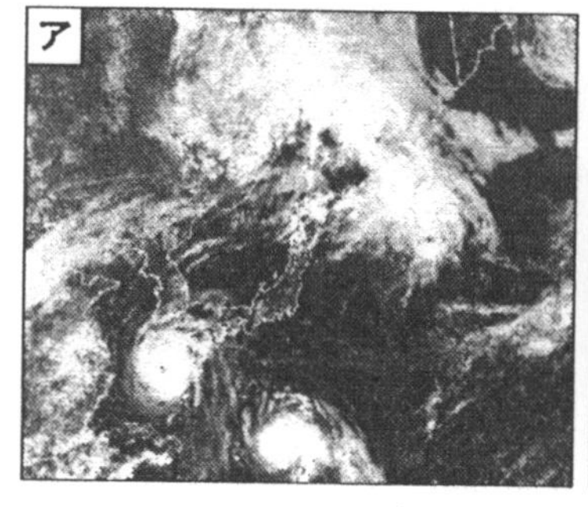

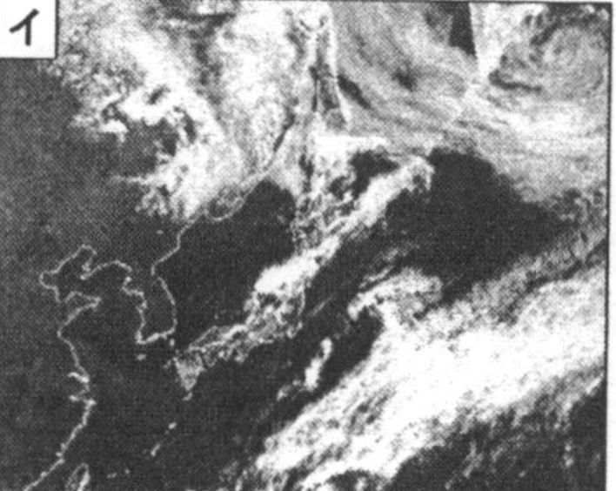

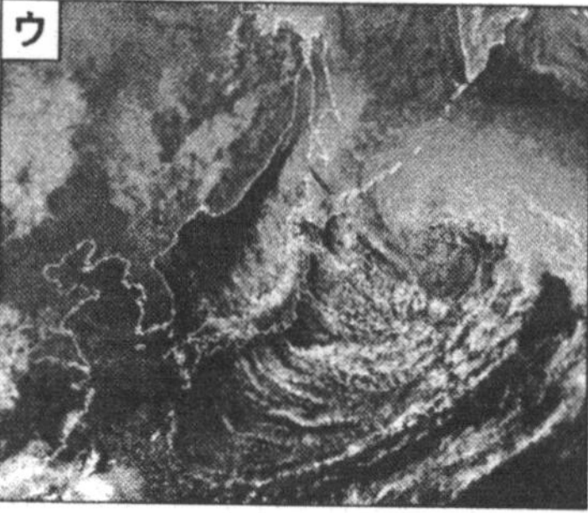

(2)　土曜日に奈良を訪ねたとき，はるきさんが特別なレンズを使って空全体の写真をさつえいしたところ，図2のように写りました。このときの天気を書きなさい。なお，このとき，雨や雪は降っていませんでした。

図2

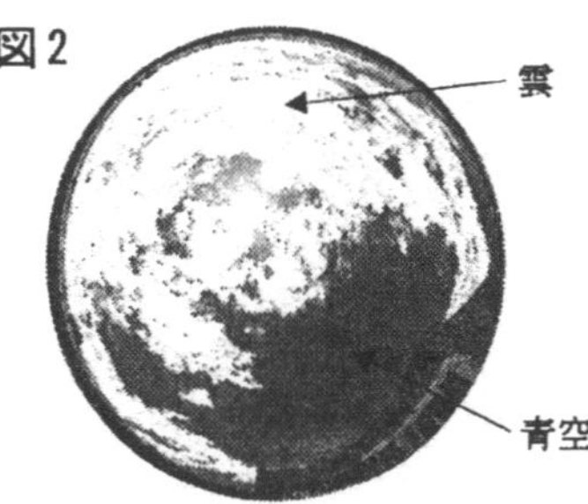

(3)　ゆかりさんは東大寺を訪ねる前に，あとの図3のような【まちあるき地図】を作っていました。その際，次の【例】にならって，わかりやすいものを作ろうと工夫しました。【例】と【まちあるき地図】を参考に，①～⑤の問いに答えなさい。

【例】

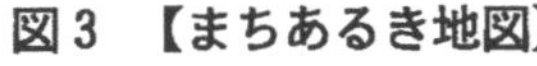

あ
1
い
2
う
3
え

縦線アとイの間をＡ，イとウの間をＢ，ウとエの間をＣとし，横線あといの間を１，いとうの間を２，うとえの間を３とする。
▨の部分を　Ｃの２　とあらわす。
▨は，一辺が500ｍの正方形とする。

図3　【まちあるき地図】

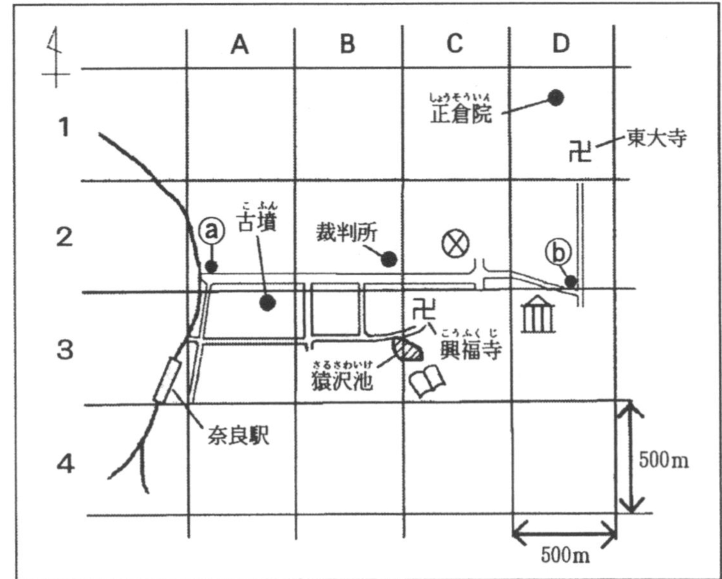

①　【まちあるき地図】で，博物館はどこにありますか。【例】にある Ｃの２ のように書きなさい。

② ゆかりさんとはるきさんは，**図3**の**【まちあるき地図】**をもとに，奈良駅に着いてから，北に歩き，ⓐの地点で東に歩きました。その後，裁判所の前を通り，ⓑの地点で北に歩き，東大寺を見学しました。次の**ア**～**エ**のうち，ⓐの地点からⓑの地点までのおおよそのきょりとして最も適しているものを一つ選び，記号を○で囲みなさい。

ア 900 m　**イ** 1,700 m　**ウ** 2,600 m　**エ** 3,400 m

③ 二人が東大寺に行く途中で前を通った裁判所の建物の中には，地方裁判所がありました。次の裁判に関する文章中の（ あ ）に入る適切なことばを**漢字**で書きなさい。

> わが国の裁判のしくみで，地方裁判所の判決に納得できないときは，地方裁判所の上級の裁判所にうったえることができるようになっています。この地方裁判所の上級の裁判所には（ あ ）裁判所と最高裁判所があります。

④ 次の文章は，二人が訪ねた東大寺について述べたものです。

> （ い ）天皇は，仏教の力を借りて，国を守ろうと考え，全国に（ う ）寺を置くことを命じ，都には東大寺をつくりました。
> また，「…天下の富をもつ者は私であり，天下の勢いをもつ者も私である。この富と勢いをもって，仏の尊い像をおつくりする。」と言い，大仏をつくることにしました。
> この（ い ）天皇の持ち物などの宝物は，正倉院におさめられ，時代をこえて保存されています。

(i) 文章中の（ い ），（ う ）に入る適切なことばをそれぞれ**漢字2字**で書きなさい。

(ii) 東大寺や東大寺の大仏がつくられたころの人物である行基や鑑真と，それぞれの人物について述べた文であるa～cとの組み合わせとして最も適しているものを，あとの**ア**～**カ**から一つ選び，記号を○で囲みなさい。ただし，a～cの中には，行基や鑑真に関係のない文が一つあります。

a 人々のために道路や橋などをつくりながら仏教を広めていたが，のちに大仏づくりに協力した。

b 中国（唐）から苦労して日本に来た後，奈良に唐招提寺を開き，仏教の発展に大きな役割をはたした。

c 中国（隋）に日本からの使者として派遣され，中国の文化や学問などを日本に持ち帰った。

ア 行基－a　鑑真－b　**イ** 行基－a　鑑真－c
ウ 行基－b　鑑真－a　**エ** 行基－b　鑑真－c
オ 行基－c　鑑真－b　**カ** 行基－c　鑑真－a

⑤ ゆかりさんは東大寺からの帰り道で，**図3**の**【まちあるき地図】**にある古墳を訪ねました。次の**ア**～**エ**のうち，わが国の古墳時代に**当たらない世紀**を**すべて**選び，記号を○で囲みなさい。

ア 1世紀　**イ** 4世紀　**ウ** 9世紀　**エ** 11世紀

(4) ゆかりさんとはるきさんは，奈良を訪ねた際に気になったことについてそれぞれ調べました。①～③の問いに答えなさい。

① ゆかりさんは，東大寺から帰る途中に通った興福寺について，調べてみました。そのひとつに，興福寺は，大化の改新で活躍した中臣鎌足（後の藤原鎌足）の子孫である藤原氏と関係の深い寺であることがわかりました。藤原氏に関する次の**ア**～**ウ**の文を読んで，その内容が**誤っているもの**を**すべて**選び，記号を○で囲みなさい。

ア 平安時代，藤原氏は天皇とのつながりを深めることで大きな力をもった。
イ 藤原道長が政治の実権をにぎっていたのは，13世紀のことであった。
ウ 藤原道長は「この世をば　わが世とぞ思うもち月の　欠けたることもなしと思えば」とよんで，自らの権力が失われることをなげいた。

② **図4**

東大寺周辺の奈良公園には，道路に**図4**のような鹿（シカ）の絵が入った標識が多くありました。そこで，ゆかりさんは，この標識がある理由を考えてみました。次の**ア**～**ウ**のうち，この標識がある理由を考えるときの資料として最も適しているものを一つ選び，記号を○で囲みなさい。また，選んだ資料をもとに，この標識がある理由を**50字以内**で書きなさい。

ア（単位：頭）

	2012年	2013年	2014年	2015年	2016年	2017年
奈良公園のシカの生息総頭数	1,079	1,094	1,076	1,191	1,180	1,226
奈良公園のシカの死亡総頭数	192	200	214	169	190	200

イ（単位：頭）

	2012年	2013年	2014年	2015年	2016年	2017年
奈良公園のシカの生息総頭数	1,079	1,094	1,076	1,191	1,180	1,226
奈良公園のシカの死亡総頭数	192	200	214	169	190	200
死亡総頭数のうち交通事故による頭数	58	61	48	53	56	57

ウ（単位：頭）

	2012年	2013年	2014年	2015年	2016年	2017年
奈良公園のシカの生息総頭数	1,079	1,094	1,076	1,191	1,180	1,226
奈良公園のシカの死亡総頭数	192	200	214	169	190	200
死亡総頭数のうち病気による頭数	83	68	87	71	73	73

（一般財団法人 奈良の鹿愛護会 の資料により作成）

③ はるきさんは，奈良の豊かな自然とふれあい，植物と日光や空気との関係に興味をもちました。そこで，インゲンマメを使って次の<実験１>，<実験２>を行いました。(i)～(iv)の問いに答えなさい。

<実験１>日光が当たるときの植物と空気の関係を調べる。

方法

1 インゲンマメの葉とくきを透明なポリエチレンのふくろでおおう。このとき，ふくろの中の空気をできるだけ抜いておく。
2 図５のように，ふくろに小さな穴をあけてストローをさし入れ，息を吹きこんでふくろをふくらませる。
3 図６のように，ふくろの中の気体について気体検知管で二酸化炭素と酸素それぞれの体積の割合を調べた後，セロハンテープで穴をふさぐ。
4 図７のように，インゲンマメを日光が当たる明るい場所に２時間おいた後，ふくろの中の気体について，気体検知管で二酸化炭素と酸素それぞれの体積の割合を調べる。

図５

図６

図７

明るい場所

<実験２>日光が当たらないときの植物と空気の関係を調べる。

方法

1 インゲンマメの葉とくきを透明なポリエチレンのふくろでおおう。このとき，ふくろの中に空気を入れてふくらませておく。
2 ふくろに小さな穴をあけ，<実験１>の 方法 3と同様に，ふくろの中の気体について気体検知管で二酸化炭素と酸素それぞれの体積の割合を調べた後，セロハンテープで穴をふさぐ。
3 図８のように，インゲンマメを日光が当たらない暗い場所に２時間おいた後，ふくろの中の気体について，気体検知管で二酸化炭素と酸素それぞれの体積の割合を調べる。

図８

暗い場所

(i) 次の**ア～オ**のうち，インゲンマメの種子の発芽に必要な条件を**すべて**選び，記号を〇で囲みなさい。

ア 太陽などの光　**イ** 適した温度　**ウ** 空気
エ 水　**オ** 土

(ii) <実験１>，<実験２>で，ふくろの中の気体中の二酸化炭素と酸素それぞれの体積の割合は，どのように変化しましたか。次の**ア～エ**から適しているものをそれぞれ一つずつ選び，記号を〇で囲みなさい。

ア 二酸化炭素の割合が増え，酸素の割合が減った。
イ 二酸化炭素と酸素の割合がともに増えた。
ウ 二酸化炭素の割合が減り，酸素の割合が増えた。
エ 二酸化炭素と酸素の割合がともに減った。

(iii) <実験１>の後，ポリエチレンのふくろの内側にたくさんの水てきがついて，ふくろがくもりました。次の文章は，はるきさんがこのことに関して調べたことをまとめたものです。文章中の（ あ ），（ い ）に適していることばを書きなさい。

> 水は根から吸収され，くきを通ってインゲンマメの体全体に運ばれます。その後，水は主に葉にある穴（気こう）から水蒸気となって空気中に出ていきます。このことを（ あ ）といいます。この水蒸気がふくろの内面で水てきになり，ふくろがくもります。
> また，日光が当たると，インゲンマメの葉では（ い ）がつくられ，体の成長に使われたり，体の一部にたくわえられたりします。

(iv) はるきさんは，図９のようなけんび鏡を用いて，葉にある穴（気こう）を観察しようと考えました。次の**【けんび鏡の使い方】**の①～⑤の文は，以前，はるきさんが自分のノートに書いたものですが，誤っているところが２か所あります。文中の下線部**Ａ～Ｅ**のうち，**誤っているものを二つ選び**，それぞれについて，記号を〇で囲み 正しいことばに書き直しなさい。

図９

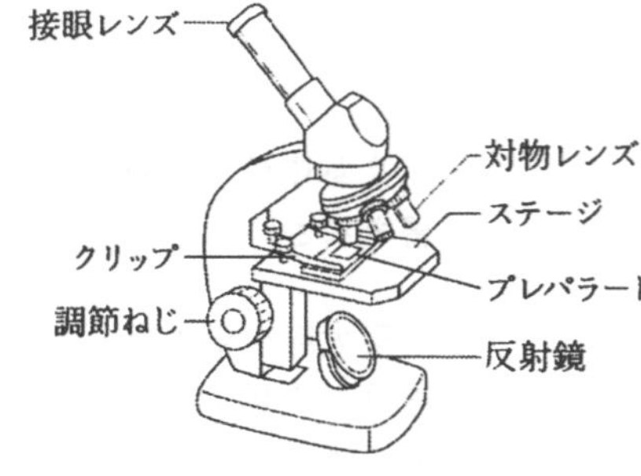

【けんび鏡の使い方】

① けんび鏡は，Ａ<u>日光が直接当たらない</u>明るい場所で使用する。
② 最初は対物レンズを最もＢ<u>倍率の高いもの</u>にし，接眼レンズをのぞきながらＣ<u>反射鏡を動かし</u>明るく見えるようにする。
③ プレパラートをステージに置き，クリップでとめる。
④ Ｄ<u>接眼レンズをのぞきながら</u>調節ねじを回して，対物レンズとプレパラートをできるだけＥ<u>近づける</u>。
⑤ 接眼レンズをのぞきながら，調節ねじを④と逆に回してピントを合わせ観察する。

3　ゆうたさん，さくらさんが行った実験について，あとの問いに答えなさい。

(1)　ゆうたさんは，ふりこの動きのきまりを調べるため，次の＜実験１＞から＜実験３＞を行いました。①〜③の問いに答えなさい。ただし，ふりこの糸の重さとのびは考えないものとします。

①　＜実験１＞として，**図１**のように重さ 100 g のおもりを用いてふりこを作り，ふりこのふれはばを 10°にして 20 往復する時間をはかる実験を行いました。ふりこの長さを 10 cm から 100 cm まで変えたところ，結果は**表１**のようになりました。

図１

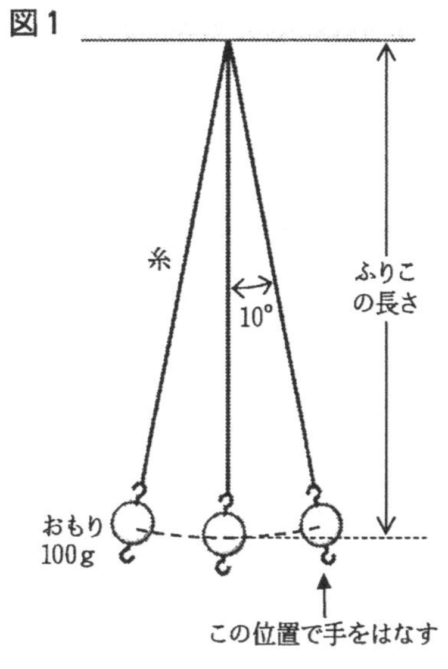

表１

ふりこの長さ〔cm〕	20 往復する時間〔秒〕
10	12.7
20	17.9
30	22.0
40	25.4
50	28.4
60	31.1
70	33.5
80	35.8
90	38.1
100	40.1

(i)　＜実験１＞の結果から，長さが 30 cm のふりこが１往復する時間は何秒になりますか。

(ii)　次の文章は，ゆうたさんが＜実験１＞の結果から考えたことをまとめたものです。文章中のあ〜うに入る適切な数をそれぞれ答えなさい。

＜実験１＞の結果から，ふりこの長さを４倍にしたとき，ふりこが１往復する時間が２倍になることに気づいた。これは，**表１**のふりこの長さが 10 cm と 40 cm および 20 cm と 80 cm のときのふりこが 20 往復する時間を比べることからわかった。

同様に，ふりこが１往復する時間が３倍になるのは，ふりこの長さを（　あ　）倍にしたときだと考えられる。これは，**表１**のふりこの長さが（　い　）cm と（　う　）cm のときのふりこが 20 往復する時間を比べることから予想できる。

2019(H31) 富田林中
教英出版

②　次に，＜実験２＞として，**図２**のように＜実験１＞で使った長さ 40 cm のふりこのおもりの重さを 100 g から 200 g にかえ，ふれはばを 10°にして実験を行いました。このとき，ふりこが 20 往復する時間は，＜実験１＞の 40 cm の結果に比べどのようになると考えられますか。最も適していると考えられるものを，次の**ア〜ウ**から一つ選び，記号を○で囲みなさい。

ア　短くなる
イ　変わらない
ウ　長くなる

図２

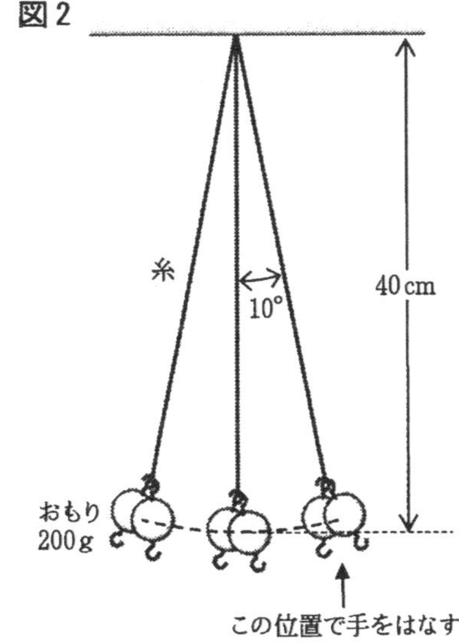

③　最後に，＜実験３＞として，ふりこの糸をつるす点から真下 30 cm のところでくぎをかべに固定し，＜実験１＞で使った長さ 90 cm のふりこと 100 g のおもりを用いて，最初のふれはばを 10°にして実験を行うと，ふりこは，**図３**のようにふれました。このとき，ふりこが 20 往復する時間は，何秒になると考えられますか。＜実験１＞の結果を使って答えなさい。ただし，ふりこが 20 往復する時間は，ふりこのふれはばによって変わらないものとし，くぎの太さは考えないものとします。

図３

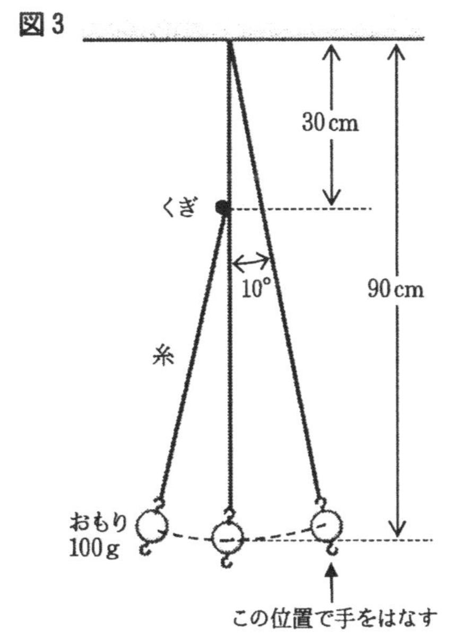

(2)　さくらさんは，水よう液に興味をもち，実験を行いました。

①　**図4**の試験管Ａ～Ｅには，それぞれ石灰水（せっかいすい），食塩水，炭酸水，水，うすい塩酸のいずれかが入っていますが，どの試験管に何が入っているかはわかっていません。さくらさんは，次の＜実験１＞から＜実験３＞を行い，試験管Ａ～Ｅの液がそれぞれ何であるかを見分けました。(i)～(iii)の問いに答えなさい。

図4

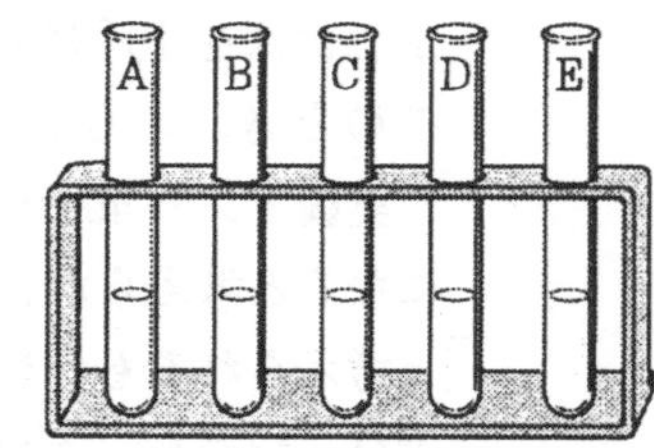

＜実験１＞

用意するもの	リトマス紙（赤と青）・ガラス棒
方　法	**図5**のように，試験管Ａ～Ｅの液をリトマス紙につけて，リトマス紙の色の変化を観察する。

図5

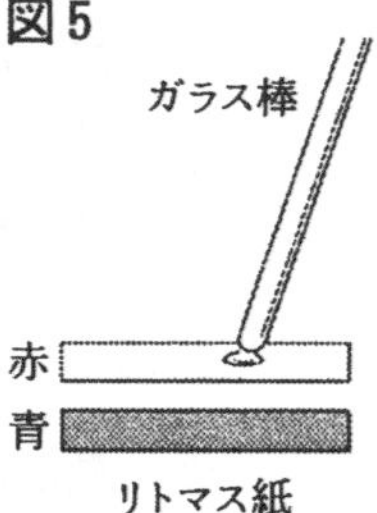

(i)　試験管Ａの液は＜実験１＞の結果から，石灰水であることがわかりました。石灰水に対する＜実験１＞の結果として適しているものを次の**ア～エ**から一つ選び，記号を○で囲みなさい。

	赤色のリトマス紙	青色のリトマス紙
ア	変化しなかった	変化しなかった
イ	変化しなかった	赤色に変化した
ウ	青色に変化した	変化しなかった
エ	青色に変化した	赤色に変化した

＜実験２＞

用意するもの	何も入っていない試験管Ｆと試験管Ｇ・ピペット（こまごめピペット）
方　法	**図6**のように，試験管Ｆと試験管Ｇに試験管Ａの石灰水を少しずつ入れる。ピペット（こまごめピペット）で試験管Ｂの液を試験管Ｆに，試験管Ｃの液を試験管Ｇに，それぞれ数てきずつ加える。

図6

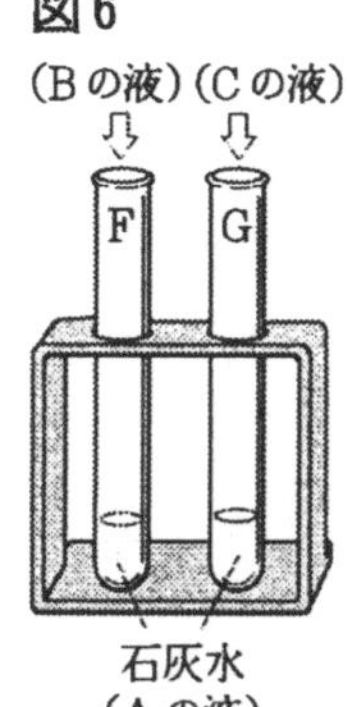

2019(H31) 富田林中
教英出版

(ii)　＜実験１＞では，試験管Ｂと試験管Ｃの液は同じ結果になりましたが，＜実験２＞の 結果 は，次のようになりました。試験管Ｃの液として適しているものをあとの**ア～エ**から一つ選び，記号を○で囲みなさい。

結　果
試験管Ｆの液は白くにごった。 試験管Ｇの液は変化しなかった。

ア　うすい塩酸　　　**イ**　水
ウ　炭酸水　　　　　**エ**　食塩水

＜実験３＞

用意するもの	実験用ガスコンロ・金あみ・蒸発皿・ピペット（こまごめピペット）
方　法	**図7**のように，試験管Ｄと試験管Ｅの液をそれぞれ蒸発皿で加熱し，水分が蒸発した後の蒸発皿のようすを観察する。

図7

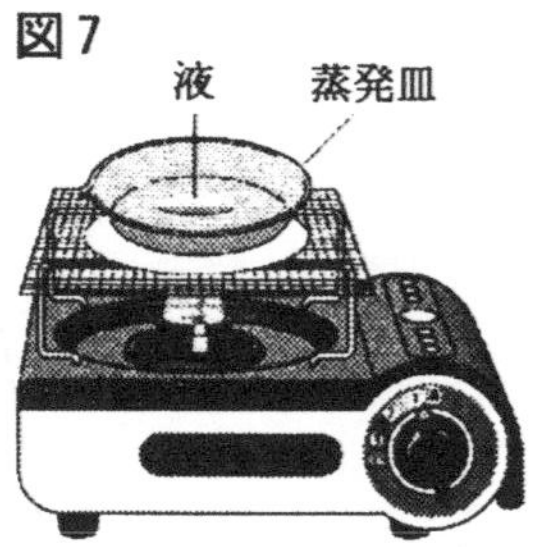

(iii)　＜実験３＞の結果から試験管Ｄと試験管Ｅの液を見分けることができました。この実験のどのような結果から，試験管Ｄと試験管Ｅの液がそれぞれ何であると見分けることができたのかについて，「水分が蒸発した後に」を書き出しとして，**書き出しをふくめて40字以内**で書きなさい。

②　＜実験１＞から＜実験３＞で液の見分けを終えたさくらさんは，うすい塩酸と金属の関係について調べるため，うすい塩酸にアルミニウムを入れてとかしました。次に，このアルミニウムがとけた水よう液を＜実験３＞で用いた器具で加熱して水分を蒸発させると，蒸発皿に白い固体が残りました。

さくらさんは，とける前のアルミニウムと蒸発皿に残った白い固体が同じものか，別のものかを確かめたいと考えました。そこで，この二つをそれぞれうすい塩酸に入れて観察したところどちらもとけましたが，とけるときのようすにちがいがみられました。このことから，さくらさんはアルミニウムと白い固体が性質のちがう別のものであると判断しました。

この判断のもととなるそれぞれがうすい塩酸にとけるときのようすを，**アルミニウム**，**白い固体**の**2語**を使って**20字以上，40字以内**で書きなさい。

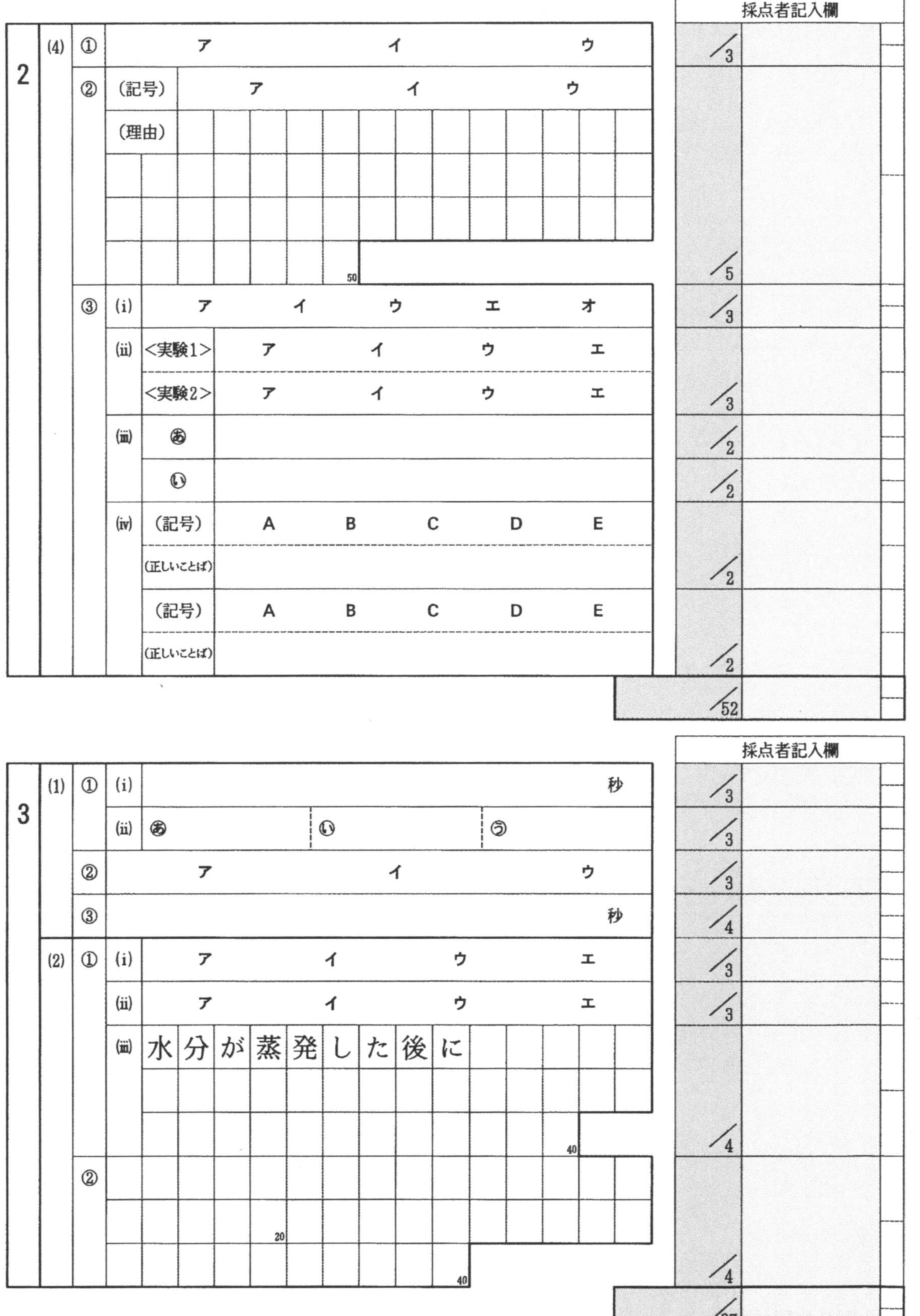

採点者記入欄

2

(4) ① ア　イ　ウ　／3
② (記号) ア　イ　ウ
(理由) （50字のマス目）　／5
③ (i) ア　イ　ウ　エ　オ　／3
(ii) <実験1> ア　イ　ウ　エ
<実験2> ア　イ　ウ　エ　／3
(iii) あ　／2
い　／2
(iv) (記号) A　B　C　D　E
(正しいことば)　／2
(記号) A　B　C　D　E
(正しいことば)　／2

／52

採点者記入欄

3

(1) ① (i) 秒　／3
(ii) あ　い　う　／3
② ア　イ　ウ　／3
③ 秒　／4
(2) ① (i) ア　イ　ウ　エ　／3
(ii) ア　イ　ウ　エ　／3
(iii) 水分が蒸発した後に（40字のマス目）　／4
② （40字のマス目）　／4

／27

受験番号　番　得点　※100点満点

平成31年度大阪府立富田林中学校入学者選抜

適性検査Ⅱ（社会・理科融合的問題）解答用紙

採点者記入欄

1

(1)　／3
(2) ア　イ　ウ　エ　／3
(3) →　→　→　／3
(4)　／3
(5) A　B　C　D　E　／3
(6) ア　イ　ウ　エ　／3
(7) ア　イ　ウ　エ　／3

／21

採点者記入欄

2

(1) ① A ア　イ
B ア　イ
C ア　イ　／3
② ア　イ　ウ　／3
(2)　／3
(3) ①　／3
② ア　イ　ウ　エ　／3
③ あ　／3
④ (i) い　／3
う　／3
(ii) ア　イ　ウ　エ　オ　カ　／3
⑤ ア　イ　ウ　エ　／3

2

平成31年度

大阪府立富田林中学校入学者選抜

適性検査Ⅱ

（社会・理科融合的問題）

（45分）

注　意

1　「開始」の合図があるまで開いてはいけません。

2　答えは，すべて**解答用紙**に書きなさい。

・答えとして記号を選ぶ問題は，下の【解答例】にならい，すべて**解答用紙の記号**を○で囲みなさい。また，答えを訂正（ていせい）するときは，もとの○をきれいに消しなさい。

【解答例】

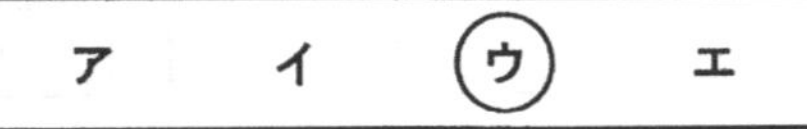

・答えの字数が指定されている問題は，、。なども一字に数えます。

解答用紙の**採点者記入欄**（さいてんしゃきにゅうらん）には，何も書いてはいけません。

3　問題は，中の用紙のA面に**1**，B・C・D面に**2**，E・F面に**3**があります。

4　「開始」の合図で，まず，**解答用紙**に**受験番号**を書きなさい。

5　「終了（しゅうりょう）」の合図で，すぐ鉛筆（えんぴつ）を置きなさい。

2019(H31) 富田林中

教英出版

適性検査Ⅰ（国語的問題）

一　次の文章を読んで、あとの問いに答えなさい。

ナマコは何を食べるかご存じですか？　シカクナマコもわれわれが食用にしているマナマコも砂を食べています。砂!?　驚かれるかもしれませんね。もちろん、砂つぶ自体は石ですから栄養にはなりません。砂の上にくっついている＊バクテリアや、砂と一緒に飲み込んだ＊有機物などを栄養にしています。それにしても口に入るほとんどが石。（ア）食物として極端に＊栄養価の低いものです。こんなに貧しい食物でもやっていけるのは、ナマコがエネルギーをあまり使わないからです。

ナマコはほとんど動かず、動く時ものそのそとしています。活発に動くとはエネルギーをたくさん使うこと。［A］走っている時には、安静時の一〇倍以上ものエネルギーを使います。私たちのように良く発達した筋肉をもち活発に動き回るものはエネルギー消費量が大きいのです。それに対し、ナマコは動くための筋肉を少ししかもっていません。体を硬くする防御や姿勢維持には＊キャッチ結合組織というエネルギー消費量の少ないものを使っています。だから砂のような栄養価の低いものでもやっていけるわけです。

私たちのような筋肉もりもりの動物が砂から栄養をとろうと思ったら、山のように砂を食べねばならないでしょう。重い大きな胃袋を抱えてヨタヨタすることになり、たちまち捕食者の餌食になってしまいます。私たち＊脊椎動物は速さを売り物にしています。速く走ったり泳いだりして獲物を捕らえ、すばやくさっと敵から逃げ去るのが脊椎動物のやり方です。速く動くためには、強力な筋肉が必要ですが、それだけではすみません。体は軽くしなやかでなければいけないのです。だから①いきおい無防備な体になってしまいがちです。硬くて重厚な鎧のような体をもてば、重量は増えるし体のしなやかさも失われ、速くは動けなくなってしまうからです。（イ）われわれはやわらかいおいしい肉をむき出しにした無防備な体をしており、逃げ足である運動系と、危険をいち早く察知する＊感覚系、［B］それらをたくみにあやつる発達した脳や＊神経系に頼って生きています。

ナマコのようにあまり動かなくてもやっていける動物なら、感覚系も筋肉も神経系も、それほど発達させる必要はありません。（ウ）食べる側にとってもっともおいしいのは筋肉なのですが、その筋肉が少なく皮ばかりなのですから、魅力的な獲物ではありません。だから襲われることも少なくなるでしょう。すると、ますます逃げ足など必要なくなって、筋肉や脳というエネルギーをたくさん消費するものをほとんどもたずにすみ、結局、砂のような栄養価の低い食物でもナマコは生きていけるようになるわけです。

「砂を噛むような人生」という言い方をしますね。砂を食べているなんて、なんと味気ない、と私たちは思いがちです。（エ）でも、こういう考え方だってできるでしょう。ナマコは砂の上に住んでいます。そしてその砂が食物なのです。これはお菓子の家に住んでいるようなもの。②これぞ理想の生活と言えるかもしれません。私たち高等と呼ばれる脊椎動物は、食物を手に入れるために、悪知恵を絞り、あくせく動き回っています。そのためにたくさんのエネルギーを使い、それを補うために、また動き回りと、エネルギーをめぐってのどうどう巡りをやっているのです。

ナマコには発達した神経系（脳）などありません。でも、ゴロッと海岸に横たわっているナマコを見るたびに「なんと頭の良い動物なんだろう！」と、私はいつも感心させられています。

（本川達雄『生きものは円柱形』による）

＊バクテリア＝細菌。
＊有機物＝生き物の体を作っている物質。
＊栄養価＝どれだけ栄養があるかということを表したもの。
＊キャッチ結合組織＝皮ふの硬さを自在に変えて身を守る組織。
＊脊椎動物＝ヒトや鳥、魚などのように背骨をもつ動物。
＊感覚系＝外からの刺激を受け取る部分。
＊神経系＝体の中にあって、脳などからの信号を伝達する部分。

ナマコ

1　本文中の［A］、［B］に入る適切な言葉を、次の**ア**～**エ**からそれぞれ一つずつ選び、記号を〇で囲みなさい。

ア　そして　　**イ**　しかし
ウ　ところで　　**エ**　たとえば

2　次の一文は本文中の（ア）～（エ）のいずれかに入ります。最も適しているものを一つ選び、記号を〇で囲みなさい。

> ナマコは防御や姿勢維持は皮にまかせてしまっていますから、体には筋肉が少なくて皮ばかりです。

3　本文中の――線部①について、本文中の意味と同じ内容を表しているものを、次の**ア**～**エ**から一つ選び、記号を〇で囲みなさい。

ア　予想に反して
イ　活気にあふれて
ウ　力を持て余して
エ　当然の結果として

4　本文中の――線部②と筆者が述べているのは、どのような理由からだと考えられますか。「ナマコは、脊椎動物とは違って」に続けて**二十五字以内**で書きなさい。

5　次の**ア**～**エ**のうち、本文中で述べられている内容と合うものを一つ選び、記号を〇で囲みなさい。

ア　ナマコはエネルギーの消費量が少ないので、飲み込んだ食物が極端に栄養の少ないものであっても生きていける。
イ　ナマコは砂を食べているので、筋肉が少なくても動ける機能が備わっている。
ウ　ナマコは砂を噛むような味気ない生活をしているので、他の動物の餌食になることはない。
エ　ナマコは栄養がたくさんある砂の上に住んでいるので、横たわっていても生きていける頭の良い動物と知られている。

2019(H31) 富田林中
教英出版

二 谷本さんたち三人は、授業で使った【プリント】の内容について、昼休みに【会話】をしています。これらを読んで、あとの問いに答えなさい。

【プリント】

古文（古典）の世界を楽しもう！ 〜その二〜

〈その一で学習した古文〉

春はあけぼの。やうやう白くなりゆく山ぎは、すこしあかりて、紫だちたる雲の細くたなびきたる。

夏は夜。月のころはさらなり、やみもなほ、ほたるの多く飛びちがひたる。また、ただ一つ二つなど、ほのかにうち光りて行くもをかし。雨など降るもをかし。

〈今日、学習する古文〉

秋は夕暮れ。夕日のさして山の端いと近うなりたるに、からすのねどころへ行くとて、三つ四つ、二つ三つなど飛び急ぐさへあはれなり。まいて雁などの連ねたるが、いと小さく見ゆるは、いとをかし。日入り果てて、風の音、虫の音など、はた言ふべきにあらず。

〈現代語訳〉

秋は夕暮れ。夕日がさして、もう山の端にたいへん近くなっている時に、からすがねぐらへ帰ろうとして、三つ四つ、二つ三つなど、飛んで急いでいる様子さえしみじみとした感じがする。まして、雁などが列を作って飛んでいるのが、たいへん小さく見えるのは、たいへん心がひかれる。日がすっかりしずんでしまって、風の音や虫の音などが聞こえるのは言うまでもない。

（『日本古典文学大系19』などより作成）

【会話】

谷本さん　今日の『枕草子』の文章も季節に合った描写で分かりやすかったね。ところで、みんなは【プリント】の三つの季節のうち、気に入った季節の文章はどれかな。

林　さん　私は、やみ夜に［A］が光っている、というのが想像できて、夏の文章が気に入ったよ。

東山さん　私は春の文章が気に入ったよ。朝日が山の向こうからのぼってくる様子がよく伝わってきていいよね。谷本さんはどうなの。

谷本さん　私は秋かな。［B］急いでいる、という具体的な描写がいいなって思ったよ。

東山さん　そうだね。筆者の想像したことが加わったことで、すてきな描写になっているよ。今では使わない言葉があるから、古文だけだと内容が分からないけれど、〈現代語訳〉があると情景も思い浮かぶし分かりやすいね。

林　さん　そうだね。今では使わない言葉と言えば、〈今日、学習する古文〉にある「いと」がそうだよ。

谷本さん　〈現代語訳〉で［C］と書かれているから意味が分かるよ。

東山さん　他の文章にも今ではあまり使われない言葉や意味が変わっている言葉があるよ。たとえば、夏と秋の文章では「をかし」だね。『枕草子』って「いみじ」や「あはれ」よりも「をかし」をたくさん使っていて「をかしの文学」と呼ばれているんだよね。この①ずい筆はずいぶん昔に書かれた文章だけれど、今でも多くの人に親しまれているってすごいな。

林　さん　そういえば、先生がそうおっしゃっていたね。約千年も前に書かれた文章だけれど、感じることは私たちと同じだなと思うと、親しみがもてるよ。

谷本さん　実は春と夏の文章を勉強したあとに、他にも昔の人のものの見方や考え方や生活を知りたくなったので、そのことについて書いてある本はないかなと思って、②東山さんと先生に相談したんだ。

林　さん　東山さんは歴史にくわしいものね。

東山さん　えっ、私も相談しに行ったんだよ。

谷本さん　そうか、まぎらわしい言い方をしたね。「［D］。」と言えばよかったね。

林　さん　そうだったんだ。

谷本さん　それで、私が先生に「『枕草子』というずい筆を勉強したので、昔の人のものの見方や考え方や生活に興味がわきました。もっとそれが分かる本はありませんか。」とたずねたんだ。

林　さん　先生からは何を教えてもらったの。

東山さん　先生は「君たちが読むならどんな本がいいかな。」とおっしゃって、ずい筆の『徒然草』という作品を教えてくださったんだ。

林　さん　よかったね。

谷本さん　いや、私たちは他の作品が読みたかったわけじゃないんだよ。自分たちの教えてほしいことをもう一度伝えたら、先生が③「そういうことでしたら、みなさんが知りたいことが漫画の形で分かりやすく説明されている本があるので、今度持ってきます。」とおっしゃったんだ。

林　さん　いいな。私にも見せてね。

1 【会話】中の［A］に入る適切な言葉を【プリント】中から三字でぬき出しなさい。

2 【会話】中の［B］に入る適切な言葉を【プリント】の〈現代語訳〉中から十四字でぬき出し、はじめの五字を書きなさい。

3 【会話】中の［C］に入る適切な言葉を【プリント】の〈現代語訳〉中からぬき出しなさい。

4 【会話】中の――線部①の説明として最も適切なものを、次のア〜エから一つ選び、記号を○で囲みなさい。

ア 昔から人々の間に語り伝えられてきた話のこと。
イ 見聞したことや心に浮かんだことなどを書いた文章のこと。
ウ 五・七・五の十七音を基本とする日本独特の短い詩のこと。
エ 読む人に、ある事がらを正確に理解させることを主な目的とした文章のこと。

5 【会話】中の［D］に入る適切な言葉として、――線部②を二十字以内で書き直しなさい。

6 【会話】中の――線部③について、先生は最初、谷本さんたちの相談をどのように受けとめましたか。主語を明確にして、五十字以内で書きなさい。ただし、習っていない漢字を用いるときはひらがなに直して書いてもよいものとします。

三　田中さんは、授業で「地球温暖化防止に向けて私たちができること」について自分の考えをまとめ、発表することになりました。次の【発表原稿の下書き】を読んで、あとの問いに答えなさい。なお、【発表原稿の下書き】中の 一 ～ 六 は段落番号です。

【発表原稿の下書き】

一　みなさんは、地球温暖化によって自然環境にどのような変化が起こっているか知っていますか。はじめに、【写真一】を見てください。この写真はヒマラヤでとられたものです。写真の①ここに写っている白いものに注目してください。これは氷河と呼ばれ、地上に降り積もった雪がしだいに厚い氷のかたまりとなったものです。次に【写真二】を見てください。こちらは先ほどと同じ場所で【写真一】よりも三十年前にとられたものです。この二つの写真を見比べると、三十年間で氷河がaコウタイしていることが分かります。

二　日本から遠く離れたヒマラヤで起こっている自然環境の変化は、私たちが住んでいる日本にどのような影響を与えているのでしょうか。国立環境研究所の調べによると、陸上にある氷河がとけ、海に流れることで、一九〇〇年から二〇〇〇年の間に十五センチメートル以上海面が上昇したそうです。また、このまま地球温暖化が進んでいくと、二一〇〇年までに海面は今より二十六センチメートルから八十二センチメートルも上昇すると言われています。このことから、標高が低い平野や臨海部などはその影響を受けることが予想されています。

三　このような自然環境の変化を引き起こす温暖化の②一因は空気中の二酸化炭素の量が増えることです。世界ではこの二酸化炭素のはい出量を減らすために、二〇一六年にパリで開かれた会議で、二〇三〇年までに各国が二酸化炭素のはい出量をさく減する目標値が決まりました。日本は二〇一三年度のはい出量を基準として、全体で二十六パーセントのさく減を目標にし、中でも家庭については四十パーセントのさく減を目標としています。

四　ここでみなさんに質問です。みなさんは家庭で使うエネルギーで二酸化炭素を多くはい出させるものは何だと思いますか。二酸化炭素は物を燃やすことによって発生することから、私は、調理で使うガスやストーブで使う灯油ではないかと思い、ガスや灯油と二酸化炭素の関係について調べました。しかし、エネルギー別の二酸化炭素はい出量を表している【資料一】によると、ガスや灯油に比べて［　A　］。また、家庭におけるエネルギー別消費量の割合を表している【資料二】によると、［　］［　B　］。これらのことから、二酸化炭素のはい出量を減らす一つの工夫として、家庭での電気の使用を減らそうと思いました。

五　でも、実際には私たちは、暗くなれば電気を使って照明をつけますし、暑い日にはエアコンで部屋を冷房します。このように、私たちの身のまわりには電気を使っているものがたくさんあり、電気は私たちの生活にはbカかせないものになっています。

六　私たちの生活を便利にすることと自然環境を守ることを両立させるために、私たちができることは何でしょうか。私は自分自身の生活を振り返り、無駄な電気を使っていることはないだろうか、また、電気を使わない別の方法はないだろうか、というcシテンで電気を節約することを考えました。それぞれについてできることを例にあげると、［　C　］が考えられ、これらを実行することで二酸化炭素のはい出を防ぐことができます。一つひとつは小さなことかもしれませんが、一人ひとりの行動が大きな力になると思います。みなさんも一緒に取り組んでみませんか。

【写真一】

(2008年10月7日
ヒマラヤにて撮影)

【写真二】

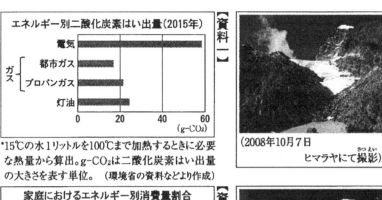

(1978年5月30日
ヒマラヤにて撮影)

(名古屋大学　雪氷圏研究室より)

【資料一】

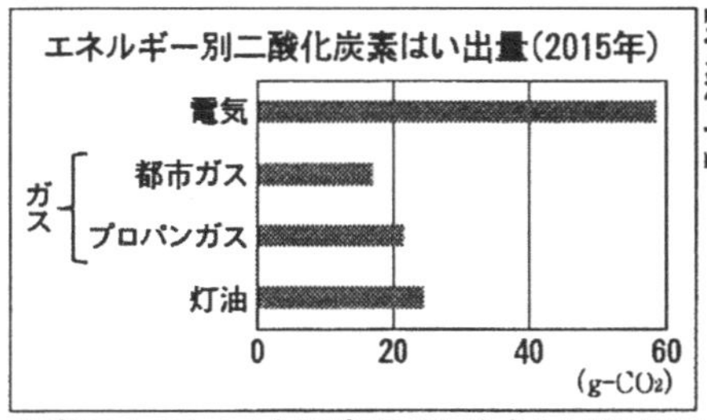

エネルギー別二酸化炭素はい出量(2015年)

電気
ガス　都市ガス
　　　プロパンガス
灯油

0　20　40　60
(g-CO_2)

*15℃の水1リットルを100℃まで加熱するときに必要な熱量から算出。g-CO_2は二酸化炭素はい出量の大きさを表す単位。　(環境省の資料などより作成)

【資料二】

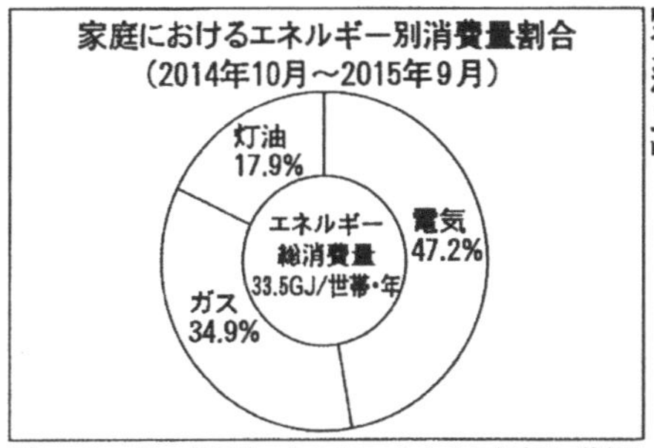

家庭におけるエネルギー別消費量割合
(2014年10月～2015年9月)

電気 47.2%
ガス 34.9%
灯油 17.9%
エネルギー総消費量 33.5GJ/世帯・年

*各エネルギーをGJ(エネルギーの大きさを表す単位)に換算し，比較したもの。ガスは都市ガスとプロパンガスを合わせたもの。　(環境省の資料より作成)

1　【発表原稿の下書き】中の～～～線部a～cのカタカナを文脈に合わせて漢字に直し、ていねいに書きなさい。

2　【発表原稿の下書き】中の——線部①について、田中さんはこの言葉ではどの部分をさしているかがあいまいであることに気づきました。写真のどの部分を見ればよいのかが明確になるように、次の［　］に入る適切な言葉を**五字以内**で書きなさい。

写真の［　］に写っている白いものに注目してください。

3　田中さんは、【発表原稿の下書き】中の 二 、三 の二つの段落には説得力を持たせるために、共通した工夫を取り入れて書いています。その工夫とは何ですか、**二十字以内**で書きなさい。

4　田中さんは、【発表原稿の下書き】中の——線部②の言葉を、聞いて分かりやすい表現に書き直すことにしました。——線部②の意味を変えないように、**五字以内**で書きなさい。

5　【発表原稿の下書き】中の 四 の段落について、［　A　］には【資料一】から読み取れる内容を、［　B　］には【資料二】から読み取れる内容を、文脈に合わせてそれぞれ**二十五字以内**で書きなさい。

6　【発表原稿の下書き】中の［　C　］について、あなたならどのように書きますか。次の**条件1～3**に従って書きなさい。

条件1　文脈に合わせて**二つ**書くこと。
条件2　それぞれ具体的な場面をふくめて書くこと。
条件3　**六十字以内**で書くこと。

2019(H31) 富田林中
教英出版

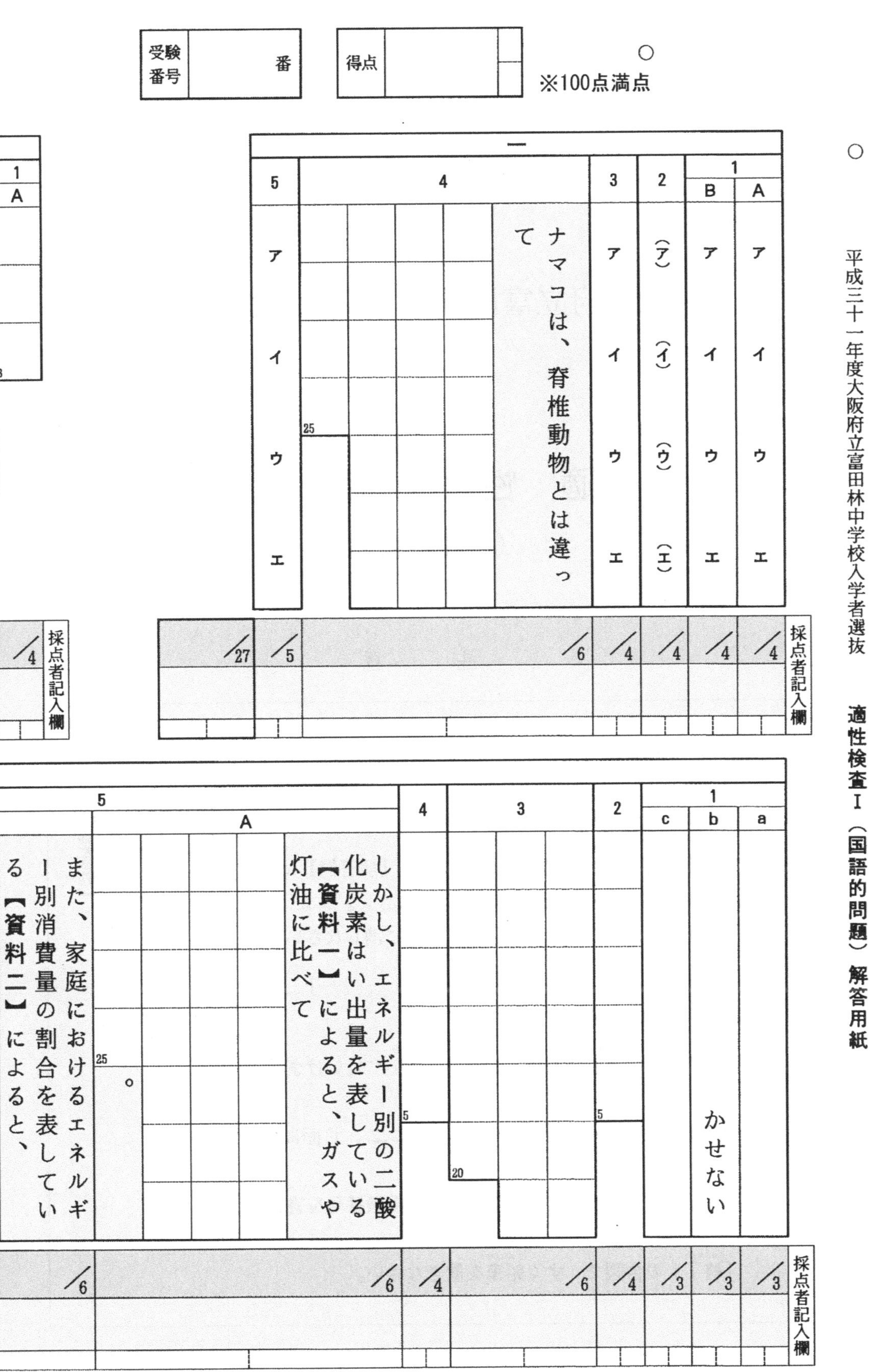

受験番号　番

得点

※100点満点

平成三十一年度大阪府立富田林中学校入学者選抜　**適性検査Ⅰ（国語的問題）解答用紙**

一

1 A	1 B	2	3	4	5
ア イ ウ エ	ア イ ウ エ	(ア) (イ) (ウ) (エ)	ア イ ウ エ	ナマコは、脊椎動物とは違って	ア イ ウ エ
/4	/4	/4	/4	/6	/5

採点者記入欄　/27

1 a	1 b	1 c	2	3	4	5 A
	かせない					しかし、エネルギー別の二酸化炭素はい出量を表している【資料一】によると、ガスや灯油に比べて　。　また、家庭におけるエネルギー別消費量の割合を表している【資料二】によると、
/3	/3	/3	/4	/6	/4	/6　/6

採点者記入欄

1 A　/4

採点者記入欄

二

4	5 D	6
ア イ ウ エ		
/4	/6	/8

/30

6

それぞれについてできることを例にあげると、　。

が考えられ、これらを実行することで二酸化炭素のはい出を防ぐことができます。

/8

/43

1

平成31年度

大阪府立富田林中学校入学者選抜

適性検査 Ⅰ

(国語的問題)

(45分)

注　意

1 「開始」の合図があるまで開いてはいけません。

2 答えは，すべて**解答用紙**に書きなさい。

・答えとして記号を選ぶ問題は，右の【解答例】にならい，すべて**解答用紙の記号**を○で囲みなさい。また，答えを訂正(ていせい)するときは，もとの○をきれいに消しなさい。

・答えの字数が指定されている問題は，、。「」なども一字に数えます。

解答用紙の**採点者記入欄**(さいてんしゃきにゅうらん)には，何も書いてはいけません。

【解答例】
ア
イ
(ウ)
エ

3 問題は，中の用紙のA面に **一**，B面に **二**，C面に **三** があります。

4 「開始」の合図で，まず，**解答用紙**に**受験番号**を書きなさい。

5 「終了(しゅうりょう)」の合図で，すぐ鉛筆(えんぴつ)を置きなさい。

2019(H31) 富田林中
K 教英出版